香蕉、海灘與軍事基地

國際政治裡的女性意識

Bananas, Beaches and Bases

Making Feminist Sense of International Politics

Cynthia Enloe
辛西亞・恩洛

堯嘉寧——譯

獻給喬尼（Joni）

目次

第二版（2014 年）序言

水管就裸露在頭頂上方。在這裡，一切看起來還很危險。如果其中一條水管裂開了，水就會直接沖走英國的婦女政治運動史。這是坐落在倫敦經濟學院（London School of Economics）中的福西特圖書館（Fawcett Library）在變成婦女圖書館（Women's Library）之前還沒修葺的樣子。但正是這種頭頂上還有水管、可以看見鋪面材料的氛圍，讓我感覺自己快要可以揭開某一層以往一直在大眾視野外的國際政治生活。不過，這其實並沒有逃過女性主義歷史學家的視野。她們早已經展開探索，讓瑪麗・沃斯通克拉夫特（Mary Wollstonecraft）、約瑟芬・巴特勒（Josephine Butler）、瑪麗・西科爾（Mary Seacole）和潘克斯特（Pankhurst）等人浮出表面讓所有人看到，使我們重新展開思考。

但我是個土法煉鋼的政治學家。對我來說，還是親自跪在地上拜讀巴特勒對十九世紀軍隊賣淫的描述令人悸動（她的著作就裝在那些水管下面的盒子裡）。感謝福西特圖書館的檔案管理員，以及湯瑪斯・庫克（Thomas Cook）流動圖書館和哈佛大學（Harvard University）拉德克利夫研究所（Radcliffe Institute）的施萊辛格（美國婦女史）圖書館（Schlesinger Library）中那些精力充沛的檔案管理員，使得國際政治在我眼中已經不再和以前一樣。

近幾十年來，有些勤奮且不墨守成規的研究員、老師和作家（男女都有）讓我們了解到，要讓各種領域的女性受到關注，才足以揭露國際政治的實際運作。這些女性可能是中國商人的情婦、為 Tommy Hilfiger 縫製衣服和替金吉達（Chiquita）香蕉清洗殘留農藥的女性、嫁給中央情報局（CIA）特工的女性、在軍事基地附近的迪斯可舞廳工作的女性、參加世界小姐選美試鏡的女性、在沙烏地阿拉伯擦地板的女性，以及在聯合國的走廊遊說各國代表的女性——她們都在觀察、應對、計算和制定戰略，有時候還得組織起來。認真看待這些女性讓我學到的是：只要我們持續關注每一位這些無名女性，我們就會對這個世界變得更敏銳，比許多主流「專家」都更敏銳。

更敏銳。變得更敏銳意味著什麼，我其實想了很多。我不覺得這純粹是指變得更聰明、更靈巧、更具洞察力。有時候也意味著變得更謹慎。當然這意味著在解釋時會更微妙細緻。但**微妙細緻**並不意味著含糊，而是意味著能夠清楚描述正在發生作用的多種關係和其結果。

因此，要達成女性主義意義下**更敏銳**的認知，就必須不斷拓展對性別的好奇心。探尋「女性在哪裡？」未必能夠獲得立即或表面的回饋。其實，當你詢問女性在哪裡，以及她們為什麼在那裡、她們在那裡會讓誰得到好處、她們對於自身位置有什麼想法時，你可能會讓別人覺得自己不夠正經。這類提問者的指導老師、編輯或老闆可能會明確地表示，他／她認為研究這類性別問題只是在浪費時間。

就算女性主義意識變得更敏銳也不會讓我們比較自在。我們可能會開始思考自己是否也是這個世界變得失衡、不平等、帶來傷害和不公義的共犯。因為我們並不只是站在被探索的事物之上（或之外）的讀者或提問者。我們就生活在這個世界之中。就算我們不覺得自己屬於精英（不過如果能夠讀到這一頁，就說明我們的確受到這個世界的眷顧），我們的想法和行為還是有助於塑造這個世界。我們和所有我們試圖想了解她們生活的女性都有獨特的關聯。這會激起我們的女性主義式的好奇心之火，但是也會讓我們感到坐立難安。

我發現，在讓女性受到關注的過程中，也會彰顯出男性的男性身分。正是對國際政治的女性主義研究替複雜的男性政治提供了有價值的見解。而男子氣概有多種形態。但是一個男孩或男人展示男子氣概的不同方式不僅被賦予了多重的意義，這些意義通常還是不平等、且經常互相競爭的。在這樣的排名和競爭中，某些類型的女性氣質經常會遭到貶低。而這會是個關鍵的動機，讓任何探索男性氣質國際政治的人採取明確的女性主義式的好奇心。

所有嘗試讓我們對國際政治真正變敏銳的女性和男性都告訴我們：「國際」的涵義遠比主流專家所假設的還要更廣泛，「政治」所及的範圍也超出公眾領域甚多。有時候接受這兩種新的理解會讓我暈頭轉向，但是也讓我感到蓄勢待發。

重新繪製國際政治的地圖，會讓這些對政治的研究和對話更加生動。對我來說，這就是這場集結眾人的跨國女性主義探索之旅的真正樂趣之一。現在有更多人加入了這場對話，當然其中有更多是女性。她們把自己的故事、經歷、困惑和發現加入對話中。門窗一直是敞開著的。

當然，本來就應該要這樣。

我有幸在這幾十年中，能夠一路探索國際政治中的女性生活，以及男性氣質和女性氣質的相關觀念，這強化了我早期的預感：**父權制具有巧妙的適應性**。

我還記得當我第一次聽到法文的慣用語「Plus les choses changent, plus elles deviennent les memes」（通常會縮短到只講「plus ça change⋯⋯」）時，彷彿聽的人一定會知道接下來要講什麼。這句慣用語意思是「事情越是變化，就越是保持不變。」然後講的人通常還會發出一聲嘆息，外加聳肩（「法式聳肩」，就算說話的不是法國人）。對當時還年輕、什麼都沒把握的我看來，說這話的人看起來就像是老於世故、無所不知。他們充滿見識，很少會承認自己感到驚訝。他們似乎非常敏銳。但是當我花更多時間挖掘女性主義檔案，當我和來自土耳其、冰島、加拿大、韓國、沖繩、挪威、英國和美國的女性運動人士對話之後，我再次聽到這句有點厭世的話時，我開始產生懷疑。它聽起來像是懶惰而不是敏銳。它開始聽起來像是一個對什麼都不感到好奇、不想關注的藉口。

所以，當我說最近的調查得出的結論是父權制具有非常強的適應性時，我並不是說它「一樣舊，老是一樣」。恰好相反。我認為父權制的維持需要既得利益者的許多思考和操作，既要讓特定形式的男性氣質顯得「現代」甚至「走在尖端」，又要讓大部分的女性處於從屬地位。他們不會只用威嚇和完全的脅迫——雖然有些因父權制受到挑戰而感到威脅的人的確會使用這兩種手段。也會用與時俱進的語言（「我們身穿制服的兒女」）、裝點門面的詭計（二十人內閣中的兩名女性）以及拉攏的做法（為消費者提供廉價衣服，這樣他們就沒有興趣追究孟加拉工廠的婦女工作條件了）。要研究父權體制的受益者如何維持這套性別意義和性別的做法，需要的不是自命不凡的厭世，而是需要新的活力和強化合作。哦，還有準備好接受驚奇。

本書把注解放在最後，我希望讀者在注解的第一頁夾一張書籤，時不時就翻過去。有些讀者會覺得注解像是一種打擾，會使他們分心，只是學術書籍的技術性裝飾。但是注解遠遠不止於此。寫書的人會對注解投入大量精力，也不只是為了證明他們是如假包換的學者。他們希望讀者——也就是您——能夠緊跟著他們指示的線索。我認為注解就像麵包屑，把它們加進去，是為了幫助好奇的讀者自己做後續追蹤。讀者有了這些注解的資源做起頭之後，就可以自行研究美國士兵入侵法國後如何利用妓院、移工幫傭的艱難選擇，以及今天的全球水果貿易中的女性在哪裡。

注解也是一種廣義的感謝。感謝我在本書中引用的每一位研究人員和作者完成了如此富有洞察力的作品。

本書始於一個出版和販售女性主義書籍會令人感到興奮的時刻。當我撰寫本書的初版時，我要在女性主義的書店閱覽和購買書籍、期刊，看它們如何揭露女性的想法和經歷。然而到現在，已經有許多大型出版社和大型書商會出版及提供女性主義的書籍和雜誌，這要歸功於女性主義出版商和女性主義書店的開拓性工作，它們在那些激動人心的歲月裡開闢了新天地。直到今天，我還是我家附近的獨立書店——波特廣場書屋（Porter Square Books）——的粉絲，而且幾乎每天都會去消費。我要感謝書店裡那些熱愛書籍的員工，謝謝你們。

這些年延續下來的遺產之一是國際研究協會（International Studies Association）裡影響深遠的女性主義理論和性別研究（Feminist Theory and Gender Studies）部門，其中的女性主義思想家、學生和研究人員圈子不斷擴大。我們見面時會交換各自的直覺和發現；我們會彼此鼓勵要繼續研究父權制（在各種外觀下）的運作方式。我們也會開懷大笑。任何以為「女性主義者缺乏幽默感」的人，顯然都沒有和女性主義研究人員交往過。

近幾個月，我從許多人那裡收獲與本書有關的嶄新見解，他們是西梅娜・邦斯特（Ximena Bunster）、索海拉・阿卜杜拉利（Sohaila Abdulali）、瑪德琳・里斯（Madeleine Rees）、納丁・佩奇吉巴爾（Nadine Peuchguirbal）、雷伊・阿切森（Ray Acheson）、莎拉・泰勒（Sarah Taylor）、瑪麗・巴特勒（Marie Butler）、艾碧該・魯安（Abigail Ruane）、安・提克納（Ann Tickner）、桑德拉・哈定（Sandra Harding）、艾謝・居爾・阿爾蒂內耶（Ayse Gul Altinay）、辛西亞・柯克本（Cynthia Cockburn）、卡洛・科恩（Carol Cohn）、傑夫・巴林傑（Jeff Ballinger）、伊洛拉・喬杜里（Elora Chowdhury）、蓋伊・劉基特（Gai Liewkeat）、韋諾納・賈爾斯（Wenona Giles）、埃塞爾・布魯克斯（Ethel Brooks）、根・柯克（Gwyn

Kirk）、泰絲·尤因（Tess Ewing）、大衛·維恩（David Vine）、權仁淑（Insook Kwon）、特雷爾·卡佛（Terrell Carver）、張景順（音譯，Gyoung Sun Jang）、桑德拉·麥克沃伊（Sandra McEvoy）、凱瑟琳·穆恩（Katherine Moon）、凱瑟琳·盧茨（Catherine Lutz）、洛伊絲·瓦瑟斯普林（Lois Wasserspring）、歷帕·姆拉季諾維奇（Lepa Mladjenovic）、亞倫·貝爾金（Aaron Belkin）、伊藤るり（Ruri Ito）、艾爾芙·史密斯（Albhe Smyth）、雷拉·馬扎里（Rela Mazali）、桑德拉·懷特沃斯（Sandra Whitworth）、維多利亞·巴斯漢姆（Victoria Basham）、派特·烏爾德（Pat Ould）、凡妮莎·魯格特（Vanessa Ruget）、安迪斯·魯道夫斯多蒂爾（Anndis Rudolfsdottir）、芙朗·威爾（Vron Ware）、寧定（Nhung Dinh）、米凱拉·羅特爾–羅蘭德（Mikaela Luttrell-Rowland）、泰瑞西婭·蒂瓦（Teresia Teaiwa）、佐藤文香（Fumika Sato）、金伯利·坎豪斯（Kimberly Khanhauser）和艾琳·格拉博（Aleen Grabow）。我的英國朋友黛比·利科里什（Debbie Licorish）和鮑勃·貝尼維克（Bob Benewick）源源不絕地為我提供精彩的新聞剪報。我在克拉克大學（Clark University）的好同事瓦萊麗·斯珀林（Valerie Sperling）、克莉斯汀·威廉斯（Kristen Williams）、安妮塔·法博斯（Anita Fabos）和丹尼斯·貝賓頓（Denise Bebbington）慷慨地鼓勵我繼續與學生一起探索當代國際事務中的性別政治，他們都是敬業的老師。

朱莉·克萊頓（Julie Clayton）一直以來都是能創造奇蹟的工作者，她能夠找到極其難找的照片，並以她熟練的技巧完成整份初稿的格式。

《香蕉、海灘與軍事基地》的第一家出版商是潘朵拉出版社（Pandora Press），它是一家小型的、富有創新精神的英國女性主義出版社。我承認當我知道有一家有興趣出版本書的美國出版商是著名大學的出版社時，我感到很緊張。我心裡想：噢，但是這樣的話，女性的運動人士和擁女主義（profeminist）的男性就不會看這本書了。我錯了。我錯過一個重要的發展：女性主義者已經躋身許多大學出版社裡有影響力的編輯行列了。加州大學出版社（University of California Press）的現任主編娜歐蜜・施奈德（Naomi Schneider）一直確信會有各種多元的讀者對《香蕉、海灘與軍事基地》感興趣。正是娜歐蜜說服我重新審視本書的所有主題和問題，徹底進行更新和修訂。也只有娜歐蜜能夠讓我如此信任。接著她便交由技巧嫻熟的出版團隊：凱特・沃恩（Kate Warne）、克勞蒂亞・斯梅爾瑟（Claudia Smelser）、克里斯多福・盧拉（Christopher Lura）、埃琳娜・麥卡內斯皮（Elena McAnespie）和博尼塔・赫德（Bonita Hurd），將這份新更新後的手稿變成您手上這本精美的書。我對他們每個人都充滿感激。

沒有人能夠在與世隔絕的狀態下研究和寫書。我不是去了神話中的森林小屋後才成為作家。在整個探索和創作的過程中，一直都有朋友在我身邊，讓我能夠與他們分享難題、吸收他們的想法。你們知道我說的是誰。你們是最棒的。謝謝。

在我們的劍橋公寓走廊的另一邊，喬尼・席格（Joni Seager）就在那兒研究瑞秋・卡森（Rachel Carson）的經典著作——至今仍占有一席之地的《寂靜的春天》（*Silent Spring*）。同時間的我，則在寫著今天的運動人士、環遊世界的旅行者和家庭幫傭的事。我們每天都會朝著對方高喊：「妳一定不相信這個！」當我第一次開始思考：如果我剝開了性別國際政治這根香蕉的外皮，我可能會發現到什麼，那時喬尼已經在了。而我們現在還是一起住在這裡，我們都還在挖掘、還在驚呼、還在一起大笑。

第一版（1990年）序言

本書一開始，我想到的是寶嘉康蒂（Pocahontas），在結束時則是思考卡門．米蘭達（Carmen Miranda）的一生。寶嘉康蒂最後被埋葬在世界盡頭（英國）的墓地。而里約（Rio）則有一座專門紀念卡門．米蘭達的博物館。她們兩位都不是在思考當代國際政治時常見的起始點，但是她們每一位女性都讓我在思考國際政治如何運作時，有了新的方向。

寶嘉康蒂是一名波瓦坦族（Powhatan）的印第安人，她是部落酋長的女兒，並在自己的族人和英國殖民者之間扮演中間人的角色；後來她嫁給一名英國殖民者，並前往倫敦，彷彿證實了殖民事業的使命的確是讓人開化。不過她後來再也沒有回到她美洲大陸新世界的家園，反而殞命於文明帶來的煤塵。

卡門．米蘭達則是活在三個世紀之後的人，但是她的生活和這位印第安姊妹驚人地相似。她是巴西雜貨商的女兒，後來成為好萊塢明星，並被美國總統當作拉丁美洲政策的象徵。她因為心臟病而英年早逝，但也不無可能是因為美國流行文化忙碌刺激的瘋狂生活節奏所導致的。

當我過去被教導著如何理解世界上的事務時，沒有人告訴我要把這類女性當作必須認真看待的國際行為者。但是隨著我對寶嘉康蒂和卡門．米蘭達思考得越多，我就越開始懷疑自己完全漏掉了國際政治的某個面向：我隱約意識到政府之間的關係不只取決於資本和武器，還取決於對女性的控制（女性會被當作象徵、消費者、勞工和情感慰藉）。

我也開始意識到像班尼頓（Benetton）和金吉達（Chiquita）這樣的品牌名稱不只是讓早已感到困擾的讀者與國際政治產生關聯的媒介。這些標誌，以及它們被創造、行銷和賦予意義的過程，揭露了另一種被忽視的國際**政治**關係。我在本書中將工業化國家和第三世界國家的女性消費者看作是全球的政治行為者。此外，從旅遊業中也可以看出那些公司及其政府盟友在行銷的、通常未必會被認為是「消費品」的東西：包括熱帶海灘、女性所展現的性、空服員的服務。

本書接下來的章節只是一個開始。其他女性主義者也正在尋求以更好的解釋說明國際政治何以用此種方式運作。第三世界的女性主義理論家已完成了一些令人興奮的成果，例如斯瓦斯蒂・米特（Swasti Mitter）、錢德拉・莫漢蒂（Chandra Mohanty）和佩吉・安特羅布斯（Peggy Antrobus）。在本書注解中可以明白看出我特別受惠於這些先驅者。那些被艾德麗安・里奇（Adrienne Rich）稱為「在政治後排的女性」將會受到她們長期以來應得的認真關注。其結果也將使得我們所有人都可以更敏銳、更現實的認識到：是什麼權力在建構我們所知的國際政治體系。了解這些，或許可以為我們帶來新的建議，讓國家之間的關係沒有那麼多暴力，也更加公正，而且最終能夠對女性和男性都帶來更多好處。

本書的構想出自我與潘朵拉出版社的朋友兼主管菲利帕・布魯斯特（Philippa Brewster）的對話——我們的對話範圍包括從女性主義來看聚酯纖維時尚和電影明星，以及對女性主義出版業中的國際政治感到的困惑。隨著這個（有時候令人氣餒的）計畫越來越成熟，有一件事也顯得越來越清晰：與女性主義編輯合作會帶來很大的不同。本書編輯坎迪達・萊西（Candida Lacey）對於本書能夠聚焦提供了莫大的幫助，她從來不會忘記讀者，也總是記得這一點：在作者的研究或編輯辦公室之外還有更廣闊的世界。我們會在碰到很難分析的觀點時，一起皺起眉頭，也會為一些比較離奇的發現一起放聲大笑。

本書中的某些主題可能顯得有點瘋狂。我可以投入這些嘗試，是因為有極富洞察力的朋友和同事願意為我提供睿智和慷慨的協助。首先最重要的便是喬尼・席格——那本具開創性的女性主義圖解集《世界婦女》（*Women in the World*）的共同作者。她會一直替我檢視我的想法、閱讀每一個章節、傳來（只靠政治學家永遠不會看到的）寶貴的資訊，這讓我可以不至於因狹隘的眼光而陷入自以為是。

其他曾經讀過本書各章節並向我提供寶貴建議（和警語）的人，還包括瑪格麗特・布魯曼（Margaret Bluman）、勞拉・齊默爾曼（Laura Zimmerman）、塞雷娜・希爾辛格（Serena Hilsinger）、西梅娜・邦斯特和瑪格麗特・拉扎勒斯（Margaret Lazarus）。達芙妮・塔格（Daphne Tagg）完成了出色的審稿工作。我寫作本書的經紀人瑪格麗特・布魯曼也鼓勵我相信本書中提出的問題，對致力於真正社會變革的女性而言都很重要。

歷史學家和檔案管理員通常會讓政治學家感到有點驚嚇。但是當我靈光乍現般地想到寶嘉康蒂和卡門・米蘭達可能會對國際政治有所啟發，並且決定追隨這個預感時，我知道我必須採取歷史學家的立場。在這次冒險中，沒有人比福西特圖書館的館員大衛・道根（David Doughan）更能讓我感到賓至如歸，福西特圖書館是一座令人驚奇的資料寶庫，它收藏了許多英國和帝國女性的歷史。安・恩格爾哈特（Ann Englehart）和芭芭拉・哈伯（Barbara Haber）鼓勵我充分利用拉德克利夫學院（Radcliffe College）施萊辛格圖書館的豐富資源。位在倫敦的湯瑪斯・庫克檔案館（Thomas Cook Archives）的埃德蒙・斯溫格勒赫斯特（Edmund Swinglehurst）為我開啟了旅遊史的世界。除了我自己的發掘之外，我也得益於我的弟弟大衛・恩洛（David Enloe）和勞蘭・舒爾茨（Lauran Schultz）、莎莉・蓋斯特菲爾德（Shari

Geistfeld）以及德布・鄧恩（Deb Dunn）的研究技巧。

還有許多人不吝與我分享他們的專門知識，他們是貝里爾・斯梅德利（Beryl Smedley）、蓋伊・墨菲（Gay Murph）、瑪麗・安・懷特（Mary Ann White）、帕姆・莫法特（Pam Moffat）、劉念齡（音譯，Nien Ling Lieu）、蘇珊・帕森斯（Susan Parsons）、莎拉莉・漢密爾頓（Saralee Hamilton）、賈姬・亞歷山大（Jacqui Alexander）、喬治娜・阿什沃特（Georgina Ashworth）、小索萊達・佩皮南（Sr. Soledad Perpinan）、拉奎爾・提格勞（Raquel Tiglao）、特里薩・卡佩蘭（Theresa Capellan）、伊莉莎白・奧杜爾（Elizabeth Odour）、露西・拉利伯特（Lucy Laliberte）、溫蒂・米什金（Wendy Mishkin）、彼得・阿米塔格（Peter Armitage）、科爾特斯・恩洛（Cortez Enloe）、菲利普・布古（Philippe Bourgois）、洛伊絲・瓦瑟斯普林、安・霍爾德（Ann Holder）、珊卓拉・斯圖德萬（Saundra Studevant）、嘉露蓮・貝克拉夫（Carolyn Becraft）、伊萊恩・薩羅（Elaine Salo）、伊蓮・伯恩斯（Elaine Burns）、瑪麗・麥金（Mary McGinn）、桑迪娜・羅賓斯（Sandina Robbins）、尼拉・尤瓦爾・戴維斯（Nira Yuval Davis）、克里斯汀・懷特（Christine White）、西敏司（Sidney Mintz）、琳達・里希特（Linda Richter）、瑞秋・庫里安（Rachel Kurian）、勞雷爾・波森（Laurel Bossen）、貝絲・施瓦茨（Beth Schwartz）、佩格・史特博（Peg Strobel）、賈妮絲・希爾（Janice Hill）、朱莉・懷特賴特（Julie Wheelwright）、安朵涅特・伯頓（Antoinette Burton）、莎莉・戴維斯（Sally Davis）、帕特里克・米勒（Patrick Miller）、安妮塔・娜西亞（Anita Nesiah）、喬安妮・利德爾（Joanne Liddle）和伊娃・伊薩克森（Eva Isaksson）。

在本書成形的三年過程中，我也出現過一些擔憂。我要感謝慷慨的朋友們不僅會容忍我偶爾有些奇怪的關注焦點，也不忘提醒我投入女性主義難題的意義。所以，我其實一直都很感謝他們每一個人、他們每天表現出的友誼，尤其是喬尼·席格、吉爾達·布魯克曼（Gilda Bruckman）、朱迪·沃克斯（Judy Wachs）、塞雷娜·希爾辛格和洛伊絲·布賴恩斯（Lois Brynes）。

第 1 章｜

性別讓世界轉動

女性在哪裡？

或許你從來沒有想像過自己是一名帶著年幼的孩子逃離家園的女性——妳得躲過政府軍和叛軍間的暴力衝突、跨越國界在泥濘的難民營裡搭起帳篷，而救援隊對待妳的方式，就好像妳和妳的孩子只是與別人毫無區別的一對「婦女和兒童」。

又或許，如果你的阿姨（還是祖母）和你說過她們做家庭幫傭的故事，你會比較容易想像離開自己的國家、去住在別人家裡照顧他們的小孩或年邁的父母，這樣子的每天生活是怎樣的。你大概可以想像每週要和住在不同時區的自己的小孩用 Skype 對話的心情，但是你可能無法確定如果你的僱主堅持扣押你的護照時，你會有什麼反應。

如果要你想像自己在一座外國軍營外面的迪斯可舞廳工作，大概又更天馬行空了。很難想像如果妳被夾在外國阿兵哥恩客對性的期待，和拿走了妳大部分收入的迪斯可舞廳老闆的要求之間，要怎樣在這狹窄的縫隙中努力為自己爭取一點尊嚴。

你可能夢想成為本國外交使節團的高階外交政策專家，但是在追尋這個抱負時，又故意不去想是否能夠維持與伴侶的關係。你儘量不去想你的伴侶是否願意一邊應付外交官的社交需求，同時又得應付因為你們共同生活在媒體的魚缸中得承受的壓力。

如果你夠關注世界新聞，大概就能夠跟開羅的女權運動人士換位思考，不過你會決定抗議標語只用阿拉伯文，還是要把你的政治訊息加上英文翻譯呢？（這樣全世界的 CNN 和路透社觀

抗議性騷擾的埃及婦女舉著阿拉伯文和英文標語。開羅，二〇一三年。照片來源：OPantiSH。

眾就會看到你的革命除了要推翻當前的壓迫政權之外，還包括追求具體的女性主義目標。）

如果你想對國際政治有可靠的認識，這些想像（還有更多）儘管很困難，卻都是必要的。不過，光是發揮想像力還不夠。對於國際政治的女性主義理解需要對所有這些女性的生活，以及你還沒有想像過的女性生活，抱持真正的好奇心。這樣的好奇心將會激發出積極的調查工作，仔細挖掘家庭幫傭、旅館女服務生、女權運動人士、女性外交官、外交官夫人、男性精英的情婦、縫紉女工、女性性工作者、女兵、被迫成為難民的婦女、在企業化農場工作的婦女等，她們複雜的經歷和想法。

也就是說，有助於國際政治的理解，亦即從女性主義角度的理解，需要我們跟著不同的女性深入那些經常被傳統外交事務專家忽略的地方——那些他們認為只是「私人的」、「家庭的」、「地方性的」或「不重要的」的地方。但是，我們將會發現迪斯可舞廳也可以成為國際政治的舞台，某個人家的廚房或你自己的衣櫥也可以。

秘書的辦公桌也可以。例如：讓我們想像一下在外交部擔任秘書的女性。大部分政治評論家對她們的興趣就跟看待標準配備的傢具差不多。但是女性秘書會在國際事件（甚至不乏一些重大事件）中扮演有趣的角色，像是備受爭議的伊朗門事件（Iran-Contra Affair）——揭露了美國曾經在一九八〇年代對尼加拉瓜進行秘密軍事干預；以及一九九〇年代在挪威奧斯陸秘密舉行的以色列—巴勒斯坦和平談判。如果大家都認為國家的命運是由精英男性（和少數精英女性）決定的，又有誰會關注這些女性辦事員呢？答案是女性主義研究者。她們要挑戰一個傳統的假設，即認為關注女性秘書也不會讓我們了解高階的政治動態。女性主義研究者會關注地位比較低的女性秘書，是因為她們知道關心、傾聽、認真觀察這些鮮少被注意到的職業女性，有助於揭開國家高層事務政治操作的帷幕。例如：政府中的女性秘書會讓我們看到女性的忠誠、女性的保密、女性保存的記錄、女性的例行事務，以及男性的地位和男性的控制將帶來什麼影響深遠的政治後果。[1]

拜女性主義學者們的創新研究之賜，我們現在知道要在國際政治中尋找秘書的蹤影。例如：我們最近知道在一九二〇和一九三〇年代，有些具事業心的德國、英國、荷蘭女性會在新成立的國際聯盟（League of Nations）找工作——該國際組織是在可怕的第一次世界大戰後成立的，是以重建國家之間的關係為宗旨。這些女性不僅開創了新局面，成為第一批國際公務員，她們還以女性的身分遠離家鄉追求自己的職業生涯。這些女性不僅會擔任秘書，她們也擔任圖書館員，確保國際聯盟的文書有專業化的製作和保存。由於這些女性職員的努力，我們現在才可以重新對國際聯盟提供具啟發性的評價：國際聯盟除了防止戰爭之外，還是促進國際社會正義的組織。這些女性並不認為自己只是擺飾的傢具。[2]

當然也不是所有女性都被當作傢具。當代的國際政治舞台上也有嶄露頭角的女性，包括希拉蕊・柯林頓（Hillary Clinton）、瑪麗・羅賓遜（Mary Robinson）、安格拉・梅克爾（Angela Merkel）、克莉絲蒂娜・拉加德（Christine Lagarde）、蜜雪兒・巴舍萊（Michelle Bachelet）、艾倫・強森・瑟利夫（Ellen Johnson Sirleaf）和希林・伊巴迪（Shirin Ebadi）。[3] 這些傑出的女性都有她們自己的性別故事可以說（或者也可能故意不說）。不過有一項女性主義的調查顯示：參與國際政治的女性遠比平常看到的新聞標題所說的多出許多。有數以百萬計的女性在國際間活動，然而她們絕大多數都不是希林・伊巴迪或希拉蕊・柯林頓。

如果要確實理解今天（或昨天）的國際政治動態，既需要新的技術，也必須重新調整既有的技術。也就是說，從女性主義的角度理解國際政治，需要獲得像是全新的技能，也需要重新調整以前使用過（但是可能無助於理解戰爭、經濟危機、全球的不公義和精英談判）的技能。男性氣質和女性氣質各自形塑了複雜的國際政治生活，而研究它們如何運作——也就是以性別為出發點的調查——既需要強烈的好奇心、發自內心的謙遜，也需要完整的各種工具，並坦誠的反思那些或新或舊的研究工具是否遭到誤用。[4]

最重要的是必須對複雜多元的女性真實生活和想法感到興趣。這不是說一定要敬佩每一名（生活令你感到有趣的）女性。女性主義關注各類型的女性並不是出於英雄崇拜。當然有些女性的確富有洞察力、具備創新精神，甚至很勇敢。然而經過密切的審視之後，也有些女性被發現是沆瀣一氣、沒有度量或自私的。認真看待所有女性的生活絕對不只是因為敬佩。探尋「女性在哪裡？」是因為我們決心要探究這個世界到底是怎麼運作的。女性主義的挖掘是因為渴望揭露那些會影響到（通常是不平等的）性別運作的想法、關係和政策。

例如，假如有一名英國婦女決定取消她去埃及度寒假的計畫。雖然她覺得埃及充滿「異國風情」，溫暖的氣候令人喜愛，搭乘尼羅河遊船也很令人興奮；但是她對埃及的前政權被推翻之後發生的政治動盪感到緊張，所以她決定改去牙買加。因此她制定的旅遊計畫也為打造目前的國際政治體系發揮了一部分作用。她進一步加深了埃及的金融債務，同時也幫一個加勒比海地區的政府賺到了急需的外匯。而且無論她是出於個人喜好選擇哪一個國家，她都會讓「旅館女服務生」成為一個重要的全球化工作類別。

或是想像一個美國小學老師設計的一個教案是以美洲的原住民「公主」寶嘉康蒂為主題。許多孩子都看過迪士尼的動畫電影《風中奇緣》（*Pocahontas*）。現在這名老師希望告訴孩子們這位十七世紀的美國原住民婦女是怎樣在維吉尼亞州的詹姆士敦（Jamestown）救下英國人約翰．史密斯（John Smith），讓史密斯免於遭到處決，後來她皈依基督教，嫁給一名英國的農場主人，也協助英國殖民美洲的道路。（這名老師也可能在教案中加進寶嘉康蒂後來在一六一四年嫁給約翰．羅爾夫〔John Rolfe〕，這是美國記錄到的第一例異族婚姻。）她的年輕學生在上完這位老師立意良善的課程之後，很可能只記得這類本地婦女很容易被外國占領者迷住的故事。

如果用女性主義的分析視角來看好萊塢女演員的生活，將會賦予新的國際意義。例如在一九三〇年代，好萊塢大亨將各方面均令人耳目一新的巴西歌手卡門．米蘭達（Carmen Miranda）打造成美國的電影明星。接著他們便利用米蘭達來支持富蘭克林．羅斯福（Franklin Roosevelt）總統提升美國與拉丁美洲友好關係的努力。緊接著，有一家國際香蕉公司用她的人像作為商標，在美國家庭主婦和這家跨國農產公司之間建立了一種新的親密關係。不過到了今天，卡門．米蘭達已經成為某種誇張的拉丁女性氣質的原型。不論男女，都有人戴著用水果裝飾的華麗帽子，還把他／她們模仿卡門・米蘭達形象的照片發布到 YouTube 和 Facebook。

或是想像一下今天的一名男性外國士兵和一名貧窮的當地女性之間，這樣的兩性遭遇可能具有的意義：一名在執行國際維和或人道任務的美國（或是澳洲、加拿大或烏干達）男性士兵為了回應戰友討厭同性戀的影射言論，最後便和他們一起去當地的妓院，想要證明他「也是男人」。雖然他可能覺得這只是為了證明自己的男子氣概，但是他想要補強自己受到懷疑的男性身分的嘗試，卻有助於形成他的母國軍隊和由其保護的社會之間的權力關係。他也強化了今天軍隊在國際政治關係中一個重要的灘頭堡：異性戀男性氣質。

女性遊客和旅館的女服務員；學校老師和她的學生；電影明星、她的片廠老闆、香蕉公司主管、美國家庭主婦和當代的 YouTube 狂熱者；男性士兵、妓院老闆和妓女——所有人都在跳著一支錯綜複雜的國際小步舞曲。想要仔細研究這首小步舞曲的性別起因和性別後果的人，正在對當今的國際政治體系發起女性主義調查。

然而這些「舞者」都不能自己發號施令。不過，即使是受害的女性，腦中也不是毫無想法。在以女性主義研究不平等的國際關係時，最重要的是不能夠錯誤（和懶惰）的將所謂「沒有想法的受害者」和「被賦予權力的行為者」逕行二分。即使是被權力體系推到最邊緣的女性，還是會用她們能夠獲得的最少資源繼續評估和制定策略；有時候她們也不是只有私人策略，而是會走向集體組織。不過，承認被推到邊緣的女性還是會有（極度受到限制的）行動，不等於否認某些國際行為者當然比其他行為者更有影響力，也比較容易收穫回報。因此，如果要研究國際政治中的性別運作，我們必須讓權力顯露出來——各種各樣的權力。這種探索可能會令人不太舒服。

權力在哪裡運作？

以**女性主義**的好奇心為出發點的性別研究，當然會問男性氣質和女性氣質的意義是什麼，而這些意義又將如何決定女性被置於何處、以及她們對於自己身處的位置有什麼想法。女性主義的性別分析需要研究**權力**：權力會採取什麼形式？是誰在行使權力？某些性別權力的行使是怎樣偽裝到看起來完全不像權力？

女性主義的性別分析會進一步提出更多有關兩性權力的問題：某種特定形式的、與性別有關的權力會讓誰得到什麼？那些行使這類特定權力的人會遇到什麼挑戰？那些挑戰什麼時候會成功？什麼時候則會受到阻礙？

可以理解的是，我們大部分人更傾向認為，如果公司選用某個行銷標誌，這個標誌的吸引力是文化性，而不是政治性的。我們會想像去牙買加（而不去埃及）度假只是社交性（甚至是美學性）的理由，而不是政治上的選擇。許多女性和男性也更願意相信性關係是屬於個人慾望和吸引力的親密領域，而沒有政治的操作。然而，企業主管選擇某些標誌而放棄其他的，其實是為了迎合消費者對於什麼種族的女性就應該是怎麼樣的刻板印象。政府官員會推銷他們認為的女性之美或是讓女性順從地提供服務，以賺得所需的旅遊收入。民選立法者會制定特定法律來強化某些「社會秩序」的基礎，他們會處罰某些類型的性吸引力，但是卻獎勵其他的類型。權力、品味、吸引力和慾望並不是互斥的。

如果不是密切關注女性——各類型的女性——我們就無法掌握是誰、為了什麼目的在行使權力。這是女性主義的國際研究的核心課題之一。

權力的運作超越國界。試想一下婚姻的權力動態。誰與誰結婚是由哪國政府出於什麼目的而承認的？要回答這個多面向的問題，我們必須關注權力。一名男性公民可以與另一個國家的女性或男性結婚，並將自己的公民身分賦予他的新配偶，但是這樣的做法卻不適用與另一國公民結婚的女性；我們必須研究是誰有權做此規定。握有政治權力的人會利用權力來控制婚姻，因為同性或異性間的婚姻關係會影響跨國移民是否取得國家賦予的公民特權。婚姻即政治。婚姻具有國際性。

婚姻政治還可能因為來自外部的性別壓力而更具國際性，這些壓力包括：殖民統治、新的國際人權規範、跨國的宗教傳播，以及新的國際聯盟會員資格。從一家人的婚禮相簿中，大概很難看出婚禮上有誰行使了什麼國內或國際的權力。我們必須挖掘得更深，就算這種挖掘並不是一件讓人舒服的事情。

認真關注女性在當今國際政治中的位置，以及研究她們是怎麼走到**那裡**的、她們對於自己所處的位置又是怎麼**想**的，在知識上最重要的收穫之一，就是讓我們知道**正在運作中的政治權力其實比大多數不關心性別的評論家告訴我們的還要多得多**。

我說許多評論家都低估了權力，這聽起來可能很奇怪，因為很多對性別**不**感興趣的評論家對於所謂權力現實的洞察似乎賦予了他們權力的外衣，讓他們看起來散發出一種權力的光環。但也就是這群專家評論員，可謂嚴重低估了權力的無處不在和種類，而我們今天生活於其中的國際政治體系就是由這些權力創造和維持的。受邀評論外交事務的專家大多是男性，這件事並非偶然。例如有一項研究顯示雖然白人男性只占今天美國總人口的百分之三十一，但是在美國最具影響力的三個晚間有線新聞頻道中，卻有百分之六十二的專家來賓是男性。[5]

在這些主流、看似「專精」的評論中，最核心的缺點便是有多大程度把權力的運作視為是理所當然、無可避免的，也因此就有多大程度疏於質疑權力的運作方式——換句話說，他們漏掉了多少類型的權力、多少的權力行使和行使者。

如果評論家對性別毫無關心，就會經常將女性在國際事務中的角色歸因於傳統、文化偏好，或是某種不受時間影響的規範，彷彿這之間沒有任何權力行使的痕跡，也不是由誰決定的、或是有人努力在執行這些決定。成為母親的女性要做出哪些犧牲、作為妻子的女性應該優先考慮哪些事情、女性在公共場合的哪些性感行為會被視為無害或討人喜歡的、難民女性應該適用怎樣的受害者身分、女性與其他女性的友誼應該守住什麼界限——其實這些都是用權力塑造的，且塑造者覺得他們自己在當地和國際的利益，有賴於婦女和女孩將這些對女性的特定期待不加質疑的內化。如果女性將這些期待都內化了，她們就會看不到幕後的政治。如果政治評論家也不質疑這些內化，就會接受經過偽裝的權力運作——就好似根本沒有權力在運作。那樣會很危險。

女性只要集體抵制任何一項對女性的期待，都足以使地方和國際的權力體系重新調整。我們將在後文中看到：即使女性的抵抗受到阻礙或是僅有部分成功，也足以揭露是誰在行使權力好維持性別的現狀，以及一旦女性抵抗成功，那些掌握權力的人要擔心失去什麼。這也就是為什麼每個國家——美國、英國、巴西、墨西哥、中國、埃及、科威特——每次出現選舉權運動都會觸發強烈的政治警報。同樣的，今天的移工幫傭為了組成工會所做的每一次努力——以及服裝業和電子業女工的每一次罷工嘗試、香蕉園女工每一次採取行動讓自己在男性主導的工會中被聽見、「出櫃」的女同性戀每一次競選公職、嫁給士兵和外交官的女性每一次想追求自己的職業生涯——不僅有可能顛覆當前的全球體系要倚靠的性別規範和角色，也暴露出哪裡是用權力的運作在維持性別現狀，以及當前的性別現狀會讓誰得利。

因此，如果有誰想真正了解國內和國際的政治，就必須對女性的各種抵抗保持好奇心，無論其抵抗成功與否。

當一個人學會用對性別保持好奇的女性主義眼光來觀察世界，他就會懂得問：是不是有被當作自然的、不可避免的、固有的、傳統的或生物性的東西，其實是**人為的**。他會懂得問各式各樣的事物是如何造成的——消退的冰川、廉價的運動衫、全副武裝的警察部隊、以男性為主的和平談判、浪漫的婚禮、全由男性組成的美國參謀長聯席會議（Joint Chiefs of Staff）。探尋某件事物是如何造成的，意味著那件事物其實是由某位具備某種權力的人塑造出來的。這樣突然就有線索可尋了；指責、功勞和責任都需要對應者，而且不是只有在事情的一開頭，而是在整個過程中的每一個節點。

也就是說，女性主義好奇性別的態度會讓國際政治有更多題目可以研究，因為它將使無數種權力形式的完整運作變得清晰可見。

誰會認真看待跨國女性主義者的想法？

雖然運動人士卓越的積極參與促成了今天多元的跨國女性運動，但還是有許多記者（以及指派其報導的編輯）、外交政策的專家和決策者對於抗拒女性主義的想法保有莫名的自信。

最近一些組織鬆散但是懂得活用社群媒體的跨國女性運動，包括「女孩崛起」（Girl Rising）、「蕩婦遊行」（Slut Walks）、「費曼」（Femen）和「陰道獨白」（Vagina Monologues）（以及隨之發起的「V Day」活動）。上述運動都不是固定的，也不仰賴領薪水的員工或實體總部。每一次運動都會根據當地的需求和條件調整她們的行動和訊息。這些組織的顯著特徵是精通網路、具有女性主義的創造力並公開表現出對常規的挑戰。[6]

同時，也有許多組織性比較明確的跨國女性主義團體和網絡在挑戰當今國際政治的傳統運作方式。以下是一份不完整的清單：

- 生活於穆斯林法律下的婦女（Women Living Under Muslim Laws）
- 國際黑衣女性網絡（International Network of Women in Black）
- 婦女生育權全球網絡（Women's Global Network for Reproductive Rights）
- 國際婦女健康聯盟（International Women's Health Coalition）
- 我們的身體是我們自己的全球網絡（Our Bodies Ourselves Global Network）
- 立即平等（Equality Now）
- 國際小型武器行動網絡的婦女網絡（International Action Network on Small Arms Women's Network）
- 婦女性別正義倡議（Women's Initiatives for Gender Justice）
- 國際家庭幫傭網絡（International Domestic Workers Network）
- 國際男女同性戀人權委員會（International Gay and Lesbian Human Rights Commission）
- 國際婦女和平自由聯盟（Women's International League for Peace and Freedom）
- 婦女、和平與安全非政府組織工作小組（NGO Working Group on Women, Peace and Security）
- 衝突地區婦女網絡（Women in Conflict Zones Network）

「國際婦女和平自由聯盟」是在一個世紀前（即第一次世界大戰期間）由跨國的女性主義和平運動人士創立的。[7] 相較之下，這份清單上有許多團體則是在一九九〇年代之後創立的。直到今天，仍還有新的跨國網絡和聯盟正在發起。每個網絡都有它

會裸露上身的直接行動女性主義團體「費曼」的共同創辦人安娜・赫特索爾（Anna Hutsol）和她的母親，攝於烏克蘭的家鄉，二〇一三年，之後便發生了赫特索爾和其他「費曼」運動人士遭到人身攻擊的事件。照片來源：Dmitry Kostyukov/The New York Times/Redux。

自己關於性別議題的國際政治史。

這些團體的女性主義運動家的意見也並非總是一致。成員們會彼此爭論，議題包括是什麼原因造成了什麼結果、什麼目標應該優先考慮、應該專注於抗議或是遊說國際上哪一個有權力的人。她們彼此間會爭論有哪些妥協可以接受、哪一些則不行。但是這些具有組織性的團體的運動人士也有很多共通點：都是由女性領導人帶領；都在促進草根運動人士的自主權；都鼓吹女性不僅要參與地方政治，還要參與國際政治；都會與其他團體互相結盟，不論是全女性的團體，或是混合了男性和女性的網絡；都要仰賴捐款者、實習生和志工；都在監控特定國際政治領域的趨勢和決策；都會在自己的網站上發布數據和分析（通常是以多種語言發布）；都會根據依性別意識所做的研究和分析制定運動戰略，挑戰女性所經歷的壓迫、以及某些男性和男性氣質的特權做法；政治運動都不只針對政府，也會針對媒體、國際機構和企業。[8]

為什麼我們大部分人都不常在晚間新聞或是主要的網路新聞網站上聽到、看到這些組織的名字呢？因為編輯、主流專家和某些學者會用一些策略來否認這些團體的見解和影響也有分析（抑或說明）的價值。一個人們經常會用來忽視這些跨國女性主義網絡工作的理由是，貶低它們只代表某種「特殊利益」。相較之下，國際專家則可以宣稱他（有時候是她）有興趣的是「大局」。也就是說，一般普遍的假設是，占這個世界上一半的人口——隨便舉例——只像是伐木公司或足球俱樂部；因此她們的行動不能夠用來解釋世界，都只是為了提升她們自身的有限利益。

當代的這些全球性婦女倡議團體的想法和行動理應受到仔細的權衡，也不應該被自動的接受，但是她們的想法和行動沒有受到認真的對待，還有第二個理由，那就是認為這些女性主義運動家著眼的政治場域幾乎都只在家庭裡或是私人的，而不是所謂「重大」的公共領域（例如軍事安全或政府債務）。換句話說，傳統上不認真對待跨國的女性倡議，背後的想法是對「安全」、「穩定」、「危機」和「發展」有不符合實際的狹隘理解。這四個概念都是那些擔心國際大局的人最關心的。安全、穩定、危機和發展這四項議題也一向被認為絕對和以下事項無關（也不受其影響）：女性被當作沒有酬勞或只有過低酬勞的勞動力、女性在婚姻中的權利、女孩無法接受教育、女性的生殖健康、男人對女人的性暴力或其他形式的暴力，以及軍隊、警察部隊和政黨的男性傾向。傳統的「大局」似乎只是畫在一張縮水的畫布上。

第三個理由，這些女性主義跨國團體的分析和行動遭到忽視，是因為她們的運動被毫無道理的認為注定失敗——她們的報告從來不會被引用，她們的組織成員從來不曾以專家身分受邀演講，她們的領導人或運動人士也從未受到採訪。隱藏在這種理由背後的觀念認為，挑戰在今天的國際事務中根深蒂固的男性特權和做法，是沒有希望的，這種挑戰很天真，因此也不值得認真關注。還有一種極端跳脫歷史脈絡、令人震驚的主張進一步支持這種難以撼動的論點，它認為：（一）女性取得的所有進展都不是因為女性在政治上提出理論和進行組織，而是因為開明的男性掌權者賦予女性這些進展；（二）我們整體來說「一直」都能理解諸如「生育權」、「性騷擾」、「計畫性戰時強暴」和「玻璃天花板」這些有用的政治概念。（二）的主張忽略了一個事實：這些具有啟發性的概念都是由特定運動人士在近代政治史的特定時刻精心構思並帶給我們其他人的。

不論這三種理由有沒有被明白地說出來，它們和其背後的假設都是今天的國際政治運作中不可切割的一部分。這三種主張都否認了跨國女性主義組織的重要性和在分析上的價值——**正是**國際政治的本質。

專業的國際政治評論家極少認真看待女性的國際政治經驗或是女性的國際政治性別分析，這個政治現象本身就亟需認真對待。這麼多非女性主義取向的國際評論家都**忽視**的內容，已經由新興的學術領域（性別與國際關係）展開探索。也就是說，密切注意經常被忽視的議題，並解釋其原因和後果，的確可以得到豐碩的成果。[9]

同時，我們也更需要好奇是誰不關注女性的經驗——例如在戰爭、婚姻、貿易、旅行、革命、農園和工廠工作的經驗。如果女性對這些國際事務的經驗被視為無足輕重、只能算是一些「人性化」的故事，會有誰得到好處呢？換句話說，國際政治研究者要想辦法搞清楚：如果女性的經歷和女性的性別分析只被視為一種點綴、幾乎可以只當作消遣看、不可能有意義地說明正在發展的全球事件的起因，那麼會有誰得到好處呢？其回報會是政治上的。

讓我們回想一下一種常見的新聞小手段：用女性的照片或是一小段女性的影片來帶出一個新故事，尤其面露悲傷的女性似乎對編輯特別有吸引力，但是，接下來就只會採訪男性，以構成該篇新聞報導的主要內容。大部分國際事務的報導都會假設只有男性——不同的男性、對立方的男性——才能對我們正在試圖理解的事情說出什麼有用的話。女性主義者經常會計算某個政治新聞報導採訪了多少男性和多少女性。六比一或七比零是很常見的比例。[10]

在二〇〇〇年之後，已經有許多女性（尤其是年輕女性）利用新的社群媒體來打破現有主流媒體的男性特權之牆。女性日漸成為技巧嫻熟的部落客、Twitter、Tumblr、YouTube 和 Facebook 用戶。還有一些女性主義的記者創建了非主流的獨立國際媒體，其中最著名的便是線上的國際新聞服務「Women's eNews」，它委由當地女記者報導有關女性的政治故事，而較大的媒體公司通常會忽略這些故事。[11]

主張婦女參政權的蘇格蘭女性瑪麗·菲利普斯（Mary Phillips），在販賣提倡婦女參政權的英國報紙《投票》（*The Vote*），一九〇七年。照片來源：Museum of London。

但這些新出現的新型媒體倒也不是女性第一次試著靠打造其他媒體，好讓女性的政治議題、女性的批判性分析和女性的政治活動被別人看見。在一九〇〇年代初期，主張婦女參政權的人（suffragists）就打造了自己的印刷機和出版社，發行獨立的海報、小冊子和報紙，好讓她們的同胞知道為什麼女性運動人士主張女性應該享有和男性同樣的投票權。

接著到了一九八〇年代和一九九〇年代，女性主義者在印度、墨西哥、英國、美國、加拿大、義大利、德國、荷蘭、瑞士、西班牙、澳洲、南非、日本、南韓、瑞典、巴基斯坦和土耳其創辦了幾十家雜誌、出版社、檔案館和書店，要為當真有數以千計的女性作者提供媒體管道；這些作者會撰寫女性主義的歷史、小說、詩歌、回憶錄、政治理論、健康指南、調查新聞和電影評論。還有其他女性創辦了女性廣播節目和紀錄片發行公司。參與這類媒體政治的許多女性都知道其他國家也有女性在做同樣的事情，她們會閱讀及散播彼此的出版物、參觀彼此的書店，並跨越國界去交換彼此的鼓勵和實用的建議。[12]

這些在過去及現在、地方上和國際間的女性主義媒體創新雖然一直以來的確能夠提供非主流的資訊和視野，但是它們從以前到現在一樣都沒有足夠的資源（例如能在北京、開羅、奈洛比、倫敦、東京和里約熱內盧開設新聞分社的資源）。它們也不像資本雄厚或國家資助的大型媒體公司——例如教科書出版商、網路和有線電視公司、國家廣播電台和報紙、網路公司以及大型電影製片廠——那樣能夠發揮文化和政治影響力。這些大型媒體公司的目標就是刻意追求國際化。它們不是鐵板一塊，但是它們合起來，就可以決定什麼會被當作「國際」、什麼會被定義成「政治」、什麼會被覺得很「重要」、以及誰會被尊崇為「專家」。[13]

因此，我們必須探究和仔細思考，這些具有影響力的媒體公司（雖然它們也存在差異）普遍將女性（不論有無組織）貶低得無足輕重，所帶來的風險。當我們試著要解釋為什麼國際政治會踏上現在的道路，我們就會發現每一次貶低都使我們倒退了幾步。

我們漏掉了什麼：兩則簡短的案例研究

第一個案例：跨大西洋的反奴隸制運動。雖然存在女性主義的歷史學家，但我們很容易將一八〇〇年代初期和中期的跨大西洋反奴隸制運動描述成純男性的運動。奴隸貿易，以及由奴隸貿易所推動的棉花、菸草和糖出口帶來的利潤，是全球性的生意。挑戰這種貿易會巨幅改變當代的國際政治。這一點是受到公認的。不過一直以來受到公眾讚揚的反奴隸制運動人士都是美國男性，例如弗雷德里克·道格拉斯（Frederick Douglass）、約翰·布朗（John Brown）和威廉·勞埃德·加里森（William Lloyd Garrison），以及他們的英國盟友、廢奴主義者威廉·威伯福斯（William Wilberforce）。得要感謝非裔美國女性主義歷史學家的努力，才讓廢奴主義者索傑納·特魯思（Sojourner Truth）的政治貢獻獲得承認。[14] 除了女性主義歷史學家之外，根本沒有人注意到比較少人知道的英國／美國的女性運動人士，這些女性在一八〇〇年代初期和中期都曾經發起反奴隸制的群眾運動。她們不僅會制定策略和發起運動（例如：糖的抵制運動是靠反奴隸制的英國女性撐起來的，她們還發起大規模的請願），而且這些不論黑人或白人的女性運動人士也克服種種困境——包括缺乏投票權、被拒於政府大廳之外、旅行及通訊的障礙（寄自倫敦的信件要花兩週多才會到達波士頓的反奴隸制中心）——建立起一個真正起到作用的跨大西洋聯盟，這是世界上最早的跨國婦女運動之一。[15]

如果直到今天我們還是堅持要把早期的這件重要的國際政

治運動說成全是男性的事件，那麼我們會漏掉什麼呢？首先，我們會嚴重低估奴隸制的擁護者需要擁有多少種族和性別權力，才能夠這樣長久的維持奴隸貿易和奴隸勞動制度。如果那些因為奴隸制而享有既得利益的人其實只需要面對男性的反對者，而毋須面對女性廢奴主義者所展現的精力、政治改革和家庭消費知識，說不定他們還能夠維持這個剝削的種族主義制度更長一段時間，或者只需要花比較低的政治成本。

其次，如果一直忽略英國和美國的女性廢奴主義者也有自己的想法和行動，我們就會低估跨大西洋反奴隸制運動本身內部的緊張關係：為了使運動維持數十年、面對難以克服的反對聲浪，反奴隸制的男性／女性運動人士不只必須協調他們之間對種族、財產、自由和人性意義的不同看法，還必須努力解決他們之間對於女性氣質、男性氣質、何謂得體以及婚姻的分歧爭議（例如：以當時的婚姻形式本身來說，是否如一些女性廢奴主義者所認為的那樣，只是一種比較斯文的奴隸形式？）[16]

最後，在廢除奴隸貿易和奴隸勞動的國際運動中，如果我們認為只需要認真看待男性反奴隸制運動人士，那麼勢必會遺漏該政治運動中最重要的結果之一：一八〇〇年代末和一九〇〇年代初的運動終結了只有男性享有選舉權的政治制度。婦女選舉權運動雖然也存在矛盾和缺點，但它仍是世界上最徹底的民主化運動之一，而且也是全球性的。[17]

但是大多數大學課程，即使其課程宗旨是讓學生有足夠的技能確實理解民主化、政治動員和國際政治，大都缺乏對國際性別政治（不論是廢奴主義或婦女選舉權運動）所做的研究。

第二個案例：國際《武器貿易條約》（Arms Trade Treaty）。這個條約花了八年的時間才通過。過程必須籌募資金；必須依性別收集數據；必須訪談女性、訪談還需要翻譯；必須提升意識；必須組成會議；必須取得簽證和前往紐約的飛機票；必須將不同的優先事項和理解表達出來、進行協調；必須組織聯盟，然後必須維護和重組。[18]不過在二〇一三年四月二日，聯合國大會（United Nations General Assembly）的成員國以多數決（一百五十四票贊成，三票反對，二十三票棄權）通過了世界上第一個國際性的《武器貿易條約》。出口步槍、手槍、榴彈發射器以及這些武器的零件和彈藥等小型武器的政府和公司將首次受到國際法的約束，並要明確評估這些武器是否會被輸入國用於違反國際人權的目的。這點是全新的規定。

十三頁的正式外交語言中隱藏了一項跨國女性主義取得的成功：第七條第四項。其中載明：「締約之出口國在評估〔允許出口小型武器的潛在「負面後果」〕時，應該考慮第二條第一項之常規武器是否會被用於第三條或第四條之風險，亦即實施或協助基於性別的嚴重暴力行為、或侵害婦女和兒童的嚴重暴力行為。」[19]

用了八年時間和數十名女性的跨國關心和跨國遊說，才加入了這項關鍵的內容：**基於性別的暴力**。還不止於此。因為**基於性別的暴力**這個備受爭議的內容是放在《武器貿易條約》的這一條，所以它對《武器貿易條約》的簽約國政府會取得約束力，而不只是建議性質。

政府官員在評估本國槍枝製造商要出口任何小型武器的合法性時，須加進「基於性別的暴力」作為評估標準，遭到了某些具影響力的組織和有力的政府官員強烈抵制。

提出應將「基於性別的暴力」作為評估標準的，是由女性主義者領導的跨國聯盟。而其核心包括三個組織：「國際婦女和平自由聯盟」（WILPF），尤其是該組織在日內瓦和紐約（與聯合國隔街相望）的國際工作人員；「國際小型武器行動網絡」（IANSA）的婦女網絡；以及「防止戰爭及武裝衝突全球行動」（Global Action to Prevent War and Armed Conflict）。這三個組織在世界各地都有分支機構在積極活動。她們聯合起來遊說各國政府的聯合國代表支持在《武器貿易條約》中納入**基於性別**

的暴力，並「賦予其約束力」，關於這段故事的迂迴轉折此處無法完整講述，不過這個故事的重點就是這些運動人士傾聽了女性的聲音，而且對女性在當今的國際槍枝政治中的位置提出了質問。

大多數不具女性主義關懷的運動人士在推動《武器貿易條約》時，會把注意力放在出口數據、進口數據、武裝衝突的模式、槍枝出口國政府及武器製造商共謀促成的破壞性武裝衝突。大多數主流新聞的報導資訊也都來自這些人的分析。而 IANSA、WILPF 和「全球行動」的女性則做了不一樣的事：她們更深入探索武裝衝突、釐清槍枝的性別動態（包括槍枝暴力的原因及後果）。在馬利（Mali）、剛果、巴西、菲律賓等國的 IANSA 女性運動人士已有多年經歷暴力的經驗，這點發揮了重要作用。她們會問「女性在哪裡？」「槍枝又在哪裡？」她們會採訪一些女性，了解槍枝在她們的日常生活中會出現在哪裡。她們會揭露政治上的衝突如何演變成性別衝突。她們揭發集團的武裝暴力和家庭內部的暴力之間存在著因果關係。她們也證明了即使是未開火的槍枝，也會讓男女之間的關係充滿恐懼和恫嚇。她們聽取了婦女在社區／家庭中與槍枝一起生活的各種經歷之後，描繪出了一幅大致的圖像：槍枝的大規模國際出口撐起了性別暴力，在國際上和國內成為父權制的支柱。

梵蒂岡是聯合國的《武器貿易條約》談判中一個關鍵的角色。和巴勒斯坦代表團一樣，梵蒂岡也有聯合國的「觀察員身分」。這個身分讓梵蒂岡代表能夠參與投票國代表之間的重要討論，梵蒂岡的意見和解釋也經常具有重要的分量。聯合國的每一次條約談判都會由參與國決定是否要讓觀察員對最終提案有投票權。而《武器貿易條約》的進行過程並沒有讓觀察員參與投票。但是梵蒂岡代表在各階段的談判過程中一直都在，也甚具影響力。由梵蒂岡的代表帶頭，讓俄羅斯、敘利亞和伊朗的聯合國代表組成了女性主義者口中的「邪惡聯盟」。梵蒂岡主導抵制將**基於性別的暴力**一詞納入《武器貿易條約》，其代表多年來一直對男性和女性的社會架構感到深惡痛絕。因此他們不要「性別」。他們反而要求使用比較具父權色彩的措辭——**對婦女和兒童施加的暴力**。此外，梵蒂岡也只想把這條內容（對婦女和兒童施加的暴力）插入條約的前言。也就是說，他們同意將「對婦女和兒童施加的暴力」放入最終條約中作為制定這項新跨國協議的理由，但是反對將之作為政府在評估自己的槍枝出口時，有義務適用的、具約束力的標準。

梵蒂岡也不是唯一這麼主張的。梵蒂岡獨自的角色從來不具有決定性。許多政府和遊說團體都同意放入「對婦女和兒童施加的暴力」這類傳統用語，並僅將其列為限制小型武器國際貿易的眾多理由之一。他們不接受放入政治意涵更明確的解析性用語，像是**基於性別的暴力**，或是將其作為強加於政府評估輸出武器的合法性時的正式標準。

但想法很重要。文字很重要。放的位置也很重要。WILPF 和 IANSA 的婦女網絡以及「全球行動」的女性戰略專家（包括雷伊·阿切森〔Ray Acheson〕和瑪麗亞·巴特勒〔Maria Butler〕）都逐一對各國代表團解釋，為什麼不論是**對婦女和兒童施加的暴力**這樣的用語、或者是只把它放在不具約束力的前言中，都遠遠不夠——亦即，為什麼這兩種做法都無法符合女性生活的現實。最後有一百多個國家的代表團公開支持將**基於性別的暴力**納入，而且放置條文的位置要讓每個輸出國的政府在評估過程中，都必須將其視為具約束力的標準。冰島和列支敦斯登（Lichtenstein）的聯合國代表雖然是小國代表，但是對於支持 WILPF 和 IANSA 的女權運動人士方面特別有幫助。

女性主義者最後終於獲得政府的廣泛支持，這是許多女性運動人士花費大量時間到處說明的成果。首先是「婦女和兒童」不應該被混為一談，而且都只被當作受害者。其次，在聯合國走廊上展開說服工作的女性主義運動家向各國代表們解釋：如果以「性別」來描述暴力，就可以看見在槍枝出口的國際政治中，的確存在男性氣質的運作，也存在厭女政治。第三，她們向數十名代表解釋：必須以法律規定讓輸出國政府有義務釐清該小型武器是否有可能在進口國被用於實施普遍存在的性別暴力，該條約才有意義。

在經過多方角力後，《武器貿易條約》的最終版本於二〇一三年四月二日在聯合國大會上通過（敘利亞、伊朗和北韓代表投下三張「反對」票）。這是許多行動者經過多重努力以及各種形式的分析之後的成果。但，如果不是因為我們問了「女性在哪裡？」，我們就會忽略是誰、為什麼想要弱化《武器貿易條約》。如果我們不重視 WILPF 和 IANSA 這些女性們的想法和積極行動，我們就會錯過創新的女性主義思想，忽略了槍枝的國際政治經濟學和關於戰時性暴力、家庭暴力以及嚴重限制女性的經濟和政治參與的恐嚇過程的政治經濟學都有因果關係。此外，我們也會錯過女性主義式的傾聽、資料收集、分析和策略制定，這些做法都可以讓政府之間具開創性的國際協議轉變成促進婦女權利的工具。

打造《武器貿易條約》的性別政治花了好幾年時間，但在二〇一三年四月這些性別政治才剛要開始。《武器貿易條約》必須獲得個別政府的批准才會開始運作。每個國家都有許多足以支持和反對該條約的根據。各個國家之中有誰會猶豫是否要以「基於性別的暴力」作為具有約束力的標準？有誰會認為納入這類內容會賦予《武器貿易條約》積極的力量？觀察各個國家在批准過程中的辯論，將有助於從性別角度了解步槍、手槍和榴彈發射器的國際政治經濟學。關於《武器貿易條約》的性別故事其實還有後續篇章：在那些批准了《武器貿易條約》（即簽署同意受到該義務拘束）的國家，當其官員必須評估他們出口的槍枝是否會造成普遍的性別暴力時，應該向誰尋求專家建議呢？IANSA 的女性嗎？[20]

男性在哪裡？

我們大概很少注意到許多政府看起來都還是男性俱樂部，偶爾才允許女性加入。當我們在看俄羅斯的內閣成員、華爾街核心圈、中國政治局或歐洲央行行長的照片時，很容易忽略照片中的所有人幾乎都是男性。一九八〇年代英國首相柴契爾夫人（Margaret Thatcher）的存在最明顯的作用之一，就是打破我們對性別的麻痺。柴契爾夫人本人並不是女權倡議者，不過當她在一九八七年出席威尼斯舉行的會議，站在法國的密特朗（Mitterand）、日本的中曾根、美國的雷根（Reagan）等政府首腦旁邊時，我們就會突然注意到其他人都是男性。在二十五年後的另一張照片中，當德國總理安格拉·梅克爾與八大工業國組織（Group of Eight）的其他全世界經濟強權的政府首腦站在一起時，也有類似的喚醒性別意識的作用。照片中只要出現了一名女性，就讓我們很難忽視其他人都是**男性**。

一旦我們開始意識到男人的男人身分，就更有可能會對男性

七大工業國組織（G7）出席高峰會（包括柴契爾夫人），攝於威尼斯，一九八七年。照片來源：Daniel Simon/Frank Spooner Pictures, London。

氣質產生好奇（「像個男人」意味著什麼？），也會對各種男性氣質的等級高低競爭感到好奇。

如今人們普遍宣稱我們生活在一個「危險的世界」（dangerous world）。這個用語在冷戰的四十年間經常被提及，當時美國和蘇聯都會使用核武，這種威脅提高了國際對立的風險。高聳的紐約世界貿易中心（World Trade Center）在二〇〇一年九月遭到攻擊，更加凸顯了「我們生活在一個危險世界」的想法。二〇〇一年之後有數不清的美國政治人物呼籲要限縮公民的隱私權、限制正當程序的法律保護、放鬆監控機構的行動自由、讓地方上的警察部隊配備更重型的武器、將新移民視為潛在威脅、使用武裝的無人機、對美國國際盟友的反民主行為睜一隻眼閉一隻眼，還辯稱上述每一個舉措都對「反恐戰爭」有所貢獻。

接受「我們生活在一個危險的世界」這樣的想法有許多令人質疑的後果，其中之一便是讓特定形式的男性氣質取得優勢地位，並同時讓大部分的女性和女性氣質居於從屬地位。在「危

八大工業國組織的領導人出席高峰會（包括安格拉．梅克爾），另外還有歐盟委員會（European Commission）和歐洲衝突官員，攝於北愛爾蘭，二〇一三年。照片來源：Matt Cardy/Getty Images News。

險的世界」中，男性通常會被想像成天然的保護者。生活在危險世界的女性則被認為是需要受保護的人。一旦被歸類成需要受保護的人，通常會被認為得「待在家裡」才安全，也無法實際評估其「出來外面」的危險。

只要跨越了世代或文化的界線，對男性氣質的想法就會不同了。所以得探索特定地區、特定時間的男性氣質如何運作，以及不同男性氣質的排序，而且還要追蹤好幾代。[21] 這些比較可能會揭示出令人驚異的相似之處，但也可能顯露出巨大的不同。男性氣質的競爭會對不同的男性氣質做出互相比較和不平等的排序：有些競爭會比較哪一種男子氣概的表達最「現代」、最「理性」、最「強硬」、最「柔和」或較為「軟弱」。女性在這類競爭中會遭到邊緣化，除非她們能夠讓人信服的用某種男性的說話和行事風格包裝自己（但是這樣又會被嘲笑「不像女人」）。就像是英國人對於英國第一位女性首相的常見評價是：「柴契爾夫人是那間屋子裡最強硬的一個漢子。」

男性氣質的政治競爭會使得（除極少數之外的）所有女性被邊緣化，但在這類競爭中女性氣質也總會有其扮演的角色。父權社會中的關係和不平等都是因為特定男性氣質取得了特權地位，而女性只能居於從屬地位和依賴男性，在該社會中所有被認為是女性的東西都可能受到貶低。其結果便是對立的男性會經常用具負面印象的女性氣質來彼此攻擊，目的是抹殺對方擁有的所謂男性屬性，例如力量、勇氣和理性。[22] 這種把女性氣質套用到男性身上的做法不僅發生在競賽場和地方選舉，也發生在國際核武政治中。[23]

此外，這種指責對方具有女性氣質的男性氣概的競爭，不僅塑造了戰爭和國家安全的國際政治，也形塑了家庭幫傭、性工作者、妻子、工廠女工和農園女工的國際政治。這類競爭會決定什麼只能是「女性的工作」，也因此有男子氣概的男人就不適合這些工作。甚至，關於有男子氣概的男性和女性之間該怎樣發展性關係的假設，又會如何助長女性在工作中和工作外所受到的性騷擾？

傳統的評論中如果要分析有國際政治影響力的人，會針對他們的國家、族裔和種族身分，或是他們在組織中的職位、他們的階級出身、他們賴以為生的工作、有時候還有他們的性偏好。但是很少有人會對男性身為**男人**的身分進行分析——他們自小就被教導要如何像個男人、如何不成為「女孩」、如何以男子氣概來評量其他男人的可信度或能力。如果有國際評論家對男性氣質感興趣，通常是因為他們想要理解「偉人」，例如拿破崙（Napoleon Bonaparte）、林肯（Abraham Lincoln）、毛澤東、曼德拉（Nelson Mandela），而不是因為他們想試著理解男性工廠主、男性中階官員、男性香蕉工人或男性觀光客。正是由於缺乏「女性主義式的好奇心」，這些評論才會不容易注意到，男性在執行工作、發揮影響力、建立盟友或尋求紓解壓力時，讓其他男性看到他們男性氣質的努力。這些努力也包括男性日常在追求不穩固的男性地位時，會嘗試利用各種女性（有時也會遭遇挫敗），而缺乏女性主義的好奇心會使這些男性的行為遭到危險的忽視。

不只是全球受害者

無論是右派或左派，有些男性和女性在積極投入運動，希望影響本國的外交政策之際，會呼籲女性要掌握更多有關國際議題的知識、要更了解「世界正在發生什麼事」。他們告訴女性：「妳必須要更關心國際事務，因為它會影響妳的生活方式。」這個主張的要點是，女性必須投入寶貴的時間和精力來了解在自己國家之外發生的事件，因為她們——女性——是那些事件的**客體**。例如：一名在愛爾蘭軟體公司任職的女性必須要多了解歐盟，因為歐盟委員會在布魯塞爾（Brussels）所做的決策會決定她的工資，甚至將決定她在工作中要面臨的危險。一名美國婦女也會被鼓勵要了解在敘利亞的戰爭，因為中東的政治競賽會影響她的孩子是否能夠擁有一個安全的未來。

這個傳統的論點有兩點值得注意。首先，那些說女性應該「掌握知識」的人並不是在邀請女性利用自己的女性經驗重新詮釋國際政治。如果在詮釋歐盟和中東的政治如何運作時，沒有加入女性氣質、男性氣質或父權制的概念，即使有更多女性開始聽取這些毫不關心性別議題的國際專家的意見，大概也還是不會加入。因為這些說服女性該怎麼做的人並不覺得密切關注女性的複雜經歷有助於理解國際政治，因此，我們很可以理解有許多女性，尤其是那些已經把精力花到極限的女性，會很猶豫再把寶貴的時間花在研讀敘利亞戰爭或是布魯塞爾的決定。

不關心性別議題的運動人士（無論男女）在提倡女性應該更了解外國事務時，通常會將女性描述成國際政治體系的客體，或甚至是受害者。女性應該要懂資本主義的全球化、中東發生的阿拉伯之春（Arab Spring）、聯合國的運作或是氣候變遷，因為每一件事都會影響到她們。在這樣的世界觀中，女性永遠是**受到**影響的一方。她們是服裝工廠災難的受害者、是戰時性侵害的目標，她們會被販賣、只能領低薪、遭到物化。女性很少被視為世界的詮釋者或改造者。她們很少以**思想家**和**行動者**的身分被看見。

如果要求女性參與一場國際運動——要她們爭取和平、為難民發聲、反對戰爭、傳播宗教福音、反對飢餓——但是卻不覺得她們能夠定義問題所在和原因，對許多在地方上參與的女性來說，這就像是抽象且空想的改良，與她們為了讓家庭和族群過上更好的生活而投入的戰鬥完全無關。

許多國際政治的書籍都讓讀者覺得「這些事都太複雜了，就是一些根本不知道、也不在乎我的存在的人所決定的」。即使是在官方自稱為社會主義的國家，資本主義經濟的傳播也彷彿潮汐一般不可避免（雖然我們現在知道它其實並非不可避免）。政府利用科學和官僚主義，變得越來越有能力傷害人民、破壞環境和各種夢想。這些政府及其盟友發展的國際關係利用了我們的勞動力和想像力，但是我們似乎無力改變它們。這些關係所創造的世界似乎正在把塔可餅和壽司變成無聊的速食、正在破壞雨林、融化北極冰層、讓色情作品全球化，並且讓數十種文化下的人適應一種共通的高風險銀行的新文化。人們會嘆著氣闔上大多數有關「國際安全」或「國際政治經濟學」的書籍。它們的本意是要解釋相關運作，但是它們提供的知識卻讓人覺得：專注於與自家切身的問題可能比較值得。

最重要的是，這些對國際事務的分析讓人留下的印象卻是「家」與國際政治沒有什麼關係。許多主流解釋認為家應該被想像成是女性的地方——符合女性氣質的女人和嬌柔的女孩最能感到舒適的地方，有男子氣概的男性和真正的男孩也應該時不時停下來補充能量的地方。其結果就是讓國際政治屬於男性的想法更加深入人心。

深入鑽研國際政治還有另一種動機：便是在其中看到自己，而不只是受它影響。不過要做到這一點，便需要重新劃定「國際」和「政治」的界限：要看到自己的家庭動態、消費行為、旅行選擇、與其他人的關係和看待世界的方式其實都有助於形成這個世界。我們不是只有被動受到影響，我們也是行為者。然而，即使不認為自己屬於任何精英階層，只是承認自己是國際的行為者，就可能令人感到不安。人們會發現自己也常是創造出這個令人沮喪的世界的共犯。

從過去到現在的每一天，這個世界都在持續被創造。對於女性氣質和男性氣質的想法和做法——再加上控制女性的嘗試——就是創造世界的核心。對傳統的挑戰和對那些控制的嘗試做出抵抗也是。看清那些試圖控制的嘗試、並繼之做出抵抗並不總是一件容易的事。政策制定者很可能覺得處理槍枝和金錢，而不是女性氣質、婚姻和性之類的觀念，才比較「有男子氣概」（即使現在有些政策制定者自己就是女性）。他們和大多數評論者，會試著隱藏和否認他們其實得依靠女性去當女工、做個正經和忠誠的妻子、發揮其「教化的影響力」、作為性的客體、做個聽話的女兒、不支薪的農民、端咖啡的運動人士、花錢的顧客和遊客。如果能夠揭露出他們其實要仰賴女性化的女性，就能夠彰顯出這個世界也在倚賴人為的男性觀念。

其成果便是讓這個看似難以抵抗的世界體系可能開始變得比我們所想的更脆弱、更容易發生根本性的改變。

因此，這本書只是一個開始。書中借鑑了女性的理論和組織工作，包括一八九〇年代的英國女性、一九五〇年代的阿爾及利亞（Algeria）女性、一九八〇年代的菲律賓女性、一九九〇年代的智利女性和二十一世紀初期的埃及女性。本書中大多數的結論並非定案式的結論。當讀者們用自己對於女性及男性氣質的國際化政治經驗來驗證這些描述和解釋時，在頁面空白處所寫下的筆記，也將有助於創造一個不同的世界，其價值絕對不亞於本書中貌似鐵律的印刷文本。

第 2 章｜女性旅行者、選美皇后、女性空服員和旅館女服務生

旅遊業的國際性別政治

美國人到法國旅行走訪第二次世界大戰的戰場；英國的瑜珈愛好者飛往峇里島靜修；俄羅斯人到土耳其的海灘度假；男／女同性戀被泰國熱情好客的文化吸引去泰國度假；日本人到夏威夷學習草裙舞；來自不同國家的人到私人狩獵保護區射殺瀕臨絕種的動物。今日，旅遊業吸引了數百萬名遊客前往越來越多的目的地。中國在二〇一三年已經成為最受外國遊客歡迎的目的地之一，同時，中國人遊客也成為世界上數量最多的海外遊客（其人數和開銷都超過了德國人和美國人）。[1]

幾乎任何地方都可以成為旅遊景點：古代遺址；沙灘；清真寺、佛教寺廟、教堂或猶太教堂；受人喜愛的作家故居；著名暗殺事件的發生地；大猩猩的棲息地；沙漠、珊瑚礁或火山。只要哪一個地方變成了觀光勝地，人們就會出錢找人帶團參觀，而且在參觀時必須要有地方住、有東西吃。有越來越多國家依賴旅遊業賺取出口收益。像是牙買加、巴哈馬、薩摩亞、斐濟和盧安達等國有百分之四十的出口收益來自旅遊業，這個比例令人震驚（或令人沮喪）。尼泊爾、克羅埃西亞、埃及、坦尚尼亞和摩洛哥等國家的出口收益則至少有百分之二十是仰賴旅遊業。[2]據估計，二〇一二年有十八億遊客在世界各地旅遊，創造了全球百分之七的就業機會，產生的收入則至少占全球國內生產毛額的百分之五。[3]

旅遊業已經成為一門大生意。休閒旅行則已經成為世界事務中重要的一環，它會替政府和私人公司帶來收入和利潤、創造出高薪的職業和剝削的工作，並引誘數百萬人到訪離他們家鄉很遠的地方。遊客會對他們在途中遇到的人、他們品嚐過的食物和他們經歷到的做事方法形成某些想法（有些是新的，有些則只是重新確認）。服務這些遊客的人也會對遊客形成自己的看法，例如認為遊客很挑剔或懂得尊重人、喜歡炫富或是懂得錢財不露白。旅遊會帶來情感、慾望、怨恨、讚美、友誼和輕視。

討論國際旅遊業時，很容易忽略其中的性別之分。當我們提到「旅遊業」和「酒店集團」時，不會覺得需要區分女性和男性在其中扮演的不同角色。我們可能會提到各國的國際收支平衡、不負責任的度假村開發和大量遊客湧入帶來的環境風險，但是在講述這些事情時，大概不會讓人覺得有關男性和女性氣質的觀念會造成任何影響。不過其實這些都很重要。但是，如果我們不先研究男性與女性的不同氣質與旅遊業各個面向的關係——也就是它們如何形成這些面向並受其影響——我們對此就不可能有充分的理解。

旅遊業的概念本身就包含了性別、遊客有不同的性別、推廣旅遊的政策有性別之分、追求利潤的旅遊公司以及越來越多替它們工作的從業人員也都有不同性別。上述這五者都有關政治。這五者也都涉及權力運作。也就是說，這個產業、產業中的人以及被他們服務的人共同構成了有關男性及女性氣質的想法和做法；反之，這些想法和做法也會塑造他們。這些想法和做法會決定誰有權力，以及權力的行使將影響到誰。探尋「女性在哪裡？」將揭露出性別的國際政治對於旅遊業的意義——這些女性包括作為遊客的女性、為遊客提供服務的女性、推廣旅遊業的女性、或是遊客想像中的女性。

不過，對旅遊業的研究也不能脫離歷史而存在。當我們提出「女性在哪裡？」這個女性主義的問題時，正處在國際政治的性別歷史中一個特定的時刻。這時因自願而前往商務或休閒旅行的女性比以往任何時候都多。在這個歷史性的時刻，也有比以往任何時候都多的女性在數十個國家中靠旅遊業賺取薪水，但是從事旅遊業的女性平均而言比該行業的男性少賺百分之十到百分之十五。[4] 其結果便是跨國的女性主義運動家在這個歷史性時刻轉向國際機構進行有效的施壓，這些國際機構包括世界銀行（World Bank）、聯合國世界旅遊組織（UN World Tourism Organization）、國際勞工組織（International Labor Organization）等，要求旅遊政策的制定必須認真關注女性的權利和機會。同時，值此世界性別史上的時刻，也有越來越多女性政治家進入對旅遊政策有影響力的職位——全世界主管觀光的部長中有五分之一是女性，這個比例高於任何其他政府部門的部長。大部分主管觀光的女性部長都在非洲政府任職。[5]

自由移動與性別

關於旅遊業的國際政治史可以追溯到羅馬帝國。在許多社會中，身為女性的定義就是堅守家庭。相較之下，男性氣質則一直等同於旅行的通行證。在無數社會文化中，女性和男性之間的主要區別就是男性被許可離開所謂是「家」的地方。如同女性主義地理學家所指出的，如果女性自願脫離家的意識形態保護，且沒有夠格的男性為她提供護衛及身體保護，她很可能被玷汙成不守規矩的女性。[6]

自願是重要的條件。幾世紀以來，各個社會的婦女都會被迫旅行，她們會被當作奴隸或是簽約工人、難民、性奴、在父權家庭中被剝奪權力的成員。這類女性的旅行不會威脅到父權制的權力體系。甚至，這些女性被強迫旅行往往還強化了既有的男性性別體制帶來的壓迫。

但是如果一名女性踏上旅行是因為興趣或是為了自己，那就是完全不同的一回事了。她會是一名行使身體自主權的女性。這是在對並不罕見的法律提出挑戰——法律經常要求女性必須得到父親、兒子、男性長輩或丈夫的許可才能去旅行。[7]例如沙烏地阿拉伯政府剝奪女性開車的權利就是其中較極端的做法之一。這的確很極端，目前也正受到沙烏地阿拉伯女權運動人士的挑戰，但它屬於一個較傳統的光譜的一個端點上，那種傳統將可接受的女性氣質與女性身體相對而言不太移動的性質結合在一起。我們可以想一下束腹。想一下高跟鞋。想一下駕駛執照。在二〇一〇年的英國有百分之八十的成年男性擁有駕駛執照，然而擁有駕駛執照的英國女性只占百分之六十六。女性的比例在過去四十年間有大幅增長，這在很大程度上要歸功於英國的女性運動堅持女性自主權。[8]不過，有些女性自己的反抗姿態可能在不知不覺間強化了不正經的女性特質與地理流動性之間的父權連結。在一九八〇年代，女性開著到處跑的廂型車上出現了一種保險桿貼紙：「好女孩去天堂。壞女孩到處去。」如果要說這樣的標語具有解放的意義，唯有把**壞**定義成「對父權制的反抗」。

相較之下，男人則被認為要離開家鄉、在地理上外出闖蕩，才會像個男人。有些男人會離開農村、到城市或採礦的城鎮找工作。還有些男人會與一班兄弟一起踏上公路旅行，或是揹著背包、穿一雙好靴子展開搭便車的旅行。另外也有一些男人則響應號召，「加入海軍去看世界」。

「我剪掉了長髮，穿上我丈夫的一套衣服，小心翼翼的在背心加縫襯墊，保護我的胸部免於受傷，我的胸部沒有很大，所以不會暴露我的性別，我還戴上了準備好的假髮和帽子，又拿了一把銀柄的劍和幾件荷蘭式男襯衫出門。」[9]克里斯蒂安·戴維斯（Christian Davies）就這樣在一六九〇年代動身加入了英國軍隊。既然她不能夠以女性的身分旅行，於是她就女扮男裝。不過，像克里斯蒂安和她這樣的女性故事並不全是女性主義的反抗故事。雖然有些女性的確是為了逃離令人窒息的父權制鄉村生活才選擇出海，或是從軍當鼓手，不過也有些女性只是想追隨她們的男人、當他們忠實的妻子或情人。如果一名女性（在戰場上受傷要接受治療、或是在分娩時）暴露了身分，她會受到的處罰往往取決於揭發她的男人相信她是上述兩種解釋中的哪一種。

薇塔・薩克維爾－韋斯特（Vita Sackville-West）出身特權背景，但是她效法工人階級的姐妹假扮成男性。第一次世界大戰結束後的歐洲很常見到回鄉的男性退伍軍人。薇塔在一九二〇年扮成男裝，衝動地和她的女性戀人一起逃往巴黎。她在這種男性氣質的偽裝下感到十分自由：

> 晚上就是我們的。我從來不曾告訴任何人我做了什麼事。我也很猶豫要不要在這裡寫出來，但是我必須寫……我打扮得像個男孩。那很容易，我只需要在頭上纏一條卡其布繃帶，那在當時很常見，然後就根本不會引起任何人的注意。我把臉和手曬得黝黑。我一定是成功了，因為沒有誰用好奇或是懷疑的眼光看著我……我看起來就像是一個邋遢的年輕人、大約十九歲的大學生。我永遠忘不了我們慢步穿過巴黎街道走回公寓的那些夜晚。就我個人而言，我一生中從未感受到如此自由。[10]

到了比較近期，想要離家的女性會想到從軍——這樣她們就不必做任何偽裝了。在美國越戰的初期，一九六七年，剛從護理學校畢業的佩吉・佩里（Peggy Perri）和她最好的朋友決定加入美國陸軍醫療團。她的想法是這樣可以離開家，而不是想要殺敵。佩吉回憶道：「帕特（Pat）和我都住在家裡，我們都很痛苦。我住在母親家裡。我很不快樂，真的很不開心。帕特和我想要當護士，是因為我們希望可以去任何地方工作。我們想要去別的地方，想要做一些非常不一樣的事。」[11]

佩吉並不是典型的「好女孩」。她會嚼口香糖，也喜歡參加派對。但是她不想放棄自己算是個正經的年輕女孩的地位。「我們想知道有沒有某種體系會支持我們。軍方肯定能確保這一點……我對於要去越南的想法深感著迷……我真的不知道我想去哪兒。我想去世界上的每一個地方。」她很快的如願以償，「我記得我們收到了命令；我媽媽帶我逛遍了各大百貨公司。帕特和我都買了一件新的行李箱，帕特的是亮粉色！……那時候是一月份，我們去了所有『郵輪』商店找輕便的衣服。我希望每個人都以為我是要去郵輪旅行。」

最著名的女性旅行者是現在所謂的「維多利亞女性旅人」（Victorian lady travelers）——她們會不加變裝的就前往比傳統更遠的地方旅行。她們大多數是北美和西歐的白人中產階級。起居室、村裡的井或晚宴都不適合她們。她們踏上了原本專屬於男性的國外旅行。她們會選擇十九世紀末和二十世紀初的白人認為是「未知」、「不文明」的世界某地，她們在對女性氣質的要求提出挑戰。當時被認為很時尚的義大利和希臘等旅遊勝地也不適合她們。這些維多利亞女性旅人想要的是**冒險**。她們不滿足於等待冒險降臨。她們會主動去尋找。那就代表要去一些當時被帝國的軍隊、傳教士和資本主義商人占領的土地。她們會穿越沙漠、划船溯溪，還爬上山脈。

在她們的時代，這些女性會被同胞以懷疑的眼光看待，因為她們膽敢在幾乎沒有適當的男性（也就是白人）的保護下做如此長途的跋涉。她們的男性護衛通常就是當地的男導遊，例如引導蓋群英（Mildred Cable）和馮貴石（Francesca French）在星光下穿越戈壁沙漠的蒙古男嚮導：「我在旅程的一開始就被石頭絆了一跤，還傷了腳……然後我意識到他會利用白天的感知能力來訓練在黑暗中也能派上用場的微妙直覺，漸漸地，我也學會了訓練和相信自己直覺的技巧，直到我在全然的黑暗中能夠感到安全，這是在沙漠中唯一能感受到的黑暗。」這兩名女性在一九二六年到一九四一年之間五度穿越戈壁。[12]

即使有傳教士或科學家丈夫陪在她們身邊，維多利亞女性旅人還是堅持她們要有自己獨特的經驗。她們大部分是白人，而且都選擇前往非白人的社會，這替她們的旅程增添了一種不因循守舊的大膽光環。空間與種族因素兩者相加，會對女性和男性有不同的意涵，即使具有相同的社會階層。[13]

瑪麗・金斯利（Mary Kingsley）、伊莎貝拉・博兒（Isabella Bird）、亞歷珊卓・大衛－尼爾（Alexandra David-Neel）、妮娜・馬祖雀利（Nina Mazuchelli）、安妮・布洛克・沃克曼（Annie Bullock Workman）、妮娜・本森・哈伯德（Nina Benson Hubbard）——這些十九世紀和二十世紀初最傑出的女性為自己取得了「冒險家」和「探險家」的身分。而這兩個標籤可謂徹底屬於男性。男性和探索一向密不可分，就像男子氣概與當兵的關係。這些大膽的女性挑戰了這種意識形態假設，但是也讓我們感到許多矛盾。雖然她們顯然是有意識的在挑戰「合乎體統」的女人不應該前往偏遠地區的旅行禁令，但是她們在某些方面似乎又很傳統。譬如她們之中有些人反對女性投票權。而有些人則不願意完全承認她們對冒險權利的堅持，不僅破壞了維多利亞時代對女性的觀念，也有損西方的男性氣質與西方帝國主義之間的連結。

瑪麗・金斯利是最讓人感興趣、也最知名的女性旅人之一。瑪麗的父親是一名探險家，弟弟則是一名冒險家。瑪麗出生於一八六二年，她成長於維多利亞時期的英格蘭，當時女性的馴化和帝國擴張這兩個動向都在蓬勃發展。看起來她注定要在家照顧她生病的母親，替她周遊世界的弟弟操持好家務。但是瑪麗有其他想法，她在一八九二年第一次啟程前往非洲探險。她在前往西非內陸時是與非洲的男性腳夫和嚮導同行，沒有任何白人男性在她身邊護衛。這點被看作是她在非洲內陸展開了「真正的」冒險的原因。她在其後幾年中，和往返非洲沿海及河流上游從事商業的歐洲男性貿易商成為了朋友。她對非洲社會的宗教儀式有詳細的了解，甚至還得到著名的大英博物館人員的認可。[14]

瑪麗·金斯利也成為最受歡迎的演講者之一，她的巡迴演講都能得到熱烈的迴響。她吸引了全英格蘭各地的熱情聽眾來聆聽她的非洲之旅，聽她描述在維多利亞時代帝國新踏入的土地上，有什麼樣的生命在生活著。很多女性旅人會透過公開演講賺取旅行的資助。這些巡迴演講提供了重要的背景設定，讓留在家裡的婦女也能參與大英帝國。這些婦女會聽到瑪麗·金斯利描述殖民政策和它們對當地人民造成的後果，就好像她自己也參與了英國官員的討論、一起辯論如何才能使非洲和亞洲人民能更好地融入帝國。

去聽演講的女性也和瑪麗·金斯利一樣對政治感興趣。講者和聽眾都協助形塑了英國的帝國主義文化。當這些留在家裡的聽眾聽到另一名女性描述她前往帝國中另一個較具異國風情的民族之間旅行時，她們也會產生帝國的自豪感。她們也可以擴大對世界的了解，但是不必冒著危險被人認為是不正經的女性，這種正經女人的形象也讓她們自覺優於殖民地的女性。並且，她們的帝國好奇心又會幫助瑪麗·金斯利、資助她打破性別慣例的旅行。

一個世紀後，紐約的美國自然史博物館（American Museum of Natural History）在一九八〇年代策劃了一場展覽，紀念一些對科學探索做出貢獻的美國女性。該展覽名為《田野的女性：博物館的無名探險家》（*Ladies of the Field: The Museum's Unsung Explorers*），策劃的宗旨是讓迪莉婭·愛克力（Delia Akeley）、迪娜·布羅德斯基（Dina Brodsky）等女性探險家被人們看見，因為女性一向被貶低成業餘的愛好者、或只是探險家的妻子，她們對科學的貢獻一直遭到忽視。這場展覽的展場只有在善本圖書館（Rare Book Library）前廳的三個小玻璃櫃。當兩名女性遊客透過玻璃仔細閱讀那些褪色的日記和信件時，還可以聽見不遠處有小學生在遠古時代的恐龍旁邊奔跑喊叫。這裡並沒有好奇的人群。她們是唯一的訪客。發現自己站在這個不起眼的展覽前，兩名陌生人像是想到了什麼似地、交談了幾句話。她們看到照片中的迪莉婭・愛克力（她得意的站在她剛替博物館收集來的兩根巨大的象牙之間），其中一名女性說：「我有一個朋友曾經想成為一名探險家，但是她後來放棄了，改去當圖書館員。」[15]

歷史學家通常會特別注意「第一名白人女性」到達的時間，彷彿她的到來會改變一個地方。一名白人女性的到來注定會將一個地方捲入國際體系之中。既然有一名白人女性旅人到達了某個地方，那麼白人妻子或白人女性遊客還會遠嗎？

迪莉婭・愛克力替美國自然史博物館前往非洲探險。照片來源：Carl Akeley/American Museum of Natural History, New York。

女性氣質、進步與世界博覽會

隨著旅遊產業的發展，普通公民可以和冒險家一樣探索世界的想法隨之出現。早在迪士尼於一九八二年在佛羅里達州開設了 Epcot 世界主題樂園之前，這樣的想法已經透過世界博覽會、博物館和旅遊講座逐漸茁壯。

參觀世界博覽會的人毋須離開自己的國家，就可以體驗到世界上的遙遠角落，就可以選擇「到訪」菲律賓、阿拉斯加、日本或夏威夷。據估計，在一八七六年到一九一六年之間，光是在美國就有將近一百萬人參觀了世界博覽會。[16] 世界博覽會的目的不只是大眾娛樂；策展者的目的是幫助大眾想像一個工業化、殖民化的全球事業。

所有世界博覽會的核心概念都是進步、尤其是全球的進步。博覽會的出資者認為，用圖像的方式把「不文明」拿來和「文明」的文化比較，可以表達出最高的讚頌。博覽會策展者在這兩個極端之間加進非裔美國人和美洲原住民的文化——表示這兩者顯然已經走上文明的進步軌道。策展者會用精心設計的場景讓遊客體驗異國情調。他們會遠從薩摩亞和菲律賓找來一些婦女和男子，以展示他們的觀點。他們會借助新興的人類學專業套用在他們的想法，確保真實性。博覽會策展者最後所創作出來的生活風景明信片，顯然就是處在現代化刻度下的兩個極端所想像出來的陳腐刻板文化。

把當地人以及他們生活的異國環境一起搬進來，這個做法對於進步概念表達的頌揚並不亞於展示最新的技術發明。讓參觀者走在重新搭建的簡陋薩摩亞村莊和動力十足的發光火車頭之間，會讓他們對於必然即將發生的進步油然而生一股興奮之情。這暗示了美國——或是法國或英國——正在領頭邁向全球的進步。為了傳遞這個訊息，受到殖民經驗影響最深的文化會被設置在博覽會的進步之路上最遠的那一端。最終，世界博覽會的場景要展示的，就是世界上所謂的原始民族會在帝國的託管下看到文明的曙光。世界博覽會要表達的是一種精心設計的國際政治宇宙觀。

然而，在人們的想像中，引領這一進程並形成令人振奮的對比的，卻是性別化的美國、性別化的英國和性別化的法國。一名《奧馬哈蜜蜂日報》（*Omaha Bee*）的記者對於一八九八年的跨密西西比州國際博覽會（Trans-Mississippi and International Exposition）的描述捕捉到了這樣的精神：「看到這些白人的強大宿敵被勇氣、男子氣概和純正的正直所建構的光榮體制所收服，將會給他們成長中的後代帶來深刻的教訓，並在數年後結出碩果，到那時候的美國，這些還未穩定和尚未開化的屬地也將成為美國星條旗上的寶石。」[17]

當時是一八九八年，美國政府正在擴大帝國的勢力範圍。美國男性因為擊敗西班牙、古巴、波多黎各和菲律賓而展現出男子氣概。他們男子漢式的努力證明了即使工業化和城市中產階級的生活方式興起，也沒有像某些人害怕的那樣，削弱美國白人的男子氣概。美國人在幾十年內就已毋須再滿足於古巴和波多黎各舞者或是菲律賓村民在博覽會中的表演。因為那些國家都蓋起了觀光飯店、海灘度假村和賭場，要吸引美國人去找樂子——人們會想像這一切都歸因於已臻文明的美國男性氣質所帶來的世界進步。

在這個充滿活力的時代所舉辦的世界博覽會，宣揚了白人的男性氣概如何加速實現了文明帝國的使命，並且追求帝國的使命也反過來振興了這些國家的男性雄風。同時，世界博覽會也是被設計用來展示，文明女性的馴化是男性使命具有價值的證明。

因此，女性和男性氣質的比較以及其中的含意便構成了參觀者要從世界博覽會中學到的一課。女性既是觀看的人，也是被觀看的人。白人女性走出博覽會之後，應該對她們享受到的文明帶來的好處心存感激。她們不應該用投票權或是經濟獨立來衡量從野蠻到文明的進步尺度；相反地，其刻度的其中一端應該是被馴化的正經女人，另一端則是要做繁重體力活的婦女。而白人男性則應該看到「野蠻的」男性是如何對待社會中過度勞動的女性，並慶幸自己扮演的是文明角色，是擔任保護者和負擔家計的人。如果沒有薩摩亞、菲律賓和其他殖民地的婦女，參觀博覽會的男性或女性勢必無法對自己在這個新興世界中的定位感到如此自信。

有些美國女性認為世界博覽會是展示女性對國家的進步有何特殊貢獻的完美場域。一八七六年的美國百年紀念展（Centennial Exhibition）以女性館（Women's Pavilion）作為特色，讚頌家庭科學的新概念，以及世界各地的女性藝術和手工藝。進步、科技和屬於女性的家庭空間結合在一起，構成更新版本的性別文明。一八九三年在芝加哥舉辦了一場盛大的博覽會，慶祝哥倫布（Columbus）發現美洲四百週年。女性選舉權運動者蘇珊·布朗威爾·安東尼（Susan B. Anthony）發起了一場運動，要確保女性不會像一八七六年的展覽設計那樣被排除在規劃之外。成員全為男性的美國國會回應了婦女團體的遊說，要求任命女性經理人委員會（Board of Lady Managers）一起參與一八九三年的哥倫布博覽會設計。該委員會委託建造了一座婦女樓（Women's Building），由二十三歲的女性建築師索菲亞·海登（Sophia Hayden）所設計，是該博覽會上最大、最令人印象深刻的建築之一。但是婦女樓及其中的展覽並沒有挑戰該博覽會的潛在訊息。負責這個雄心勃勃企劃的白人女性依然認為她們的任務是展示出美國婦女對於改善女性的家庭條件處於世界領先地位。婦女樓裡擺滿了用最新技術製作、可以減輕婦女負擔的家用展品。這些女性也不像她們在其他方面那樣不遵循傳統，她們並沒有挑戰博覽會默許縱容的種族等級制。女性經理人委員會的主席是一名富有的芝加哥社交名流，委員會拒絕任何一個有影響力的職位由黑人女性出任。[18]

旅行團和正經女人

旅遊既是一種身體的活動，也是一種觀念形態。它是關乎產業和官僚生活的一連串概念。[19] 也反映出對女性氣質、男性氣質、教育和娛樂的一套假定。[20]

旅遊業的世界觀中將某些女性視為異國情調的典型。她們會給人帶來陌生的感覺，她們是天生的美人胚子，沒有沾染上世俗。滿足男性旅遊幻想的女性不會推著吸塵器或購物車、不會去參加家長會、不會緊盯著家庭預算。她們不會對男人做出批判性的評價。這些夢幻的女性會讓男性旅客覺得來到一個擺脫文明束縛的地方，他去到那裡就不必理會家裡那些正經女人強加的行為標準。不過在十九世紀中葉，踏上旅途的則更多是這些男性的女兒。

或許我們可以將此歸功於湯瑪斯．庫克（Thomas Cook）替正經的女性遊客提供了一個安全的世界。在一八四一年夏的英國，某日湯瑪斯．庫克去參加一個禁酒的集會時，忽然想到下次會議時可以包一列火車，這樣與會者就能夠以優惠的價格一同搭乘，前往會議的途中可以享用「火腿、麵包和茶」，而且還可以在車上安排飲酒危害的宣導。大約有五百七十人報名了第一次旅程。[21]

湯瑪斯．庫克最初考慮到的主要是像他一樣有工作的人。他希望為這些人提供一種沒有酒精的娛樂。但是後來，庫克注意到跟團旅遊會同時吸引到有工作的人和他們的妻子及兒女，甚至最後還會吸引到那些沒有男性家庭成員陪同的女性旅人。比較具有冒險精神的英國中產階級女性在一八五〇年代開始有了自己的收入，她們也想到以旅行作為消遣，就算不能去西非，至少也要去德國。她們還是需要維持良好的正經女人的形象，以免影響日後能否結婚，因此她們在旅行時需要有一位正直的男性帶隊陪同。倡導禁酒的湯瑪斯．庫克提供的正是這項服務。

他在一八五五年收到一封來自沙福郡（Suffolk）林肯（Lincolne）家的四姐妹——瑪蒂爾達（Matilda）、伊麗莎白（Elizabeth）、露西拉（Lucilla）和瑪麗昂（Marion）的來信，這封信讓他意識到替女性安排正式旅行的商業潛力。林肯姐妹來自一個禁酒的中產階級大家庭。她們在二十多歲時都曾經從事有工資的工作，因此有收入可以用來娛樂。她們也想親眼看看萊茵河的美景和歐洲大陸幾座傳說中的城市：

> 在沒有人保護的情況下，女性怎麼可以單獨跑到離家六、七百英里遠的地方呢？不過，在考慮過許多優缺點之後，這個想法漸漸在我們心中萌芽，我們也詢問過嚮導、參考過一些旅遊書、閱讀過相關描述、做筆記，最後寫信給庫克先生……我們的確碰到一些反對的聲音——有一個朋友說女性自己出門是不恰當的——那位男士覺得我們太獨立了……但不知為何，也可能是因為與庫克先生的一次面談消除了我們的所有猶豫，我們立刻決定可以由他來照顧我們……
>
> 許多朋友都覺得我們太過獨立和大膽，才會覺得可以在沒有親戚保護的情況下離開這個古英格蘭的海邊，一頭闖進不在維多利亞女王統治下的異國土地，但是我們只想說：希望這次不是我們最後一次像這樣遠行。有像庫克先生這樣的嚮導和保護人，我們可以去任何地方探險。[22]

庫克對瑪蒂爾達與其姐妹的來信大感震驚，他開始摘錄一些內容放到他的廣告中，想直接針對女性宣傳。該公司的雜誌《旅行者公報》（*Traveller's Gazette*）在一九〇七年的某一期封面主角便是一名充滿活力的妙齡女子跨站在地球上。

湯瑪斯・庫克的一本早期旅遊手冊的封面，一九〇七年。
Thomas Cook Archives, London.

在一個世紀後的今天，湯瑪斯・庫克集團的業務已經拓展到十七個國家，每年服務兩百三十萬名旅客，年銷售額達一百四十八億美元。[23] 它也啟發了數十家競爭對手。一些在國際經濟中發展最成功的公司都覺得跟團旅遊的假期是一項可以獲利的商品。不僅會吸引來自英國和美國的遊客，還有來自日本、中國和韓國的遊客。他們帶領那些對前往地球上陌生地區會感到害怕的遊客參加亞美尼亞的考古之旅、中國的寺廟之旅、古巴的猶太教堂之旅、坦尚尼亞和肯亞的野生動物之旅、義大利的自行車之旅以及秘魯的印加考古之旅。這些經營者們還在繼續提供當初湯瑪斯·庫克的事業頭腦所想到的服務：保護、知識、便利和前往的途徑。而男性氣質和女性氣質的持續變化也不斷塑造與重塑每一次的旅程。

在英國萊斯特（Leicester）的火車站外可以找到湯瑪斯·庫克的雕像。他的雕像是站立的，提著一個破舊的手提箱，還有一把捲好的雨傘放在他的腳邊，而他的左手拿著懷錶，正在等待他的第一批遊客。

旅遊業的發展公式

打從一開始，商品化的旅遊業就是全球整合的強大動力。它甚至比其他形式的投資都更能象徵一個國家已經進入全球社群。外國擁有的礦山、軍事基地和博物館探索早先已把「偏遠」社會拉進了國際體系（通常是在不平等的條件下）。而旅遊業則需要一種在政治上更實在的親近關係——因為遊客通常不會很大膽或是有冒險精神，也沒有人預期他們要學會外語或是適應任何除了最表面的當地習俗。男性遊客大概只需要了解他們不熟悉的當地貨幣，還有何時需要或是不必給小費。但女性遊客則必須要大致掌握什麼時候該穿多長的袖子和裙子，以及何時應該把頭髮遮好。現在，所有網站都在致力為女性遊客提供在特定國家應該如何正確穿著的指南。如果有人想要搜尋寫給男性遊客的類似指南，大概只會被引導至替女性遊客提供建議的網站。

如果一國政府宣布，計畫將旅遊業提升為該國的主要產業之一，這意味著該國官員願意滿足外國人的期望，這些期望不外乎包含旅行時能感到政治穩定、安全和友善。如果一國政府決定要用旅遊業的收入實現其發展目標，表示該國政府決定充分遵守國際標準，讓就算是獨自旅行的女性也能有賓至如歸的感覺。

由於女性遊客對一國的旅遊業是否成功至關重要，也讓這項保證有更多政治和經濟上的意義。

在第二次世界大戰之後，大眾觀光開始超過精英人士的旅遊，大部分休閒旅遊都發生在北美和西歐、或是這兩地之間。在一九七〇年代中期，前往開發中國家度假的北美和歐洲遊客只占全部遊客的百分之八。十年後則達到百分之十七。[24] 十年前的加拿大中產階級會計畫穿越邊境去鱈魚角（Cape Cod）或是佛羅里達州度過一個溫暖的假期，現在則可能會選擇巴哈馬或古巴。在同樣的這段時間中，法國中產階級也從尼斯（Nice）改成去突尼西亞或是摩洛哥度假。同樣的，斯堪的納維亞人（Scandinavian）現在也會選擇去斯里蘭卡或是印度的果阿（Goa），而不是西班牙的太陽海岸（Costa del Sol）。

在二十一世紀初，大部分加勒比海地區的政府都已經採取以旅遊業作為核心的發展策略。這是出於深思熟慮之後的政治決定，他們決定要減少國家對原物料商品以及大型的糖和香蕉跨國公司的依賴；這些跨國公司與該國的殖民歷史高度相關。不過，這種仰賴旅遊業的發展策略也存在風險：只要氣候變遷導致該地區發生颶風災害的次數和嚴重程度增加，以及主要航空公司的航線和票價有任何改變，都可能危及加勒比海當地的發展計畫，即使該計畫事前經過最縝密的思考。

同樣地，二〇一一年到二〇一三年名為「阿拉伯之春」的政治動盪也嚇跑了數千名歐洲和北美遊客，讓開發中國家埃及面臨困境。由於旅遊收入占該國國內生產毛額的百分之十一，而且有一千八百萬名埃及人受僱於旅遊公司，因此這相當於遭遇一場經濟危機。[25] 也因此，當日內瓦的世界經濟論壇（World Economic Forum）在二〇一三年的國際旅遊報告中將埃及列為「一百四十個旅遊目的地中最不安全的國家」時，對埃及可謂是極大的打擊。[26] 雪上加霜的是，許多有關埃及政治的國際報導還會強調當地人和外國女性在公共場所遭到性騷擾的經驗。

或許最令人警惕的故事來自印度。由於不只是歐洲和北美的女性，還包括日本、南韓、中國和拉丁美洲的女性等，許多國家的女性已經成功爭取到地理上移動的權利，而且有越來越多女性可以靠著有薪的工作賺得足夠收入、自由支配金錢，所以如果某個國家在國際上被認為是對婦女不夠安全的地方，那麼該國政府想要依賴旅遊業發展的策略勢必會受到傷害。對於制定旅遊業策略的人而言，國際聲譽具有重要的政治意義。不論是在埃及或印度，十年來，當地的女性運動人士一直在點名挑戰當地男性的性騷擾和性侵害行為；她們也一直在批評警方和政治人物漠視婦女遭遇的人身安全被害經驗。但是這種代表當地婦女權利和安全的女性主義運動鮮少成為全球的新聞標題。唯有當性騷擾和性侵害似乎會危及外國女性遊客的安全時，媒體和官員才會開始注意。[27]

在二〇一二年十二月，有五名男子在新德里（New Delhi）一輛偏離路線的巴士上輪姦並謀殺了一名二十三歲的印度裔醫學系女學生，這起事件引發了印度歷史上少見且激烈的群眾抗議活動。這不是第一次有一群印度男性性侵一名印度婦女，但是這次卻碰觸到人們的敏感神經。有數千名印度男性與女性一起走上街頭，要求警方認真看待印度女性受到的性騷擾、跟蹤和攻擊行為。印度的女性主義運動家多年來一直在努力制止對婦女的暴力行為、以及助長這種暴力行為的觀念，這時候突然開始收到印度主流媒體和國際媒體記者的邀訪。《紐約時報》（*The New York Times*）刊出一名印度女性主義作家的專欄文章，文章中講述她在三十年前遭到強暴的倖存經歷。作者索海拉・阿卜杜拉利（Sohaila Abdulali）強調印度普遍認為婦女的名譽繫於她的性純潔，這個觀念不僅十分父權，而且讓遭到性侵的女性只能選擇保持沉默，這阻礙了對男性施暴者究責的努力。阿卜杜拉利認為這是一個父權制下的扭曲觀念，不只是受害者的母親、父親和鄰居都對此堅信不移，甚至連警察、法官和政治人物也都是如此——但我們必須對這個觀念直接提出挑戰。性侵事件通常會成為家族的祕密，彷彿它們是女性和家庭的恥辱。阿卜杜拉利則堅持性侵事件應向警方通報，每個人都應該將之當作犯罪行為處理。受到指控的施暴者應該在公開法庭上接受調查並確實起訴。阿卜杜拉利的專欄文章標題是：「我的人受傷了；但我的名譽沒有」。該篇文章在幾個小時內就在全球瘋狂流傳，替印度的婦女運動增添了活力。[28]

二〇一二年發生輪姦事件後的幾週內，印度的女性主義者持續向政府施壓。由三名印度高級司法官員組成的負責小組——維爾馬委員會（Verma Committee）——在二〇一三年一月下旬發表了報告，指責警方和司法體系習慣性地怠於認真處理對女性的施暴行為。也有印度男性組成了新的團體，想要改變他們自己和其他男性對女性的態度。[29]

印度人的抗議引起了國際媒體的關注，因此促使政府通過了一些法律（否則這些法律可能會永遠躺在議會裡）。它也激發出印度女性主義者的活力，促使新的政治聯盟成立。但是，也讓印度之外的許多外國女性重新考慮她們的旅行計畫。在二〇一三年的第一季，當國際媒體還在以大篇幅報導德里的強姦案和隨後的各種抗議活動時，外國遊客的數量與去年同期相比下降了百分之二十五。女性遊客人數下降的幅度更大，達百分之三十五。印度旅遊局官員試圖否認這些數字，並表示旅遊業並沒有受到強姦案或抗議活動的影響。[30]

這些旅遊數據顯示印度官員會依照性別分列旅遊數據。不是所有國家都會這樣做。雖然官員試圖否認對外國女性或印度女性的暴力正在削弱印度的大型旅遊產業，但是這些官員還是和印度私人旅遊公司站在一起採取行動，希望消除外國女性的疑慮。對印度的國家發展規劃來說，旅遊業或女性遊客對旅遊業的貢獻都太重要了，絕對不能受到損害。旅遊業占印度國民生產毛額的百分之六，也在印度的組織性就業中占了百分之十，創造出兩千萬個工作職位，據估計，另外還有七千萬名印度人在必須仰賴旅遊業的大型私人單位工作。[31] 湯瑪斯·庫克公司是最早採取行動的公司之一，它新推出限女性參加的印度旅遊，替女性遊客提供免費的手機，上面還配有醫院和警察局的緊急聯絡電話。新德里的帝國（The Imperial）豪華酒店為女性顧客設置了「單身女士走廊」，其中的工作人員均是女性；觀光局（Tourism Ministry）也開放了一條多國語言的免費協助熱線，都由女性員工接聽。[32]

但是我們並不確定一旦國際媒體的注意力轉向其他地方，這起事件對旅遊業的威脅也消退後，由男性主導的印度政界和商界是否還會認真看待印度女性主義者的分析、和這些針對印度婦女的暴力行為。

選美比賽和旅遊業

世界小姐（Miss World）選美大賽的擁有者兼創始人，是英國商人愛瑞克·莫里（Eric Morley）和他的家族。而環球小姐（Miss Universe）選美大賽則是由美國的億萬富翁唐納·川普（Donald Trump）所管理。[33] 雖然這兩場比賽都是絲毫不加掩飾的營利事業，不過對希望幫旅遊業打一劑強心針的人來說，還是覺得讓本地女性參加這兩場全球性的比賽，會有助於該國的發展目標。旅遊業中的選美支持者相信，若是其本國女性榮獲「世界上最美麗女性」的后冠，勢必會引起積極的關注（尤其是那些原本遭人忽視的國家），而且會吸引更多遊客。選擇參賽的年輕女性也有自己的抱負；只是她將受到嚴格的管理，特別是如果到了全國性和國際比賽的層級。一旦到那個時候，會有許多人關注她的飲食、膚色、服裝、性格和她所表達的價值觀。

除此之外，對該國美麗女性具有父權制色彩的民族自豪感也可能替這些國際的選美賽事火上澆油。[34] 雖然部分當地的民族主義者對這類比賽表示贊同；但是其他人則大聲抗議這是在玷辱「他們的」女性。像是印度的保守派印度教民族主義者即表示反對，以及當二〇〇七年舉辦南蘇丹小姐的選美時，居住在美國的南蘇丹人的意見則分成了兩派。[35] 委內瑞拉政府會選拔、培訓和管理當地的年輕女性參加國際選美比賽，該國在這方面可以說是最積極的政府之一。[36]

僅僅在兩個世代前的冰島還是個貧窮的國家，主要依賴漁業和牧羊業，當地的氣候惡劣，人口稀少，冰島的語言在全世界也沒有其他國家使用。然而到了一九八〇年代，由男性主導的冰島執政黨獨立黨（Independence Party）積極推動發展商業，除了對銀行業和熱能生產放鬆管制之外，也解除對旅遊業的管制，好加速冰島的發展。這些男性統治精英認為，如果參加國際選美大賽，對他們的新自由主義的發展計畫而言也是一大利多。[37]

許多冰島人似乎對復活的冰島小姐賽事感到高興和自豪。冰島的女性主義研究員安娜迪斯·魯道夫斯多蒂爾（Annadis Rudolfsdottir）藉由訪談發現許多女性和男性都會在電視上觀看決賽，並且他們也的確喜歡看。冰島小姐在一九八五年和一九八八年兩度當選世界小姐，冰島人對此也普遍感到自豪。[38] 其成果之一便是北美和歐洲的男性遊客現在會認為冰島的年輕女性具有商業吸引力。這代表一種男性化的、有性吸引力的旅遊劇本：歐洲男性可以買張便宜的飛機票飛往冰島，在雷克雅維克（Reykjavik）的酒吧裡度過充滿夏日陽光的夜晚，並且輕鬆邂逅大街上其中一位美麗的年輕冰島女性。冰島的國家航空公司冰島航空（Icelandair）也乘著這樣的想法，以「一夜風情」作為廣告詞。

組織冰島小姐選美的當地團體決定努力贏下世界小姐的后冠，而非環球小姐，因為舉辦世界小姐選美的國際組織想要打造的是一種比較純潔的女性形象，而不是像環球小姐那樣外露的性感。這比較符合冰島組織者們的決定，他們是有意識的在將冰島小姐以及絕大多數徵招參賽的年輕金髮女性，與冰島的某一種民族主義產生連結，而那種民族主義會讚揚該國的純白環境。著名的藍瀉湖（Blue Lagoon）成為典禮中的完美背景，取自該國某條冰川的冰也被用來招待嘉賓。安娜迪斯．魯道夫斯多蒂爾注意到競逐冰島小姐頭銜的女性不僅必須擁有美麗的外表（這要透過嚴格的節食來確保），而且還必須「散發出內在美的光芒」，就像是冰島的溫泉水一樣。[39]

冰島的女性主義者們決定要揶揄一下冰島小姐選美比賽的假設前提，她們認為幽默是最佳的策略。她們在雷克雅維克的一家酒店外頭替一頭牛戴上后冠，並舉辦了一場假的女性公開拍賣。冰島人對選美比賽的興趣在二十一世紀初逐漸消逝，即使冰島小姐在二〇〇五年再度贏得世界小姐的后冠。之後在二〇一三年，親商路線的獨立黨聯合以農村為基礎的新政黨進步黨（Progressive Party），打敗了執政的社會黨一綠黨（Socialist-Green）聯盟，贏得國會多數席次，這讓選美比賽的主辦者又想試著重新喚起人們對冰島小姐的興趣。當地的女性主義者對此也做出回應。在社群媒體的推波助瀾下，她們推舉自己的候選人淹沒了這場比賽。有一百名冰島的女性主義者，包括研究員安娜迪斯．魯道夫斯多蒂爾和國會中的女性主義議員西格麗杜爾．英吉布約格（Sigridur Ingibjorg）都報名參加了冰島小姐選拔。[40]

女性空服員和旅館女服務生

早期的航空公司老闆和經理人從歷史更久的鐵路和遠洋客輪公司那裡汲取了勞動分工的想法。鐵路和遠洋客輪公司率先發展出依勞工的種族和性別分工，這一方面是為了實現利潤最大化，同時也是為了替付費乘客打造安全和休閒的氣氛。遠洋客輪的船員最初都是男性，他們之間會依等級和種族排序。直到今天，對於乘客來說，白人男性船員還是散發出一種既能幹又浪漫的氣質。印尼人、菲律賓人和其他有色人種的男性會在餐廳及甲板下工作，讓絕大多數是白人和異性戀已婚者的乘客感受到一種令他們心安的全球分級結構，同時也讓公司能夠支付給他們比較低的工資。女性船員的數量在二十世紀中葉呈倍數增加，因為公司的主管開始意識到女性乘客比較喜歡由女性服務。在一九三〇年代，伊萊恩·朗（Elaine Lang）和伊芙琳·休斯頓（Evelyn Huston）是少數簽約在〈蘇格蘭皇后號〉（*Empress of Scotland*）上工作的英國女性，當時很難找到岸上的工作。她們擔任的是女性乘務員，其職等會隨時間慢慢晉升，但是她們發現要打進全是男性的高級船員圈，還是幾乎不可能。她們最大的希望就是可以到頭等艙服務，而不是只能替普通客艙的乘客提供服務：「工作、睡覺，工作、睡覺，就是這樣而已了。」到了今天已經有數百名女性受僱成為蓬勃發展的遊輪產業服務人員。越造越大的遊輪和數百萬美元的遊輪產業仍在靠著種族和性別的勞務分工繼續發展。[41]

雖然第一代的飛機飛行員中也有女性，但最初的幾家航空公司創立者在聘雇飛行員時，只有想到男性。布蘭奇·斯科特（Blanche Scott）是第一名白人女性飛行員，而貝西·科爾曼（Bessie Coleman）則是記錄中的第一名非裔美國女性飛行員（雖然她得前往法國接受飛行訓練）。儘管第一位獲得飛行員執照的女性飛行員哈里特·昆比（Harriet Quimby）早在一九一一年就取得執照，而且在一九三五年時，據估計就已經有七百名女性飛行員，但是要一直到一九七三年才有第一家定期航班的美國航空公司僱用了第一名女性飛行員——艾蜜莉·豪厄爾（Emily Howell）。[42]

對於在飛機的機艙中應該僱用什麼人服務乘客，其實航空公司的男性經理是漸漸地才採取僱用女性的想法。在一九三〇年，波音航空運輸公司（Boeing Air Transport，後來的聯合航空〔United Airlines〕）的老闆覺得，如果男性副駕駛員還要兼任客艙的服務員，這樣雙重職責的要求太高了。波音航空運輸公司的主管一開始並不認同以非裔美國男性作為服務員的模式（這是美國鐵路公司的普遍做法），他原本認為應該由菲律賓男性空服員在機艙內提供服務，這樣才會讓乘客最為自在——這是美國海軍基於種族和性別的分工所選用的帝國勞務模式，美國海軍經常招募菲律賓男性替白人海軍軍官提供個人的乘務服務。直到艾倫．丘奇（Ellen Church，她是一名護士，也是受過訓練的飛行員）來找他，才讓他改變了想法，以及他的性別分工模式。丘奇明白新航空公司的男性經營者不太可能改變自己性別歧視的假設並僱用女性擔任飛行員，所以她提議如果是受過護士訓練的白人女性，應該最有能力擔任飛機上的機組人員。她們是擁有技術的專業人員，機艙裡有她們，也可以讓乘客放心，許多乘客也會因為這樣而克服飛行的緊張感。第一批的八名女性「空服員」在一九三〇年隨著波音航空運輸公司而起飛了。很快地，航空公司的機組人員都改成由女性擔任。在一九三七年，美國的航空公司總共僱用了一百零五名男性空服員和兩百八十六名女性空服員。第二次世界大戰之後大眾的國際旅遊業快速興起，男性機組人員改成全由女性客艙機組人員加以補充。[43]

雄心勃勃的泛美航空（Pan American Airlines）創始人胡安．特里普（Juan Trippe）也採用了同樣的性別模式，不過他有稍微改變種族的樣態。特里普相信如果泛美航空想在第二次世界大戰後的旅遊業中樹立起領導全球的航空公司形象，並在這個過程中擺脫快速崛起的日本航空公司在亞洲的競爭，唯一的途徑就是在泛美航空的跨太平洋航班上僱用亞裔的美國女性空服員。因此，泛美航空在一九五五年僱用了第一批所謂的「二世」（*Nisei*）空服員。「二世」這個詞通常是指在美國出生的日裔美國人。泛美航空僱用的大部分（但不是全部）女性都是在夏威夷長大的日裔美國婦女。儘管如此，特里普僱用的所有亞裔美國女性都被貼上了「二世」的標籤，因為在一九五〇年代的大多數美國人心目中，這個詞就是指愛國的日裔美國男性，他們在第二次世界大戰期間是在著名的美國陸軍第 442 步兵戰鬥團〔442nd Regimental Combat Team〕作戰。靠著女性的航空公司客艙服務，戰時的英雄代表「二世」便與泛美航空的全球旅遊業務結合在一起了。[44]

雖然男性主管設計的這個雇傭機制其實是在替男性化程度極高的企業獲利，但是在一九五〇到七〇年代之間被僱用為空服員的大部分女性，卻沒有將用女性擔任機組人員視為一種純粹的壓迫。這些女性中有許多人認為她們的工作可以完美契合正統的女性氣質，也為她們開啟了領薪水的職涯和全球旅行的大門。不過有兩項改變卻使許多女性空服員的想法逐漸轉趨激進：亦即她們的飛行工作條件惡化，以及越來越多男性主管為了向大眾行銷企業，而想要凸顯女性空服員和其服務具有性感的一面。例如，這時候出現了國營的新加坡航空（Singapore Airlines）在摺頁廣告中以一位看不出種族的亞洲女性為主角。她可能是華人，也可能是印度人或馬來人。她站在一片朦朧的、印象派風格的背景前面，手裡拿著一朵睡蓮，端莊的看向讀者。該則廣告中沒有任何有關航空公司票價或是安全記錄的資訊，只有一條印刷精美的訊息：「新加坡女孩……美好航程與你同行。」在一九八〇年代，一般人都會假設長程飛行的旅客大多數是男性，同樣是國營的斯里蘭卡航空也做出宣傳：「當你的商務只是工作……而我們的商務是享樂。」[45]

許多女性空服員在面臨這些變化之後，開始決定組織起來。美國一家航空公司的兩名女性空服員在一九七二年組織了團體「空服員爭取女權」（Stewardesses for Women's Rights），挑戰公司僱主和性騷擾的男性乘客對她們有性別歧視的假設和刻板印象。「空服員爭取女權」的推動者也與一九七〇年代的其他女權運動公開站在同一陣線，她們的格言是：「想貼著我飛嗎？飛你自己的吧！」（“Fly me? Go fly yourself!”）組織中的女性會幫助女性空服員爭取同工同酬、婚後繼續擔任空服員的權利、保護她們拒絕性別歧視的服裝要求（拒絕熱褲、過膝的長筒皮靴），並確保落實她們被視為安全的專業人員。[46]

不過在四十年後的今天，隨著航空公司的全球競爭越來越激烈，公司的主管也開始收回這些成果，空服員會被要求承擔額外的工作，每一個航班的空服員人數也開始遭到縮減。如今空服員在國籍、種族和年齡方面都更加多元了，無論女性或男性空服員都在大聲表達對這些工作條件的反對。例如最近有一名女性空服員寫信給一個似乎不知道空服員的工作條件一直在惡化的記者：「我是飛往達拉斯（Dallas）的空服員之一，我們得負責撿垃圾、拿好五個罐子、提醒所有不認真聽廣播的人繫好安全帶並關掉所有電子設備……所以在你寫說我們只會抱怨之前，可否請你將心比心的想一下：在這一整架七三七上，我們只有三個人在工作。」[47]

全球化的女服務生

當旅客到達目的地之後，都希望能夠擺脫單調的家務勞動。當遊客就意味著會有人替你鋪床。

因此，旅館的女服務生（還有餐廳女服務生、廚師和保全人員）對國際旅遊業的重要性就像是礦工和香蕉、橡膠、蔗糖工人之於殖民地產業。不過旅館的女服務生似乎有一點不一樣。就算是香蕉或甘蔗園中低薪又過勞的男性員工，還是有一把象徵力量的大砍刀，標示出他做的是男人的工作。許多民族主義運動都是高舉著受到剝削的男性農工形象而團結起來；因為這樣的形象代表對國家主權的否認。

民族主義的領導者對於外國銀行家要推動的依賴旅遊業的政策感到警覺，他們想採用自己政府的版本，但是卻不願意團結在受到壓迫的旅館女服務生周遭。揮舞著民族主義大旗的男性發現如果要激起群眾憤怒，比較容易的做法是讓人們看到一個理應揮舞著大砍刀的男性，卻變成了白人度假村中端著盤子的服務生：一個男性尊嚴都被奪走了的男人。加勒比海地區島嶼社會的民族主義者都在抱怨政府發展旅遊業的政策，因為這些政策讓這些社會都變成了「雜役之國」。他們認為一個「女服務生的國度」無法號召動員。畢竟，女性就算從沒有報酬的農工變成了低薪的飯店清潔工，也無損其女性氣質；她只會單純印證了這一點。[48]

經濟學家認為旅遊業是「勞力密集」的產業——相對於資本投資和機器，它的人力支出比例是高的。出外旅遊的人總是期望得到許多服務。旅遊業也和其他勞力密集的產業一樣（例如服裝製造、醫療保健和兒童保育、食品加工、電子組裝），老闆想要賺錢、政府想要賺取稅收的話，得看他們能在多大程度上壓低工資支出和分配給工人的福利，而這些產業的工人人數相較之下是比較多的。

從十九世紀初開始，勞力密集型產業的僱主就一直在試著減少僱用人的支出，方法便是將大多數工作定義成「非技術性」或「低技術性」的工作——也就是把這些工作說成是人們天生就會做的。大多數社會都認為女性天生就懂得如何當清潔工、洗衣工、廚師和服務生。由於旅遊公司就是需要有人完成這些工作，所以只要他們可以把這些工作說成是女性天生就會的工作，就可以壓低勞動力的成本並提高利潤。在一九八〇年代初期，像是巴貝多和牙買加等加勒比海地區的新獨立國家都是以旅遊業作為發展的核心規劃，而其旅遊業的員工有百分之七十五是女性。[49]女性氣質的意識形態在加勒比海各國政府的旅遊政治中變得至關重要。

加勒比海國家並不是特例。中國在後毛澤東時代（一九八〇年代末期）的官員也亟欲吸引外國產業和外匯，因此批准在沿海地區蓋新飯店，還協助其主管僱用員工，而沿海地區原本是保留給電子產品、服裝和其他出口工廠的。深圳新蓋的竹園賓館僱用了三百六十名員工，其中有百分之八十是女性。[50] 在同時間的菲律賓，不論是獨裁的馬可仕（Marcos）政權或是繼任的艾奎諾（Aquino）民主政權，都仰賴旅遊業賺取亟需的外匯。馬尼拉花園飯店（Manila Garden Hotel）僱用了五百名員工，其中有三百名女性。但在一九八六年的群眾民主運動推翻了斐迪南．馬可仕（Ferdinand Marcos）後，菲律賓的飯店職工也受到激勵，有許多人加入菲律賓旅館、餐廳和相關行業全國工會（National Union of Workers in Hotel, Restaurant and Allied Industries）。菲律賓工會中的女性也成立了自己的婦女委員會（Women's Council）。貝絲．瓦倫蘇埃拉（Beth Valenzuela）是一名在旅館食品部門工作的單親媽媽，她是馬尼拉花園飯店最活躍的女性工會成員之一。她告訴一名菲律賓記者：她希望將婦女委員會打造成一個可以研究和進行討論的地方，任何對女性旅館員工特別重要的問題都可以在那裡獲得研究和討論。委員會也要培訓女性工會成員的公開演講和決策能力，這些技能在過去「一直被男性小心翼翼地視為他們的專屬領域加以守護」。[51]

面對如今蓬勃發展的國際旅遊業，跨國的女性主義者最近對國際勞工組織和聯合國世界旅遊組織施壓，要求它們在追蹤勞動條件時，要更注重性別意識。接下來聯合國婦女署（UN Women）也開始關注旅遊業，該聯合國機構負責監督和提倡所有政治和經濟領域的婦女權利。國際勞工組織表示以二十一世紀的頭十年來看，在全球快速成長的旅館、餐飲和旅遊業中，女性占各級從業人員的百分之五十五點五，而在某些地理區域中，這個領域的女性勞動力更是高達百分之七十。現今的女性可以擔任旅館經理、旅行社老闆和飛行員。拉丁美洲如今在旅遊業中女性僱主的比例最高。尼加拉瓜和巴拿馬有百分之七十以上的旅遊業僱主是女性。不過，從事旅遊業的女性大部分集中在薪資最低、而且最容易在淡季被解僱的部門。[52]

在二〇一二年，全球旅遊業中最底層的人員，亦即服務生、清潔工、旅行推銷員和導遊中，有百分之九十是女性。該行業中男性比例最高的當屬園丁、調酒師、搬運工以及維修和建築工人；他們雖然也不在影響力的頂端，但是報酬比女性同行更好。聯合國婦女署的研究報告指出：日益擴大的旅遊業雖然提供了許多女性就業，但是對性別的刻板印象卻在許多方面使得她們大多數人無法獲得旅遊業可能帶來的發展和賦權效益。特別是在家族的旅遊企業中無償勞動的婦女特別容易受到剝削。總體而言，目前的全球旅遊業和必須仰賴旅遊收益的政府都很依賴性別區隔和兩性薪資的不平等。[53]

在全球旅遊業中，最有希望真正為婦女帶來力量的三個領域分別是手工藝品生產、食品生產和全女性的在地旅遊。例如：居住在厄瓜多（Ecuador）聖克魯斯島（Santa Cruz Island）的十一名婦女組成了一個麵包坊，專門替遊輪公司供應麵包，因為那些遊輪公司每年會帶數千名遊客去加拉巴哥群島（Galapagos Islands）觀賞野生動物。為了取得成功，這群婦女報告，她們不僅要磨練自己做麵包的技巧、要發展商務技能，還必須說服兩群男人相信她們努力的價值所在：分別是在她們背後潑冷水的丈夫和對她們抱持懷疑態度的遊輪公司男性經營者。她們與這兩群人取得的成功替婦女帶來更大的經濟保障，也讓她們更覺得可以掌控自己的生活。[54]

第二個例子來自喜馬拉雅山的山麓。住在尼泊爾的切特里（Chhetri）家的姊妹三人，名為拉基（Lucky）、迪基（Dicky）和妮基（Nicky），認為當地正在快速發展的健行產業都只由尼泊爾男性主導並不合乎常情。為此她們也同樣接受了培訓並取得執照，成為經過認證的喜馬拉雅健行嚮導，甚至展開培育計畫，

創建「三姐妹探險健行」公司的尼泊爾女性於二〇〇九年在楚魯西峰（Chulu West）進行攀冰訓練。照片來源：Darek Zaluski, Poland。

訓練其他尼泊爾婦女取得健行嚮導的技能。她們替外國女性推出只限女性的旅遊行程，並將其公司命名為「三姐妹探險健行」（Three Sisters Adventure Trekking）。直到二〇一〇年，已經有百分之十的尼泊爾健行嚮導是尼泊爾女性。拉基．切特里告訴聯合國婦女署的研究員：「我們已經證明女性在心理、身體和情緒上都和男人一樣堅強。」[55]

不過，雖然這些女性經營的手工藝和小型企業的確很重要（尤其是對農村婦女而言），但是它們只能為數量有限的女性打開了小小的機會之窗；並沒有從根本上改變大型全球旅遊業中的性別政治。也就是說，幾乎沒有改變該產業的政治。此外，就算女性成功創辦了手工藝、食物和嚮導的合作社，她們也很難持續掌握對該生意的控制。尤其是在她們成功之後，經常會有中間商介入吸走她們的利潤。[56]

國際政治中的性旅遊

在二十一世紀初，泰國的旅遊當局積極地宣傳該國是一個對男同性戀和女同性戀都很友善的旅遊目的地。根據一家英國同性戀旅遊公司的估計，泰國在二〇一二年因為同性戀遊客而共獲得十六億美元的旅遊收入。並且有調查顯示：泰國在全球同性戀遊客眼中的受歡迎程度超過美國和阿根廷。[57] 僅僅在二十年前，泰國最有名的還是在性方面對異性戀男遊客的吸引力。

帕蓬（Pat Bong）是曼谷的一區，數十年來這裡一直滿足著外國男性的慾望。泰國在一九八〇年代末成為國際遊客的主要目的地之一，旅遊業也成為泰國政府發展策略的核心。不過泰國的男性官員對性旅遊最多只有抱持矛盾的態度，也因此他們對泰國婦女和女孩的權利也是如此看待。當時住在曼谷的女性比男性多出四十萬人，男性遊客與女性遊客的比例是三比一。帕蓬的城市景觀為我們提供了人口數據的意義。雖然政府在一九六〇年通過《禁止賣淫法》（Prostitution Prohibition Act），但是六年後通過的《娛樂場所法》（Entertainment Places Act）卻又削弱了這項禁令，《娛樂場所法》開放了足夠的漏洞讓咖啡廳和餐館老闆在消費選擇中加進賣淫的內容。據估計，曼谷在一九八〇年代初期有一百一十九家按摩院、一百一十九家理髮兼按摩院和茶館、九十七家夜總會、兩百四十八家偽裝的妓院和三百九十四家迪斯可餐廳，這些地方都會向男性顧客出售性陪伴的服務。曼谷這些營業場所的妓女有些是來自農村的女性，農村的農業發展規劃使得她們處於社會邊緣；也有些女性已經是第二代甚至第三代的性工作者，她們已經與泰國社會的其他部分變得越來越隔絕。近十年來，在曼谷按摩院工作的女性平均每個月可以賺五千泰銖；而女性從事的其他非娛樂業工作（服裝業、家庭幫傭和農工）每個月的平均工資卻只有區區的八百四十泰銖。[58] 嫁給外國男人通常是女性脫離帕蓬的唯一出路，但是那也顯得不切實際。例如有一位女性說她「曾經與一個在鑽油平台當技師的英國男性同居。但是他後來卻離開她，自己回英國了。她說自己和他在一起的時候沒有工作，可是幾個月後又回去做她原本的工作了，因為他不再寄錢給她，而她自己不可能住得起這麼貴的公寓。『我還能夠做什麼呢？畢竟，男人是門好生意。』」[59]

性旅遊並不是異常的發展，而是性別旅遊產業的許多分支之一。研究工業社會的經濟學家認為，製造業衰落之後就會出現「服務業經濟」（service economy），同時女性的工作類別會激增，所以國際顧問也鼓勵許多發展中國家的決策者在製造業成熟**之前**便發展服務業。酒吧的女服務生要先於汽車工人，而不是之後。[60]

此處我們要注意一些重要的區分。性旅遊和性販賣是不一樣的現象（雖然互有重疊）。兩者的確有些重要的共通特徵：都關乎性別；都在父權制之下；都是政治的；都已經商業化；都是國際化的。性旅遊是鼓勵絕大多數為男性的遊客從一個國家前往另一個國家，好獲得女性性服務的過程，這些男性來自北美、西歐、中東、俄羅斯、東亞及東南亞。其中，源自種族的性誘惑被創造出來（利用網際網路獲得極大化的效果）、對男性氣概的遐想獲得發揮、航班要加以安排、酒店要預訂、某些女性變成可取得的商品、警察得到賄賂——利潤被創造了出來。以上用對理解這些活動沒有幫助的被動式條列出來。這削弱了它們的政治意涵。這些性旅遊活動的每一項都要由某個人加以完成。那個人是誰？性旅遊的研究需要指明整個過程中的每一步到底是誰做了什麼。性旅遊——以及實現性旅遊的所有男男女女——持續在形塑國家之間的經濟、政治和文化關係。尤其是如果認真看待性旅遊的運作方式，就可以釐清男性的性焦慮以及緩解這些焦慮的努力是如何塑造出今日國家之間的關係。

做性旅遊生意的人知道「遊客」有好幾種形式。性旅遊業者認為的潛在市場中的男性旅客通常不是那些穿著短褲、拿著地圖、脖子上掛著相機的男性。反而多是商務差旅、執行外交任務、被派赴國際軍事行動的男性。如果這些男性想尋求下班後的娛樂，就會成為性旅遊生意的潛在顧客。許多這類男性顧客並不關心收錢向他們提供服務的婦女和女孩（有時候是男孩）是否是出於自由意志提供這些性服務的。這類好奇心可能會剝奪這種性體驗的樂趣。[61]

這便將我們帶向性販賣。要探究性旅遊，也就是男性為了性目的而前往印度、肯亞、柬埔寨、烏克蘭、多明尼加共和國、古巴以及性旅遊商家每年開發的新地點，我們必須要問：「在這些特殊的性交易中工作的女性有多大程度是出於自願的，還是受到欺騙、恐嚇或脅迫？」回答這個問題需要謹慎而詳細的研究。答案不能有先驗的假設。[62]因為我們無法假設任何女性都可以自由的拒絕在性按摩院工作，或是不必在迪斯可舞廳或咖啡店賣淫，所以許多女性主義者會很謹慎的使用「**性工作者**」（sex worker）這個常用的詞彙。許多評論家使用**性工作者**一詞是為了表達對女性的尊重，這些女性與付費的男性顧客進行性交易。但是使用這個詞也像是在暗示她們的勞動具有自主性。相較之下，一九九〇年代的女性主義者就會使用**性奴隸**（sex slave）和**遭販賣的婦女**（trafficked woman）這類詞彙來反映性服務是遭到強迫的現實（無論有沒有支付費用給她）。被販賣或變成性奴隸的所有女孩或婦女並沒有失去作為人的尊嚴；相反地，應該說她們的基本尊嚴遭到別人的嚴重侵犯——侵犯她的是那些圖謀讓她受到奴役的人，以及那些因她的奴役狀態而獲得滿足或利益的人。或者，像「**賣淫婦女**」（woman in prostitution）這樣的用詞，也可以有效的指出女性對男性提供性服務的確切性質還處於未決狀態，除非已對該婦女的生活條件有實際調查。

不論在何時或何地，探索性旅遊的運作，以及人口販子對維持性旅遊所扮演的角色，都需要查明三件事：（一）婦女或女孩是在什麼情況下第一次進入賣淫行業，（二）她是在什麼情況下需要每天過著賣淫的生活，以及（三）如果她選擇脫離賣淫，就確實可以脫離賣淫的機會。如果揭露了女孩／婦女是被迫從一個地區遷移到另一個地區（例如從泰國東北部到曼谷）、或是從一個國家到另一個國家（例如尼泊爾的婦女和女孩到新德里，或是俄羅斯的婦女前往紐約、阿姆斯特丹或首爾），就必須接著找到人口販子的集團。這些集團是受性別影響的。在今天，如果要違背一個人的意願、或是在她沒有充分理解的情況下，欺騙性地帶著她跨越國界，勢必需要複雜的聯盟。因此，如果要研究現下的性旅遊和性販賣間的相互作用，就需要發展細膩的女性主義調查技能。研究者必須懂得欺騙、貪婪、施惠、脅迫、恐嚇、羞恥、孤立和恐懼等綿密而又緊密相扣的性別運作方式。[63]

在過去三十年中，跨國的女性主義者敦促各國政府和聯合國的國際機構必須追蹤性旅遊的顧客和推動性旅遊的公司、以及各種性販賣的模式。這種女性主義的資料收集，讓今天的人們可以透過世界地圖來了解性旅遊的顧客和性販賣的人口販子足跡。企鵝出版集團出版的女性主義書籍《世界女性地圖集》（*Penguin Atlas of Women in the World*）展示了遍布全球的每一條強迫旅行路線。[64] 目的地國家（指遭到性販賣的婦女被強行送往的國家）中最明顯的是泰國、沙烏地阿拉伯、南非和美國。據估計光是在二〇〇六年，就有五萬名婦女被賣到美國。[65]

有三種國家的婦女最有可能落入人口販子的網中。第一種是最近經歷經濟危機的國家，這些國家的政府會以「撙節」的名義搗毀公共安全網，使得婦女迫切需要工作，於是就很可能輕信人口販子的虛假承諾，像是保證其他國家的工作可以獲得很好的報酬。第二種是遭逢天災重大打擊的國家，這些國家的政府有可能是因為設備不足或是根本沒有意願為上千名流離失所、與家人失散的婦女和男人、女孩和男孩提供安全保障。第三種是遭受軍事暴力的國家（以及這些國家的各個地區），其人民會因離鄉背井、被迫逃亡而成為難民。這意味著如果有人想要搞清楚任何時間和地點的性旅遊和性販賣之間的關係，研究這些動態關聯的話，勢必要對婦女和女孩（各自）對經濟危機、自然災害或武裝衝突的經歷保持好奇心。[66]

愛滋病（AIDS）的流行始於一九八〇年代初期，雖然科學和醫學持續進步，直到今天該疾病仍持續傳播，這增加了年輕女孩對性旅遊的男性顧客的吸引力。這些男性認為與孩子發生性關係，比較不容易感染 HIV ／ AIDS。在國際政治中，要讓政府官員（尤其是旅遊部門、移民局、邊境警察以及當地警察）正視兒童性販賣的問題，是比要求他們處理成年女性的性販賣問題更容易一些。要說服各國政府相信一個十歲的女孩不可能願意離家這麼遠、又自願與成年男性發生性關係，的確是比較容易。

美國國會中自由派和保守派組成的問題重重的聯盟，在二〇〇〇年通過了一項反性販賣的法律，這項法律同意讓逃離強迫勞動或強迫性工作的男性或女性取得美國的臨時簽證；並要求國務院每年進行一次國際評估，看看有哪一國政府採取了有效措施減少一切形式的人口販賣（包括性販賣），又有哪些國家的政府沒有採取這類措施。

美國國務院依據二〇一三年的評估提出了《人口販賣報告》（*Trafficking in Persons Report*），其中的結論是國際間人口販賣十分普遍，因為工廠、棉花／番茄田、妓院和私人住宅需要得到可剝削的勞動力，受害者包括女孩、婦女、男孩和男人。大部分媒體的頭條新聞都報導了國務院將全球政府區分成三級排名，其根據是各國政府對預防和減少販賣的實際努力，以及對保護被販賣者的權利所做的努力。國務院的研究人員認為最不在乎的十七國政府（被列為「第三級」〔Tier 3〕）分別是阿爾及利亞、中非共和國、中國、剛果民主共和國、古巴、赤道非洲（Equatorial Africa）、厄利垂亞、幾內亞比索、伊朗、利比亞、茅利塔尼亞、北韓、巴布亞紐幾內亞、俄羅斯、蘇丹、敘利亞和烏茲別克。[67]

不過，區分成三級的排名也只能顯示出各國政府官員的努力不一。它無法反映出婦女、女孩、男人和男孩是在哪裡受到欺騙或是被強迫從事性工作、或是成為（非關性的）勞動力；它也沒有對販賣者的中轉站和最後的目的地國家進行評比。因此，即使是被國務院列為「第一級」（Tier 1）的哥倫比亞、法國、以色列、義大利、挪威、南韓和美國等國家，也不意味著其社會中不存在性販賣或是由性販賣帶來的性旅遊。

成立國際政治機構的成績之一，是在聯合國下的人權事務高級專員辦事處（Office of the High Commissioner for Human Rights）設立了專門針對買賣兒童、兒童賣淫和兒童色情問題的特別報告員（Special Rapporteur）。特別報告員納賈特・馬拉・姆吉德（Najat Maalla M'jid）在二〇一三年向日內瓦的聯合國人權理事會（UN Human Rights Council）提交的報告中指出，貧困兒童最容易成為販賣的對象。顧客和人口販子這些施虐者會在海灘、卡拉 OK 酒吧和旅館等遊客集中的地方搜尋兒童。她的報告中也指出人口販子越來越常利用網路與兒童取得聯繫，在線上聊天室中直接接觸或是透過中間人。她估計兒童性販賣已經成為每年價值兩百億美元的生意。[68]女性主義的運動家和聯合國監察員還指出兩百億美元只是針對兒童性販賣的估計金額，還不包括販賣成年婦女帶來的收入。[69]

結論

旅遊關乎的不只是逃離日常工作和討人厭的毛毛雨，它還關乎權力——越來越國際化的權力。傳統的政治評論員不會像討論石油或武器那樣嚴肅的討論旅遊業，這可能更多是透露出這些評論員自身對「嚴肅性」的意識形態建構，而不是旅遊的政治。

政府和企業高層已在許多方面開始依賴國際休閒旅行。首先是在過去的六十年中，他們已經開始認識到旅遊產業可以幫助當地經濟發展的多元化，當地經濟如果只依賴一、兩樣未經加工的出口產品，就會顯得比較脆弱。因此，旅遊業是源自國際貿易的不平等，但是又常常連結到特定產品（例如糖、香蕉、茶葉和銅）的政治。其次，官員希望旅遊業為他們提供外匯，這對各國日益全球化的經濟結構來說都是必要的，無論是窮國或富國。第三，發展旅遊業被認為可以刺激社會更加全面性的發展；可以想見在外國遊客到來之後，現代技術、新科技和改善後的公共服務都會「向下普及」。第四，許多政府官員會利用擴張旅遊業來確保當地精英的政治忠誠。例如：加快某些旅館牌照的核發或是劃分豁免區，相較於只以委派公務的形式提供優惠，可能會替當今的政治人物贏得更多戰略結盟。最後，許多高層都希望旅遊業能夠提高該國在國際上的能見度或甚至是聲望。可以想見，雖然乍看之下似乎很矛盾，但推廣國際旅遊會強化民族自豪感。

其中許多希望已經破滅。不過銀行家、國家發展的規劃者和私人投資者還在繼續推動旅遊業，因為他們認為這是減少國際體系的不平等、讓財務更加健全和政治更加穩定的手段。陽光、衝浪、古蹟、服務和紀念品甚是受到倚重。

如果要掌握國際旅遊業的政治現實，就必須磨練性別分析的研究技巧。以一間依賴旅遊業的旅館為例——它可能是世界上最大的酒店企業洲際酒店集團（InterContinental Hotels Group）旗下的大型酒店（世界上第二大和第三大的酒店企業則分別是希爾頓〔Hilton〕和萬豪〔Marriott〕），也可能是專門做外國遊客生意的小型地區企業所擁有的旅館。讓我們試著對那家旅館從上到下做女性主義的性別政治分析。它的「上層」可能會待在政府部會或公司董事會的會議室，遠離酒店裡的那些女性清潔員使用的有毒的清潔材料、以及她們抬起的一個比一個重的床墊。當然我們也不能漏掉旅館的客人。

一開始，先讓我們找找女性在哪裡？男性又在哪裡？然後追蹤一下是誰在為哪些人做什麼決定。接著是有關女性氣質和男性氣質的種族化觀念運作時會如何影響到旅館內部的各種關係。再講述一下任何一名員工在試圖改變這些不平等關係時發生的故事。這些努力對旅館的各個團體產生了哪些影響？當我們在追蹤旅館的客人時，也需要讓大家看見有哪些精英男性會將旅館用於男性的商務會議，也會用於性的約會。

現在，確認一下你對這家旅館所做的女性主義性別分析是否有考慮到當時的歷史時刻？這個國家或這個城鎮有怎樣的旅遊業發展，才造就了今天的旅館業務？看看這家旅館在十年前的性別分工和旅客的性別區分，是否有相似或不同的模式。最後，找出你的發現對這家酒店企業、其中的女性員工和國際關係的性別旅遊政治究竟有何意義。

不論是在出發地或目的地的社會，如果不是因為對男性氣質和女性氣質的觀念——以及對兩者的貫徹——勢必不可能讓旅遊業及其政治發展維持在目前的形式。不是只有關於享樂、旅行、逃離、整理床鋪和性的觀念會影響富國和窮國的婦女。國際旅遊業的結構本身就**需要**父權制才能夠生存和茁壯。男性掌握了女性對安全感和自我價值的感覺，這一直是旅遊業政治發展的核心。由於這個原因，所以女性的行為都應該被視作具有政治性，並且屬於國際政治；不論她是遊客、航空公司空服員、旅館服務生、工會組織者、賣淫的婦女、數據收集者、商人的妻子或是專辦女性旅遊行程的人。

第 3 章

民族主義與男性氣質

民族主義的故事還未結束——這不是一個簡單的故事

在銀行業崩潰、經濟衰退最嚴重的時期，加泰隆尼亞（Catalonia）人紛紛走上巴塞隆納的街頭。各個年齡層的女性和男性、找不到工作的年輕人、保有工作但是工資被砍的公務員、退休金可能不保的老年人，都加入了加泰隆尼亞人高喊口號與唱歌的行列。這場經濟危機始於二〇〇八年的國際銀行倒閉潮，並席捲了整個西班牙，但是在這個陽光明媚的五月傍晚，人們是以加泰隆尼亞人的身分組織起來、走上巴塞隆納街頭，而加泰隆尼亞人是西班牙的多民族社會中一個自豪的地區性族群。從示威者的標語中，可以明顯看到他們指責目前的困境應歸咎於所謂的「三頭政治」（the Troika）：歐盟委員會（European Union's Commission）、歐洲中央銀行（European Central Bank）和安格拉．梅克爾總理領導下的德國政府；這是因為在歐盟的成員國中，就屬德國一直堅定要求西班牙（以及愛爾蘭、希臘、葡萄牙）大幅削減公共支出，以重新平衡預算。經濟危機影響到所有西班牙人的生活，但是對這些參與遊行的示威者來說，經濟危機也重新點燃了他們對加泰隆尼亞民族認同的強烈意識。加泰隆尼亞的民選官員承諾會讓該區公民有機會對即將舉行的加泰隆尼亞獨立公投進行投票。

視野看向北方，執政的蘇格蘭民族黨（Scottish National Party）政治人物也正在向倫敦方面施壓，要求由蘇格蘭公民投票決定蘇格蘭是否脫離英國獨立。蘇格蘭民族黨的領導人向蘇格蘭人民保證獨立後的蘇格蘭依然會保留歐盟的會員資格，還是三十五個成員國之一，但是布魯塞爾的歐盟官員卻警告道：蘇格蘭獨立後必須重新申請加入歐盟。因為存在這種不確定性，讓一些支持蘇格蘭獨立的選民感到卻步。

大西洋彼岸的魁北克選民近年來也曾兩度投票，決定繼續留在境內存在多民族的加拿大，成為加拿大的一省。但是兩方的差距並不大，而且看起來要不了多久，魁北克的民族主義者就會要求再辦一次魁北克的獨立公投了。

至於在非洲，南蘇丹經過多年的血腥抗爭之後脫離蘇丹，成為世界上最新獲得承認的主權國家之一。

回到歐洲，南斯拉夫在經過一九九二年到一九九五年的一場各方勢力的血腥內戰之後，裂解成幾個依種族劃分的小型民族國家。捷克斯洛伐克（Czechoslovakia）也一分為二，分別成立捷克共和國（Czech Republic）和斯洛伐克。蘇聯於一九九〇年代初在沒有發生戰爭的狀況下解體，留下俄羅斯這個民族依然多元、卻是主要由俄羅斯人支配的國家；現在俄羅斯邊界附近存在著好幾個依民族劃分的新國家（但其各自並非單一民族國家），包括位於波羅的海旁邊的拉脫維亞、愛沙尼亞和立陶宛，與歐洲接壤的烏克蘭和白俄羅斯，還有在西亞邊境的哈薩克、吉爾吉斯和塔吉克。莫斯科發動了一場殘酷的戰爭，讓具有種族特徵的車臣（Chechnya）地區保留在俄羅斯的版圖內。

只能說製作地圖的人總是有事情忙。

在一八〇〇年代中期，民族主義突然出現在國際政治的舞台，造成了一股讓帝國走向分裂的政治力量：包括鄂圖曼帝國、哈布斯堡王朝、俄羅斯帝國、大英帝國、法蘭西帝國、荷蘭帝國、西班牙帝國、葡萄牙帝國、丹麥帝國、日本帝國和美帝國。北美十三州殖民地的美國人和南方的拉丁美洲人最早運用民族主義思想，有效地挑戰了西班牙、葡萄牙和英國的帝國統治。第一次世界大戰似乎更加落實了民族主義思想，其戰事的可怕程度甚至被人過於樂觀地以為會是「終結所有戰爭的戰爭」。戰勝國於一九一九年在凡爾賽宮召開會議，他們完好無缺的保留了自己的多民族帝國，但是卻把戰敗的鄂圖曼帝國和哈布斯堡帝國的領土分割開來，至於分割標準則是由負責劃分的男性精英決定的，他們認為有權享有「國家主權」的民族便可以自成一國。之後又經過第二次世界大戰、人民的反殖民運動和一系列暴力武裝衝突之後，才迫使剩下的帝國統治者也承認在他們統治之下的大多數人民也應該享有國家主權。

但是塞爾維亞人、克羅埃西亞人、立陶宛人、斯洛伐克人、加泰隆尼亞人、魁北克人和蘇格蘭人；以及沖繩人、藏人、車臣人、維吾爾人；住在伊拉克、土耳其、敘利亞和伊朗的庫德人（Kurd）；還有斯里蘭卡的泰米爾（Tamil）少數民族——都在清楚地告訴我們：民族主義的故事離結束還很遙遠，它依舊是一個複雜的故事，其各種敘事也存在激烈的爭議。

此外，二十一世紀顯現在國際上的民族主義能量，除了各民族的分離主義運動之外，還有強大的中央政府所提出的外交政策。俄羅斯的民族主義者決心要鎮壓車臣族的叛亂，並且狹隘地界定何謂「真正的」俄羅斯民族，藉以鎮壓俄羅斯的男女同性戀者。中國的政治領導人一邊高喊著民族主義式的語言，一邊繼續加深中國對西藏的統治並聲稱其對台灣的主權，而且中國聲稱主權的範圍甚至擴大到石油資源豐富的南海。土耳其的政治精英高舉著民族主義的大旗，試圖否決現代的土耳其是一個多民族國家。日本的民族主義者重拾信心並重新取得選舉影響力，這有部分原因是為了回應中國政府對該地區的強硬態度。美國官員也一直宣稱美國的統治及於加勒比海和南太平洋、涵蓋從波多黎各到美屬薩摩亞和關島的許多島嶼社會，另外，針對美國在既有邊界外的遙遠地區發動戰爭和無人機攻擊，也以各種民族主義的言論加以辯護。[1]

群眾運動會抬出民族主義的情緒和形象，嚴厲指責全球化的趨同效果。星巴克在全球的門市越開越多；好萊塢不斷炮製電影公司導演認為夠精彩的「全球電影」；政府之間一直推動的多邊協議讓沃爾瑪等企業巨頭可以把小規模的本地公司趕出市場；大型漁業公司成批掠奪了加拿大和冰島沿岸的魚類資源。全球化商業的各種表現似乎不只有威脅到競爭對手的企業，也威脅到國家認同的核心。[2]

上述這些無論是過去、現在或暗示未來的故事，似乎都顯得與性別無關。傳統的敘述方式覺得重要的是哪些人會覺得自己是蘇格蘭人，或是冰島人、加泰隆尼亞人、車臣人或沖繩人，以及這種意識培養出的感情會讓他們做出什麼。講故事的人在精心設計這些受辱、動員、戰鬥、勝利和失敗的故事時，經常講得好像女性和男性對民族主義的體驗是一樣的，而且在決定和評價民族主義的目標時，女性和男性也扮演著一樣的角色。這些令人質疑的觀念還會帶來進一步且通常也未經檢驗的假設，即民族主義運動的產生和後果都不必考慮對男性氣質和女性氣質的想法。

已經足以證明，這三種假設對於理解我們生活的世界都只提供了不可靠的基礎。

女性和民族主義之間的關係顯然不太穩定。一方面，有上千名女性在民族主義運動中發現她們自己新的公眾形象，以及政治參與的機會。這些女性把自己看作、而且也被別人視為是一個民族的成員，這給了她們比身為家庭中的母親或婚姻中的誰更偉大的身分。然而在另一方面，雖然民族主義為她們帶來能量，但是也有許多女性發現：其實男性的民族主義領導者和知識分子經常只把她們視為民族的象徵，而這個象徵是由父權所雕塑。女性是象徵被侵犯的民族、受苦的民族、自我複製的民族、最純粹的民族。女性淪為象徵意味著，在試圖終結殖民主義、種族統治、種族主義和全球的資本主義剝削的民族主義運動中，她們並沒有被視為是真正可以擁有自己想法、目標和技能的參與者。[3]

此外，因為民族是由「我們」所構成，所以非常重視歸屬感。它很可能是排他的，甚至仇外。活躍於少數族裔社群（尤其是新移民族群）的女性會對民族主義的排他傾向保持警惕。非裔加勒比海地區出身的蘇格蘭人、阿爾及利亞裔的加泰隆尼亞人、海地裔魁北克人、韓裔日本人、波蘭裔愛爾蘭人、伊拉克裔美國人、土耳其裔德國人、摩洛哥裔法國人、庫德族土耳其人——如果民族主義開始主導公眾對話，這些族群的成員都有理由感到擔心。今天有許多女性主義者認為必須極其謹慎的對待民族主義，因為她們認為如果要能夠充滿活力的持續發展女性運動，國內各民族的女性倡導者之間能夠建立聯盟可謂至關重要。

在二十世紀末和二十一世紀初，隨著女性主義的想法和女性主義組織在國際間的影響力越來越大，有越來越多女性公開反對民族主義的領導者將她們視為國家的象徵。女性在尋求她們支持的民族主義運動中對性別平等提出了更多要求。並不是所有受女性主義啟發的要求都受到歡迎。因此，女性與民族主義運動的政治關係始終很複雜，而且常常令人擔憂。不論是在歷史書籍、在國家節日的慶典或是在國家博物館的展覽中，描述這些複雜關係的故事都經常遭到噤聲。畢竟，如果一名作家、一個活動的發起人、一名策展者在任何民族主義運動的故事中加進性別的複雜性，都可能會剝奪該運動以及「民族」這個概念本身的一些光環。

但是，如果評論家對女性的經歷、想法和行動始終不感興趣，最後會導致對民族主義本身和任何一次民族主義運動的描述都過於簡單化。將民族主義運動描繪成一幅簡化的圖像，將使國際政治看起來比實際的情況更為單純。

女性、殖民主義與反殖民主義

殖民主義替明信片的產業帶來一門好生意。殖民地官員、士兵、拓荒者和遊客都在想方設法把他們統治社會的圖像傳送回家鄉，這些圖像都很動人，而且清楚的展現出這些迥然不同的社會需要所謂的文明治理，而文明治理只有白人才能夠給予。殖民地明信片的圖案通常有一點色情，而且具有驚人的一致性：一名南非的祖魯族（Zulu）婦女和一名紐西蘭的毛利族（Maori）婦女都被要求替英帝國主義的「紀錄者」擺出一樣的姿勢。

法國殖民者寄回家的明信片也選了北非殖民地的阿拉伯婦女的圖片。有些人蒙著面紗，有些人則沒有。有些顯然是在攝影師的工作室裡拍攝的，也有些顯然是在當事人不知情的情況下拍到的照片。[4]這類明信片很多都在傳達性的訊息。在一張以「艾查與佐拉」（Aicha and Zorah）為題的照片中，有兩名年輕的阿爾及利亞女性，她們都沒有戴面紗，直勾勾地看著攝影師——因此其實也就是看向購買明信片的人和最終的收件人。這兩名女性坐在一個窗台上，前面隔著裝飾華麗的鐵柵欄。另外，還有一張明信片的標題是「摩爾女人」（Moorish woman），就像要代表所有的阿拉伯婦女一樣，照片中的女性既沒有戴面紗，也沒有穿著長袍遮住胸部。她也是斜靠在窗格上，從明信片裡往外看，像是在等待你上前，雖然她幾乎遙不可及。

馬利克．阿盧拉（Malek Alloula）是這些法國殖民地明信片的收藏者。他也是一名阿爾及利亞民族主義者。這些明信片捕捉了殖民文化的曇花一現，也替他捕捉到男性的冒險和「異國情調」這類帝國概念，而這些對法國的殖民統治來說，就與外籍兵團（Foreign Legion）一樣至關重要。歐洲的「東方主義」（Orientalism）培育出對這些文化的欣賞及迷戀，同時又以「文明」之名正當化歐洲的統治。蒙著面紗的穆斯林婦女的誘人形象便是支撐起這種東方主義式的意識形態、及其所支撐的帝國

「柵欄村莊的美人，祖魯土地」（The Beauty of Kraal, Zululand）：一張寄自南非殖民地的明信片上的一名祖魯婦女。照片拍攝於一九〇〇年代初期。

「Kia-Ora：來自毛利土地的問候」（Kia-Ora: Greetings from Maoriland）：一張來自英國殖民地紐西蘭的明信片上的毛利婦女。照片拍攝於一九三〇年左右。

結構的基石。[5]

馬利克・阿盧拉用這些圖像來探索他自己身為男性民族主義者的身分：對男人來說，被征服就意味著**他的**女人變成了帝國明信片的素材。秉持民族主義的男人不能夠讓外國人利用和虐待**他的**女人。

但是從女性本身來看又是如何呢？「艾查與佐拉」對於不戴面紗坐在鐵窗後面的姿勢一定有她們自己的想法，替英國攝影師擺姿勢照相的毛利和祖魯族婦女一定也是。或許她們日後會在一家旅館附近看到正在出售的明信片。或許她們會覺得很滿意；也或許她們會覺得很羞恥。她們最初是怎麼被說服坐到攝影師前面的呢？她們有得到報酬嗎？錢被誰拿走了呢？馬利克・阿盧拉和其他男性民族主義者似乎對於這些遭人利用的女性自己的想法全然**漠不**關心，因為她們可能會替外國征服賦予意義。

殖民地婦女成為了外國男人的性對象。有些女性嫁給外國男人，從而促成外國政府／公司和被征服者之間的結盟。[6]也有人替這些外國男人的妻子擔任廚師和保姆。她們可能只是想賺取一點收入，不過她們接受了白人女性在宗教和社會方面的指導，也在無意識中強化了白人女性的道德優越感。而同時，殖民地男性的自尊也因為殖民者的蔑視和高傲態度而受到打擊，此時就由在殖民統治下生活的婦女們支撐起她們族群中的男性。婦女會在小塊的土地上種植玉米、馬鈴薯和稻米養家糊口，好讓她們的丈夫可以受僱到幾英里外、在外國人所擁有的礦山或農園工作。殖民地的婦女既是象徵、是工人、也是滋養一切的人，她們對整個殖民事業至關重要。[7]

歸功於女性主義歷史學家，我們現在可以比較了解生活在殖民統治下的婦女有什麼樣的複雜想法和策略了。例如：在一九一〇年代到一九二〇年代生活在日本統治下的韓國的幾位城市婦女，就為自己打造出現代新女性（New Women）的新身分。她們甚至會前往東京，與日本第一代公開的女性主義作家和藝術家一起研習和工作。這些韓國婦女並不是殖民統治者的馬前卒，不過她們的確拒絕接受一些韓國民族主義者男性所想像的朝鮮傳統女性需保持純潔的理想。在當時那個殖民統治的時代，民族主義的情緒在政治上特別突出，想要打造一種自主女性的生活可是有風險的。她們可能幾乎沒有什麼可以立足、發聲或是自由呼吸的文化空間。這些韓國的新女性是誰、她們是為了什麼而站出來、她們應該如何被記住——是要被當作「忠誠者」還是「叛國者」——到今天依然是南韓的女性主義者和民族主義者爭執不休的問題。[8]

對南韓的女性主義者來說，今日這些關於民族主義的性別史研究更加有意義。因為就在此時，南韓人也還在持續確定他們對於自己的國家存在著大型的美國軍事基地應該持什麼樣的看法，既然他們已經建立起自己國家的軍隊；同時南韓也越來越融入全球的政治經濟體制，但南北韓統一的指望時有時無，並有越來越多南韓人以遊客、學生和企業主管的身分移居國外，在美國形成大規模的南韓移民族群。[9]

那麼，對於那些替占領法國的納粹分子、占領東德的蘇聯人、或是占領伊拉克的美國人工作，抑或是出於自身的理由而與這些占領者一起工作的女性，又要做什麼解釋呢？如今，應該要由誰、用什麼標準來決定這些女性現在要被視為法國、德國或伊拉克的愛國者，還是應該受人唾棄呢？正是由於在外國占領期間持續不斷的民族主義進程中，女性所受到的凸顯以及關於女性氣質的想法，使得女性主義歷史的書寫如此充滿政治色彩，而且又如此必要。

民族主義運動鮮少從女性的經驗出發，以此來理解一個民族是如何成為殖民地，或是如何擺脫物質和心理統治的束縛。相反地，民族主義通常是源自男性的記憶、男性的屈辱和男性的期望。

「不僅有人阻礙我們為女性發聲、我們的〔不被允許的〕

想法，甚至是夢想另一種不同的命運。我們被剝奪了夢想，因為有人要我們相信過我們現在的生活，就是成為好阿爾及利亞人的唯一路徑。」[10] 以上這番話是出自阿爾及利亞女性主義者瑪麗－艾梅・海利－盧卡斯（Marie-Aimée Hélie-Lucas），她用這番話來說明阿爾及利亞的後殖民民族主義政府——那是她曾經為之奮鬥而建立的獨立政府——如何為限制女性的社會和政治參與的新立法找藉口，即便女性明明就有積極參與該國的反殖民戰爭。不過，她也隨之對聚集在赫爾辛基參與國際會議的女性主義者聽眾提出警語：「或許，出席本次研討會的多數女性都理所當然地認為她們屬於某個國家、某個民族，而這個國家或民族的存在根本毋須證明；這種想法甚至允許超越國家的概念，以及對此的批評。然而我們以前都不被容許如此〔；〕……在此刻仍是殖民國家、或是正在面臨帝國主義戰爭的國家，也還有許多人並非如此……〔在這樣的情況下〕要對國家、甚或是假裝代表國家的政體提出批評將更加困難。」[11]

瑪麗－艾梅・海利－盧卡斯與人共同創辦了「生活於穆斯林法律下的婦女」（Women Living Under Muslim Laws），這是今天最重要的跨國女性主義資訊來源之一。[12]「生活於穆斯林法律下的婦女」現在是橫跨眾多國家的跨國女權主義者網絡，這些國家包括埃及、蘇丹、波士尼亞、突尼西亞、巴基斯坦和馬來西亞，該組織持續在嚴厲批評所有被用來否定婦女權利或是限制婦女公共組織的民族主義言論。

「民族」是一種概念，一個強大的概念。這個概念的核心是一個集合的人群形象，這群人認為彼此是由共同的過去所塑造的，也注定會擁有共同的未來。要培養這種信念，通常（但並非絕對）需要共通的語言，也需要和周圍群體足以區隔的差異性。民族主義是一組互相交織的思想和價值觀，其中之一就是承諾要心懷這些信念，並推動那些把民族凝聚在一起掌控自己命運的政策。殖民統治替民族主義思想提供了特別肥沃的土壤，因為它讓原本極為不同的人民共同擁有了受到外國統治這樣強烈的經驗。外來統治的經驗可以超越不同階級、不同膚色、不同地域的連結、甚至不同宗教和種族的差異。

民族有潛力可以撐起一把大傘。在這樣寬容的願景之下，多元民族、宗教寬容（有時與世俗國家〔secular state〕有關）以及地區的多樣性等概念都可以有意識的被接納，這些差異不會被認為是對民族的威脅，反而是民族這把大傘的明顯戳記。南斯拉夫的狄托（Tito）就是想把這種形式的民族加以制度化；甘地以及伊拉克和敘利亞的阿拉伯復興社會黨（Baathist）也是如此；另外還有加拿大的皮耶・杜魯道（Pierre Trudeau）和南非的曼德拉。這些大傘理論的民族主義者有些會追求民主政治，也有些人陷入以軍事化的獨裁主義來實現他們理想中的遠景。然而，許多民族主義的擁護者對民族大傘的願景抱持懷疑態度。他們反而想要選擇一個「比較純粹」的民族，一個像是緊緊「包起來的雨傘」般的民族。這個比較狹隘的圖像認為民族的力量是源自社會和文化的同質性。女性會在其生活中支持、或純粹就是必須面對哪一種形象的民族主義──大傘或是緊閉的雨傘──會影響到她的個人和政治選擇。

實務上，開放和封閉式雨傘的民族之間主要的區別之一是官方對異族通婚的態度。一個民族主義的政府是否會讓具優勢（或統治）社群的女性更容易、或是更難與外地社群的男性通婚？如果一名女性嫁給一個不同宗教、種族或是語言傳承的男性，會被認為是強化還是背叛了這個民族？例如，阿拉伯復興社會黨塑造了多民族、宗教多元的伊拉克（然而該黨最後一名領袖是薩達姆・海珊〔Saddam Hussein〕，他的統治手段走向了獨裁），伊拉克經過一九九〇年代和二十一世紀初的戰爭後完全解體，不同民族和不同教派之間的通婚數量急遽下降，人們也變得越來越不接受通婚。有些伊拉克人認為這種下降彰顯出他們因獨裁統治、美國領導的軍事入侵和戰後出現的宗教政權而遭受的損失。隨著通婚越來越受到反對，伊拉克人也覺得他們好像失去了那個他們所熟知和珍視的如大傘般的民族。[13]

不論是像大傘還是緊閉雨傘式的民族主義，成為民族主義者表示這個人開始承認要與不認識的人、不是他的家人也不是與他住在同一個鎮上的人有共通的過去和未來。但就算女性被敦促要支持民族主義，這些民族主義的主流理解卻不是建立在女性過去的經驗、當前的現實和未來策略之上。不過，就像是阿爾及利亞的女性主義者所警告的那樣，如果女性要批評一個聲稱代表民族的運動、或是以民族名義行使權力的政權，都會存在風險。在今天的世界做一名民族主義的女性主義者是最為困難的政治課題之一。

殖民主義中的性別

來自不同帝國的許多女性會透過到公立和教會學校任教的方式，替自己的政府服務。有一名年輕的美國白人女性便描述了她在一九〇一年航行到馬尼拉時，心中的激動之情，她是協助美國在菲律賓確立統治的第一批教師之一。帕蒂．帕克斯頓（Pattie Paxton）是應美國軍隊的招募而來。當她坐船駛出舊金山灣時，美國士兵還在鎮壓菲律賓的反殖民叛亂分子，這些叛亂分子過去也曾經以民族主義之名與西班牙統治者作戰。

我們很難說帕蒂．帕克斯頓符合傳統帝國主義者的形象。她剛從大學畢業，以二十世紀初的美國年輕女性來說，這是一項難得的成就。有一個同學告訴她「菲律賓群島上有些有趣的植物，那裡有蘭花、有令人喜愛的尼帕（水椰）小屋，還有他見過最乖的小孩子」，他還向帕蒂保證軍隊絕對不會派老師去「危險的地方」。帕克斯頓日後回憶道，她認為自己「在這場偉大的冒險中發揮了自己的一小部分功能」，也看到了「山姆大叔

（Uncle Sam，即美國）的犧牲所換來的世界」。當她得知大學朋友史黛拉（Stella）也要去、兩人可以一起踏上旅程時，她就下定了決心。她們在船上認識了其他年輕的未婚女性教師，還有剛從加州大學（University of California）畢業的男孩。女孩們會在船艙裡聚會、「閱讀和閒聊」，還會與年輕的男孩一起「在甲板上唱歌度過愉快的夜晚，主要是唱大學歌曲」。[14]

沒有太多美國女性對這次航行發出抗議之聲。蘇珊・布朗威爾・安東尼是美國新興的選舉權運動的領導者，但是她在一九〇〇年向麥金利（McKinley）總統提出抗議時，並沒有什麼追隨者——她抗議併吞夏威夷以及在加勒比海和太平洋的殖民擴張只不過是擴大了美國對女性的壓榨。其實，甚至有些美國和歐洲的婦女參政權倡議者反對安東尼的批評，她們認為可以替各自的帝國**服務**，正好證明她們足以成為可信賴的選民。[15]

帕蒂和史黛拉在馬尼拉和怡朗（Iloilo）待了幾週，她們在那裡過著和一般遊客無異的生活，替美國士兵帶來一些看似無害的改變，接著她們便被送往省城描戈律（Bacolod），那裡是美國第六步兵團（American Sixth Infantry）的總部。描戈律當地的顯赫菲律賓家族數代以來一直在協助西班牙殖民者，而他們現在努力想適應的是新來的外國占領者。替帕蒂和史黛拉提供寄宿的地主薩賓娜（Sabina）竭盡全力將這兩位年輕女子介紹給她的親戚和朋友。接下來，這兩名美國女性終於收到她們的第一份教學任務。他們被送往內格羅斯（Negros）島上山區的一個村莊，在那裡反帝國主義的菲律賓**反叛分子**依然活躍。帕蒂和史黛拉似乎也沒有因此而感到不安；這就是她們一直在期待的冒險。到達當地後她們立即著手改造村裡現有的兩所學校，一所是男校，另一所則是女校。兩所學校都反映了西班牙早期殖民者的學習方法：使用宗教文本和齊聲背誦。帕克斯頓回憶道：「我們就是在這樣的基礎上建立起美國學校，我們也認識到在那樣的基礎中至少有三項有力的基石：紀律嚴明的團體、對學習的渴望、對出人頭地的欲望。」她還心懷感激的記起：「此外，我們發現老師們都很願意學習我們的語言和我們帶來的教學方法。」

帕克斯頓總共在菲律賓任教四年。讓她最沮喪的事情是她無法說服菲律賓當地官員鼓勵小女孩上學。缺乏合適的教材也讓她感到苦惱。但是她儘量湊合，她會教單字和數字、學習地方的歌曲，並幫她的學生做手工藝品。她的生活中也不全是工作。她會與美國士兵一起外出野餐和參加節日慶典。

帕蒂・帕克斯頓並不是明顯的種族主義者。一名美國上校在晚餐講話中提到了「白人的負擔」、還有那名上校妻子的傲慢表現都讓她感到厭惡。不過，帕克斯頓和其他年輕女性都是在美國的殖民統治正如日中天時來到菲律賓教書，她們協助建立的一些價值觀和制度在八十年後成了菲律賓民族主義者激烈爭論的對象。在民主化的民族主義浪潮中，柯拉蓉・艾奎諾（Corazon Aquino）在一九八六年成為菲律賓總統，但是她本人是畢業於一所美國大學。她和今天許多其他的菲律賓人一樣，仍然在民族主義自尊心和對美國價值觀的仰慕之間不斷拉扯——而美國的價值觀正是帕蒂、史黛拉等冒險前來替殖民主義服務的女性所留下的遺緒。

歐洲和美國女性在該國殖民地教的不只有字母和數字；她們教的還有何謂正經得體的概念。她們以開拓者、探險家和傳教士的身分前往殖民社會，也以士兵、農園主人、傳教士和行政官員妻子的身分，無償地為殖民政府服務。歐洲和美國的女性志願成為護士、家庭教師和學校老師。男性化的殖民政府期望所有這些角色的女性能夠立下淑女的行為準則。他們認為維多利亞時代女性的禮教習俗能夠替殖民地的婦女樹立正面榜樣。男性殖民地官員也希望這類禮教習俗能夠讓少數白人女性與大量當地男性保持適當的距離。殖民地男性和當地婦女之間的私通大概不至於引起注意；但是殖民地女性和當地男性之間的戀情就會被視為對帝國秩序的威脅。[16]

淑女行為是帝國主義文明的重要支柱。這種正經女人的形象就像是衛生設施和基督教一樣，用意是讓殖民者和被殖民者都相信外國的征服是正確而且必須的。[17] 淑女行為也是為了對殖民男性帶來提振的作用：鼓勵他們依照維多利亞時代男人的標準行事，而這些標準被認為對殖民的秩序至關重要。也因此建立帝國的男性氣質也包括保護正經的淑女。淑女代表文明開化的使命，這可以證明對愚昧的人民進行殖民具有合理性。

詹姆斯・彌爾（James Mill）是在十九世紀提倡英國殖民主義的人之中最受歡迎的人物之一，他寫道：「女性在粗魯的人之間通常受到貶抑，而在文明的人之間則受到尊崇。」[18] 英國殖民官員指責被殖民社會對男性氣質的既存觀念導致對女性的貶低；如果男性的男子氣概中不包括對女性的敬重，那麼他們就不足以指望被允許管理自己的社會。因此，像是在印度，就有英國評論家創造出「女人模樣的」（effeminate）孟加拉男性這樣的

殖民地印度的一位摩訶羅闍（maharaja，大王之意）的女兒結婚時，為歐洲婦女保留的區域，攝於一九三二年。照片來源：Harold Lepenperg/Acme Cards, London。

概念，這是為了譴責男性不夠有男子氣概，沒有認識到自己有義務保護和尊重女性。[19] 印度的英國官員透過立法改善婦女的繼承權（一八七四年、一九二九年、一九三七年）、禁止燒死寡婦（一八二九年），並允許寡婦再婚（一八五六年），這些都是打著促進文明的旗號。然而同時，維多利亞時代的價值觀則容許這些英國官員制定法律對拒絕履行與丈夫之性義務的妻子施以監禁，還實施讓印度婦女替駐紮在印度的英國士兵提供性服務的賣淫制度。如果要解開這兩套殖民政策何以如此矛盾的謎團，我們不能夠把英國施行的男性化帝國主義想像成具有廢除男性對女性支配的神聖目的，而是應該當成歐洲人在確立其對亞洲和非洲男性的男性化統治。[20]

在二十世紀初，男子氣概及其對民族的重要性與對民族的健康生存所帶來的威脅，是幾個帝國之間鮮明（但緊張）的政治爭論課題。發生在克里米亞戰爭（Crimean War）之後的波耳戰爭（Boer War）使英國人的信心產生動搖，開始懷疑他們的男人有足夠的男子氣概維持帝國。羅伯特・貝登堡（Robert Baden-Powell）在一九〇八年創立童子軍，宗旨是對抗性病、種族通婚和出生率的下降（這些都被認為會有損英國維持其國際實力）。貝登堡和其他英國的帝國主義者認為運動員精神、再加上對正經女人的推崇，是大英帝國成功的基石。雖然童子軍的分支最後擴及全球，但是貝登堡最初的目的其實是打算重建白人男孩對男子氣質的自我控制：畢竟帝國的未來掌握在他們手中。貝登堡為了確保他的追隨者不會誤解他的意圖，便將「白人男性」和「男性」的形象做出對照。在貝登堡的指南中，「男性」圖片看上去身材矮小、膚色黝黑，戴著高頂帽，身上穿著皺巴巴的外套。這不是童子軍嚮往的樣子。童子軍想要模仿的是站在旁邊的「白人男性」：他的身材高大、肌肉發達，眼睛直視前方，身體保持專注。[21]

「白人男性」遠比另一名黝黑的男子高大，這不僅是因為他

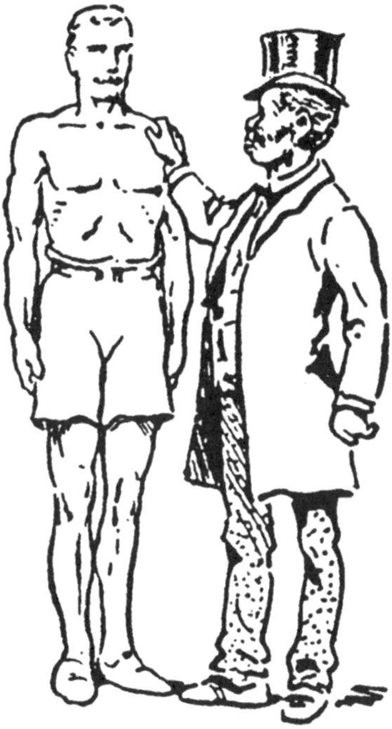

「白人男性與男性。」出自《羅浮邁向成功之路》（*Rovering to Success: A Book of Life-Sport for Young Men*）一書，作者為羅伯特．貝登堡；插圖為作者所繪。出版自：London: Herbert Jenkins, 1922。

學會了如何對抗蛀牙、走路時不要一副垂頭喪氣的樣子、正確的背負背包，還因為他懂得尊重女性的重要性——尤其是母親和「合適的女孩」。一個年輕人要找到「合適的女孩」，最可靠的方法就是和女童軍結婚。而這些都需要懂得箇中技巧，就像是童子軍在急流中划行獨木舟時也需要學會操縱的方式：

我希望您會從我對「女人」這塊岩石的描述中了解到，它對女人和男人都有危險。但是如果你正確地操控你的獨木舟，它也有非常光明的一面。

這項工作需要用到的槳就是騎士精神。[22]

民族主義與面紗

二〇一一年到二〇一三年之間，中東爆發了人民起義「阿拉伯之春」，那段時期的婦女會穿著不同的服裝走進公共場所，抗議獨裁的統治者並要求民主化。巴林（Bahrain）的女性抗議者在市中心創設了一個只准女性進入的營地，並要求該國的君主政體推動政治改革。巴林的多數女性抗議者都是穿著黑色長袍，還把頭包起來。但她們很顯然只有單色的傳統服飾倒沒有妨礙她們發展新的政治思維或是採用新形態的公眾行動。相較之下，在二〇一一年到二〇一二年之間在開羅的解放廣場（Tahrir Square）與男性抗議者一起示威的埃及婦女的明顯之處就是穿著多樣化：有的女性會戴頭巾，有的則露出頭髮。她們先是反對胡斯尼·穆巴拉克（Hosni Mubarak）的統治，接著又反對穆巴拉克之後的民選政府利用性騷擾來阻礙婦女的公開政治行動。

二〇一三年在伊斯坦堡最具有商業氣息、多民族混居的市區中心的塔克西姆廣場（Taksim Square），有數千名土耳其婦女與土耳其男性一起走上街頭，抗議雷傑普·塔伊普·艾爾段（Recep Tayyip Erdogan）總統的專制決定；艾爾段政府決定砍樹，清出空間來興建一座新的購物中心，以及一座仿造的鄂圖曼帝國式軍營。很多參加抗議的土耳其婦女都沒有戴頭巾，不過也有一些人有戴。

中東各地許多積極參與政治活動的婦女是有意識地在界定新的性別化國家，在該民族社群中，世俗的婦女和嚴格遵守教義的婦女彼此尊重對方為盟友，不會根據婦女對穿著方式的選擇來當作要接納或是將她排除在民族外的標準。[23]

在民族主義者之間爭論最激烈的大概非面紗莫屬：穆斯林婦女是否應該戴上面紗或頭巾，以展現她對民族主義志業的承諾——還是她應該摘掉面紗，讓頭髮自由飄逸，才能展現她的承諾？不論是阿爾及利亞、埃及、伊拉克、伊朗、土耳其、印尼或馬來西亞的男性和女性，在這場爭議中都有人各自站在其中一邊。男性的民族主義菁英會利用女性的頭巾和面紗來達到他們自己的政治目的。「沙阿」·穆罕默德·禮薩·巴勒維（Shah Mohammad Reza Pahlavi）在一九七九年倒台之後，父權制民族主義系譜中其中一支極端的伊朗改革派男性精英認為，女性應該配戴頭巾遮住她們的頭部和頭髮並穿著長袍，這是他們的政治宣傳運動中對於改革伊朗民族性別意涵的要求。民族的名譽被認為取決於女性的名譽，而女性要遮住頭髮，是因為露出的頭髮對伊朗男性來說太有誘惑力了。

父權制民族主義系譜的另一個極端則是凱末爾·阿塔圖克（Kemal Ataturk），他身為土耳其最具影響力的民族主義者，在一九二〇年代高舉著鄂圖曼帝國後的土耳其應該走向現代化和世俗化的大旗，同時禁止了男性常見的紅色土耳其氈帽和女性的

巴林婦女在自己的示威據點呼籲君主政體應該走向民主化。巴林，二〇一二年。照片來源：路透社。

頭巾。[24] 既然土耳其已經不再統治一個龐大的帝國，就應該依靠一個同質性比較高的現代化民族群體。禁止頭巾和「給」婦女投票權都是阿塔圖克認為在後帝國時期的現代化民族主義中所必需的。不只他自己的妻子不戴頭巾，阿塔圖克也命令他麾下所有軍官的妻子都不能配戴頭巾。不論是自願或因父母的壓力仍繼續配戴頭巾的土耳其女孩都不能進入國立大學，也不能擔任公職或是當選國會議員。到了二十一世紀初，艾爾段總統領導的伊斯蘭政府又對土耳其民族主義的這種性別形式提出挑戰。艾爾段提倡土耳其女性都要配戴頭巾，也從一九二〇年代以來首次允許戴頭巾的年輕女性進入國立大學就讀。二〇一三年聚集在伊斯坦堡塔克西姆廣場的女性抗議者，頭上什麼都沒戴的女性和戴著頭巾的女性形成政治上的民主化同盟，她們要拒絕的是性別民族主義的男性公式，不論那是阿塔圖克的或是艾爾段的。[25]

在更早之前，也有歐洲的殖民官員和殖民社會中的男性與女性運用道德和強制的壓力，使論述倒向其中一邊——通常是拒絕面紗的一邊。殖民主義者越是用他們自己西方文明使命的名義推動反面紗運動，被殖民（或新殖民）國家的穆斯林婦女就越難掌控論點。因為如果男性殖民官員和進步的歐洲女性對配戴頭巾或面紗的婦女採取明顯的公開反對立場，而且並沒有與當地婦女結成真正的聯盟（一如通常的情況），那麼就會讓拒絕面紗與順從殖民統治被畫上等號。阿爾及利亞的法國行政官員就將移去女性臉上的面紗視為法國的「文明使命」的一部分。一九二〇年代和一九三〇年代的埃及女性主義者對於爭論的掌控取得了較大成功，但是如果她們沒有戴著頭巾出現在大眾面前，也有遭到反民族主義者抹黑的危險。當地許多反面紗的女性來自上層階級，但是上層階級的特權地位也只能部分使她們免於受到嘲笑。[26] 當二〇一一年到二〇一三年婦女動員起來參加阿拉伯之春後，也開始對埃及婦女在一九二〇年代和一九三〇年代的辯論重新產生興趣。她們也必須吸取並套用一些性別的政治課題，才不會讓女性在參與了政治上的民族主義運動之後，再次經歷革命後被邊緣化的歷程。[27]

殖民時期在埃及的歐洲婦女經常對頭巾和面紗表達強烈意見。她們認為這兩者都讓人聯想到穆斯林住宅的內室（harem），象徵穆斯林婦女被迫與外界隔離。許多歐洲婦女會寫到面紗的事，主要不是因為她們真的對埃及婦女的生活和想法感到好奇，而是因為這會讓她們對自己身為歐洲女性的處境感到樂觀。梅爾瓦特・哈特姆（Mervat Hatem）指出：「西方女性會覺得與埃及女性相比，自己擁有極大的權力，也擁有自由，這讓她們不必正視自己在家鄉要面對的無能為力和性別壓迫。」[28] 那些去埃及擔任老師和家庭教師、有時候甚至是嫁給埃及男性的歐洲婦女，在很多時候顯然不願意解釋為什麼她們在「東方」會感到自由得多。

許多族群的男性似乎都認為該族群中女性的外在穿著和性純潔具有意識型態的重要性，因為他們將女性視為（一）該族群或是該民族，最有價值的**財產**，（二）將該民族的整體價值觀一代一代傳下去的主要**載具**，（三）替族群帶來子孫後代的**承載者**——或者更粗魯一點的說，就是民族主義者的子宮，（四）該族群中最**弱勢**，容易受到外來的暴虐統治者玷汙和剝削的成員，以及（五）最容易被狡滑的外來者**同化**和籠絡的人。這五種假設都讓女性的行為在民族主義的男性眼中看來顯得十分重要。但是這類想法不表示女性會被認真看待成國家在確立新政治時的積極創造者。這類想法也無法保證該民族成立新的獨立國家之後，男性特權會受到有效的挑戰。[29]

民族主義運動中的父權

在斯里蘭卡賈夫納（Jaffna）的婦女於一九八〇年代末成立了一個研究小組——那時她們還不知道自己的國家後來將爆發一場長達二十五年的內戰。斯里蘭卡是由僧伽羅人（Singhalese）占主導地位，這些婦女的目標是確實分析她們「身為女性」和她們「身為泰米爾人（Tamils）」所受到的壓迫之間的因果連結。有些女性在政治上的覺醒是因為泰米爾人的民族主義運動，這些運動讓她們察覺到泰米爾人的身分會影響到她們在斯里蘭卡的教育和經濟機會。透過民族主義開始有了政治意識之後，她們才發現在泰米爾遊擊隊、政府軍隊和印度占領軍不斷升級的暴力中，女性和男性被賦予了截然不同的角色。民族動員和不斷升級的暴力所帶來的變化促使這些泰米爾婦女聚集在一起組成研究小組。但是她們對泰米爾和斯里蘭卡社會中女性處境的考察，卻沒有讓她們在民族主義運動逐步升溫且逐漸軍事化之後，更加決定站到民族主義運動這一邊。她們的討論結果甚至有可能促使一些女性將僧伽羅的女性主義者視為潛在盟友。[30] 然而，在漸漸陷入圍困的泰米爾族群中，這將威脅到她們作為值得信任的女性的地位。

今天，在政府軍隊殲滅泰米爾遊擊隊，以暴力奪回該國的北部地區之後，斯里蘭卡的泰米爾婦女開始對她們在長期衝突的各方身上看到的黷武主義和厭女態度提出尖銳批評。而新出現的斯里蘭卡婦女行動團體，例如「受戰爭影響婦女協會」（Association of War Affected Women），也會向政府和國際組織施壓，要求他們承認讓婦女充分參與當前國家的戰後重建工作有多麼重要，這些重建的努力將形成婦女在未來幾十年中與男性、政治和經濟的關係。出於過去的經驗，有許多女性主義運動者對經常伴隨民族主義而出現的軍國主義保持警惕。[31]

眾多女性發現在想要維護民族認同感的族群中，只要她們透過接受女性被賦予的角色（族群記憶和兒孫的承載者）參加新興的民族主義運動，就可以獲得權力。即使她們是因為生育更多孩子並將孩子栽培成忠誠的民族主義者，才受到民族主義運動中男性的讚揚，她們也未必會覺得被看輕或是遭到邊緣化；這也可能讓女性的信心增強。不過，如果一名婦女為了確保孩子有更好的未來，而開始在傍晚出門參加民族主義集會，她仍有可能遭到丈夫的強烈抵抗。她的丈夫可能會指責她忽略家庭責任、與別人私通款曲、讓他在其他男性眼中看起來像個傻瓜，因為其他男人可能會笑他連自己的太太都管不住。他萬萬想不到的是，支持民族主義運動會讓他失去對妻子的控制。他甚至可能靠著打老婆來限制她參加新的民族主義活動。

這類經驗會使得家庭暴力在某些民族主義運動中上升成女性的政治議題。她們一開始參與民族主義活動時，可能從來沒有想過只是批評外國統治、外國的基地、外國的投資或當地的獨裁統治，卻會導致夫妻關係遭到批評。其實，有許多女性在最初參與時，都還是好妻子和好母親。她們是直到後來才得出結論：如果要完全投入運動，就必須克服家中和鄰里男性的抗拒。一名積極抵制菲律賓政府與外國銀行家、企業和軍隊結盟的菲律賓民族主義者描述了民族主義的組織要如何邁出新的一步：

> 我們成立了一個論壇，我們稱為女人的晚會 (soirée)，我們會邀請參與運動的婦女與會，也鼓勵她們帶丈夫一起來……有一天晚上，我們的主題是「女性主義和婚姻——能相容嗎？」我們開始討論家庭，有一些人甚至對家庭的價值提出質疑，因為家庭會對女性產生壓迫。於是有些男人便開始表達他們的不滿，例如抱怨自從妻子參加這場運動之後，她們就不再管孩子的需要了……這是一次非常健康的交流，也是一種很不一樣的對話，因為這是群體的對話，而不只是丈夫和妻子之間。[32]

活躍在菲律賓、愛爾蘭、南非、加拿大、斯里蘭卡、南韓、墨西哥和尼加拉瓜的民族主義運動中的女性開始分析女性氣質、男性氣質、婚姻、「家」以及國際體系是如何在整體上互相緊密聯繫在一起。[33] 她們在這方面可謂遠遠領先那些工業化國家中很少關注政治上連結的女性。這些概念並不是只有在全球化的消費廣告和武器貿易的過程中會發生連結，也包括家庭中的男女關係。她們認為男性（戀人、父親或丈夫等）如果一直只將女性視為家庭照顧者這類邊緣化的角色，那麼阻止外資入侵、終結不公平的軍事基地條約或追究跨國公司的僱主責任也都將變得機會渺茫。從這層意義上來說，外國基地的指揮官和資本主義企業家對家庭暴力以及對限制女性公共活動的依賴，其程度並不亞於與當地男性菁英的結盟。[34]

而另一方面，女性要在受到夾擊的民族主義運動中提出這類「女性議題」其實十分困難，因為這些議題確實關乎到男性權力。來自敵方勢力（外國軍隊或是地方政府的警力）的威脅越是急迫和具有強制性，族群中的男性就越能夠成功地說服女性運動家保持沉默、吞下她們的不滿、壓下她們的分析。只要民族主義運動走向軍事化——不論是由其領導人主動發起，還是對外部恐嚇做出的反應——族群中的男性特權就很可能變得更加根深蒂固。

除了這種情況的消音之外，如果有外國政府參與保衛該民族、使其免於受到外來勢力的攻擊，且該外國政府的行動因此而取得合法性，那麼當地男性的特權就等於獲得了外國盟友。這就是一九八〇年代在阿富汗發生的事。在最近一次美國領導的阿富汗軍事行動的二十年前，美國政府和其盟軍對阿富汗戰爭的描述是典型的冷戰敘事：蘇聯入侵鄰國，並支持該國缺乏民意基礎的傀儡政權；反政府的叛亂分子才是代表真正的民族，他們的勇敢抵抗值得自由世界在道德和軍事上的援助。不過，如果有人從阿富汗婦女的視角來看這個情況，這個故事就不會那麼確定了。叛亂的聖戰者爭取的是一種傳統農村宗族的生活方式，這無疑是父權制的。而蘇聯支持的喀布爾（Kabul）政府推行的政策之一是擴大阿富汗婦女的經濟和教育機會，這對宗族中的男性領導者來說十分不友好。雖然沒有證據顯示蘇聯支持的喀布爾政權有得自廣泛群眾的合法性，但是據外部的觀察家指出：喀布爾政權對於那些能夠利用政府政策且主要居住在城市的婦女其實是有利的。當美國官員針對阿富汗內戰制定出冷戰的應對措施，女性就被順勢趕出了政策舞台。[35]

有鑑於這次經驗，也難怪當二十一世紀的美國軍事聯盟決定撤軍、華盛頓方面也提出了自己的撤軍時間表時，阿富汗的女權提倡者——例如阿富汗婦女網絡（Afghan Women's Network）——卻對此持懷疑態度。她們預測當各陣營的男性坐下來討論該國的政治未來時，婦女權利將再次淪為談判桌上討價還價的籌碼。[36]

軍事動員當然可能迫使男性讓女性獲得新的能力和承擔新的責任。不過同時，軍事化也會以民族生存的名義極力強調族群團結，而且其優先性足以讓批評父權做法和態度的女性沉默下來；這樣一來，民族主義的軍事化將使男性享有特權——即使它同時也號召婦女做出貢獻。

一九八〇年代的第一次巴勒斯坦大起義（First Intifada）期間，軍事化讓年輕的巴勒斯坦男性有新的機會證明自己的男子氣概，這除了是在挑戰以色列男性的權威之外，也是在挑戰被許多人認為過時的父執輩權威。而另一方面，一名巴勒斯坦人在一九八八年告訴記者：「婦女在大起義中承擔了最大的衝擊。」以色列政府動用士兵執行嚴格的宵禁，並逮捕了大約六千名巴勒斯坦男性，這讓婦女的家務活被提升到國家要務的層級：「她們必須管錢、做所有的家庭雜務、自己烤麵包、種蔬菜、照顧雞和山羊。這些傳統的角色現在變得前所未見地重要。」巴勒斯坦婦女納吉瓦．賈達利（Najwa Jardali）長期以來一直在替占領區的婦女提供日托和保健診所，她告誡西方女性不要以為日托只是婦女的事。軍事化讓它成為一個全國性的議題：「大部分西方女性主義者不會覺得幼兒園很重要〔，〕……但是它對我們來說很重要。軍政府不允許我們在學校開設幼兒園，所以有日托中心才讓婦女可以從事其他活動。」以色列軍隊會騷擾女性教師並關閉日托中心，這就足以證明日托中心對全國的重要性。[37]

在那之前，人們對巴勒斯坦民族的普遍形象一直是像巴勒斯坦解放組織（Palestine Liberation Organization）的年輕男性街頭戰士——戴著格紋頭巾，手裡握著一塊石頭，充滿挑釁和警惕，代表這整個民族。巴勒斯坦婦女則一直活在陰影中。她們就只是被保護、或是不被保護的人。不過從一九八八年開始巴勒斯坦婦女在占領區舉行自己的遊行，抗議以色列政府的「鐵拳」政策。她們公然反抗那些全副武裝的士兵，還一邊高聲喊著「我們是人，我們是女人。我們絕不屈服。我們絕不自艾自憐」。領導大起義的委員會——全國起義統一指揮部（Unified National Command of the Intifada），開始會同時在公告中處理女性和男性關心的問題。以色列軍事政策的本質迫使巴勒斯坦人發展出新的組織方式，較不依賴外部的幫助，而是依靠社區的小型委員會，這樣比較不會受到警察和軍隊的干擾。這種型態的組織讓女性開始以政治行動者的角色獲得承認；尤其許多男人和男孩都因比較容易遭受注意的投擲石塊衝突後被關進監獄。社區委員會的婦女會挨家挨戶的招募成員、替陷入困難的人籌集資金和食物、要求有醫療保健知識的人提供醫療服務，並呼籲大家參與示威活動。[38] 像這樣的軍事壓力是否會導致巴勒斯坦民族內部的女性氣質和男性氣質持續不斷地在重新排序呢？

另一種懷舊

在民族歷史的框架下，經常不乏對男性權力、或是對女性與男性關係的民族主義爭論，這種常見的做法賦予了未來的男性民族主義領袖過多的權力：他們會聲稱自己繼承了族群團結這個明確的遺產。然而事實上，他們繼承的可能是上一代在族群中獲勝的父權制。所有民族主義運動的歷史幾乎都是充滿性別爭議的歷史。如果婦女與統治群體中的男性、或是婦女與同種族男性的關係在十年或是一個世紀之後看起來像是沒有什麼困惑或爭議，那這可能只是證明了民族歷史中懷舊的父權敘事暫時取得了勝利。

在民族很脆弱且存在強大的外部威脅時，勝利（或落敗）的作用可能很難估算。例如：越南的女性主義歷史學家譚可泰（Hue-Tam Ho-Tai）描述了一個看似微不足道的事件，卻讓主張父權制的一方在民族主義的爭論中朝勝利邁進了一步。[39] 法國統治下的越南在一九二〇年代曾經爆發一場重要的婦女運動。該運動中提出了識字率、婚姻條件和公共參與等問題，都是在對越南儒家文化中最根深蒂固的觀念提出挑戰。早期的民族主義運動中也有男性知識分子公開反對父權制的價值觀和做法，他們認為這些價值觀和做法剝奪了越南女性的才能和精力，而這兩者都是擺脫法國殖民主義所必需的。[40] 民族主義者（不論男女）都鼓勵越南婦女學習閱讀和寫作。在西元一世紀領導越南人反抗中國殖民者的徵（Trung）氏姊妹被譽為當代越南人的典範。婦女開始加入印度支那共產黨（Indochinese Communist Party）和其他民族主義團體。在這個過程中，較早出現的婦女團體對比於形形色色的民族主義組織便顯得相形失色。爭取婦女權利越來越被看作是確立越南民族意識的一部分，而越南需要民族意識才可能挑戰法國的殖民統治，並且隨著民族主義運動的蔓延，法國的統治又變得更加嚴厲。在一九三〇年代，提倡婦女權利和爭取民族權利間似乎不存在緊張關係，彼此可以互相支撐；兩者都在質疑越南的傳統儒家文化是否足以保護民族免於受到外國統治。

接著有一些女性運動人士開始檢視民族主義運動內部的兩性關係。在一九三〇年代的一次共產黨會議中，民族主義的領導者們告訴女性代表不要在公開報告中提及丈夫和妻子間的問題。他們警告說當時的民族主義運動正面臨被法國警方逮捕的威脅，因此在席上提出這類問題，只會在民族主義運動內部製造敵對情緒。女性便從她們的報告中刪除了這些部分。只有會阻礙民族團結的問題才會被當作合理的問題；如果提出的問題會讓該民族的男性感到焦慮，那麼通常不會被理會。

要理解法蘭西帝國最終如何走向衰落，我們也必須了解這場有效的越南民族主義運動在發起時，婦女是如何看待她們在每一個充滿危險的步驟中所面臨的選擇。的確有許多越南婦女靠著參與接下來持續四十年的戰爭，在民族主義的戰鬥中找到力量和意義。[41] 後來的女性可能就沒有同樣的選擇了。但每次只要女性屈服於壓力，對女性在民族主義組織中與男性的問題保持沉默，民族主義就會更走向男性化。在國家統一後的政黨和政府高層中幾乎見不到越南女性：在趕走美國軍隊的五年後，一九七九年，越南共產黨的女性黨員僅占百分之十七；在民族主義勝利的十年後，共產黨最有權力的決策機構政治局，全由男性組成。婦女甚至連戰爭期間在村莊和集體農場委員會獲得的一些影響力都保不住了。[42]

二十一世紀初的越南婦女開始挑戰這種公共生活的男性化。當時越南的國際關係持續擴張：越南已經成為受歡迎的外國旅遊目的地，也有例如 Nike 等全球大型公司與越南的工廠簽約，生產出口商品，並有許多越南人對中國的領土擴張主義感到緊張。此外，由於看到貧富差距擴大，也有越來越多越南公民公開批評國內精英的傲慢和腐敗。這時，越南的女性主義研究者也與其他國家的婦女研究者建立起廣泛的網絡。[43] 當然，越南的女性主義者也注意到二〇一三年十六名由男性領導者任命的政治局委員中只有兩名女性。如果越南的女權倡議者無法回復到民族主義運動時的腳步，即女性與男性的關係被排除在民族主義議程之外的那個時期，那麼越南的女權倡議將會很難繼續前進。

民族主義高度重視任何本土的事物。因此，斯里蘭卡的女性主義學者庫馬里・賈瓦德納（Kumari Jayawardena）指出：「那些想要使我國婦女繼續居於從屬地位的人會發現：只要將女性主義視為外來的意識形態予以駁斥就好了，這種做法很方便。」[44] 有時候這種駁斥還會加上仇視同性戀的攻擊。女性主義者會推動自己的民族主義運動重新思考婦女在政治中的角色、重新評估抗爭的武裝暴力對族群中男性和女性的影響，而這些都會被批評者貼上女同性戀的標籤。塞爾維亞的民族主義者支持南斯拉夫時任總統斯洛波丹・米洛塞維奇（Slobodan Milošević）入侵波士尼亞，在一九九二年到一九九五年的戰爭期間，他們就是用仇視同性戀的誹謗言論來嘲諷「黑衣女性」（Women in Black）組織中的塞爾維亞反軍國主義的女性主義者。把女性叫作女同性戀是為了抹黑女性主義受到外來思想的汙染，彷彿異性戀才是當地族群唯一的原生習俗，並且將女性主義的思想邊緣化，說這些思想源自墮落的婦女。[45]

民族主義運動中的女性主義者也提出了批評，她們提出了關於殖民前的文化與殖民文化之間關係的重要問題。如果一個民族在外國的殖民統治到來前並不存在父權制，那麼解決方式就相對簡單：她們只需要與男性一起推翻外國的統治，並恢復殖民前的價值觀，就可以回復族群內部的男女平等。然而，一旦女性發現父權的價值觀和做法早於殖民統治而存在，而且隨後遭到殖民主義者的利用和深化，那麼即使重新取回對該社會的控制，也不會解放婦女。因此土耳其、菲律賓、南韓和越南的女權倡議者會對那些美化殖民前歷史的民族主義代言人保持警惕；

對於用女戰士和女王的例子來證明女性在過去對土地和性方面有真正的影響力，會讓她們感到不安。然而她們對這些歷史的探討也必須謹慎，因為局外人可能會利用她們的發現來詆毀她們想要改革的民族主義。[46]

結論

民族主義為數百萬名婦女提供了空間，讓她們成為國際上的行為者。她們認識到自己的文化充滿知識和藝術的豐富性；認識到外來者是依賴脅迫（而非先天的優越性）發揮影響力；在以前那些只有階級、地區和政黨壁壘的地方意識到族群的紐帶；發現個人的價值即使超出家庭和親緣的領域之外——這些都賦予了數千名女性和男性一樣的權力。民族意識給予眾多女性足夠的信心參與人生中第一次公眾組織和公共辯論。此外，相較於許多其他的意識形態，民族主義也更願意將女性納入，因為民族生存必須仰賴文化的傳遞、孩子的出生和養育，而民族主義者認為這兩項活動都至關重要。

民族主義從本質上來說就是用一系列的概念加劇「我們」和「他們」之間的區別。此外，它還會提供分析工具解釋是什麼創造出「我們」和「他們」之間的不平等。因為民族主義而參與政治的女性可能會認為同民族的男性與她有著共同的命運，而不會認為她與另一個族群的女性有共同的未來——尤其是如果那些女性（無論其個別的政治立場為何）來自一個會嘲笑自己的族群。

但是在過去兩個世紀以來，讓世界政治格局重新調整的許多民族主義都是父權制的民族主義。這些父權制民族主義的發言人，包括歷史學家、小說家、詩人、藝術家、將軍、政治組織者，都認為是殖民主義、新殖民主義或是資本主義全球化帶來的影響才將女性邊緣化或使女性受到壓迫，也因此在殖民之前、全球化之前的社會中，婦女都能享有尊重和安全。這種非女性主義的分析認為只要恢復民族獨立，就能夠確保婦女的解放。許多民族主義者也認為族群中的女性被外國男子強姦或是拍攝不雅照，就等於損及該族群男性的榮譽——不過還是有些戰時遭強姦的倖存者（例如孟加拉的婦女）寧可保持沉默多年，因為就連男性民族主義者都會在這些強姦受害者的身上烙上汙名。[47] 雖然民族主義者經常鼓勵女性在民族主義運動中發揮積極的作用，但是他們卻會把女性的角色限定在能夠滿足其虛榮心的女朋友、堅忍的妻子或是養兒育女的母親。

再說一次，不同文化中的男性民族主義運動組織者都將族群團結提升至政治的首要地位，如果有任何人要質疑女性及男性在運動或族群中的關係，都可能被貼上製造分裂或甚至是叛變的標籤。如果有女性呼籲兩性應該要在政治運動、職場和家庭中都更享有真正的平等，她們會被告知現在還不是時候，民族還太脆弱，而敵人則已兵臨城下。女性必須有耐心，她們必須等到民族主義的目標達成；**到了那個時候，也唯有到那時候，**女性和男性的關係才可以得到解決。許多女性的民族主義者耳邊會迴響著男性的建議：「還不是現在，再等等。」

「還不是現在，再等等」這句話的背後有許多涵義。這句建議成立的前提，是因為相信初期的民族共同體所面臨的最嚴峻課題可以不必考慮男女間的權力關係就獲得解釋和解決。也就是說，如果要理解外國投資和債務的原因和影響，並不需要認真對待婦女的經歷；如果要挑戰外國的軍事基地和企業化農業所造成的無土地問題，也不需要掌握這兩者是多麼仰賴婦女的勞力和沉默；以及，要解析文化全球化的微妙誘人之處，也不用考慮男性的自尊心和慾望。上述假設中的每一項在政治上都顯得很膚淺。

此外，「還不是現在，再等等」這個建議，也意味著不論在民族主義運動期間發生了什麼事，都不會讓未來再改變女性被邊緣化和男性有特權的情況變得更加困難。這個建議也基於以下的假設：在民族主義勝利後，新誕生的政治機構會接納婦女的分析和要求，而接納程度至少不亞於在民族主義運動期間創立的機構。這兩個假設都值得懷疑。

民族主義運動經常會深化男性的政治特權——無論是在魁北克、蘇格蘭和加泰隆尼亞的選舉；在首爾、伊斯坦堡、塞爾維亞首都貝爾格勒、以色列的海法（Haifa）和斯里蘭卡賈夫納的街道上；或是在越南和阿爾及利亞的山區。這是因為運動中大部分的決策角色會由男性擔任，而且男性更可能遭到逮捕，在監獄中獲得英雄般的地位，甚至學習公共技能，這些都會讓他們在運動勝利後更能夠主張權威的地位。如果女性僅限於擔任民族主義者的妻子、照顧者、雜務工、女朋友或母親等角色，就算她們也對民族主義運動的成功做出至關重要的貢獻，還是不太可能獲得政治技巧或是在族群中取得威望，而這些都是日後將權威擴及整個族群的必要條件。一個「民族」最美好的時刻——最團結、最無私的時候——是指該族群的女性會為男性領導下的集體犧牲自己的渴望。雖然要求民族主義運動在動員階段就正視男女之間的不平等確實有其風險，但是相較於期待那個如神話故事般的「再等等」，這樣做卻比較可能帶來永續的變化。

支持民族主義的女性在群眾動員中挑戰男性特權的歷史由來已久。如果將這些女性的努力從民族主義的史冊中抹去，會使得當代婦女很難宣稱她們的批判態度延續自本土歷史，且合於正統。於是，今天的越南、巴勒斯坦、土耳其、孟加拉、印度、埃及、敘利亞、斯里蘭卡和牙買加等國的民族主義女性主義者便投入精力在重新捕捉當地婦女的民族主義史。牙買加的女性主義劇團「西斯特倫」（Sistren）的荷娜・福特・史密斯（Honor Ford Smith）回憶道：

我們只看到一大堆信口開河的報紙和電視報導把歐洲和北美的白人女性主義者描述成「婦女解放家」、歇斯底里的行為乖張者……

我們根本不知道女性在一八九八年到一九四四年之間為了爭取教育和政治權利所做的奮鬥。我們也不知道早期的黑人女性主義者的名字。[48]

運動中的女性面臨的最大挑戰是她們沒有機會私下討論彼此的經驗、以及說明她們是如何決定各自的優先事項。受到壓迫或被殖民的婦女通常不是來自單一的社會階層，因此她們與外國勢力的關係、或是與新統治精英的關係也不是出自相同的經驗。即使是同一個民族的女性，也不是所有人都與男性——或與其他女性——的性經驗完全相同。如果女性沒有空間一起討論她們的差異和焦慮，勢必更難抵抗民族主義的男性帶有恐同或是仇外的指控。

不要強迫族群內的婦女在民族主義和女性主義的目標之間做選擇，這對她們是十分重要的，如果在族群外部提供支持的婦女無法理解到這一點，就可能阻礙到婦女在民族運動中重新定義民族的努力。女性主義的民族主義者壓力很大，然而若放棄自己的民族身分可能意味著被吸收進由富裕社會的中產階級婦女所領導的國際女性運動。這是菲律賓的民族主義女性運動家迪莉亞·安吉拉（Delia Aguilar）所發出的警告：「女性主義的團結網絡今天已經在全球出現，而且不斷擴大，如果我們沒有堅定的國家、種族和階級的身分認同，就很可能屈服於西方工業化國家的白人中產階級的女性所提出、並為其服務的女性主義模式，且不加批判的就採用為我們自己的模式。」[49]

有鑑於歷史上已經發生過無數次民族主義運動推翻帝國、建立新國家以及撼動現存國家，但令人驚訝的是，國際政治體系並沒有因此發生翻天覆地的改變。然而，如果一個民族主義運動受到男性主義的記憶影響、飽含男性的自豪感，並對新的民族國家抱持父權制觀念，那麼它很可能只會在未改變的國際舞台上又新添一個參與者。多了十幾個新的父權制民族國家有可能會讓國際談判桌變得更擁擠，但並不會改變在談判桌上進行的國際遊戲。

因此，我們很值得想像一下，如果有更多民族主義運動是受到女性多層次的壓迫經驗所啟發，那麼在國際政治舞台上會發生什麼。如果有更多的民族國家是從女性主義的民族主義思想和經驗中成長起來，那麼國際政治體系中的族群認同便可以受到跨民族認同的調節。如果女性在國家衝突中的重要性獲得直接考慮，這些衝突的解決將更加持久。女性也不會因為被覺得太不重要，而直接被排除在嚴肅的國與國之間的談判議題之外。

第 4 章

軍事基地的女性

在軍事基地的內部及附近，有哪些地方會有女性呢？她們為什麼會到那裡去？她們在那裡對誰有好處？每位在基地內或是附近的女性，對於她們在那裡又有什麼想法呢？

讓我們從基地的洗衣工開始吧。身為洗衣工的她很可能是基地指揮部直接僱用的、或是由私人軍事承包商間接僱用的平民。她可能與將制服和床單交給她清洗的大部分士兵是同一個國籍。或者她也可能來自在地的社區，與士兵們分屬不同國籍。她甚至可能來自一個遙遠的國家，因為私人承包商比較喜歡從她的母國招募女工。她在基地的大型洗衣房工作時，一定也會對該基地的軍事人員使用致命武器的工作有自己的想法，但是她會小心翼翼的不大聲表現出自己的政治思想。她可能很重視自己的工作，因為這份工作讓她能夠賺錢養活孩子、或寄錢回家給父母。也或許她感到這份工作在剝削她，但是她卻覺得基地指揮鏈中的軍官和那些只在乎賺錢的承包商都不會聽她說話。她知道基地中還有其他女性——女性士兵、飛行員或船員；男性軍官與士兵的妻子；還有秘密前來基地與一些男性發生性交易的女性。但是她不會覺得這些女性中有誰是她當然的盟友。[1]

軍事基地是一個複雜的微觀世界，需要仰賴各種婦女：（一）在基地中生活的女性，（二）在基地工作、但是晚上會回家的女性，（三）在圍牆外生活的女性——她們是基地圍牆內的活動、以及軍中的男性與女性離開基地從事娛樂時，不可或缺的角色，另外還有（四）居住地遠離基地的女性，但她們幾乎每天都會透過網路與基地內部的男性聯絡。關注上述這些女性，會讓我們對軍事基地的國際政治有更多了解。

今日美國的境外軍事基地比其他任何國家都多。[2]為何有這麼多其他國家的人覺得美國有資格稱作「帝國」，原因之一就是美國遍布在全球的軍事基地網。[3]而「境外」的說法忽略了這些美國軍事基地就位於美國控制的島嶼領土，該地居民沒有為其在國會中投票的議員，也沒有美國總統的選舉投票權。這些島嶼也可能被其他人稱作殖民地。拿出你的地圖集，或是旋轉一下地球儀，找到關島（Guam）。二十一世紀的美國軍隊在關島集結，使得這座太平洋島嶼迅速成為地球上軍事化程度最高的地方之一。但是大多數美國本土的人在地圖上都找不到關島，也很少想過在關島生活的男男女女，這個事實凸顯出大多數軍事基地的性別國際政治現實：它們的運作有賴女性和男性之間的特定動態，不過這些運作大部分被界定為不受民間監督的「禁區」。[4]

海外軍事基地的擴張在二十世紀末達到高峰。蘇聯在東德、波蘭以及整個波羅的海和西亞地區有數十個基地。法國和英國在殖民地和前殖民地都還保有基地。美國對許多在十九世紀末殖民的太平洋和加勒比海領土、以及在第二次世界大戰結束時從日本獲得的土地（尤其是沖繩島）都享有控制權。同時，在獲得國會的支持之下，與蘇聯的冷戰對抗成為美國軍隊擴張軍事基地的正當理由，擴張的地方包括冰島、西歐、中美洲、土耳其、南韓、菲律賓和日本。

在二十五年後的二十一世紀初期，蘇聯已不復存在，該國在波羅的海和東歐的大部分基地也已經關閉。不過，俄羅斯軍方在今天還是有與敘利亞政府及一些前蘇聯國家達成協議，保留其領土上的軍事基地：例如烏克蘭的塞瓦斯托波爾（Sevastopol）的大型俄羅斯海軍基地，以及在吉爾吉斯和塔吉克的俄羅斯基地。法國政府已經失去帝國身分，但還是在非洲的幾個前法屬殖民地（例如加彭和塞內加爾）保有軍事基地，並且在馬利開設了新基地。英帝國的版圖和維多利亞時代相比也已經大不如前，考量到成本的英國政府也陸續關閉了許多海外基地。英國在貝里斯的軍事訓練基地於二〇一〇年關閉，在德國的基地也將於二〇一九年完全關閉。[5]

偶爾會有解體的帝國會將舊基地直接移交給新的全球強權。因此美國在二〇〇一年接管並擴建了萊蒙尼爾兵營（Camp Lemonnier），它是法國在非洲之角（Horn of Africa）地區吉布地的前軍事基地。[6]在接下來的十年中，美國國防部以華盛頓官員所稱的「反恐戰爭」為由，創立了新的軍事指揮機構——美國非洲司令部（AFRICOM，其總部設在義大利）——負責在非洲的行動，包括肯亞、中非共和國、南蘇丹和衣索比亞。[7]其中最新的基地之一是在尼日的無人機基地。[8]美國在非洲的某些基地規劃十分精密而且占地廣大，有些則就是帳篷城。每一個基地都要與所在國的現任政府達成正式協議，不過其中某些政府在政治上其實很脆弱；容許美國軍隊在其領土上行動，可能讓這個本就已搖搖欲墜的政府在當地的合法性更面臨危機。

前英帝國在印度洋的迪戈加西亞島（Diego Garcia）的基地也交由五角大廈接管並擴建，這迫使了當地居民放棄他們的家園。[9]美國軍方在波斯灣的巴林、沙烏地阿拉伯和卡達都有基地。與這三國的專制君王保持友好關係，這意味著美國官方對在這些國家發生的「阿拉伯之春」的熱情和民主運動都不會表達熱烈的支持。

上述這些基地每一座都持續、也會繼續存在性別差異。大多數這些基地都有女性和男性軍職人員；也有承包商：小型基地中大部分是男性約聘勞工，但是較大的基地也會有女性約聘工。在每一個基地的所有男性和女性、無論平民和軍人，當然都會有延伸到基地之外的關係，這些關係會透過網路獲得強化，影響到這些男性或女性是如何看待他／她在那裡所做的事。就算是故意遠離城鎮的基地，也會產生社會文化的漣漪，形成當地人對民族、現代性、安全和公民身分的性別理解。

也就是說，對男性氣質和女性氣質的想法及做法、以及各種女性和男性之間不論是有意識或無意識形成的特定關係都會形塑每座基地的運作和影響。每座基地的指揮官（幾乎都是**男性**）和他在華盛頓、莫斯科、倫敦、巴黎這些母國首都的上司都會制定一些規則來支持某些觀念（不外乎是表揚男子氣概和適當的女性特質），以及控制男女之間的許多日常互動。

不論駐紮的是外國軍隊或是當地軍隊，所有基地的軍事化都不只是因為有駐軍；它的**軍事化**還表現在大多數決定都要根據一個主要的標準：也就是某項規則或做法在多大程度上滿足了軍隊的優先事項——不是環境的優先事項，也不是公民民主的優先事項，不是種族正義的優先事項，不是民族發展的優先事項，更不是婦女權利的優先事項。每一項軍事儀式、規則和安排的首要目標都是在讓該國的軍隊能夠有效運作，包括讓士兵、水手和飛行員駐在的設施能夠順利運作。

軍事基地不需要徹底的軍事化。任何基地還是可以由民政當局追究其是否符合其他非軍事的目標。但是這需要那些坐辦公桌的、和在投票箱前面的平民百姓能夠抗拒軍隊的價值、軍方的文職工作和軍事經費帶來的吸引力。許多非軍方人員抗拒不了。只要非軍方的官員和選民變得軍事化，他們也會開始認為軍事基地的優先事項就是在為他們自己的利益服務。[10]

結果就是，每一項為了維持軍事化的基地而設計的基地政策都需要女性主義的探討。也就是需要探究每一項政策的性別意圖及其對性別的後果：

- 房屋政策
- 宵禁政策

· 文職人員聘用政策
· 商業政策
· 賣淫政策
· 性傳染病政策
· 婚姻政策
· 有關性的政策
· 種族政策

這只是一部分的軍事政策，這些決策的部分目標是塑造男性氣質和女性氣質，還有安排軍事基地內部及附近的女性與男性互動。其他還有：

· 環境政策
· 治安政策
· 司法政策
· 性侵害政策
· 醫療保健政策
· 休閒政策
· 酒精政策
· 精神面政策
· 兒童照顧政策
· 家庭暴力政策
· 神職人員政策
· 離婚政策

全部的清單很長，因為管理軍事基地必須要管理性別、種族、階級和民族之間的無數關係。這些軍事政策都要確保不同群體的婦女被放在有利於軍事效益的理想位置。不過，我們不能以為軍事基地內部及附近的婦女都是同質的。控管婦女的政策必須考慮到指揮官和文職官員眼裡看到的婦女多樣性，並進行微調。與軍事基地有關的女性類型既複雜而且互相重疊：有年輕的、單身的、白人、亞洲人、黑人、拉丁裔（依美國軍方的分類）、年紀較大的、軍官的妻子、士兵的妻子、單親母親、已婚母親、領有薪水的人、沒有領薪水的人、軍官、士兵、文職、護理人員、著軍裝的、基地內部的、基地外部的、被視作正經的女人、被視作不正經的女人。有些基地政策的用意是為了確保不同類型的女性不會因為共同的目標而結合在一起。這類政策通常很成功。

不過，在不同的地理區域或是不同的歷史時期一直沒有形成固定的軍事基地性別政策。無論是軍職或文職的軍隊官員一直在改變他們對性別的做事方式，這是因為他們對各個女性群體的想法一直在變，且對於當兵、男性氣質和脆弱的跨國同盟的想法也是如此。如果一些婦女對自己、對其權利、她們的利益和她們的政治能力的理解完全改變了，政府官員和指揮官為了適應，也會重新設計或是調整他們的政策。今天的將軍可以像三十年前的軍人那樣輕易的就把自己的前妻不當一回事嗎？基地指揮官還能夠繼續認為在基地附近的迪斯可舞廳工作的女性，就永遠不會與該國的中產階級女性主義運動者一起合作嗎？

從這個意義上來說，就算某些軍事基地的圍牆邊界看似幾十年來從未變動，但是沒有哪一個軍事基地的性別政治是穩定的。對世界上所有地方的軍事基地進行女性主義分析，意味著要隨時間的進展持續用性別的視角觀察它。追尋這個堅持不懈的信念。追尋新的意義。找出造成混亂之處。[11]

不沉的航空母艦上的種族與性別

大部分基地都會力求融入附近社區的日常生活。就算是在他國軍方控制之下的軍事基地，只要其日常運作和看待世界的方式能夠融入當地社區的就業市場、學校、消費者品味、居住模式、兒童遊戲、成人的友誼、八卦話題、自豪感和安全感，就可以做到在政治上毫不顯眼。

因此，在任何一天，遍布世界各地的數十個基地中只會有少數幾個成為爭議的對象。多數基地都可以披上常態的偽裝。房地產經紀人、城鎮官員、慈善志工、調酒師、學童、當地警察、當地記者、神職人員、建築承包商、企業主、犯罪集團、旅遊公司——所有人都接受基地、裡面的士兵、如果是大型基地則還有士兵的平民配偶和孩子的存在是既定事實，沒有什麼好特別注意的。甚至可能還覺得他們是天上掉下來的禮物，可以帶來一些福利。當五角大廈決定擴建吉布地的萊蒙尼爾兵營基地時，總共僱用了六百名當地平民（其中大部分是男性）建設基地和從事其他周邊服務。[12]

同樣地，基地即將關閉的傳聞可能會讓當地的民族主義者大肆慶祝，譬如在伊拉克、阿富汗、德國或貝里斯的基地。但是在同時，預期關閉的消息也可能會替平民社區敲響經濟的警鐘，因為這些社區成員的經濟福祉已經很依賴基地的工作和士兵的消費了。因此舉例來說，當厄瓜多在二〇〇八年爆發民族主義群眾運動，新當選的民族主義總統拉斐爾．科雷亞（Rafael Correa）迫使美國空軍關閉在曼塔（Manta）的基地時，在當地卻出現複雜的反應。有些居民感到興奮，因為他們認為關閉外國基地是去軍事化和厄瓜多主權的雙重勝利；但是也有些厄瓜多人擔心基地的四百五十名駐在人員和美國的開銷帶給他們的經濟利益和安全感是否可以被輕易彌補。[13] 也就是說當任何一個基地關閉時，我們都必須細究不同政治傾向、經濟階層和性別的當地居民究竟有誰會認為此事本應如此，又有誰會感到焦慮。

軍事基地能夠在當地社區維持常態運作，取決於基地內外能夠調合對男性和女性的觀念。如果本地男性和外國男性、本地女性和外國女性之間的契合被打破了，該基地就可能失去它看似常態的保護性偽裝，並成為民族主義怒火的目標，這種憤怒的情緒有可能危及國際軍事聯盟的核心結構。而在另一方面，只要一個基地看似沒有引發爭議，就表示性別政治的運作還能夠讓事態維持平靜。也就是說，如果發生了性侵害、發現汙染的廢水和擴大的噪音，導致引發爭議、掀開偽裝的帷幔後，才會揭露出通常看不見的基地性別動態。不過，人們毋須等到爭議爆發後才去探索基地的動態。[14] 當事情維持常態時，我們就可以對基地採取女性主義的性別分析。常態對女性主義研究者來說也總是值得深究。

許多英國人相信他們的國家在一九八〇年代已經成為「對美國友好、不加質疑、地理位置方便但戰略上可以犧牲、供美國投放軍事力量的布署地點」。[15] 他們覺得那個曾經是全球強權的自己的國家彷彿已經不再是主權國家，而是美國的冷戰武裝部隊在地面上的「航空母艦」。美國軍隊在戰後的一九四八年重回英國，直到一九八六年之間，美軍總共在英格蘭、蘇格蘭、威爾斯和北愛爾蘭設立了大約一百三十座基地和設施。這些都是在英國政府（通常是保密）的默許下進行的。[16] 當中有些只是辦公室，湊巧路過的人甚至大概不會注意到。有些則已經發展完整，像是在格林漢姆公用地（Greenham Common）、莫爾斯沃斯（Molesworth）、米爾登霍爾（Mildenhall）和聖湖（Holy Loch）的軍事設施一樣，擁有精良的設備、重型武器和大量勞動力。

較大型的英國基地的前身大多都是在第二次世界大戰期間建立的美國軍事設施。在冷戰期間之所以容易將這些基地進行重建，完全是因為它們在一九四〇年代初就已經是英國人生活中熟悉的一部分。但是即使是在第二次世界大戰期間，當地人也不是理所當然地接納它們。政策制定者必須制定種族和性別的政策，好讓當地平民欣然接受引進數千名外國士兵，而其做法又不至於冒犯到母國的選民。在一九四〇年代的英國，這就表示必須確保英國和美國的男性能夠以盟友的身分共同努力，而不是成為性競爭的對手。

在第二次世界大戰期間，英國和美國官員之間一個潛在的爆炸性政策辯論課題是如何處理美國的非裔男性士兵和英國白人女性之間的關係。[17] 戰爭期間總共有十三萬名美國黑人士兵駐紮在英國。雖然他們只構成當地駐紮美軍的一部分，但是卻成為激烈爭執的焦點——不論是在鄉村的酒吧、媒體、議會和作戰室中。第一批士兵在一九四二年抵達，當時美國軍中還有種族隔離。不過，黑人在美國已經成為不可忽視的政治勢力；富蘭克林·羅斯福的民主黨政府能夠執政，得要感謝北方城市的數千名黑人選民從原本支持共和黨，轉向在選舉中支持民主黨。

一九四二年的英國社會中絕大多數（並非全部）都是白人，而且他們對英國統治下的亞洲和非洲人民充滿帝國的優越感。英國武裝部隊打過第一次世界大戰，當時則正在動員印度、非洲和西印度群島的軍團打第二次世界大戰。[18] 在一戰期間，英國的白人男性官員想要利用種族和性別來發起戰爭時，他們想到了性；他們努力操作賣淫政策，推動這場當時稱為「Great War」的第一次世界大戰。[19] 二十年後在一九四〇年代初期，男性領導的英國和美國政府都準備著手解決種族問題，他們坐下來討論如何確保駐紮在英國的非裔美國男性和英國白人女性之間的關係可以強化他們的聯合戰爭行動。

不過英國的白人女性有自己的想法。她們與美國黑人士兵聯誼時，也會比較非裔美國人和英國白人的男子氣概。英國女性經常覺得非裔美國人比較有禮貌、好相處，而且或許更具有「異國情調」。在一九四三年就有些英國白人婦女生下了非裔美國大兵的孩子。有些人也選擇與她們的美國黑人男友結婚。溫斯頓·邱吉爾（Winston Churchill）的內閣中則開始有些男性閣員對這個他們覺得很危險的趨勢感到擔憂。

政府高層至少在一九四二年時已展開討論。全是白人男性的內閣會議提出三種可能的解決方案：（一）阻止美國政府繼續派遣男性黑人士兵前來英國，（二）如果（一）不可能，就將非裔美國士兵限制在英國的某些沿海基地，或者（三）如果其他做法都失敗了，就要求美國武裝部隊派遣更多非裔的美國女兵和紅十字會的志願者來到英國，如此黑人男性士兵就不必尋求英國白人女性的陪伴了。[20]

這些建議後來被證明並不可行。協約國的作戰成果過分仰賴對人力資源的最大限度使用，所以不可能將十萬多名美軍拒於英國之外，或是讓他們留在沿海的城鎮。此外，第一次世界大戰後有許多英國白人會抵制曾經在利物浦港擔任海運工人的西印度群島黑人，此戰後的經驗顯示隔離在沿海並不能保證不會有種族的敵對。最後是美國政府也拒絕將數千名非裔美國婦女送往英國。美國的全國有色人種協進會（National Association for the Advancement of Colored People，NAACP）領導人明確地向羅斯福政府表示他們並不認為這類計畫對黑人女性有足夠的尊重：黑人女性是志願成為美國軍隊的士兵，而不是性伴侶。此外，也有一些英國人覺得這個計畫並不明智；英國白人男性也有可能會開始和美國黑人女性聯誼。最後，只有八百名非裔美國女兵被派往英國，而且那已經是一九四五年的事了；她們隸屬於歷史上著名的第六八八八中央郵政營（6888th Central Postal Directory Battalion）。[21]

當英國和美國官員正在針對戰時英國不同種族間的性別關係反覆推敲複雜的政策時，同盟中的其他男性官員也在構思允許英國政府招募西印度群島的非裔加勒比人和印度婦女加入英國軍隊的政策，以防他們的部屬會擾亂華盛頓特區中烙印在工作和社交生活裡根深蒂固的種族隔離。[22]

回到英國這邊，為了阻止英國白人女性和黑人士兵聯誼，也對當地白人婦女提出了不同形式的正式和非正式警告。與駐紮在附近基地的非裔美國男性外出的英國女性會被警告說這麼做

以上兩圖為非裔美國士兵和他們的約會對象在倫敦的一間「有色人種」俱樂部，可能是位於新康普頓街（New Compton Street）的「Bouillabaisse」，一九四三年。照片來源：The Hulton Picture Company。

很可能染上花柳病。與黑人士兵聯誼的女性會被貼上「放蕩」或甚至背叛英國的標籤。每當有違反紀律規定的事件涉及非裔美國士兵，媒體都會不忘指出他的種族。英國當地的報紙會將放任女兒與黑人美國大兵聯誼的英國父母形容成「不負責任」。

在戰爭爆發後的前幾年，英國報紙和國會議員普遍抱有一種懷疑：美國黑人士兵比白人大兵更容易受到性犯罪（例如強姦）的指控，罪名成立的話也會受到更嚴厲的刑罰。在一九四五年，雖然黑人只占美國在歐洲駐軍的百分之八（其中絕大多數是男性），但是在所有被定罪的美國軍人中，卻有百分之二十一是黑人。如果將刑事有罪判決依類別細分，差距甚至還更驚人：黑人士兵占了性犯罪有罪判決的百分之四十二。[23] 即便如此，英國議會還是在一九四二年八月通過了《美利堅合眾國（訪問部隊）法案》（United States of America (Visiting Forces) Act），將美國士兵在英國領土所犯的罪行交由美國當局審判。這一步算是允許美國在戰爭這樣不尋常的情況下，還是可以維持原本的種族性別制度。

許多美國白人擔心，如果英國在戰時容許黑人男性與白人女性發生性關係，戰後的美國將更難維持性別隔離。但政府和媒體的勸說沒有得到全面的成功。英國在一九四三年八月的戰時民調——「大眾觀察」（Mass Observation）的調查顯示，只有七分之一的英國人不贊成黑人與白人通婚，並有百分之二十五的人告訴採訪者，他們和黑人變得更加友好有部分原因是因為他們碰到的非裔美國士兵。[24] 但是到了戰爭末期，尤其是在英國白人婦女和黑人士兵的第一批嬰兒出生之後，年輕的英國白人婦女要和黑人士兵一起到當地的酒吧，變得需要很大的社會勇氣。

美國的軍事指揮官在這些戰時的種族性別爭議中並不是被動的。美國駐歐洲的最高指揮官德懷特・艾森豪（Dwight Eisenhower）將軍容忍了白人與黑人之間的聯誼，因為他擔心如果美國的白人軍官把國內的種族隔離慣例「吉姆・克勞」（Jim

Crow）法強加給英國人，可能會損及美英之間的同盟。但是也有其他美國男性軍官認為黑人部隊「用掉」了當地有限的白人女性資源，這當然會引起白人男性士兵的憤怒，所以才會在布里斯托爾（Bristol）和萊斯特發生白人和非裔美國士兵之間的衝突。也有些美國軍官堅決反對「異族」通婚，還利用職權禁止麾下的男性與英國女性結婚。在第二次世界大戰結束時，至少有六萬名英國女性向美國官員申請以戰時新娘的身分移民美國。[25]但是如果她們未來的丈夫是黑人，當局則不太會批准。英國和美國的中階白人男性官員似乎達成了一種「君子協定」，要禁止黑人大兵和英國白人女性之間的通婚。想要結婚的黑人士兵會被調走，並遭到上級的嚴厲申斥；女性則會受到美國軍官或是英國福利部官員的諮商。[26]

駐紮在海外基地的男性士兵會遇到誰、跟誰結婚，一直是美國軍方的戰略專家會思考的問題。他們的擔憂在很大程度上是因為對當地婦女的動機感到不信任。如果美國男性士兵想要娶韓國、日本、越南、泰國、沖繩、菲律賓和德國的女性，通常會被攔阻——如果不是被指揮官攔阻，就是被軍隊的牧師。不過，嫁給美國士兵成為美國軍人太太的女性也會發現：她們除了要應付所有軍人家眷生活的壓力和規則之外，還要面對美國白人公民對她們的反應，甚至還有與她們一樣的美國移民的反應（而這些反應通常稱不上歡迎）。這兩種人的反應都是基於一個普遍的假設，即這些女性一定是在美國海外基地附近的迪斯可舞廳或是按摩院工作時，認識了她們的軍人丈夫。[27]

換句話說，婚姻已經被認為是國際安全政治中不可忽略的一部分，有這種想法的主要是軍方的戰略專家，軍職和文職都有，可能在美國、加拿大、英國、俄羅斯、土耳其、日本，他們相信只有某一類型的軍中婚姻、娶某種太太，才能確保該國的軍隊順利運作。如果不認真看待婚姻政治以及其中展露的權力，我們就無法完全理解國際政治。而如果要認真看待軍隊婚姻的國際政治，就需要對男性士兵所娶的各種女性的生活和想法產生真正的好奇。

軍人妻子「問題」

到了一九六〇年代末，位於英國艾芬漢姆（Effingham）的美國軍事基地已經成為鄰近小鎮朗克倫登（Long Crendon，隸屬埃塞克斯〔Essex〕）的社會和經濟生活圈中不可切割的一部分。該基地在一九五〇年代擴建，替城鎮居民的生活帶來細微但是重要的改變。美國人開始僱用當地的男女，很快地便成為該地區最主要的僱主之一。更多美國士兵帶著他們的妻子和孩子前來。這些家庭也帶來美國式的消費：「飛往艾芬漢姆的空中運輸機開始載滿冷凍櫃、洗衣機、壓力鍋和微波爐、高傳真音響、真空吸塵器、電子風琴，甚至還有波斯地毯。」[28] 有一些東西流到了當地熱絡的二手市場。不過，從美式家庭生活模式外溢的觀念因為已婚士兵偏好留在基地而受到抑制，美國國防部在基地為他們提供了一切，讓他們覺得好像從未離開家。

隨著美國的海外基地在冷戰時期成倍數增加，以下是延續至整個一九九〇年代的基地建設模式：郊區蓋起家庭住宅，草坪需要割草，男人是受僱的士兵，平民女性則是不支薪的家庭主婦。[29] 曾經針對美國郊區的白人婦女困境寫過辛辣批評的女性主義者貝蒂・傅瑞丹（Betty Friedan），一眼馬上就能認出五角大廈希望的性別族群模式。[30]

美國軍方的戰略專家對冷戰和後冷戰的思維是這樣的：想讓已婚士兵樂於待在外國基地，就要讓士兵們的太太覺得樂意，或者，如果稱不上樂意的話至少可以安安靜靜地順從。英國和美國的軍事指揮官一個世紀以來一直在權衡讓士兵結婚的利弊。但這有時候很難算得清楚。一方面，他們認為結婚會提高男性士兵的道德標準，減少他們的酗酒、負債和性病。可是另一方面，從軍事上來說，結婚則可能會分掉士兵的忠誠度，使他的動員速度變慢，同時，也會讓武裝部隊得承擔起住房維護、醫療保健和家庭和諧的責任。直到今天，軍人結婚的爭議在美國和其他國家都還沒有定論——這些國家的政府都要靠已婚男性士兵來實現他們的國家安全和外交政策，也要靠男性士兵所娶的女性符合模範軍人妻子的典範。[31]

雖然指揮官們還無法下定論，但是在第二次世界大戰之後，安頓男性士兵的妻子和孩子的需求則日益增長，這改變了軍事基地的本質。士兵的妻子再也不會像前幾個世紀那樣輕易的被邊緣化，只被當作軍事行動最末端「跟著軍營跑」的低階人物，只是靠幫她們的丈夫做做飯、洗洗衣服換取少量口糧。現在她們已經有很多人了。她們也是「正經」女人。英國、加拿大和美國的武裝部隊現在已經不能夠對男性強制徵兵，而是不得不招募、並**留下**大量經過昂貴訓練的男性志願者，如果他們的平民妻子對軍隊生活不滿，可能會導致令人擔憂的人力短缺。心存不滿的太太會勸丈夫不要繼續留在軍中。在一九六〇年代空運到美國艾芬漢姆基地的洗衣機和電子風琴，可以說是美國軍隊不僅要滿足男性士兵、還想滿足他們妻子的早期證據。

二〇一〇年已經有七十萬名美國女性平民嫁給美國的現役男性軍人。有些人住在海外基地。還有許多人則是住在美國國內的基地或是附近。二十一世紀初的美國軍隊是美國史上結婚率最高的軍隊：有百分之五十八點七的現役軍人已婚。陸軍的已婚比例最高；海軍陸戰隊則最低。美國現役軍人的異性配偶只有百分之六點三是男性；女性占了百分之九十三點七。[32] 對軍隊中公開的男女同性戀「不問不談」的禁令在二〇一一年結束，五角大廈除了必須因應之後的生活，同時也必須適應各基地有更多同性結婚的平民伴侶會要求與軍人的異性配偶享有相同的福利。[33]

許多嫁給男性士兵的女性對於住在軍事基地帶來的特權十分滿意：包括低成本的房子、購物折扣、可以獲得醫療保健、擁有共同的價值觀，而且對許多非裔美國軍人的妻子來說，跟基地以外的社會相比，沒有那麼公然的種族主義。許多美國男性士兵的妻子也認為自己是做出自我犧牲的女性愛國主義模範，她們要忍受支配關係、不斷的搬家、事實上的單親育兒、長時間的夫妻分居，在戰時還要承受對丈夫安全的恐懼。有些與丈夫一同前往美國大型海外基地（例如英國、德國、南韓和日本等）的女性也承擔了非正式美國大使的角色，她們人在國外，會試圖代言她們認為美國價值觀中最美好的部分。她們的努力在該國可能招致不同的詮釋，有些當地人會很讚賞，不過對某些人來說，也可能只是舊日的帝國主義與時俱進變成女性的版本。[34]

有些女性會從基地的軍人妻子的生活中收穫其政治目標、群體感、安全感和舒適感，而她們也有必須付出的代價：要遵守軍隊對性別的假設，包括何謂適當的女性特質、美好的婚姻和階級規範。這一系列的核心想法是官方預設平民妻子應該對她的士兵丈夫忠誠，也應該對她丈夫的僱主（即政府）展現沒有絲毫批判的忠誠：軍隊的敵人就是她的敵人；她的丈夫的階級會決定她和小孩要與誰交朋友。成為軍方認定的模範軍人妻子，也意味著要放棄對自己職業生涯的渴望，尤其是軍官的妻子還得為了丈夫的晉升而投入許多小時的無償志願工作。軍人妻子的無償勞動把許多基地凝聚成一個運作的「共同體」。如果女性跟隨丈夫前往海外基地，這種由女性、妻子的志願工作所扮演的角色更為凸顯，因為軍人的妻子要在國外獲得有薪工作追求自己的職業生涯，機會顯得尤其渺茫。[35]

從冷戰初期一直到美國領導的阿富汗及伊拉克戰爭，軍事基地的指揮官及其上級文官都指望大多數女性會滿足於當一名無薪、忠誠的軍人妻子，且認為這樣做的滿足感會超過挫敗感。[36]

因此，當一群有政治經驗的美國軍官妻子和前妻在一九八〇年代組織起來，開始公開談論她們認為五角大廈的性別政治婚姻制度的不公平之處，便讓軍方感到意外及不開心。她們在國會找到了支持者，尤其是來自丹佛（Denver）的民主黨眾議員帕特·施羅德（Patricia Schroeder）。這些軍人妻子繞開所有對美國政府外交政策的討論；她們只談論配偶的福利和離婚規定。

一些早期的運動人士是較年長的女性，她們過去一直扮演著模範軍人妻子的角色，其中有許多人擔任這個無償的工作長達二十年，輾轉過無數基地，當她們的軍官丈夫要晉升時，會把她們當作一個加分條件。這些女性發現當她們的丈夫要離婚另娶一個通常是更年輕的女性時，她們除了失去婚姻之外，還會失去她們的住房、健康福利和商店折扣。五角大廈官員裁定她們的丈夫在計算離婚的贍養費時，不必把這些基地的福利列入。根據活躍於政治的其中一名妻子嘉露蓮·貝克拉夫（Carolyn Becraft）表示，離婚的婦女最初把怒火集中在要與她們的軍官前夫結婚的年輕女性。但是當她們聚在一起分析自己的處境、構思要傳達什麼政治訊息時，她們開始了解問題的所在並不是那些新婚妻子。而是五角大廈的官員。這些女性的結論是：官員只關心男性軍官的經濟安全，更甚於她們這些軍人的平民妻子。她們遊說國會以明文規定改變了五角大廈提供給軍人配偶和前配偶的福利。[37]

不久之後，在持續演進的美國軍隊的性別政治婚姻史中，在美國各地和海外的美軍基地做著志願工作的女性開始公開談論家庭暴力、說出男性士兵會毆打他們的妻子。這些女性鮮少自認為女性主義者，但是有許多人完全了解美國現在正展開的受虐婦女的運動。她們汲取的教訓是受虐妻子並不需要感到羞恥或是必須默默忍受。不過在軍事基地這樣的環境中，的確很難讓這種暴力轉化成法律問題。[38]首先，大多數基地指揮官以及他們在華盛頓的上級，根本不想聽到這些事。他們有其他更優先的事。他們希望軍人的妻子自己解決。其次，這些長官通常覺得男性士兵會這樣做，只是出於他們的壓力，而當兵本身就是一種壓力。第三，將基地發生家庭暴力的事實公開，會損及該基地的聲譽，而這會牽連到基地指揮官的下一步晉升。最後也是最重要的是，士兵家裡的家庭暴力成為公共議題，可能會揭發整個軍中一直存在暴力文化這個始終棘手的問題。高階軍官當然不想轉移到更大的公眾領域中討論這個問題。

想要戳破社會對女性遭受暴力卻保持沉默，始終是一項挑戰。打破軍事基地對性別議題沉默的文化又更加困難了。女性的沉默顯然是撐起美國國家安全的支柱。

與軍人妻子站在一起的婦女面對巨大的障礙，但她們還是成功的在一九九〇年代讓國會的軍事委員會成員——尤其是國會中的女性——向國防部施壓，承認了男性士兵家中發生的家庭暴力事件。然而在另一方面，即使是十年後，當運動人士試圖讓軍方的高階官員正視男性士兵對軍中女性同袍的性暴力、以及自己對這種常見事態的同謀態度時，她們發現軍隊仍會優先考慮男性士兵的價值，並仰賴女性的沉默，這些想法仍然頑強的根植在軍隊文化中。

今天已經有上千名士兵的妻子居住在美國國防部的眾多國內基地或是其附近。其中一些最大的基地包括：加州的彭德爾頓軍營（Camp Pendleton）；肯塔基州的坎貝爾堡（Fort Campbell）；華盛頓州的路易斯–麥克德堡（Fort Lewis-McChord）；德州的胡德堡（Fort Hood）；維吉尼亞州的海軍航空站（Naval Air Station）；北卡羅來納州的布拉格堡（Fort Bragg）；科羅拉多州的卡森堡（Fort Carson）。上述的每一個基地都和美國在南韓、土耳其、日本、關島、吉布地和德國的各個基地一樣，存在性別議題。以軍人妻子的角色生活在這些國內基地或是附近的婦女經常在壓力下不得不對其面臨的困難保持沉默，這些困難有部分是因為政府在伊拉克和阿富汗發動長期戰爭，然而這些地方的基地本來就不是為了容納配偶和孩子而創設的。這些婦女中的許多人參加了妻子協會，但是她們的活動經常因為基地中的高階軍官夫人的警告而受到影響；基地指揮官的期望也會影響她們的活動，因指揮官會明確表示妻子協會的主要工作是幫助軍人的妻子應付困難，而不是改變基地的運作方式。

當前的政治時局中，已經有些住在國內基地或周遭的美國軍人妻子在面臨上述壓力下，還是選擇公開發聲，這些女性的丈夫有些是從阿富汗和伊拉克帶著嚴重的身體和心理傷害返國。這些平民婦女成為許多國內軍事基地中大膽直言的存在，她們會要求基地指揮官提供透明度、關注度、資源和保持坦白。這些女性打破了指揮官預期軍人妻子要保持的沉默，她們不只揭露了這兩場戰爭的實際成本，而且還暴露出這些成本遭到掩飾，被不公平的轉嫁到士兵的平民家人肩上。[39]

九一一事件後，喬治・沃克・布希（George W. Bush）總統當局在美國的海外基地發展出「睡蓮葉」（the lily pad）這個新概念。睡蓮葉基地是影響比較小的海外基地，雖然還是需要與當地的東道國政府簽訂正式協議，但是社會和文化「足跡」比較少。[40] 它們沒有郊區住宅，沒有草坪，沒有保齡球館，沒有高爾夫球場，沒有圍牆外的迪斯可舞廳。也沒有太太們。

對於住在美國的海外基地周圍的許多當地居民來說，睡蓮葉方案似乎是一個受歡迎的改變。基地帶來的社會文化包袱會減輕一些。睡蓮葉的圍牆外不會有受人質疑的娛樂區對那些不在執勤時間的男性士兵招手。比較不會有美國裝甲車在繁忙的城鎮街道上奔馳。不過，五角大廈的動機似乎不是出於對當地關心的議題的敏感度，而是要擺脫大型冷戰基地的女性話題。睡蓮葉也會讓當地的反基地抗議活動只剩比較小的目標。對於上千名嫁給美國士兵的婦女而言，五角大廈採取睡蓮葉基地策略的後果之一就是她們之中會有更多人的丈夫更常被派到離家很遠的地方。實質上過著單親媽媽生活的軍人妻子將更無法脫身。

當軍人的妻子想要改變軍事基地中主宰她生活的性別歧視

政策時，讓她們感到綁手綁腳的政治弱點之一，是不同女性之間存在的分歧，所謂的不同女性包括軍人的妻子、基地中的平民女性勞工、女性軍事人員以及在軍事基地周圍賣淫的婦女。軍方的男性精英認為這四類女性有很清楚的分別，但是她們對自己的想像往往都屬於某個同樣的類型。女性士兵在二十一世紀發起了運動，要將對女兵的性侵害提升到全國議題的層次，如果這時她們也能轉頭向發起運動的軍人妻子和在軍中賣淫的女性尋求分析和戰略建議，勢必也會獲益良多。

軍事基地對於女兵是安全的嗎？

不分本地或海外，軍事基地這樣的地方勢必會培養和獎勵某些形式的男性氣質，而貶抑甚至處罰其他形式的男性氣質。理想的軍人男性氣質通常主要交由教育班長塑造和貫徹，而軍事化的男子氣概是一種體現男子氣概的模式，使當兵本身（尤其是戰鬥士兵），無論是真實還是幻想的，成為評判一個人的行為和態度的主要標準。這種特定模式通常最看重堅韌度、技巧性的使用暴力、識破敵人、男性間的情誼、隱藏一個人的情感，以及紀律（能夠遵守紀律，也要求他人遵守紀律）。基地除了班長之外，還包括許多不同的角色在幫忙形塑和鼓勵某些軍人的男性化態度和行為：這些角色包括牧師、精神科醫生、指揮官、中層軍官，甚至軍人的妻子。基地外部的行為者，包括爸爸們、立法者、媒體評論員、娛樂圈，則在讚頌某些特定形式的男性氣質的同時也會嘲笑其他的形式。

軍中特別推崇的男性氣質並沒有一個普世標準。各國軍隊會培養和獎勵的男性氣質都有不同的模式，有些國家要求軍隊的男性氣質規範是為了替國際間維持和平，有些國家是為了配合人道任務，還有些國家則是為了強化戰鬥能力。我們今天已經知道必須研究這些差異和共通點，例如愛爾蘭、日本、奈及利亞、中國、瑞典、英國、美國、南韓、巴西、以色列、孟加拉、斐濟和加拿大等各國軍隊認為優先和推崇的男性氣質都存在差異和共通點。這些國家軍中的男性氣質規範在每次國內和國外行動中都會發揮作用。[41]

無論是德州或巴林的軍中女性都必須釐清、搞懂她所駐紮的基地比較青睞哪一種男性氣質模式，這與她個人息息相關。知道這件事會讓她的生活變得有意義和安全；不知道這件事則可能會讓她的職業生涯和人身安全面臨風險。

在一個國家的所有軍事基地的軍職人員中，軍中女性其實只占少數，有時候甚至是極少數。冷戰結束後，許多政府對男性的徵用（美國人稱之為「兵役」〔the draft〕）也隨之終結，因此國防戰略專家及其在國會的盟友必須想辦法，一方面增加政府軍隊招募的女性人數，另一方面又不能夠損及軍隊可以讓男人證明其男子氣概的珍貴形象。在二〇一三年，軍中女性比例最高的國家是烏克蘭、拉脫維亞、紐西蘭、加拿大、澳洲、以色列、南非和美國。如果要了解每一支軍隊——包括女性比例較高的軍隊和女性比例最低的軍隊（例如俄羅斯、日本、中國和土耳其）——除了需要探討軍職女性體驗到的自豪感、愛國心和同袍情誼之外，也必須知道軍職女性會經歷的性騷擾和性侵害。

美國現役軍人的女性比例從一九七〇年代越戰期間的百分之二上升到百分之十四點五（美國在二〇一一年從伊拉克撤軍時的數字）。現役女兵比例最高，也就是最仰賴女性完成任務的軍種是空軍，空軍的女兵比例是百分之十九。比例最低，也就是最抵制女性參與的軍種是海軍陸戰隊，女兵比例只有百分之六點八。

各軍種的性別政治會因軍職女性的社會階層、民族群體或族裔出身而有相當大的不同。目前美國軍隊中的女性數量以非裔女性尤為突出：在二〇一一年，非裔女性只占全美國女性總人數的百分之十二，但是她們卻占現役女性軍官的百分之十七點二，及現役女性軍人的百分之二十九點六。如果更仔細的觀察，包括軍種之間的差異，就會發現在該年的現役女性陸軍中，有高達百分之三十九點一的驚人比例是非裔美國女性。這是她們在全國女性平民占比的三倍之多。[42]

相較之下，拉丁裔女性約占美國女性總人口的百分之十五，如果她們自願加入軍隊，似乎會選擇比較不同的軍種。拉丁裔女性在所有現役女兵中的比例在一九九〇年之後一直穩定增加（這是因為五角大廈有意識的招募活動），在海軍陸戰隊中曾經達到最高峰百分之十九點六。在二〇一一年，亞裔和太平洋島民在美國的女性人口中僅占百分之四，但是她們卻占海軍的女性軍人總數的百分之二十。[43]

由於美國的軍中女性三十年來的遊說成果——尤其是因為有女性軍官（像是海軍飛行員羅斯瑪麗・馬連拿〔Rosemary Mariner〕）和眾議院及參議院的女性議員一起合作——國防部才漸漸且通常是不情願的，把越來越多軍中職務類型開放給女性。[44]美國民間的女性主義者對於是否應該把有限的資源用來挑戰軍隊內部的性別歧視，通常是持矛盾的態度，因為她們是以反戰運動為優先，擔心將女性士兵提升到「一等公民」地位的話，會使原本就強大的軍國主義根基更深入該國的文化土壤。僅管如此，在一九九〇年之後，對女性的軍事訓練和派任的一道道障礙逐漸拆除；最新的變化是五角大廈在二〇一三年取消了禁止女性擔綱戰鬥任務的禁令。這並不是美國軍隊首開先河。荷蘭、加拿大、澳洲和紐西蘭軍隊都走在美國的前面，取消了軍中女性不得從事（被五角大廈歸類為）「戰鬥」工作的性別歧視禁令——雖然五角大廈後來曾有一度改變主意，但最後還是將這些工作重新歸類為「戰鬥」工作。美國將戰鬥任務開放給女性的具體狀況是一個值得細說的故事。改變一個機構的正式規定只是性別轉型的開始，這件事本身無法保證機構的文化將明顯去除父權。

當組織中的性別歧視障礙漸漸降低，美國男性軍人對女性／男性軍人的性侵害通報件數卻在激增。有些女性主義分析家對此大聲提出懷疑，美國軍中通報了越來越多對女性的暴力事件，是否至少有部分原因是因為女性的比例增加了，以及她們逐漸獲得晉升，能夠取得軍隊中最男性化職位的關係。和眾多社會中的其他領域一樣，有些男性對於女性在某些不久前都還是由男性牢牢掌握的領域中取得進展會感到憤怒，並因此攻擊女性是「侵入者」。還有其他女性主義者提醒說近期的通報件數激增，應該與性侵害的實際發生率分開來看。她們示警說過去即使有許多女兵遭到強姦或強姦未遂，也都只是默默忍受，她們從不認為說出受侵犯的事、被記錄在案會是安全或有用的。在所有國際政治的領域中，對沉默保持密切關注是調查的一項重要策略。

在一九七〇年代之後，對女性施加的暴力一直是婦女倡議者的核心議題，即使是對爭取軍中女性平等持謹慎態度的女性主義的和平運動者，在碰到軍隊內部發生這類問題時，態度也很明確。這不只是軍隊職涯或晉升的問題。女性運動家在二〇一三年組織了一場全國運動，集結了女性軍人、平民女性主義者、記者、紀錄片導演和國會中的女性，一起向國防部和整個指揮系統發出挑戰。[45] 她們一起把目光投向軍事院校和特定的軍事基地（例如：德州聖安東尼奧的拉克蘭空軍基地〔Lackland Air Force Base〕）。她們迫使退伍軍人事務部（Veteran's Administration）要大幅擴展對自身部門的認知——退伍軍人事務部是一個大型的聯邦機構，幾代以來的官員都認為他們的服務只針對男性退伍軍人。在伊拉克和阿富汗戰爭期間，為了因應越來越多的女性退伍軍人成為病患，受性侵害的後遺症所苦，退伍軍人事務部的健康專業人員勉強想出一種新的醫學概念。他們決定稱之為「軍中性創傷」（military sexual trauma）。退伍軍人事務部接著在全國各地設立專門診所，特別為遭受軍中性創傷（創傷後壓力症候群的一種）的女性退伍軍人提供照護。這些醫療專業人士表示軍中性創傷是因為被男性士兵同袍強姦而造成的。[46]

隨著美國軍隊內部性暴力的政治迅速升溫，國防部也被迫發布了一份報告，內容是有關通報的性侵害發生率和預估的實際侵害發生率的調查結果。估計結果顯示有通報的性侵害只是冰山一角，光只是在二〇一一年會計年度（也就是二〇一〇年十月一日到二〇一一年九月三十日），就有一萬九千名美國軍中人員遭到軍方同僚的性侵害。而在二〇一二年會計年度，這個數字躍升到兩萬六千人。大部分有此遭遇的美國軍人說她們遭到軍中男性的侵犯，這位男性通常是她們的上級。這段時期的現役軍人有百分之八十五是男性。女性雖然只占美國現役軍人的百分之十五，卻遭受到不成比例的侵害。因此，軍隊中的女性比男性更有可能成為軍中男性的攻擊目標。大部分遭受性侵的女性和男性都不會通報。有男性受害者告訴記者：其實是因為女性先站出來揭露強暴事件，才讓他們有勇氣克服多年來隱藏的恥辱，公開講述自己的故事。[47]

軍中女性在公開或私下的記錄中描述她們會在晚上去廁所時、在自己的營房睡覺時、在長官辦公室與長官會面時遭到性侵害。很快地，圍繞著美國軍官長久以來珍視的一個核心觀念受到爭論，即軍方認為軍隊本身的階級制度——而非平民的刑事司法當局——才最適合調查、起訴、審判和懲罰自己軍中的人員。但是實際上，神聖的「指揮鏈」會在原本就與外界隔絕的軍事基地周圍又豎起另一道看不見的牆。這樣雙重的圍欄讓許多軍中強暴案的女性倖存者覺得自己的安全受到危害。

前陸軍中士麗貝卡・哈夫里拉（Rebekah Havrilla）在二〇一三年三月告訴美國參議院的軍事委員會（Senate Armed Services Committee）：她在二〇〇七年被派駐阿富汗時曾經遭到男性上司強暴。她沒有舉報他：「我選擇不做任何形式的報告，是因為我對指揮鏈沒有信心。」哈夫里拉中士轉而向基地的軍隊牧師尋求建議。而他給她的回應是：「強暴是上帝的旨意。」他鼓勵她上教堂。[48]

在討論如何有效預防和告發美國軍隊內部的性暴力時，有兩個相關的問題經常沒有被深入探討。首先是以下兩者其因果關係為何（如果存在因果關係的話）：一者是軍隊內部的男性對女性的性暴力，以及美國軍人對生活在國內和海外的美軍基地周圍的平民女性所犯的性暴力；其次則是軍隊中的不同男性究竟是如何理解以下對男性氣質的想法：女性是男性用來證實自己男子氣概的財產，同時還能夠確保某些機構空間中的男性化氛圍？

這兩個問題在分析上息息相關，回答其中一個問題有助於解答另一個問題。怠於去問——及試著回答——這兩個相關的女性主義分析問題，就表示男性氣質的政治將被掩蓋在軍隊的黑布之下。也意味著美國軍中的女性大概不會嘗試與其他國家的女性聯手，這些女性在美國士兵駐紮在海外時遭受其虐待。軍隊內部的性暴力在大多數情況下只被當作國內的議題。然而它其實是國際政治的一個動態。

賣淫、賣淫婦女與國家安全的國際性別政治

在過去的至少兩個世紀中，軍中男性與女性的性關係——以及其他男性想掌控這些關係的嘗試——一直是貫穿國際政治的一條主線。這裡的性關係包括交友、聯誼、結婚、買春和性脅迫。區分這五種不同關係的界線往往很模糊，然而有時候卻又像是用粗體的墨水畫的。奇怪的是，這樣涉及多個面向的議題卻鮮少受到國際政治主流研究者的探討，也只有在爆發「醜聞」的時候才會成為頭條新聞。但是如果只被當作醜聞，這個議題大概就不會改變傳統上對於何謂「國際」、而什麼又算作「政治」

的理解。

軍事基地總是讓人聯想到妓女，這兩者被認為是「自然」出現的組合，所以也就不需要什麼政治研究。甚至還有政策精心的想要維持兩者的媒合：這些政策在形塑男性的性行為、確保戰鬥準備、規範各路生意、建構女性的經濟機會、影響軍隊中的妻子、促進女性士兵的社交，並規劃有關治安、娛樂和公共衛生的制度。令人驚訝的是這些政策在大部分基地都成功的讓人不至於察覺到其存在，尤其是美國境內的基地。[49]

十九世紀末的英國政府為了維持帝國而往全球各地派駐軍隊。[50] 這些軍隊與被殖民的有色人種女性發生性關係的機會不似他們與工人階級白人女性發生性關係的機會——被殖民的有色人種在香港是指華人女性，在印度則是印度女性，在埃及就是埃及女性。英國官員想要控制工人階級的白人女性與在英國的英國軍人發生關係，但是他們的努力遭遇挫敗。在悲慘的克里米亞戰爭結束之後，一八六〇年代在英國將軍和海軍上將的要求之下，國會以保護男性士兵和船員的名義通過了《傳染病法》（Contagious Diseases Acts）。這些軍事法規也是一種國家安全政策，在英國的陸軍基地和軍港所在的城鎮，會動員當地的警察逮捕被警察懷疑是妓女的工人階級婦女。事實上，任何在晚上獨自外出的工人階級女性都可能遭到逮捕。被認為有嫌疑的婦女會被迫以最簡陋的儀器進行陰道檢查。全國婦女聯盟（Ladies National League）的英國女性主義者領導了一場反傳染病法運動（Anti–Contagious Diseases Acts Campaign）（雖然女性其實沒有投票權），這場運動努力遊說了二十年，想要說服全由男性議員組成的國會相信《傳染病法案》的不公平之處，並加以廢除。[51]

不過，英國軍方的官員下定決心要保住對英國殖民地女性的控制。首先，他們重新制定士兵的婚姻政策，考慮是否要允許英國士兵娶印度婦女：這類婚姻究竟是會傷害還是增強軍事戰備，以及白人殖民者的士氣呢？有些官員認為如果允許英國士兵娶印度婦女，他們可能就不會經常嫖妓，因此大概也比較不會染上性病。而在另一方面，官員又認為以政策鼓勵異族通婚可能會損害英國男性自己的種族優越感。其次，殖民地官員仍繼續在英國境外執行相當於《傳染病法》的規定，即使該法在英國國內已經於一八八〇年代廢除。這些被稱為《軍營法》（Cantonment Acts）的法律允許殖民地治安當局對帝國軍營附近的平民婦女進行強制的陰道檢查，好讓海外的英國士兵在與殖民地婦女發生性關係時，不必擔心感染性病。

約瑟芬・巴特勒（Josephine Butler）創辦的全國婦女聯盟的確在政治上發揮了作用，她在一八八八年發起一場國際運動，呼籲廢除《軍營法》。她創辦的期刊《黎明》（*The Dawn*）批評英國男性當局的雙重標準：他們控管女性被認為是不道德的性行為，卻是為了保護男性士兵所謂必要的性愉悅。[52] 相較於在組織上，巴特勒的運動在做分析時甚具女性主義色彩。與她一起主張廢除該法的主要盟友似乎多是英國男性和殖民社會中受過教育的男性。殖民地婦女被大多數主張廢除賣淫的人視為受害者——有一項一八九一年的研究發現百分之九十的軍妓是貧窮的當地寡婦——而非有自己的政治理念和資源的組織盟友。[53]

雖然推動反軍營法的運動人士橫跨不同國家，但他們都是從帝國的視角來看這些政策：如果印度容許這類規定存在，英國的其他殖民地、或甚至敵對帝國強權的殖民地的軍事當局也都會依樣畫葫蘆——例如荷蘭也需要在國外駐兵，他們也需要為士兵提供與殖民地婦女發生性行為的管道，並確保士兵的身體健康足以履行帝國的軍事職責。巴特勒的一名荷蘭運動夥伴（她當時人在受荷蘭殖民統治下的印尼）在一八八八年寫了一封信給巴特勒，信中描述了軍隊賣淫策略在國際上的走向：

> 一名官方人士私下說他們在考慮引入英國在印度的制度，他們可以在軍營中另設一些帳篷，讓領有許可證的婦女居住。目

前就是在傍晚的固定時段打開軍營的大門，讓某些這類可憐的受害者進入。我幾乎沒辦法記錄下我們得知的一切。軍營裡的生活**從道德上來看簡直糟透了**……

這裡說的事實顯示英國政府在印度樹立的壞榜樣正在影響爪哇，並且一定還有其他國家的殖民地，這促使我們想廢除醜陋的印度條例（Indian Ordinances）和軍營法的動機增為兩、三倍。[54]

巴特勒和其他運動人士在一八九五年說服英國政府廢除了《軍營法》。然而她在殖民地的消息來源告訴她：雖然法令廢除了，但是對當地婦女的強制體檢並沒有停止。《黎明》刊登了英國軍官的來信，表示官方普遍認為這類做法還是有其必要性。他們認為這對個別英國士兵是不可或缺的（印度士兵則不用；印度士兵感染性病的比例似乎低很多，這讓他們的英國人指揮官感到十分困惑），對於大英帝國的福祉也絕對必要。約瑟芬．巴特勒在社論中反駁了這個論點：「我們還沒有了解到，這是讓被征服種族的婦女以官方妓女的身分，一起構成了我們偉大帝國的其中一座堡壘！」[55]

在二十世紀，法國、日本、英國、俄羅斯、美國和加拿大政府為了掌控女性的性，以確保男性士兵的士氣和健康，同時維持軍隊的合法性，都有嘗試過軍方和民間的做法。[56]日本皇軍為了鼓舞男性士兵的士氣，以政策強迫朝鮮、菲律賓、台灣、馬來西亞和印尼婦女在軍隊的「慰安所」裡提供性服務，這或許是第二次世界大戰中最著名的強迫賣淫制度。[57]

從這種第二次世界大戰的制度中，南韓的女性主義者在一九九〇年代提出了「性奴隸」（sexual slavery）的概念。她們成功地主張道，這種軍隊的強迫賣淫應該被理解為戰爭罪。有些跨國的女性主義者隨即將「性奴隸」的概念視為很重要的概念，她們致力於揭示婦女遭到的某幾種具體的軍中性虐待，而這些性虐待也成為在一九九〇年代的前南斯拉夫和盧安達戰爭中無法分割的一部分。也就是說，如果一名女性被迫成為作戰士兵的「妻子」、並遭到他的多次性侵害，那麼她就不能算是他的妻子；這其實是賣淫。她是受害的性奴隸。這些女性主義的政治和法律圈人士持續在進行活動，說服政府同意將「性奴隸」視為國際上可起訴和可處罰的戰爭罪。正是由於她們提出這種概念並展開遊說，才讓「性奴隸」被明確列為戰爭罪，可以在海牙新成立的國際戰爭罪法院（International War Crimes Court）中起訴。

不過，惡名昭彰的日本皇軍「慰安婦」制度當然不是用來發動第二次世界大戰及戰後的占領政治制度中唯一的賣淫制度。[58]但是直到現在——仍然被美國人稱為「美好的戰爭」（the Good War）的第二次世界大戰結束六十年後——我們才開始全面了解美國官員為了進行戰爭和確保戰後的占領，而推動的賣淫、以及賣淫婦女的一切。承認美國官方在第二次世界大戰期間的賣淫政策不是要轉移對日本皇軍「慰安婦」制度的譴責，相反地，這是在促使人們對於為達戰爭目的而策劃的性政治進行尖銳的、女性主義的、跨國的、比較性的調查。

美國官員在第二次世界大戰期間努力建立了種族化的軍中賣淫制度，包括竭盡全力為非裔美國男性士兵設立妓院（與替白人男性士兵規劃的妓院區分開來），這些妓院就沿著戰時夏威夷著名的酒店街、戰後德國的美國占領軍基地周邊，以及戰後韓國與戰後日本的美軍基地周邊設立。[59]女性主義歷史學家瑪麗・路易絲・羅伯茲（Mary Louise Roberts）也發現證據顯示，在入侵法國的諾曼第之後，因為美國男性士兵及其上級逕自對法國民族產生了性欲過剩這樣的刻板印象，因此隨之出現了種族隔離的妓院系統。這帶來許多破壞性的政治後果，其中最主要的是讓許多法國婦女在戰後處於不安全的性環境中（然而美國男性原本是要來讓她們重獲自由的）。[60]也就是說，在一九四〇年代中後期的美國軍事占領時代，也就是華盛頓官方將其定義為解放和民主化的時代，實際上是美國依種族劃分的賣淫政策最活躍的時代。

第二次世界大戰的結束並非標誌美國軍中賣淫制度的終結。南韓、沖繩和菲律賓的女性主義研究者及運動人士一直在告訴我們：在美軍進行的韓戰、越戰及九一一事件後的全球「反恐戰爭」中，都一直存在著種族化的賣淫。[61] 許多軍中的男性指揮官固執地抱持著一些食古不化的信念，其中之一就是軍隊所容許的有組織賣淫可以保護「正經」（respectable）女人。高里鈴代和女權組織「沖繩婦女反軍事暴力行動」（Okinawa Women Act Against Military Violence）的其他共同創建者花了數年時間記錄下美國軍人對平民婦女和女孩的暴力行為，就是想要破除這種為私利服務的軍中迷思。[62]

終結蘇比克：反基地運動的成功

> 五日，週二——下了一整天雨。
> 六日，週三——一天裡面有些時間在下雨。
> 收到薪水支票了。
> 七日，週四——下了一整天雨。[63]

這是一名美國軍官的妻子傑西・安格魯姆（Jessie Anglum）在日記裡所寫下的。她待在菲律賓的日子稱不上愉快。當時是一九〇一年。麥金利總統派遣美國軍隊去鎮壓菲律賓人的謀反暴動。菲律賓民族主義者先是曾與島上的西班牙殖民者作戰，後來又抵制美國人的殖民統治計畫。安格魯姆也在鎮壓菲律賓的叛亂中發揮了自己微薄的作用。她是第一批遠道而去菲律賓與丈夫團聚的軍人妻子之一。她下了船之後，就被安置在一間馬尼拉的旅館。百葉窗外不斷傾盆降下季風帶來的大雨，困坐屋中的她只感到無聊。她的丈夫大部分時間都在出任務對抗叛亂分子。她偶爾會乘坐馬車外出，與當時在馬尼拉的其他為數不多的美國婦女喝茶。但是她根本不想待在菲律賓。她坐船前來亞洲只是為了善盡做妻子的責任。她數著日子，等待丈夫任職期滿的那一天。當她終於可以重新收拾行李搭船回家時，她感到十分高興。

當時的傑西·安格魯姆只能忍受潮濕的旅館，那時還沒有精心規劃過的美軍基地。但是在她走過一遭之後的一個世紀，美國政府彌補了這項不足。現已是獨立國家的菲律賓在一九八〇年代已經有數十個美國的軍事設施。其中最大的是蘇比克灣海軍基地（Subic Bay Naval Base）和克拉克空軍基地（Clark Air Force Base），它們都位於菲律賓最大的島嶼呂宋島上，五角大廈的戰略專家也都認為這兩座基地是美國的全球防禦中最重要的基地之一。這兩個基地是美國在越戰中的起飛坪，也是在冷戰時期對抗蘇聯勢力的堡壘。蘇比克和克拉克被設計成能夠與美國在夏威夷、關島、南韓和沖繩的各個太平洋基地協調運作。

因為看到五角大廈對泛太平洋地區的願景，讓這五個太平洋地區的女性運動人士在一九九〇年代互相建立起新的政治紐帶。她們在一九九五年於北京舉行的聯合國婦女大會上碰面，開始交流資訊、經驗和策略。她們一起拼湊出平民婦女是如何經歷美國軍事基地帶來的衝擊：包括賣淫、暴力、勤務兵的騷擾和環境惡化。這些反基地運動的女性在接下來的二十年間在各次集會中建立了友誼，並對安全、軍事化、不安全、和平、暴力和父權進行了分析。這些彼此交流的團體包括「加布里埃拉：菲律賓婦女聯盟」（Gabriela: Alliance of Filipino Women）、沖繩婦女反軍事暴力行動、亞洲日本女性資料中心（Asia-Japan Women's Resource Center）和跨國的女性主義網絡「追求真正安全的婦女」（Women for Genuine Security）。[64] 其成員的主要目標是讓美國本土的國民了解該國政府的基地對於那些必須與基地共存的婦女造成多大的影響。由於大多數美國本土的人根本很少關注海外的軍事基地或是太平洋島嶼的領土和其亞洲盟友，所以這確實是一項挑戰。

在冷戰和越戰期間，蘇比克灣海軍基地是美國在太平洋最大的基地。它控制了菲律賓的奧隆阿波（Olongapo）市。奧隆阿波市長在制定該市的政策時，也會以蘇比克灣基地的指揮官作為一個主要的參照點。駐紮在菲律賓的美國軍人和家屬有一萬五千人，其中有許多人是駐紮在這座美國海軍基地。每當有一艘航空母艦靠岸，又會有一萬八千人湧入這個城鎮。這座基地是依靠菲律賓平民的勞動力維持運轉。這裡的工人工資低於南韓或是日本的美軍基地工人工資，但是對許多菲律賓男女來說，這些基地的工作已經足以讓他／她們維持生計。美國軍方在一九八五年已經是菲律賓的第二大僱主，總共僱用四萬多名菲律賓人：二〇五八一名全職勞工、一四二四九名合約工人、五〇六四名家庭幫傭和一七四六名特許工人。[65]

美軍基地引發了一些社會問題，其中受到最多菲律賓女性主義者和民族主義者關注的便是賣淫。許多菲律賓人認為美國的軍事基地造成、或深化了賣淫的環境。賣淫、對女性的暴力、軍國主義（美國和菲律賓各自的軍國主義）以及菲律賓國家主權的讓步似乎全部互相交錯在一起。愛滋病在一九八七年開始在菲律賓出現，這使得民族主義者更加認為美國政府與菲律賓政府之間的基地協議——稱為《部隊地位協議》（Status of Forces Agreement，通常用縮寫「SOFA」來指稱）——對菲律賓的國家安全比起強化更會造成危害。

在一九八〇年代，尤其是菲律賓的民主運動在全國興起時，菲律賓當地的女性運動家（包括參與運動的天主教修女）記錄下美國大型基地周遭的婦女生活條件，這讓賣淫婦女有空間尋求不帶道德評價的支持。從事研究的運動人士估計約有六千名到九千名女性在必須仰賴基地的娛樂產業中工作，其人數有時還可能躍升到兩萬人，因為如果美國的航空母艦靠港，就會有數千名男性水手獲准休假。她們的記錄中顯示性俱樂部和按摩院中的大部分女性是從菲律賓的貧困農村地區前來奧隆阿波。她們調查到酒吧老闆會用「請小姐喝飲料」（ladies drinks）的制度給女傭員壓力，叫她們勸沒有在執勤的阿兵哥買更多酒，並替這些小姐買很貴的水果飲料。她們還解釋了「帶出場」（bar fine）制度，即男性顧客可以付錢給酒吧老闆，讓他們把小姐帶到俱樂部外發生性行為。

做這些研究的運動人士也注意到美國軍人父親和菲律賓平民母親所生的小孩。在一九七〇年代和一九八〇年代，每年大約

在美國海軍的蘇比克灣基地周遭從事娛樂產業的菲律賓婦女在排隊接受強制的性病和 HIV ／ AIDS 檢查，一九八八年。在基地運營期間，所有從事娛樂產業的人都必須每個月接受兩次這類檢查。照片來源：Sandra Sturdevant。

有三萬名孩童是菲律賓母親和美國父親所生的，運動的研究人員發現其中約有一萬名在街頭遊蕩，其中有許多人變成了妓女，替美國的戀童癖男性提供服務。這些孩子獲得的待遇迥異於美國父親和越南母親在越戰期間所生的孩子——賣淫在越戰期間也十分猖獗——美國國會並沒有比照越戰後的特殊「家庭團圓」計畫，發放美國的移民簽證給這些菲律賓裔的美國兒童。[66]

菲律賓研究人員也指出美軍基地指揮官的政策要求菲律賓的公共衛生診所要替基地周遭的娛樂業女性進行性病和愛滋病檢查。沒有接受或沒有通過這類檢查的女性就無法領有娛樂工作的許可證。美國軍人則毋須接受檢查，就可以獲得基地外的通行證，並與當地菲律賓女性混在一起。官方推定菲律賓女性會傳染給美國軍人，但是絕對不會有反向的傳染。[67]

菲律賓複雜的反基地運動成功說服了菲律賓參議院（Philippines Senate）投票反對與美國續訂雙邊的《部隊地位協議》。於是蘇比克灣海軍基地和克拉克空軍基地就在一九九二年關閉了。

但是在二十年後，加布里埃拉等菲律賓女性主義者團體卻揭露了軍隊中的賣淫再次浮現，還有美國軍人虐待當地婦女的事件。雖然沒有龐大的蘇比克灣和克拉克等常態性基地，但是美國國防部還是與馬尼拉的官員達成協議，讓美國軍隊繼續留在菲律賓。理由已不再是蘇聯的威脅和冷戰。現在的理由是中國的擴張主義和「全球反恐戰爭」。蘇比克灣正由一家美國的私人軍事承包商進行整修，要應對更多美國海軍艦艇的訪問。有更多美國士兵被派駐菲律賓、執行所謂的「訓練」任務。華盛頓和馬尼拉之間的新軍事協議稱這類調度是「臨時輪調」。這種做法意味著做出這個政府協議的雙方都不必承認五角大廈正在菲律賓設立新基地，因為承認這件事會激起當地民意的反彈。[68]

賣淫絕對不是外於時間而永恆存在的行業。它不是一種靜態的、「自古就有的行業」。賣淫的婦女、反對賣淫產業的婦女、靠賣淫獲利的男性、賣淫婦女的男性恩客，以及制定軍事政策使賣淫符合軍隊需求的男性——這五組行為者都是歷史中的一分子。無論他們當中的一些人看似多麼無能為力，其實他們每一類人都在幫助重新形成當地和國際的賣淫政治，因此，他們在支撐軍事基地的同時，也在重新形塑對男性氣質的觀念和做法。

所以今天的我們必須對變化保持警惕。舉例來說，我們必須要對自願或非自願離開自己國家的菲律賓和前蘇聯女性保持好奇——在南韓、關島和沖繩的美軍基地內部及周遭替美軍提供服務的女性中，她們占了大部分。[69] 我們還必須檢視在所有想要限制或關閉外國基地的運動中，當地的女性主義者和民族主義者是如何互動的：沒有女性主義思想的民族主義者是否只將賣淫婦女視為「民族恥辱」的象徵，或是也會邀請這些女性成為反基地運動的積極夥伴？為了符合非女性主義觀點的民族主義者認為的民族利益，女性主義者是否被迫要昇華她們的要求層次？

同樣地，我們也必須深入研究美國海外基地中不可或缺的性政治。這些基地的男性軍人被禁止「親善」，也就是不能與當地平民婦女建立社交關係。五角大廈對於許多駐紮在阿富汗、吉布地、巴林和尼日等美軍基地的士兵和船員都規定他們不能與當地居民深交。而女性——平民婦女、身著軍服的女性——又在哪裡？

結論

菲律賓的蘇比克灣和克拉克基地關閉，是因為當地發起民眾運動，說服了該國政府終結與美國的基地協議，不過菲律賓並不是這類運動成功的特例。反基地運動在厄瓜多的曼塔和波多黎各的別克斯島（Vieques）都取得了成功。[70] 每一場成功的反基地運動的性別政治都各自不同。而在每一場運動中，女性運動人士對於動員和反對美軍基地的意義都至關重要。但是並非每一場反基地運動都是用女性主義理解的性別歧視作為核心的策略和目標。在上述的每一場運動中，或是在南韓和沖繩的運動中——後兩者並沒有成功的說服該國政府終結與美國的《部隊地位協議》——當地反基地的女性主義運動家都必須不斷努力確保民族主義思想並沒有蓋過女性主義的思想。探索每一個國家在反基地辯論中的這些動態有助於釐清性別觀念的複雜運作方式，而這會塑造軍事同盟的國際政治。

或許在反基地的群眾運動中，最明顯以女性主義思想作為核心的，是冷戰末期在英國南部的格林漢姆公用地的婦女和平營——該運動是有關男性化政治和替代性的安全措施。[71] 英國婦女在一九八一年和一九八九年之間，在美國空軍基地圍牆外的格林漢姆公用地紮起了和平營地。決定在格林漢姆基地外紮營的婦女引發了英國的全國性辯論，而題目是有關於美國和英國之間的不平等聯盟，以及核子時代的安全意義——還有到底是為了誰的安全？直到今日，「格林漢姆」依然是某些英國婦女的政治生活轉捩點。她們清楚記得自己是如何在寒冷的冬季泥地裡露營、在法庭訊問時唱歌、對和平與父權，以及家庭、母性和性的意義互相辯論了幾個小時。她們會一再重述一九八三年元旦夜裡的那個故事——她們在那晚架起梯子，爬過基地的圍欄，在美國核彈發射井上面跳舞，最後在沒有被抓到的情況下安然脫身。

在格林漢姆紮營的婦女們也記得一些痛苦的事，例如聽到警察和一些當地人把她們叫作「女同性戀」和「妓女」。然後她們又會興奮的講起有數千名婦女從英國和愛爾蘭各地來到格林漢姆，她們大家一起繞著整個美軍基地的周圍，形成一條九英里的人龍。一位從都柏林前來加入格林漢姆人龍的愛爾蘭婦女回憶道：「我們手牽著手開始唱歌……我們在說：要以充滿愛的擁抱迎向你的暴力，因為這是化解暴力的最可靠方法。當我

女性和平運動人士在英國格林漢姆公用地、美國空軍基地內的巡航飛彈發射井上跳舞，一九八三年。照片來源：Raissa Page/Format。

自己的聲音加入吶喊『自由』的聲浪中、當回音從遠處飄過整個基地傳回來時，我的感受是多麼的強烈。」[72]

記者碧雅翠絲・坎貝爾（Beatrix Campbell）採訪了一名英國女性，這名英國女性自認為是英國首相柴契爾夫人所領導的保守黨的支持者，然而柴契爾夫人十分支持美軍基地以及核彈頭導彈。而當這名女性開始回想起格林漢姆的婦女和平營地時，她回憶起這件事為她帶來另一種政治理解。她剪短了頭髮，向她的丈夫和兒子明確表示她認同格林漢姆的婦女：

「在格林漢姆運動之前，我並沒有意識到這裡有美國人的飛彈。接著我就知道了。太不要臉了吧！是格林漢姆公用地上那些婦女引發的騷動，才讓我了解到……原來這棟房子裡的男人〔她的丈夫和兩個兒子〕竟然覺得她們是男人婆、同性戀。」那她覺得是嗎？她想了一會兒。「不是。」如果她們當真是男人婆或女同性戀，會讓她覺得困擾嗎？她又想了一會兒。「不會。」她說：女人無論如何都會惹她的男人生氣，雖然倒也不是沒有感情。「他們永遠都在聊荒原路華（Land Rover）汽車和自行車，他們也總是還沒吃完晚餐就在要茶喝了。」[73]

英國政府最後決定當美國人離開格林漢姆時，不應該把土地交給英國軍方，這個決定有很大一部分是因為格林漢姆公用地上的婦女和平營運動，而不只是因為冷戰的終結。這片土地應該交還給當地人，重新成為公共農田。[74]

任何軍事基地的運作都是一項複雜的操作——不論是當地的軍事基地或是外國的軍事基地；不論是在該國境內的基地或是在好幾個時區外的基地；不論是北約（NATO）、非洲聯盟（African Union）或聯合國的維護和平基地；還是私人軍事公司的基地。[75] 此外，許多通常不是歸類為「軍事基地」的機構也有成果豐碩的研究，因為它們的所在地、女性氣質、男性氣質和軍事目的之間也有類似的密切相互作用：例如位於田納西州橡樹嶺（Oak Ridge）的二戰營地，那裡的女性和男性、白人和非裔美國人就是在區分種族、區分性別的秘密狀態下工作和生活，並製造第一顆原子彈所需的基本元素。[76]

每個軍事基地的運作都需要仰賴在不同社會位置的女性發揮不同的功能。要看清這種兩性化的基地制度，我們就必須認真看待不同女性的生活和想法，包括軍事基地的洗衣女工、軍人的妻子、在營區外的迪斯可舞廳賣淫的婦女、收錢溜進基地與男性士兵發生性關係的婦女、軍隊招募的女性士兵和女性軍官，以及對基地提出公開批評的女性。她們不是天然的盟友。這些女性中的許多人並不同意其他人的評價；她們可能彼此互不信任。但是她們都可以告訴我們一些有趣的基地故事。此外，她們之間的分隔也是維持基地的要素之一。

如果對基地的分析只是將之視為預算、設備、土地、指揮體系、法律基礎和設置任務的加總，就是嚴重低估了所有管理它的權力、所有用來鞏固它的想法，以及為了維持其順利運作而實施的所有政策。在指揮官及他的軍職和文職上級眼中，「平順」是衡量成功的標準，而在軍隊之外的當地人的眼中也是如此，只要他們認為基地對他們的安全和福祉有好處，這些人可能包括市長、警察、企業經營者和僱員。「平順」並不當然意味著符合性別平等或是婦女權益。「平順」通常有助於貫徹父權制的國際關係。

數百個軍事基地平順地運作著。它們的運作因為日常的單調乏味而獲得潤滑。它們不會上頭條新聞。那些沒有上新聞的基地也值得女性主義的性別分析，絕不亞於那些因為醜聞而突然被人看見的基地。國際政治不只是由危機和醜聞所組成的。國際政治可能很乏味，因為權力的流動看不到，也不常出現爭議。乏味中也有政治。乏味中也有性別。

第 5 章｜

從事外交與不從事外交的妻子

馬德琳・歐布萊特（Madeleine Albright）、康朵麗莎・萊斯（Condoleezza Rice）、希拉蕊・柯林頓，這三位都是甚具影響力的美國國務卿。父權觀念認為國際外交當然——也理應是男人的遊戲，她們被任命為當代世界上最有權勢的外交職位之一，似乎打破了這種父權觀念。

其實這三位女性的外交影響力崛起也對性別帶來了影響。尤其是在希拉蕊・柯林頓擔任國務卿期間（二〇〇九年到二〇一三年），有一些外國的男性政府首腦開始任命女性擔任派駐華盛頓的大使。在柯林頓的國務卿任內，莫三比克派駐美國的大使，阿米莉亞・馬托斯・松巴納（Amelia Matos Sumbana）說過：「希拉蕊・柯林頓是如此醒目……她讓各國總統更有可能選擇女性派駐華盛頓。」[1]

事實上在二〇一〇年派駐華盛頓的大使中，有二十五名是女性。其人數創下前所未有的新高。但是從整體脈絡來看卻又似乎不是那麼帶有變革性：任職於華盛頓的大使共有一百八十二人，其中只有二十五人是女性。此外，這二十五名女性來自哪裡也不是平均分布。其中有十一人是由非洲政府任命；有四人是來自加勒比海地區。[2]

第一個任命女性擔任駐華盛頓大使的阿拉伯國家是阿曼。胡奈納・蘇丹・阿爾－穆蓋里（Hunaina Sultan Al-Mughairy）是紐約大學（New York University）的經濟學碩士，也有多年為阿曼

圖左為安地卡及巴布達（Antigua and Barbuda）的大使黛博拉・梅・洛維爾（Deborah Mae Lovell），圖右為聖克里斯多福及尼維斯（St. Kitts and Nevis）的大使傑辛特・亨利－馬丁（Jacinth Henry-Martin）攝於華盛頓特區的婦女外交政策小組（Women's Foreign Policy Group），於二〇一三年三月。照片來源：Women's Foreign Policy Institute。

政府提供國際貿易和投資建議的經驗，她在二〇〇五年出任阿曼的駐美大使。

不過，要能夠長期維持對性別的關注還是很重要的。「希拉蕊效應」——或者說歐布萊特—萊斯—柯林頓效應吧——究竟是歷史上的曇花一現，還是能夠帶來政治上的持續改變呢？雖然在希拉蕊・柯林頓去職之後不久，巴拉克・歐巴馬（Barack Obama）總統就任命蘇珊・萊斯（Susan Rice）和薩曼莎・鮑爾（Samantha Powers）這兩位傑出又嫻熟外交政策的人出任高階職務，但是歐巴馬卻任命參議員約翰・凱瑞（John Kerry）接替柯林頓擔任國務卿，似乎又讓這個國際精英俱樂部走回早期以男性為主的老路。凱瑞上任之後不久，八大工業國組織的外交部長就在二〇一三年四月於倫敦舉行會議。議程包括如何共同解決一些緊迫的國際問題，如敘利亞內戰及伊朗和北韓在發展

阿曼大使胡奈納・蘇丹・阿爾－穆蓋里（圖左）與她的配偶。阿爾－穆蓋里是第一位阿拉伯國家駐華盛頓的女性大使。二〇一三年攝於華盛頓特區。照片來源：Alan Schlaifer, Elite Images, Bethesda, MD。

核武。看到這八位外交部長合照時的性別分布，就會發現它與八大工業國組織的政府首腦性別有著驚人的相似之處：合照中只有唯一的一名女性，而這會讓看到照片的人突然注意到其他高階官員都是男性。

外交部長多為男性也不限於發生在八大工業國組織這樣富裕的國家。新成立的東亞—拉丁美洲合作論壇（East Asia–Latin America Cooperation）二〇一三年在印尼舉辦了外長會議，與會的三十八名外長中，只有八位是女性。[3] 中國政府在前一年召開了上海合作組織（Shanghai Cooperation Organization）的外交部長會議（該組織是一九九六年新成立的區域性國家組織）。當八位外長齊聚一堂時，八人中甚至沒有一名女性可以喚醒觀看者的性別意識。

外交大門究竟會向女性開啟或關閉，婚姻的政治史會發揮決

二〇一三年在倫敦舉行的八大工業國組織的外交部長高峰會，最左為歐盟的外交事務首長凱瑟琳．艾希頓（Catherine Ashton）。照片來源：Gov.uk, Open Government License v2.0。

定性的作用。如果在政治家、職業外交家、媒體編輯和其他女性眼中，女性都優先、而且主要是被看作誰的妻子，那麼性別歧視的壁壘就依然很高，外交圈以男性為主的常態還是不可動搖。在美國最近的任命中堪稱最重要的五名女性高階外交政策官員——歐布萊特、康朵麗莎．萊斯、柯林頓、蘇珊．萊斯和鮑爾——其中有兩人未婚，其他三人（柯林頓、蘇珊．萊斯和鮑爾）在擔任重要的職位時則是已婚身分。她們的配偶都有自己的職涯，沒有人預期她們的男性配偶該成為自己這位政界知名伴侶的附屬品。

對大多數女性來說，婚姻不只是阻礙女性在外交政策上發揮影響力的障礙。它也是政府使用的工具。各國政府在經營國際關係時，必須仰賴女性身為妻子的角色。婚姻是家內的，但也是國家和國際的。婚姻的性別政治會影響國際關係的性別政治。

帝國的婚姻外交

「一個可悲的事實是：我們在整個國家與印第安人發生的幾乎所有困難，都可以追溯到我們對他們婦女的侵擾，或是他們與堡壘中婦女的私通，簡而言之，印第安人對白人犯下的所有謀殺案中，十中有九都是因女人而起。」[4] 西北公司（North West Company）的這項聲明標誌了西北公司的婚姻政策發生了一百八十度的大轉彎。西北公司與哈德遜灣公司（Hudson's Bay Company）都是英國用來殖民加拿大的媒介。英國和法國的毛皮貿易公司在一八〇〇年代初之前都還一直鼓勵白人男性毛皮商人與當地的印第安婦女通婚。這類婚姻具有戰略和政治上的重要性，因此受到西北公司高層的正式鼓勵和哈德遜灣公司主管的非官方支持。

北美邊境還不在帝國的安全控制之下，在那裡，與印第安人捕獸者的聯姻是鞏固商業聯盟的手段之一。英國和法國的政策制定者期待印第安女性能夠帶領她們部落的男性與公司的男性建立友好關係。同時也能夠在北部邊境的艱困生活中，讓歐洲的男性捕獵者透過聯姻獲得建立家庭的機會。此外，與印第安女性結婚讓白人男性獲得一種優越感，覺得是他把女人從野蠻人的悲慘境地中拯救出來。這種信念讓白人男性在利潤豐厚的國際海狸毛皮生意中，能夠確信自己的角色具有道德正確性。

雖然十八世紀和十九世紀的法國與英國貿易公司及政府只是把印第安婦女當作戰略資源，但是印第安婦女也有自己的打算。她們面對帝國在加拿大的競爭時並不被動。她們要促成自己與白人男性的婚姻也有自己的理由。印第安婦女可以透過毛皮貿易獲得一些她們看重的物品（像是金屬水壺），因此她們會盡其所能的確保貿易繼續進行。也有些婦女喜歡堡壘中的生活，那裡能提供的食物通常比她們在村莊裡拿到的更豐富。有些加拿大原住民婦女靠著在部落和貿易公司之間的往來聯絡累積了相當大的影響力。[5]不過英國的婚姻政策在一八〇六年發生改變，官員們改成鼓勵捕獵者娶歐洲人妻子，這時印第安婦女也無從反抗。她們對國際婚姻政治的控制力極為有限。這些公司認為，男性捕獵者與印第安婦女之間發生關係挑起的敵意不亞於能夠帶來的結盟，而且要供養這麼多婦女和兒童的成本也超出了婚姻能夠帶來的商業利益，於是這些公司便改變了他們對於婚姻的根本想法。

早先在倫敦的毛皮貿易公司官員原本判斷加拿大的堡壘生活過於危險和艱辛，因此不適合帶白人婦女前來，當然「淑女」就更不適合了；白人女性會成為公司的昂貴負擔和大麻煩。哈德遜灣公司的經理在一六八六年做成一項決議，禁止該公司派去加拿大的男性帶白人妻子一同前去。有一些歐洲女性想與她們的商人丈夫同行，就只能夠靠騙的了。其中最著名的就是在一八〇六年來到殖民堡壘的伊索貝爾・岡恩（Isabel Gunn），她來自奧克尼群島（Orkney Islands，許多哈德遜灣公司的男性都來自那裡）。她喬裝成男性，避開公司對白人女性的禁令。[6]而在十九世紀中葉，公司的白人男性也會稱讚白人女性為堡壘生活所做的貢獻——他們說她們是「文明的嬌貴花朵」。將白人女性的優雅與印第安妻子的「不足」互做比較。事實上，白人女性缺乏印第安婦女的技能，根本無法幫助從事毛皮生意的丈夫。她們跟隨丈夫前來加拿大只是因為認為妻子應該有的忠誠和責任，但是到達加拿大之後，許多人卻只是強忍著無聊和孤立。[7]

政府在一個又一個的殖民地嘗試制定能夠符合帝國政治目標的婚姻策略。有很多變數需要考慮——甚至重複考慮：白人男性可能的性需求、白人女性預設的弱點、殖民政府的脆弱度或安全性、有多容易娶到當地婦女及當地婦女的價值、當地男性帶來的威脅，以及在殖民地打造一個不只有堡壘和農園的完整白人社區是否值得。

政府對於外國婚姻政策的掌控從來無法像他們期望的那樣

有效。不過他們從未放棄。今天，許多政府面臨的則是外交官妻子的挑戰——雖然外交官妻子幾世代以來都被認為是最順從的女性。

家庭中做外交

在一九七〇和一九八〇年代第二波全國與跨國性的婦女運動，瑞典、加拿大、英國和美國的外交官妻子除了重新活化現有的組織之外，還成立了一些新組織。她們認為自己用外交官妻子的身分對母國的外交政策工作所做的貢獻應該獲得承認。甚至還有些女性不只想要獲得承認：她們想要工作、津貼、生活費，甚至（最極端的要求是）薪水。士兵的妻子這時候也在重新思考自己的角色，並集結成組織向政府提出要求。外交官妻子的組織努力揭露出政府在處理國際關係時，是多麼依賴對婚姻的掌控。[8]

一個政府如果想擴大在全世界的影響力，勢必至少需要派遣一些本國公民到國外代表該國的利益。外交影響力需要仰賴在現地的駐外官員。政府的婚姻政策會改變，但是政策的意圖都一樣：就是要實現政府的政治和經濟目標。政府可能會認為女性足以支持男性外交官達成政府目標，或是認為她們將阻礙外交官有效並快速的替政府提供服務。政府並不會支持或反對婚姻。政府支持的是符合其政治目標的婚姻。

外交官夫人在今天已經成為國際政治的固定角色。但是在過去並非總是如此。外交官夫人的角色是被創造出來的。貝里爾．斯梅德利（Beryl Smedley）是一名英國高階外交官的妻子。她放棄了自己前途看好的紐西蘭政府職涯，嫁給一名年輕的英國外交官。隨著她丈夫的官職高升，她的地位也隨之提升。接著，她便被預期要承擔起英國大使夫人的附加外交責任。貝里爾．

斯梅德利視她外交官妻子的工作是一種職業。[9]當她和丈夫退休之後，她決定要研究英國外交官夫人的歷史，好讓讀者了解這個不被承認、沒有報酬的職業是怎麼發展的。斯梅德利發現第一位以大使夫人身分——而不只是殖民地官員的妻子——陪同丈夫赴任的英國女性是瑪麗・沃特利・蒙塔古夫人（Lady Mary Wortley Montagu），她在一七一六年隨同丈夫前往君士坦丁堡。今天人們會認識蒙塔古是因為她筆風輕快的信件和她對女性居於次等地位的批評，而不是因為她在外交上的重要性。但是瑪麗・沃特利・蒙塔古夫人陪同她的外交官丈夫前往鄂圖曼帝國的首都赴任，其實標誌了政府之間推動外交方式的轉捩點。[10]

她的突破最初並沒有引起注意，因為政府中的男性還沒有意識到他們可以讓大使夫人發揮一些積極的作用。在接下來的一個半世紀中，高階英國外交官的妻子也只是偶爾會與她們的丈夫一起前往外國使館。她們和她們的丈夫一樣出身貴族，需要供養自己的隨從及負擔自己的費用。[11]雖然這些女性中有許多人受過良好的教育，文筆也很好，但是她們的政府卻不對她們抱有任何期望。而且主要是高階的男性外交官才會與妻子同行。下級男性可能會被預設還是單身，或是會把妻子留在母國。[12]

不過到了十九世紀末，外交就和女主人就脫不了關係了。嫁給外交官的女性變得更難追求自己的利益。她們不在官方的發薪名單上，但是政府卻會想到她們。這些女性中有許多人從小就被教導著如何做女主人。在一九〇〇年之後，英國外交部的職位開始開放給貴族以外的男性，不過在國外任職還是需要有獨自的收入。這就使得加入外交部行列的企業家子弟會將貴族的女兒視為合適的妻子人選。

不是所有瑪麗・沃特利・蒙塔古夫人的後繼者都熱心地想幫政府做好女主人的角色。薇塔・薩克維爾－韋斯特在一九二六年語帶不滿的寫道：「我不喜歡外交，就算是我喜歡波斯。」當時她正前往德黑蘭，要與外交官丈夫哈羅德・尼科爾森（Harold

Nicolson）會合。雖然薇塔在私底下或公開場合中都極力抗拒扮演盡職的妻子，但是在一九二〇年代，她還是無法迴避別人對她角色的期待：「她要四處拜訪、要出席並舉辦午宴及晚宴〔；〕……甚至還要分送曲棍球獎品。」[13] 但是她的心思不在那裡。她從波斯寄了幾封措辭強烈的信給她的新朋友維吉尼亞・吳爾芙（Virginia Woolf），而且在幾個月內就回英國了，留下哈羅德自己去應付外交儀禮。

如果有女性考慮要嫁給外交圈的男性，她們都必須認真考慮「輾轉各地的生活和微薄的薪資」。這是出自經驗最豐富的英國外交官妻子之一，貝里爾・斯梅德利的建議。她與丈夫一起服役了三十年——外交官妻子也和軍人的妻子一樣，會說自己在海外「服役」——待過像是斯里蘭卡、寮國和羅德西亞（Rhodesia）等地許多不同的崗位，她並不覺得後悔，但是她也知道自己是特定的歷史世代：「我們這些在四〇、五〇年代結婚的人大部分會覺得我們是外交上的夥伴；我們之中有些人曾經有自己的職業，但是我們會毫不猶豫放棄自己的事業、與丈夫一起工作。」[14] 斯梅德利學會在對丈夫的外交使命做出貢獻時感到滿足，她會在每一個外派的地方從事志願工作、在國外代表她的祖國，以及在公共聚會中成為她丈夫的「眼睛和耳朵」。也有些外交官覺得可以安心向妻子徵詢某些新建議，她們是少數能夠提供外交官測試有爭議想法的人。這些依然是今天的外交官妻子擔負的主要職能——雖然各國的婚姻政治可能一直在改變。

如果代表經常存在利益衝突的不同政府的官員之間能夠存在信任和信賴，外交自然會順利進行。這種信任和信賴不會自然發生；必須在令人愉快的環境中才能建立。大部分男性會覺得令人愉快的環境不在辦公室裡。而是在大使的官邸，或是低階外交官自己的住家——家會被覺得是最能培養人與人之間信任感的地方。而家是妻子的領域。外交官妻子的家庭職責包括創造家內氛圍，讓不同國家的男性可以在那裡「開誠布公地」

互相了解。

男性外交官越是需要依賴非正式的關係來完成他們的政治任務，政府就越會正式預期他們的妻子要提供協助。一名男性外交官解釋說：「很坦白的說，只有透過社交方式結識其他人，才會獲得你想要的那種關係。如果你只是去辦公室拜會，就永遠不會建立起這種關係……外交生活中有許多令人厭惡的部分……我的確覺得這個工作的社交面令人厭煩，我的妻子也是：不，我必須補充說不是宴客這個概念本身，宴客當然是這個業務中極具價值——其實根本是不可或缺的一部分……不存在於正式記錄的對話其實都是外交內容。」[15]

這種信念對於想追求外交生涯的女性有一定的影響：國際政治越是仰賴用男性的方式建立信任，而這種信任又要仰賴女性所打造的家庭環境，那麼女性外交官就越難在國際間斬獲同樣的信任感。大部分女性外交官不會有妻子。即使現在的確有些女性外交官有女性伴侶，她們也可能會拒絕成為傳統中的「妻子」角色。

如果男性外交官想要成為「使館團隊」中有價值的成員，就必須依賴他們的妻子；因為如果沒有妻子的積極配合，男性外交官也無法好好執行必要的社交任務。男性外交官員要在職涯階層中晉升到越高的位置，就越需要花時間履行這些社交職責，因此也更需要仰賴妻子的參與。印度大使館是英國最大的大使館之一，一名英國駐印度大使的妻子描述了她在一九八〇年代（柴契爾時代）典型的一天：

諾曼・泰比（Norman Tebbit）先生和夫人從週一早上就已經和我們在一起了〔諾曼・泰比是當時保守黨政府內閣中的高階部長〕，所以在那天的一開始，我們就在這裡為部長及高級專員公署的各位舉辦了一次簡報會議。我們在家裡舉辦簡報會議時，經常會邀請自己機關成員的妻子過來，與正在聽取簡報的訪客妻子們見面。這對每一個人來說都很重要，對與會的女士〔即夫人們〕來說也是一種樂趣。到了晚上，華盛頓國家藝廊（Washington National Gallery）的館長和夫人也來加入我們……他是來看看要借的東西，他也是我們這些朋友的好朋友。然後我們一起前往替泰比先生舉辦的正式晚宴……所以在那天共有早會、大家一起共進午餐、一起宴飲、一起出去吃晚餐。在週二的早上十一點，我去拜訪一位同事的夫人，與她商討德里花展（Delhi Flower Show）的事宜——德里花展是YWCA（基督教女青年會）舉辦的，要為她們的鄉村計畫籌措資金。德里花展歷史悠久，傳統上都會有外交官、尤其是英國外交官參與舉辦。[16]

雖然這些都由女性進行，但是外交官妻子要努力滿足的具體期望還是因其職位而異。派駐曾經是大英帝國一部分的某國首都的英國大使夫人，和派往印尼的柬埔寨大使夫人必須符合的期望，可能會有很大的不同。有些女性說她們寧可被派往在外交界不是領導地位、或是該國政府的利益不是那麼重要的國家。在這種職位上，就連大使夫人都可以保有更多空間；她們不會那麼引人注意，其他人對她們的期望也不會那麼嚴格。不過這類職位可能不是她們的丈夫想要的。這些男性、或是他們的女性外交官同事加入外交官的行列是為了追求職業生涯，因此，隨著他們在外交職涯的階梯越爬越高，他們會更需要有名望的職位。有些嫁給職業外交家的女性也和丈夫有同樣的抱負，如果她們能學會打理在東京的美國大使官邸、或是在華盛頓的巴西大使官邸，會讓她們感到自豪。

駐華盛頓的英國大使夫人形容她在華盛頓的房子是「我的貿易工具」。它的用途不只有宴客。一九八〇年代的英國駐華盛頓大使館共有三百名職員，到今天也依然是英國最大的大使館之一，這反映的是英國的高階政治人物在一九四五年之後一直想與美國維持緊密的關係。一九八〇年代是冷戰對立的時代，英國在福克蘭群島進行戰爭、美國在英國部署了核彈頭飛彈，而格林漢姆的婦女和平運動人士則在美國的軍事基地外紮營抗議這些飛彈。不過與國際危機相比，貿易的外交政治就比較少受到關注了。促進商業貿易是所有大使（及其夫人）的職責之一。駐華盛頓的英國大使館的首要任務之一就是向美國買家兜售英國的貨物，尤其是英國的軍事裝備。因此大使夫人（她可以管理二十名家庭幫傭）會利用她的家促成貿易。她的丈夫——也就是大使——向英國廣播公司（BBC）記者解釋道：「我們家就是其中的一部分，宴客不只是為了讓人們大快朵頤或是縱酒狂歡。宴客的目的其實是為了促成商業交易。人們彼此認識又一起吃過飯的話，情緒都會比較好。」[17]

如果大使夫人能夠規劃好流程，從飲料到正式晚宴、再到咖啡，「在最不著痕跡的情況下」達成最大量的生意，那麼她就算是很好的掌握了自己的業務。[18] 外交官妻子也成了減少貿易失衡的國際策略的一部分。外交官夫人只要能好好的發揮這個作用，就等於是為國際軍火的貿易加足了馬力。

「別再苦惱了，組織起來吧！」

就連成功的外交官夫人也可能因為工作不受重視而感到痛苦。政府期望她們做某些工作，但是卻沒有真的給予尊重。貝里爾・斯梅德利的小書房裡塞滿了外交史書籍和她在大英博物館的研究筆記，她認為其中一份文件可以看出她的期望與實際受到的尊重之間的差距：那是寄給她的訃聞。她惱怒的打開那份訃聞。如果是一名曾任外交官的男性去世了，她們會收到一份很長的訃聞，上面寫著他的職業生涯、他在海外的各種職位和成就。然而當他們的妻子去世時，別人只會收到一份草率的死亡通知。這完全不符合外交官夫人傾盡心力的全方位夥伴身分，也不符合二十世紀的各國政府為了順利的發展國際關係而對這種全方位夥伴關係的仰賴。[19]

有幾個國家的外交官夫人在一九八〇年代中期掀起了一些政治騷動。她們得知自己的國家，即她們被預期要在國外代表的國家中，有越來越多女性堅持要求公平的報酬、不要被當作只能依賴丈夫或是丈夫的附屬品、想要追求自己的職業生涯，並要求人們不應只是根據她們持家的能力來評價她們。外交官夫人也開始意識到她們——身為外交官的妻子，並依附在機關中——所過的生活與母國的大多數女性漸行漸遠。她們正在被社會丟下。

而在另一方面，她們也知道政府還是要依賴她們扮演傳統妻子的角色，如果想要徹底顛覆這類角色，可能會讓男性產生警覺，或許還會遭到男性的蔑視。這些女性因為深入接觸，也了解自己政府的外交政策機制是怎麼運作的。她們有實際的經歷。因此她們的第一個戰略動作是外交性的。

英國的外交官夫人協會（Diplomatic Service Wives Association，DSWA）設在倫敦外交部的一個大房間裡，距離英國國會的議事廳很近。有兩名秘書在辦公桌前埋頭工作，他們的薪水是由外交部支付，牆上貼滿了藝術海報，茶壺裡冒著熱氣，桌上堆滿了正在推動的工作。當時是一九八七年。蓋伊・墨菲（Gay Murphy）每周會有兩天在辦公室裡做她無償的組織工作，她是一名外交官妻子，快要完成她的 DSWA 主席任期了。DSWA 的角色越來越積極，所以主席的工作也越來越艱鉅。[20]

墨菲觀察到「我們總是落後了差不多十五年」。她這是在解釋為什麼嫁進英國外交圈的女性直到一九八〇年代早期才開始談論一些議題，而這些議題早在一九七〇年代就激發了英國的婦女運動。造成這種時間差的原因包括外交官的妻子總是在搬家，而且與英國社會隔絕多年。雖然有許多人會把一萬四千名外交官家庭的成員想像成上層階級，不過他們的社會組成在一九四〇年代之後一直在變化，與外界隔絕和官僚社會化才是喚醒意識的阻礙，而非階級背景。此外，外交官的妻子也和軍官的妻子一樣，必須擔心丈夫的上級是如何看待她們的行為。如果一名外交官的妻子被外交部或國務院評價為「不善於團隊合作」、「不忠誠」，很可能讓她的丈夫錯過晉升機會——丈夫升職不只會影響到他自己，甚至也會讓她的經濟獲得更多保障，並且更受到尊重。[21]

在一九七〇年代初期發生了一起英國外交官妻子自殺的事件。她的朋友認為她是因為寂寞才決定尋死。她與丈夫共同派駐海外數年，當她終於回「家」之後，卻對孤寂和缺乏支持毫無準備。財政部的醫療官員負責為公務員和外交人員提供醫療照顧，她的自殺使財政部醫療官員大為震驚。因此在政府內部開始倡導要認真看待外交官妻子會面臨的問題。他提出的解決方案是在全國各地設立婦女志工網絡，幫助歸國的外交官妻子重新適應英國生活。不過有一名接受過心理學訓練的外交官妻子認為這只是治標；政府必須面對的是更深層的問題。外交部同意聘請民間的心理學家進行更徹底的研究。雖然他的報告揭露了深層的問題和失敗之處，但是卻沒有採取行動重新思考外交官妻子的角色、以及外交部應該以什麼方式推動海外業務。在一九七〇年代後來的時間中，DSWA 自己也依然是主要在關注女性成員的社交活動；並沒有把自己定位成進行政治遊說的團體。

但是到了一九八〇年代初，有更多外交官妻子從廣泛的婦女運動中吸取了經驗。她們不願意僅靠私人手段來解決問題，畢竟這些問題是因為政府為了處理國際關係而選擇了某些方式才帶來的。她們不願意為了丈夫的事業而犧牲自己的事業抱負。蓋伊・墨菲自己在一九八〇年代初與丈夫一同派駐華盛頓的經驗，讓她相信外交官夫人協會不只是寫寫自救手冊，也足以改變她和其他外交官夫人得應付的情況。她在華盛頓親眼目睹了美國的外交官妻子是如何推動國務院正式承認這些夫人對國家事業的貢獻。她們要求支付薪水或是（就算沒有薪水）強化對家庭的服務。美國國務院在內部倡議者的壓力下成立了家庭聯絡處（Family Liaison Office），並在既有部門的醫療服務中加進心理健康計畫。

國務院成立及資助家庭聯絡處，是因為他們默認在全球（通常是艱困甚至危險的環境中）處理家庭事務，和管理馬里蘭州郊區的中產階級住宅完全不可相提並論。但是該官署成立時，卻有國務院的男性官員對於要成立辦公室來解決外交官妻子的需求嗤之以鼻：「為什麼我們非得要握住那些一天到晚發牢騷的太太們的手不可呢？」[22]

美國國務院今天共僱用了二十二名精神科醫生，替全球各地的美國外交人員及其家屬（共計三萬七千人）提供諮詢和藥物處方。每一名精神科醫生都派駐在一個主要的美國大使館——例如莫斯科、羅馬、利馬（Lima）、北京、墨西哥城——然後再巡迴該地區的所有美國領事館和較小的大使館，替所有因外交官生活而面臨壓力或是感到壓抑的員工及家屬提供諮詢。不過，還是很難讓三萬七千名美國外交人員平均地獲得這種心理健康服務。[23] 畢竟，在外交圈裡有野心的人（和軍隊的野心家一樣）都被期待要公開展示自己絕對有能力應付極端的壓力，因此完全不需要心理健康的協助。那些協助被認為是給比較脆弱的女性配偶及其子女。如果精神科醫師認為該配偶或子女已經無法應付使館生活的巨大壓力，可以將他們送回美國。

如果這些發起運動的外交官妻子想要改變政府對她們的觀點，她們也必須打破自己的一些習慣、或者更確切的說，她們長年以來在兩性的外交政策角色中學到的一些做法。例如：她們會有意識的開始不要依照丈夫的官階決定彼此的關係——這是之前派駐海外的外交官妻子之間很常見的做法。當一名協會志工說她接到「一位上級女性」打來的電話，她很快的便反應過來：「我真的很想改掉這個習慣。我指的是她是一名高階長官的夫人。」[24]

這些英國外交官夫人運動家在一九八〇年代認真的展開遊說。她們向財政部、外交部和下議院（House of Commons）的委員會施壓，要求停止上級的一些標準做法，包括將妻子的表現納入對丈夫的定期表現評估。她們認為丈夫是否能夠晉升，不應該依靠妻子的宴客和志工表現。年度機密報告（Annual Confidential Report）中原本會提及妻子的健康狀況和特殊語言技能，但是——歸功於 DSWA 的政治運動取得成功——該報告今日已不再加入對妻子的宴客或慈善工作的評價。當然，這次政治勝利的後果之一是不支薪的女性對丈夫職業表現的貢獻更加淡出了人們的視線。[25] 不過，它也讓外交官配偶可以更自由的在國內或是海外追求自己的職涯，只要她們想要。此外在過去，想在海外從事有薪工作的外交官妻子必須得到部門首長的許可，然而獲得許可「絕非常態」。[26] 這種做法由於 DSWA 女性成員的遊說，現在也取消了。

今天已有越來越多女性想要有自己的有薪工作，那麼宴客的事情要由誰來做呢？誰要負責營造環境讓外交官建立男性之間的信任呢（靠著這種信任，才能夠把英國的武器和其他貨物賣給國際客戶）？從更深層來看，如果承認外交官的妻子不僅僅是附屬品，而是有自己的技能、經濟抱負和個人認同的獨立個體，那麼就更難維持一個把大使館看作「家庭」或「團隊」的假象了——因為如果是「家庭」或「團隊」，每一個成員（不論有薪或無薪）就都應該為了達到政府的全球目標而同心協力。

婦女運動人士發現為了改變外交官妻子的角色、觀念和權利，她們必須改革自己的婚姻。一位外交官妻子提醒她的聽者：「妳是跟官僚政治的一部分住在一起。」[27] 重新調整婚姻中的關係在女性主義運動家的眼中是一項政治工作。有些婚姻無法抵抗外交生活的對立壓力。外交官的離婚也很常見，與今天一般人的生活無異。但如果丈夫是一名有野心的外交官，妻子在離婚（或喪偶）後要承擔的財務風險尤為嚴重，因為這名女性在作為外交官的妻子時，一定會被要求犧牲她自己的有薪工作以及有薪工作帶來的財務保障。

當時的歐洲經濟共同體（European Economic Community）十二個國家的外交官夫人協會在一九八六年首次召開集會。她們發起了一場國際政治運動，想要改變制定外交政策的性別政治。這個想法是由（當時的歐洲經濟共同體〔現在的歐盟〕主席國）英國政府提出來的，該運動的男性召集人希望打造一個相對無害的大眾運動，替英國政府塑造良好的形象。如果是由政府官員召開會議解決婦女的議題，經常是出於這種動機和期望。不過當歐洲的外交官夫人聚在一起之後，她們就「脫離劇本」展開了嚴肅的討論；她們會做比較、會制定策略以達成改變。存在比較久的外交官夫人協會——像是英國和瑞典的協會——由一些主張堅定的女性為其代表，她們都覺得對自己的權利應該有自主權。比較新的外交官夫人協會則還在爭取合法性的階段，她們在會議中的代表多是「高階的女性」；這些女性在政治上傾向於小心謹慎。

一九八六年的國際外交官配偶集會有三個熱門的議題：沒有退休金、離婚規則不公平，以及外交部門的大眾形象受損。瑞典的外交官夫人協會成功為自己爭取到退休金的權利，這點特別讓與會者印象深刻。離婚會引發許多問題，因為贍養費的法律清楚顯示了政府對於外交官夫人多年來的無償工作到底有多少（或說真的很少）重視。這些女性犧牲了自己的賺錢本領，投入多年歲月幫助丈夫步步高升，也不要求薪水，但是日後如果與丈夫離婚，卻落得自己的晚年孑然一身。她們憤怒的對象不是「另一個女人」，而是自己的父權政府。這些分別來自十二個國家的婦女比較了各自的情況，她們發現瑞典和丹麥的夫人協會在遊說政府、確保贍養費公平的這件事上最為成功。在瑞典和丹麥，與妻子離婚的外交官必須把退休金的一部分分給前任和現任妻子，分配的比例是依照這位男性擔任外交職位時，與每位女性保持配偶關係的年限。[28]

歐洲國家的外交官夫人認為她們為了獲得一般人可以享有的服務、財務安全和尊重，每天都在與母國政府的官僚機構鬥爭，因此她們對於公眾似乎不太尊重她們的外交服務表達出擔憂甚至忿恨。發起運動的外交官夫人一方面重新認識到外交部門在面對婦女的真正需求時，做出的反應完全不足。因此儘管可能講得很保守，她們會犀利的提出批評。但是在另一方面，她們丈夫的事業還是要仰賴妻子的能力和婚姻關係。這樣的認知會讓她們與政府的外交部門形成一種類家庭的關係。如果外交部門受到批評——或是當外交官的影響力被軍隊的影響力蓋過時——歐洲的外交官夫人就會替外交部門的機構辯護（即使她們自己也覺得受到剝削）。

歐盟的外交官夫人在二十年後回顧這些逐漸發展的歲月時，認為這段時間可以說是「一場混戰」。她們清點了取得的進展；特別指出今天的政府官員至少在公開場合，已經不會馬上落入一種舊的窠臼，逕自認為嫁給外交官的女性一定要跟隨她的丈夫、毫無怨言的替使館事務奉獻自己的時間和技能。今天的人們普遍覺得許多女性會想擁有自己的有薪職業；因此，配偶（此處的配偶還是會被覺得是指女性）的所有無償貢獻會被公開宣稱為「志願工作」。然而雖然官方像是接受了社會中發生的性別轉變，但是在這種偽女性主義的公開表象下，歐盟觀察員注意到，嫁給勢必會有好幾年會被派駐在國外服務的歐洲外交官夫人的婚姻現實其實二十年來並沒有多大改變。女性的「志願」工作神話依然存在，而且很普遍，一名外交官的妻子表示：「這件事有一定程度的虛偽——只要說成是配偶自己選擇要做出奉獻，無論她做了多麼大的貢獻，都可以擺脫契約的汙點，也可以迴避支薪的問題。」[29]

外交官的家務工資

活躍於美國全球外交協會（Associates of the American Foreign Service Worldwide，AAFSW）的女性三十年來一直在對國務院和國會的外交委員會進行遊說，要求改善美國外交官的妻子、丈夫和子女在華盛頓及海外的生活條件。雖然成員們也知道外交中勢必不乏政治裁量，不過活躍於 AAFSW 的女性還是能夠動用一些資源推動她們的主張。尤其是她們自己的社交技能。許多美國的外交官夫人覺得華盛頓有家的感覺，這座城市擁有歷史悠久而且規模龐大的非裔美國人社群，但是掌權的精英仍然絕大多數是白人。他們對於掌握首都的政治脈動很有經驗，不論白宮和國會的政黨是如何輪替。許多美國外交官夫人的階級背景與她們要遊說的多數男性國會議員十分類似（男性議員占了百分之八十三）。一名女性主義者認為她們的政治優勢是「可以在家裡款待這些人」。她把外交官夫人的資源與美國軍人妻子的資源拿來做比較——軍人的妻子也開始發聲，要求政府不要把婦女的無償勞動視為理所當然，但是她們不具備上述這種社交優勢。倡議的軍人妻子解釋說：雖然軍人妻子團體的領導者通常也是高階軍官的夫人，但是她們不像大部分的外交官夫人那樣熟悉華盛頓的白人上流階級環境。[30]

外交官的妻子們曾說她們對遊說的大部分知識是來自於她們看到了中央情報局（CIA）官員妻子的行動。在一九七〇年代之前，中央情報局禁止官員妻子進行三人以上的團體聚會。雖然有此禁令，但是 CIA 官員的妻子還是會分享彼此關注的事情，也會討論嫁給海外秘密情報員的特殊困難。她們和孩子都深受其苦：「誰是間諜」是外交人員的子女最喜歡玩的遊戲。CIA 的妻子們召開集會並擬訂了一份正式（經過仔細保密）的郵寄清單，呼籲成立一個中介的辦公室專門處理 CIA 家庭會碰到的問題。CIA 的男性主管得要面對女性可能不願意再順從地保持沉默，他們不想冒著引起大眾注意的風險，於是便決定順應趨勢。

CIA 的妻子們向國會的情報委員會（Intelligence Committee）施壓，要求採用福利待遇來滿足她們的特殊需求，但消息沒有對外公開，她們的要求只留在「情報圈」內。這些女性也和外交官的妻子一樣大多受過大學教育，在華盛頓的決策圈裡如魚得水。她們在國外時，通常是與國務院的同僚住在同一個外交官社區，這讓她們有機會共享資訊和策略。不過，除此之外，CIA 的妻子們還可以參加國會情報委員會的會議，而且還可以語帶威脅（就算只是暗示）的說「我們可是有故事可以告訴別人的」。緊密的、自成一格的「情報圈」這種概念可能給 CIA 的妻子們帶來一個令人窒息的環境，但是也為她們提供了一個能夠撬動政府的槓桿。[31]

讓美國外交政策的性別體制掀起漣漪的第一次重大變化發生在一九七一年。同樣想在國務院追求職業生涯的女性從更廣泛的美國婦女運動中獲得靈感，呼籲政府放棄既有政策，不要再強迫外交部門的女性婚後必須辭職。這些女性外交官新成立了婦女行動組織（Women's Action Organization），成功地要求國務院廢除外交人員的婚姻規則（英國外交部門也有採用同樣的規則）。會有這條規則存在、以及大家集體要求撤回這條規則，清楚地暴露出外交如何依賴某些類型的婚姻。

許多在權力走廊外的美國女性提出的問題，最後卻對政府組織內的女性產生了意義：為什麼婚姻應該**有助於**男性獲得金錢、技術和影響力的能力，但是卻**阻礙**了女性獲得同樣能力的機會？在一九七〇年代嫁給男性職業外交家的女性有越來越多人擁有大學學位和自己的職業抱負。但是政府還有她們大多數人的丈夫，卻希望她們把這些放在一邊，或是認為這些追求只需要用來促進丈夫的職業生涯和美國政府的國際政治利益。有越來越多外交官妻子拒絕像這樣以忠誠的妻子和愛國公民為核心思想的假設，同時，也有越來越多單身女性想要尋求外交部門的職業生涯，她們要求在結婚為人妻之後，還能夠繼續在外交部門任職。

在一九七二年，國務院被迫終止了對女性外交官的結婚禁令，接著又被迫放棄了其他配套。國務院宣布外交官配偶從此之後就是「私人個體」。這在所有父權制的組織或社會中都是一個激進的主張。根據這項指令，政府就不會再將配偶——大部分是指妻子——當作不支薪的僱員。而具體的做法便是美國不再將對外交官妻子的評估列入績效報告中（績效報告對外交官的仕途可謂生死攸關）。國務院的買一送一制度可謂從此畫下句點：原則上，美國政府在執行外交政策時不能夠再用僱一個人的價格獲得兩個人的團隊。國務院被迫承認婦女也有她們自己的人生要過。[32]

國務院在一九七〇年代的兩項聲明：宣告外交官妻子是自主的個體，以及宣告已婚的女性也可以從事外交職業，並沒有改變政治上的實務做法。這類官方宣言或許只是揭露了官方政策和政治圈的日常父權現實之間的差距。美國的外交官夫人如果想維持婚姻的話，還是必須前往丈夫被派駐的國家。她們還是覺得自己必須幫丈夫執行公務和社交職責，而她們丈夫的駐在國、來訪的美國政要和商人也都對她們有這種期待。孩子的快樂和健康也得靠她們，雖然她們經常要搬家和面對陌生的環境。國務院的第二份聲明的確是外交官妻子的勝利，但是其實並沒有改變上述現實。

因此，有些外交官的妻子在一九八四年遊說國會對還未通過的《外交職務法》（Foreign Service Act）提出修正案。該修正案中提議外交人員的妻子對大使館提供的服務可以獲得報酬。既然她不再是不支薪的外交女僕，而是外交政策機器的一個齒輪，那麼她的工作就理應獲得報酬。這些女性要求國會通過修正案，要確保配偶如果同意履行代表國家的職責，可以獲得薪水，且其薪水相當於外交人員——通常是她的丈夫——薪資的百分之四十。國會議員拒絕了她們提議的修正案。[33]

今日，美國外交官配偶協會更名為美國全球外交服務協會（AAFSW），仍持續向外交官配偶提供坦率的財務建議：例如告訴妳永遠不會知道離婚或死亡什麼時候會結束妳的婚姻；妳應該建立自己的財務自主。英國外交官夫人兼運動人士蓋伊・墨菲過去曾向美國的外交官妻子取經，而三十年後，英國和美國的外交官夫人都還在努力想方法處理外交官婚姻中的國際政治經濟。AAFSW 中一名運動人士在經營一個叫作「Cyberspouse」的部落格，雖然她明知協會的配偶也不乏外交官的丈夫（包括同性戀和異性戀——第一批美國外交官同性伴侶的外交簽證是在二〇〇九年發出的），但是她在二〇一二年還是只有向妻子們提供財務建議；她的解釋是：事實就是大多數美國外交官的配偶依然是以妻子的身分在工作。其實幾乎所有 AAFSW 的人員都是女性。Cyberspouse 繼續解釋說外交官妻子面臨的財務問題與她們的外交官丈夫非常不同：「許多外交官的配偶都會對自己的職業前景感到失望。我們之中很少有人在長大的過程中是被教導以舉辦晚宴為生〔，〕……〔大多數配偶也都有〕在充滿不確定的世界中還要在財務上完全依賴別人的恐懼。」[34]

Cyberspouse 也認為焦慮是源自於必須受制於丈夫的僱主：「以一名家庭成員的身分第一次前往外交部門工作時，感覺有點像是跳下懸崖。突然之間，妳就要完全聽命於國務院一時興起的指令，而且被認為絕對附屬於你的配偶。如果妳過去習慣於被當作一個獨立的成年人，這件事可能很難適應！」

Cyberspouse 因為這些不曾消失的性別現實而向外交官的妻子們提供了一些務實的建議：

- 確保妳在出發赴職前簽署了「共同財產聲明」（Joint Property Statement），並進行公證——這會使妳有權獲得以政府費用提供的所有物品。

- 閱讀《想不到的事情發生了：外交官的離婚》（*The Unthinkable Can Happen: Divorce in the Foreign Service*）小冊子。
- **外交官配偶**只是妳的一小部分身分。不是妳的全部……妳還擁有網際網路，那是妳與外交圈泡泡之外的真實世界直接聯絡的手段。用它為妳自己創造一個獨立的財務身分！
- 在確保可以直接使用所有主要儲蓄和支票帳戶之前，外交官配偶都不應該登機赴任……外交官的薪水應該存入聯名帳戶，因為其實外交官和其配偶在海外時都在賺錢——只是一個在職位上，另一個則是在除了職位之外的其他所有地方。
- 數位配偶（Cyberspouse）是家中的財務經理，每個月月底都會透過電子郵件向丈夫發送 Microsoft Money 自動產生的狀態報告……如果數位配偶過早離世（或是與她的私人教練跑了），他還能夠知道所有家中的帳戶、投資和保險單。
- ……每位配偶都應該有一個在自己名下、容易存取的支票帳戶，裡面還要放一些錢〔，〕……以防妳的丈夫和另一個女人跑了的話，妳一定會想儘快讓手頭有一些錢！有一些事情是永遠不會變的……
- 極少有外交官的配偶——本身不是官員〔即夫妻都任職於國務院〕——能夠與外交官伴侶保持同樣的職業發展趨勢。不過，妳還是應該充分利用妳的職業成就，應該記錄下妳做過的所有有薪和志工活動、以及因此而獲得的認可。現在開始建一個檔案吧。[35]

Cyberspouse 的實用指南顯示，雖然外交官妻子已經與一九六〇年代的女性不同，有讓政府部分了解到二十一世紀的女性有自己的認同和抱負，但是政府的外交政策機制還是期待嫁給外交官的女性能夠將自己的需求置於政府的需求之下，並且盡一切策略為自己提供一些私下的經濟保障。也就是說，管理外交事務的人還是覺得他們需要靠某種父權制的婚姻來讓機制得以運轉。

霧谷的性別革命

外交政策的婚姻政治把女性區分成職業外交家和外交官的妻子。一般在談論這兩類女性時，很容易讓人覺得好像她們生活在不同的星球上——就好似人們在討論女性士兵、男性士兵的妻子以及住在軍事基地附近的平民女性時，也會覺得這三群女性不可能依循同一套性別組織文化。

美國外交部門解除對已婚女性禁令的過程到現在還是鮮為人知。革命是從一頓午餐開始的。因為位於華盛頓以前的沼澤地帶，國務院被暱稱為「霧谷」（Foggy Bottom），在一九七〇年夏天，有一小群國務院的女性高階官員以及她們的「姊妹」機構——美國新聞署（U.S. Information Agency）和美國國際開發署（U.S. Agency for International Development）——中同樣高階的女性官員進行了幾次非正式的午餐。她們討論的議程是關於女性議題，因為這攸關她們在政府三大外交部門中的職業生涯。讓她們氣惱的是，有些報告聲稱要重新評估國務院的運作，但是在撰寫方式上卻完全忽略女性。其中一位女性，吉恩・喬伊斯（Jean Joyce）提到她參加過一次由男性大使主持的工作小組會議。喬伊斯在那次會議的不久前才聽過格洛麗亞・斯泰納姆（Gloria Steinem）的演講，並因此大受鼓舞。她帶著「足以顯示對女性晉升極端不利的」的數據參加了會議。她坐在前排。

我站起來說：「大使先生，貴委員會是否調查過外交部門中男女晉升比例失衡的問題呢？」他急忙說：「當然，我們的委員會中有女性委員。剛好今天女性委員沒有來，但我想是因為她有事不能來」……接著他便用一種油腔滑調的語氣對我說話，我在外交聚會上經常聽到這種語氣——如果有一名大使夫人不得不坐在另一名大使的旁邊，他就會這樣寒暄幾句，然後轉向坐在他另一側或是對面的男性，在兩人之間展開**真正的**對話……「我確定男性和女性過去總是、未來也一直會相處得很好」，他用那種油腔滑調的虛假奉承說出這句話，臉上還帶著燦爛的笑容……就好像是在說：「妳知道的，女性只需要顯得對這一切都很滿意就好了。」

我繼續站著……我剛好就站在他面前，我說：「大使先生，您還沒有回答我的問題……」我把名單唸出來讓所有人都聽到，當然，席間有平等就業辦公室（Office of Equal Employment）的所有官員和其他各處的官員，這會帶來致命的後果。[36]

在那之後，參加這樣非正式午餐的女性人數越來越多。「我們的午餐聚會開始有二十五個人、三十五個人會來。明顯可以看出大家有多麼憤慨、委屈、痛苦和憤怒。事情就這樣引爆了。好似被一根火柴點燃。」[37] 她們互相轉述一些故事，例如有些女性為了追求自己的事業和保留退休福利，而推遲到五十歲才結婚。她們描述有些秘書「被看作寄生蟲」。她們還提到部門的「適合性」評分圖表，這會用來決定派遣海外的人，且會將已婚男性評鑑為「最穩定」，而未婚女性則是「最不穩定」。她們決定要組織「婦女行動組織」（WAO），有系統的打擊外交決策機構將女性邊緣化和剝削的政策。如果像她們以往那樣在每一件個案中以個人的身分進行戰鬥，既沒有效果，也沒有效率。[38]

WAO 的運動人士很清楚華盛頓的做事方式。她們聰明的選擇了一個好時機。國務院的官員在一九七〇年顯得士氣低落，因為之前的甘迺迪（Kennedy）和詹森（Johnson）執政時期讓國務院的影響力下降。外交決策比較多是由國家安全會議（National Security Council）做成，而不是國務院。總統越來越懷疑外交部門有能力提供他們想要的建議和資訊。於是便責成特別工作小組重新評估國務院在各個面向的運作。就是這個審查過程，讓WAO的婦女認為她們或許可以在此時向國務院的最高層級提出自己的議題。她們從女性主義的角度，尖銳地指出將外交政策圈的女性邊緣化的態度和做法，就等同於性別歧視的態度和做法，而這足以對外交官的妻子和國務院的文職工作人員造成影響。

WAO的運動人士堅持要與國務院的高階管理職官員會面，敦促他們對以下四個領域做出變革：

- 國務院的政策迫使女性外交官和秘書在結婚後辭職。
- 禁止有孩子的女性專業人士前往海外工作的政策。
- 該政策甚至禁止未婚的女性專業人士被派駐穆斯林國家、或是任職於蘇聯支配下的東歐國家，但是擔任秘書職務的女性卻可以被派往這些國家。
- 政策上將外交官的妻子視為丈夫的附屬品。[39]

WAO的女性運動人士在上述四點都贏得讓步。美國國務院在一九七二年取消對已婚婦女的禁令。

一九八七年，解除禁令的十六年後，菲利斯·奧克利（Phyllis Oakley）被任命為副助理國務卿（也是國務院和華盛頓記者團的聯絡人），她記得記者總是一直問她兩個問題：「我幾歲了？」和「我結婚了嗎？」她覺得如果是一名男性擔任這樣高階的外交政策職務，一定不會有人問他這些問題。[40]不過，婚姻其實比大多數記者以為的更舉足輕重。奧克利在一九五七年進入外交部門服務，她嫁給另一名外交官之後就被迫辭職了。她突然成了一名外交官夫人。不久之後，奧克利就陪著她的丈夫前往蘇丹，然後又在全世界從一個職位換到另一個職位。她稱這幾年是她的「走闖歲月」。[41] 但是就在國務院迫於壓力而取消對女性外交官的婚姻禁令之後，菲利斯．奧克利旋即重回外交崗位。現在的她同時是一名外交官**和**一名外交官夫人。她和丈夫成為家庭聯絡處所謂的「夫妻檔」。她的丈夫在一九七五年被任命為駐薩伊（Zaire，現在的剛果民主共和國）大使，薩伊是對美國具有戰略重要性的非洲國家，奧克利則成為美國第一位以專業的外交官身分在丈夫擔任大使的大使館中領薪水工作的大使夫人。[42]

不過，霧谷革命還沒有完全成功。男性化的做法和態度很難完全根除。在一九八〇年代末期，只有百分之二十一點二的美國外交官是女性；外交圈的高階官員中更是只有百分之五是女性。[43] 除此之外，種族也占有一席之地：在冷戰結束時，白人男性和女性加起來共占美國外交部門職員的百分之八十九。[44]

聯邦法院的裁決認為國務院已經構成性別歧視，喬治．布希總統新任命的國務卿詹姆斯．貝克（James Baker）在一九八九年四月宣布他將遵守這項裁決。法院在「貝克訴帕爾默」（*Baker v. Palmer*）一案的判決中命令國務院修正外交官的資格考，試題不可以偏向於對男性申請人有利，如果女性外交官認為她們目前的派任低於她們的正式能力可以達到的水準，也可以申請派到比較好的職位。這項法院裁決是外交官艾莉森．帕爾默（Alison Palmer）長達十三年的訴訟結果。她提起這項集體訴訟的原因是前後共有三名美國駐非洲不同國家、均為男性的大使拒絕她到大使館工作，即便她擁有非洲研究的高等學位，而據這些男性所說，拒絕原因就只是他們不想要女性。帕爾默最後被指派為美國駐衣索比亞大使夫人的社交秘書——駐衣索比亞大使也是拒絕讓帕爾默加入團隊的男性之一。直到二〇一〇年，國務院才算是令人滿意的遵守了法院在二十多年前的命令。這起訴訟直到今天還被稱之為「帕爾默案例」。[45]

結論

美國的大使須由總統任命，並經過參議院同意，而在二〇〇四年，有百分之十八的大使是女性。也就是美國的大使有二十名女性和一百三十七名男性。這個比例只略高於美國國會的女性比例。許多女性大使都是單身——離婚、喪偶或是從未結婚。但也有些已經結婚，已婚的女性大使中有一些人的另一半也是外交官。[46]

婚姻的形成，包括對婚姻的觀念、做法以及掌控婚姻的規則，是根據對女性氣質和男性氣質的假設，這些假設可能並不穩定，而且有時候會遭到挑戰。這也就是為什麼被當作丈夫和被當作妻子具有截然不同的意義和後果。丈夫的政治不會與妻子的政治相同。許多外交官妻子成立的協會都會變更名稱避免提到妻子。外交圈的首選官方用語是**配偶**和**伴侶**。語言的調整是為了符合平等精神，並承認當代的婚姻世界存在更多可能性。不過，婚姻中的性別在語言上變得不是那麼明顯，伴隨的風險就是更難以追蹤婚姻的性別政治，因此也更難以爭論。

改變中的繼承法、兒童監護法、旅行法、離婚法、移民法、性法規、破產法、財產法、銀行信貸法、稅法、犯罪法和就業法都要求我們重新思考，如果要達到永續發展和真正的安全，社會及執政的政府需要的是哪一種女性氣質和男性氣質。不論是在盧安達、美國、冰島、南韓、義大利、智利、日本、埃及、突尼西亞、伊拉克或是南非，婚姻改革運動能夠真正起到作用都是在加入女性主義的理解之後（女性主義會試著理解父權制的運作，以及為何以這種方式運作）。剝除或抵制女性主義分析的婚姻改革可能會導致父權制繼續存在，讓婦女的地位岌岌可危。

當今有許多國際機構依賴於、並試圖強制執行特定傾向的性別婚姻觀念：包括國際貨幣基金組織、聯合國、國際人道主義組織（像是紅十字國際委員會〔International Committee of the Red Cross〕）以及一些跨國公司。如果我們對這些機構的婚姻政策和實踐進行女性主義的分析，就會對各機構的政治有更多理解。[47] 各機構採用的婚姻觀念、做法和規則都是因為高階官員認為這樣有助於他們的機構目標，也能夠強化他們自己的機構文化。那些觀念、做法和規則會由一代官員傳承給另一代，成為「這裡通行的事情的運作方式」。這種運作方式會規劃女性放置的位置，並把男性放在其他地方。但是這樣做的目的不僅僅是勞務分工；而是要確保特定的不平等權力關係可以延續。

如果不認真看待像外交官妻子這樣的女性，就無法真正理解當代的外交事務究竟如何運作。密切關注過去或現在與男性外交官有婚姻關係的女性，可以揭開政府的面紗——政府不僅需要依賴某種婚姻，還要依賴那些願意承擔特定妻子角色的女性。

不論是以外交專業人員身分組織起來的女性、或是以外交官妻子的身分組織起來的女性，都應該一起檢視。這兩群女性並不總是很容易成為盟友。不過，只要她們能對組織的婚姻文化提出挑戰、並且受到正視，經常安逸地隱藏在陰影中的整個國際政治的舞台，就會突然被照亮。

第 6 章

奮起吧香蕉大軍！

香蕉的國際政治中，女性何在？

一場香蕉戰爭——颶風和季風、現代性、資本主義擴張、專制政權、農藥汙染、工人組織、民族主義、好萊塢。香蕉是個龐大的全球化生意。

印度是當今世界上香蕉生產最多的國家，但是厄瓜多才是世界上第一大香蕉出口國。第二名、第三名和第四名則分別是哥斯大黎加、哥倫比亞和菲律賓。

全球香蕉產業中的前三大生產／行銷公司，都樂（Dole）、金吉達和台爾蒙（Del Monte）都是美國公司。[1] 這三大巨頭控制了全球三分之二的香蕉市場。全球排名第四的香蕉公司是「Fyffes」，它是一家愛爾蘭的全球食品公司。厄瓜多大亨阿爾瓦羅．諾瓦（Alvero Noboa）擁有的「Noboa」是全球發展最快的香蕉公司之一，它使用「Bonita」的標籤名稱。發展快速的Noboa 雖然比較少人知道，但是它如今已經晉身擁有大型種植園的公司，而且因為虐待勞工而遭到嚴厲指控。[2] 這五家公司在華盛頓、中南美洲的各國首都，以及世界貿易組織（World Trade Organization）總部所在的日內瓦都能夠發揮影響力。

在所有的香蕉消費國中，美國是目前為止世界上最大的香蕉進口國。第二名是歐盟各國。雖然擁有香蕉園的公司被國際觀察家熟悉的程度說不定還超過零售食品業巨頭，但是全球化的連鎖超市的確已經成為全球食品產業中越來越有影響力的角色。香蕉對於超市來說是最賺錢的商品：每賣出一塊錢的香蕉，就有三十四分錢流到市場，只有五分錢歸生產者（包括香蕉公司的管理者和工人）。超市結合批發的食品連鎖店在越來越多國家開設門市，這讓主管階層更能夠向香蕉供應商施壓，打著食品消費者利益的旗號，要求他們壓低香蕉價格。二〇一三年全球的前五大食品零售商／批發超市如下：

一、沃爾瑪（美國公司）
二、特易購（Tesco，英國公司）
三、家樂福（Carrefour，法國公司）
四、好市多（Costco，美國公司）
五、克羅格（Kroger，美國公司）[3]

無論你是正站在雜貨店的新鮮農產品區，正決定要買一般香蕉還是有機香蕉；或是切了一根香蕉加進早餐的麥片；還是烤了個香蕉麵包拿去義賣，每個人都在全球的香蕉政治中扮演自己的角色。這類香蕉政治中也有性別。女性在香蕉生產中扮演的角色與男性不同，也造成了不同的結果。對男性氣質和女性氣質的想法會在全球的香蕉生產和行銷中得到應用。認真關注女性會讓人們對香蕉的國際政治有更符合現實的分析——對茶、咖啡、綠花椰菜和芒果的分析也是如此。

卡門·米蘭達、好萊塢與水果

今天大部分人已經不記得卡門·米蘭達（Carmen Miranda）了。或者說即使有些人還知道她，也是因為在變裝派對或是YouTube上那些對她過於誇張的模仿。卡門·米蘭達已經成為具有卡通形象的拉丁美洲明星了。

不過，卡門·米蘭達在巔峰時期可說是衝破了國際文化的障礙。她在一九四〇年代出現在美國的電影銀幕上，加快了這種趨勢的節奏。卡門．米蘭達穿著刻意誇張的服裝，頭上戴著有香蕉和其他熱帶水果裝飾的帽子，載歌載舞，跳出了她的好萊塢明星之路。她很少被選為浪漫愛情片的主角。導演們大多喜歡利用她活潑的喜劇表演。她會替所有電影增添風趣和活力的感覺。但是卡門．米蘭達也在一場嚴肅的政治劇中占有一席之地：那就是美國在西半球的權力重組。美國的帝國主義在一九四〇年代受到大範圍地區的批評，但她的電影在當時幫助了美國的香蕉公司穩住了拉丁美洲。

美國在一八八〇年到一九三〇年之間對夏威夷、菲律賓、波多黎各、多明尼加共和國、古巴和尼加拉瓜展開了殖民或入侵。每一個地方的種植作物都具有戰略價值。英國、法國和荷蘭的殖民地可以生產橡膠、茶葉、咖啡、棕櫚油、椰子、煙草、劍麻、棉花、黃麻、大米、當然還有農園作物中的王者：糖。香蕉、糖、咖啡、鳳梨，每一項都是美國人願意流血換來的國際商品。但是當富蘭克林．羅斯福在一九三三年就任總統時，派遣海軍陸戰隊已經開始失去了政治價值；這會讓太多可能的地區盟友離心離德。美國必須找到一個不那麼直接的新手段以確保對拉丁美洲的控制。流行文化就這樣被用於外交政策目的了。

卡門．米蘭達在一九〇九年出生於里斯本（Lisbon），但是她在小時候就因為父親的水果批發事業而隨父母移民巴西。雖然父母讓她在修道院接受教育，並希望她長大後成為一名正經的年輕女性，但她還是偷偷跑去試鏡，並得到里約熱內盧一家廣播電台的固定節目出演機會。她一炮而紅，很快的成為當地夜總會表演節目的一個賣點。卡門．米蘭達在一九三九年之前已經錄製了三百多首單曲、拍過四部巴西電影，也被她的同胞認為是國家的門面。百老匯（Broadway）的戲劇製作人李．舒伯特（Lee Shubert）在這時候看到了卡門．米蘭達的表演，並提供了一紙合約讓她搬到北方。她於一九三九年五月四日在紐約下船，當時舒伯特已經叫了記者團來迎接這位「巴西的重磅級」新人。她那誇張的頭飾和有限但是浮誇（而且還經常故意說錯的）英語（她還會說法語、西班牙語和葡萄牙語）正在逐漸形成一九四〇年代美國人心目中的典型拉丁美洲女性。米蘭達在回答記者的問題時會說：「錢，錢，錢……熱狗。我說得對，不是啦，我是說錢，錢，錢，我要說的是火雞三明治，我要說葡萄汁。」[4]

卡門・米蘭達是歐洲的巴西人。但是她的音樂靈感是來自巴西的非洲傳統。她的水果帽靈感是來自（巴西東北部的一州）巴伊亞（Bahia）市集的非裔巴西女子所戴的帽子。她不只會演唱來自非裔巴西文化中的歌曲，她的樂團成員也都是巴西黑人。米蘭達的新美國製作人希望她把樂團的黑人樂手留在巴西就好。但是她堅持要和他們一起去美國。也就是說，雖然米蘭達願意在舞台和銀幕上扮演愚蠢的拉丁美洲女人，但是她也有自己嚴肅的想法。[5]

卡門・米蘭達在一九三九年夏天抵達紐約，當時的世界博覽會吸引了大批人潮前往城外的沉沒草地（Sunken Meadow）公園的露天場地。不過，米蘭達演出的舒伯特劇目《巴黎街道》（*Streets of Paris*）還是取得了商業上的成功。《生活》（*Life*）雜誌的評論家認為「這有部分是因為不同於以往的旋律和重音節奏和曼哈頓過去習慣的滑稽劇截然不同，也有部分是因為這些歌曲和米蘭達本人就是該劇的亮點，除了看卡門・米蘭達那充滿暗示的雙眸在歡快的轉動之外，沒有其他線索有關劇中的涵義」。[6]

好萊塢電影公司的導演在一九四〇年紛紛加入了拉丁美洲的浪潮。像是達里爾・扎納克（Darryl Zanuck）——二十世紀福斯（Twentieth Century Fox）公司的總裁——這樣的人原本就有長期經營與華盛頓政界人士的友誼。這個方法可以解決許多電影業大亨面臨的反猶太主義障礙。因此，當富蘭克林・羅斯福總統對拉丁美洲推出「睦鄰政策」時，好萊塢的經營者都很

一張好萊塢宣傳照片（未註明日期）中的卡門・米蘭達。

願意幫助政府，用更「強調合作」的策略取代美（國）拉（丁美洲）外交的軍國主義和帝國主義路線。羅斯福和他的顧問們認為強調武力的砲艦外交會在拉丁美洲政府間激起太多反對，但是如果美國要擺脫大蕭條，就必須讓美國商人強化與拉丁美洲政府的連結。因此便出現精美的小冊子開始宣傳旅遊與投資。泛美航空會載運遊客到哈瓦那（Havana）和尼加拉瓜的首都馬納瓜（Managua）度假。泛美公路（Pan-American Highway）也開始興建。尼加拉瓜當時的專制政權安納斯塔西奧・蘇慕薩（Anastasio Somoza）也被邀請到一九三九年的紐約世界博覽會，共同慶祝地區性的民主和進步。拉丁美洲的電影明星取代海軍陸戰隊成為區域和諧的擔保者。[7]

達里爾・扎納克誘使卡門・米蘭達離開百老匯，到他的電影公司為睦鄰政策做出貢獻。米蘭達出演了一九四〇年的電影《阿根廷遊記》（*Down Argentine Way*）（該片是由蓓蒂・葛萊寶〔Betty Grable〕和唐・阿梅奇〔Don Ameche〕主演）。米蘭達演唱的〈南美之路〉（South American Way）成為暢銷曲。她也讓厚底鞋成為一時的流行。她的電影事業在第二次世界大戰期間一飛沖天，當時華盛頓官員認為在外交上最重要的就是讓拉丁美洲的政權對美國保持友好、並脫離敵人的軸心國陣營。宣傳和審查機構鞭策娛樂界力捧拉丁美洲的演員，並推廣拉丁美洲的音樂。[8]

或許米蘭達參演的電影中最大製作的是巴士比・柏克萊（Busby Berkeley）在一九四三年的《大夥兒都在》（*The Gang's All Here*），片場裝飾著巨大的香蕉和草莓。她的英語其實沒有問題，但是她會在表演中小心的保持著口音濃厚的發音，這是為了展現出女性的天真爛漫。這種天真、再加上電影公司堅持不讓她擔任浪漫電影的主角，處處顯示出電影中的米蘭達是要代表一種對拉丁美洲的女性氣質非常具體和狹隘的描繪。她成為許多美國人的拉丁文化指南。好萊塢的拉丁美洲男演員通常會扮演忠誠但是不太聰明的伙伴（就像是唐老鴨的鸚鵡朋友喬奧・卡里奧卡〔José Carioca〕），但是米蘭達體現的是一種充滿熱情和魅力的文化，不會被強烈的情緒或是政治矛盾所遮蔽。就像是米蘭達戴在頭上的香蕉一樣，她充滿異國情調，但是又能夠適度的讓人發笑。[9]

「卡門・米蘭達是巴西的主要出口品。接下來則是咖啡。」烏拉圭歷史學家愛德華多・加萊亞諾（Eduardo Galeano）在回憶中是這樣說的。[10] 許多巴西人對米蘭達在好萊塢的成功感到自豪，但是對於她不夠正經的女性氣質卻存在矛盾的心情。她在一九五五年因為心臟病突發而驟然離世，她的遺體和遺物都被運回里約熱內盧，群眾紛紛湧入對她致敬。巴西總統儒塞利諾・庫比契克（Juscelino Kubitschek）宣布要在某一天為她舉國哀悼。今天的里約熱內盧有一座卡門・米蘭達的博物館，專門紀念她的一生和文化貢獻。

「我是金吉達香蕉，大家聽我說」

香蕉有一段歷史，一段有關性別的歷史。香蕉起源於印度，由商人帶往西方。香蕉在十五世紀已經成為現在的甘比亞、獅子山和賴比瑞亞沿岸非洲人的基本食物。葡萄牙商人把香蕉移植到加那利群島（Canary Islands）。後來葡萄牙和西班牙的奴隸販子開始搜捕沿海地區的非洲人，強迫他們到殖民地的莊園做工，這時候他們選擇以香蕉作為一起載上船的食物；香蕉是當地的食物，而且很便宜。這裡指的是紅香蕉，直到現在，這個品種在西印度群島和非洲還是很受到歡迎。[11]

歐洲、日本、波斯灣和北美洲的消費者今天熟悉的是黃香蕉——即香芽蕉（Cavendish）——這是香蕉的六十七個品種之一。香芽蕉是產業化的香蕉，專為全球貿易和利潤的最大化而研發。它直到十九世紀才被開發成一個獨特的品種。香芽蕉被覺得是不適合奴隸的食物，它的口感適合富人。第一串從哈瓦那運往紐約的香蕉記錄可以在一八〇四年找到。但是直到一八七五年，黃香蕉被當作異國美食出現在波士頓富人的家裡時，它才開始成為一種國際商品。一八七六年在費城的美國百年紀念展上還有展出香蕉。黃香蕉象徵美國新的全球影響力所及範圍。[12] 香蕉正在成為現代性的標誌，尤其是現代繁榮的象徵。

男性氣質和女性氣質的概念形成了香蕉的國際政治經濟學。香蕉園會出現在中美洲、拉丁美洲、加勒比海地區、非洲和菲律賓，這是幾群利益不同（但是互補）的男性結盟的結果：一邊有進口國的男性商人和官員，另一邊則有出口國的男性大地主和政府官員。這些讓香蕉產業化的男性為了清理土地和生產香蕉，認定他們需要男性勞動力，以及女性在一定的距離外提供支撐——作為妓女、男性勞動力的母親和妻子。

不過，公司高層的男性自豪之處與其說是投資在他們廣大的農園，不如說是投資在他們開發的先進設備和技術，以便把脆弱的熱帶水果運到遙遠的市場：包括鐵路、電纜和冷藏船隊。公司官員對能夠用複雜的國際通訊網絡引導並繞行地球一周的巨型冷藏船隻感到特別滿意，所有這些都是為了確保離開哥斯大黎加或菲律賓的綠皮香蕉能夠完好無損的送達紐約、利物浦或是卡達首都杜哈（Doha），準備好送進催熟工廠。[13]

這些公司設想的客戶是女性：關心家人的營養和在尋找可靠產品的母親和家庭主婦。如果要提高家庭主婦對特定公司的忠誠度，最成功的方法就是創造一個想像中的市場婦女。

後來更名為聯合品牌（United Brands），然後又更名為金吉達品牌公司的聯合果品公司（United Fruit Company）是一九〇〇年代前半葉最大的商業種植園和香蕉銷售商。它也有為美國政府的睦鄰政策做出自己的貢獻。該公司為了鼓勵「相互的認知和理解」，在一九四三年開設了中美洲資訊局（Middle American Information Bureau）。該局撰寫及分發的資料均強調中美洲產品（例如硬木、咖啡、香料和水果）的價值，這些資料有助於美國的作戰努力。它設定的目標讀者是學童和家庭主婦：也就是會吃香蕉和買香蕉的人。《故事和圖片中的尼加拉瓜》（*Nicaragua in Story and Pictures*）是該公司設計的一本學校教科書，書中大力稱讚外資鐵路和進口拖拉機替尼加拉瓜帶來的進步。〈北美婦女對中美洲的五十個問題〉（Fifty Questions on Middle America for North American Women）和〈中美洲與女性世界〉（Middle America and a Woman's World）向北美的家庭主婦——聯合果品的主要客戶——解釋了亞洲戰爭將如何影響她的家庭預算：其中還有解釋日本入侵英國統治下的馬來亞，會讓尼加拉瓜和哥斯大黎加的進口食品對她自己的戰時安全顯得更形重要。[14]

不過，聯合果品這幾十年來對美國文化的最大貢獻其實是「金吉達香蕉」（Chiquita Banana）。在一九四四年，電影院中四處可見卡門．米蘭達，美國軍隊則正在登陸亞洲和歐洲海灘，聯合果品的廣告經理在當時創造了一個半香蕉半女性的卡通人物。「金吉達香蕉」很快的就與唐老鴨齊名。這位香蕉小姐的裝扮是與米蘭達同風格的市場婦女，一路從東岸到西岸都在傳唱她的即興歌曲。「金吉達香蕉」創造了一種二十世紀的藝術形式：唱歌的廣告。全國各地的廣播電台每天都可以聽到三百七十六次歌頌香蕉好處的金吉達之歌。

現在六十多歲的美國人都還能哼上一段她那首令人難忘的歌曲：

我是金吉達香蕉
我要告訴你
香蕉變熟到一定程度之後
會最好吃。
當它們布滿棕色的斑點

皮變金黃色的時候
是最好吃的時候
你一定會最喜歡。
你可以把它們加在沙拉
你可以把它們放進派裡
你想用什麼方法吃都可以
它們是打不倒的。
但是香蕉喜歡的氣候是
完完全全熱帶的赤道。
所以千萬不要把香蕉
放進冰箱。絕對不行。[15]

一九四〇年代的聯合果品銷售策略看似想要做到一個不可能的任務——讓美國家庭主婦對一種常見的水果建立起品牌忠誠度。他們希望去雜貨店買香蕉的女性都會想到「金吉達」。富蘭克林・羅斯福的睦鄰政策和卡門・米蘭達在好萊塢的成功替他們打下了基礎；剩下的工作則是靠卡通影片和商業歌曲。他們要讓女性消費者和水果之間就只剩這一家公司的廣告（那張熱情而友好的拉丁美洲市場婦女的臉）。聯合果品公司在七十五年後更名為金吉達品牌。這家公司今天除了替美國消費者提供香蕉之外，還有甜瓜、芒果和木瓜。它藍黃相間的水果貼紙和公司網頁上都還是用（更新版的）卡通版金吉達。[16]而她已經不再是一個半女人半香蕉的角色。她就是一個完整的、苗條而迷人的女性。

今天幾乎每一個富裕的國家都是從比較貧窮、以農業為主的國家進口香蕉。每一個消費型社會都要從大型的農園企業獲得香蕉——這些企業可能有自己的大型農園，或是控制了小農銷售水果的行銷體系。有了聯合果品在一九四四年的成功廣告先例，它的競爭對手也紛紛效仿，為自己的香蕉設計貼紙。歐洲、

聯合品牌公司為兒童錄製的「金吉達香蕉」之歌。其音樂是倫．麥肯西（Len Mackensie）在一九四五年的原創音樂；在一九七五年加上了新版的商業化歌詞，版權所有：Maxwell-Wirges, 1945。

北美、中東或日本的消費者會看到香蕉上貼了公司標誌的貼紙，通常還有標示原產國。倫敦和都柏林的人可以找到 Fyffes。底特律或多倫多的購物者則比較可能找到貼著都樂、金吉達、台爾蒙或 Bonita 貼紙的香蕉。在東京則比較常看到住友的香蕉。

不過，全世界熱帶地區的香蕉種植或出口的分布並不平均。美國食品公司主導的拉丁美洲香蕉出口量占全世界香蕉出口總量的百分之八十二之多。相較之下，全部非洲國家的香蕉出口總量僅占全球總量的百分之四，而加勒比海地區的香蕉出口量則僅占全世界香蕉出口總量的百分之零點三。[17]

各區域內會有些特定的香蕉大國。例如：厄瓜多是全世界最大的單一香蕉出口國，該國生產的香蕉占拉丁美洲出口總量的百分之四十三，而哥斯大黎加、哥倫比亞和瓜地馬拉也是全球香蕉貿易的重要大國，其生產的香蕉分別占拉丁美洲出口總量的百分之十五、百分之十五和百分之十三。加勒比海地區的幾個向風群島（Windward Islands）小國——聖露西亞、聖文森及格瑞那丁——是該地區的主要香蕉出口國。非洲國家的幾個前法國殖民地——喀麥隆、塞內加爾和象牙海岸——則是該地區的主要香蕉出口國。亞洲的菲律賓幾十年來一直是該地區的主要香蕉出口國，吸引了日本和美國大型企業的農業投資。[18]

還有一個重點是某國的香蕉出口可能在全世界舞台上顯得微不足道，但是對於該國政府的國際收支以及該國農民、農業工人和當地市場供應商的經濟福祉卻至關重要。因此，雖然像（西非的）象牙海岸不是重要的香蕉生產國，但是當地的香蕉產業卻養活了一萬兩千名象牙海岸的農村和城市工人，包括在經濟首府阿必尚（Abidjan）的大市場賣水果的婦女。而連像伊莎貝爾．盧．庫赫盧（Isabelle Lou Kouhelou）這樣的市場婦女對香蕉的想法都很有國際性。她們會擔心世界貿易組織的裁定繼續向出售拉丁美洲香蕉的美國大公司開放全球市場。伊莎貝爾．盧．庫赫盧也算得出如果要向非洲鄰國賣出更多象牙海岸的本地香蕉，需要本國政府官員增加投資在對公路和鐵路的開發。[19]

香蕉共和國的婦女

有些國家被戲謔的貼上了「香蕉共和國」的標籤，有關這些國家的文章也有很多了。這個詞創於一九三五年，是用來形容土地和靈魂都已落入外國公司之手的國家（那些外國公司的母國政府則會以高壓政治提供支持）。[20] 也就是說，一個國家會變成香蕉共和國，是因為剝削的外國資本、本國的腐敗和獨裁統治的特殊結合之下的後果。香蕉共和國的國家主權會遭到徹底的損害，使它淪為笑柄，而不是被尊重的對象。它有政府，但是政府的職員都只想著滿足海外公司或政治盟友的要求，好中飽自己的私囊。這類放棄原則的統治者不可能贏得本國公民的支持（也的確有許多本國公民受到公司農園的剝削），因此政府要依靠槍枝和監獄，而不是選票及民族自豪感。

某些中美洲國家是典型的香蕉共和國，宰治他們的是聯合果品公司的單一種植、美國海軍陸戰隊和他們自己選出來的獨裁者。這些國家的政權有美國總統在背後支持、會遭到伍迪．艾倫（Woody Allen）的嘲笑，還會被持民族主義思想的遊擊隊推翻。香蕉共和國的顛峰在一九三〇年代到一九八〇年代之間。

當人們在討論這種腐敗的政治制度以及背後的國際關係時，極少看到女性現身其中。評論者慣常把各方主要行為者都說成男性，好像他們是男性這件事並沒有什麼特別重要的。這使得人們忽略了農園企業主何以能夠與己方外交團隊中的男性結盟，或是能夠與尼加拉瓜、瓜地馬拉或宏都拉斯社會中的男性結盟，是因為他們有雖然共通卻也是互相競爭的男性氣質。他們可以在晚餐後一起抽根古巴雪茄，而同時間他們的妻子和情婦則去補妝，這是幽默卡通會有的內容，但是卻缺乏對兩性政治的好奇心。同樣的，香蕉共和國的軍國主義特質也直接被視為理所當然，而不曾仔細探究其實軍國主義是依靠男性氣質才得以維持的。大部分的海軍陸戰隊員、外交官、企業經理和軍事獨裁者可能都是男性，但是他們也和當代社會中被收買及收買人的男性一樣，需要女性的「他者」來維持他們的自我確立。

女性會從香蕉共和國的舞台上消失，情況之一是香蕉種植工作被認為是男性的。全球的香蕉公司主管都認為他們的大型農園中的大部分工作都只能由男性完成。香蕉園是從枝繁葉茂的土地上開闢出來的。清理灌木叢的工人需要使用大砍刀、住在簡陋的營房裡，而且在香蕉樹結果之後，還需要砍下一串串沉甸甸的香蕉、把它們運往中央集貨區，然後從那裡運到碼頭、一噸一噸的裝上冷藏船。這些都是「男人的工作」。

事實上，並不是所有農園工作都是男性的。整體上來說，需要使用大砍刀這類可以用作武器的工具的農作物的確需要大量男性勞動力：包括香蕉、蔗糖、棕櫚油。然而在另一方面，如果農作物的生產需要大量除草、割膠和採摘，則會僱用許多女性，女性有時候會占了農園工人的大多數：這些作物包括茶葉、咖啡、橡膠。也就是說，雖然茶葉、咖啡、香蕉和橡膠在今天都已經全球化，而且主要都是在大型的外資或國有農園種植以供出口，但是它們的性別國際政治卻並非完全相同。

任何一個農園的性別勞動公式也未必總是固定的。即使農園管理者曾經高度依賴男性工人，卻也可能因為男性工人的成本變高而決定引進更多女工；或是因為男性的工會變得太具威脅性；或是因為農作物的國際市場萎縮，而讓他們必須採取削減成本的措施（例如僱用更多兼職工人）；或是因為有了新科技，而讓某些體力活現在可以由體力比較差的工人完成。生產糖和橡膠的農園公司今天僱用的女工都比五十年前多。[21] 不過，跨國公司認為它們在全世界市場中的地位取決於如何善加利用男性氣質和女性氣質，這一點始終不變。每一片布魯克邦德（Brooke Bond）或立頓（Lipton）的茶葉中都包含性別，每一顆聯合利華（Unilever）或 Lonrho 的棕櫚油堅果、每一桶登祿普（Dunlop）或米其林（Michelin）的乳膠、每一根泰萊（Tate and Lyle）的甘蔗、以及每一串都樂或金吉達的香蕉也都有性別。

香蕉公司的主管也和所有農園經理一樣，僱用他們認為最熟練、成本最低、最順從的勞動力時，會把種族和性別列入考慮。因此，雖然大部分的香蕉園工人都是男性，但還是存在種族之分。舉例來說：一九八〇年代的聯合品牌在哥斯大黎加和巴拿馬的農園經理會招募美洲瓜伊米（Guaymi）和庫納（Kuna）族的印第安人男性，以及西印度群島的黑人男性和西班牙裔的拉迪諾（Ladino）男性（他們是美洲印第安人和西班牙人的混血）。經理會將他們安排在不同的職位，報酬也不平等，在白人男性管理人之下，拉迪諾男性最為頂層，美洲印第安男性則在底層。美洲印第安人會被指派一些粗活雜役，例如割草和修剪雜草之類的，這使得拉迪諾人對美洲印第安人的負面刻板印象——原始、缺乏技能、沒有文化的土著——又進一步得到鞏固。這些刻板印象對公司而言可謂求之不得，因為若非如此，拉迪諾人、黑人和美洲印第安人說不定會因為同樣的不滿而結為同盟。以學者菲利普・布古（Philippe Bourgois）對中美洲的一個香蕉園所做的記錄為例，其中幾名男性吐露的話便可看出端倪：[22]

管理人：和**拉迪諾人**一起工作比較容易。他們沒有那麼聰明，西班牙語也不好。就算他們是對的，他們也沒辦法反駁你……噢，天哪，你可以叫**拉迪諾人**做任何事。

拉迪諾工頭：我的工人〔不〕是**拉迪諾人**……這裡不一樣。我當然可以把他們〔拉迪諾和黑人男性工人〕抓來，叫他們做快點；但是明天我就會嚐到苦果了。我們這裡不用**拉迪諾人**……你知道吧？

瓜伊米工人：以前我們有多達兩百個人一起擠在簡陋的木屋裡，吃著用空煤油罐裝的水煮香蕉。[23]

因此，就算香蕉園是男性的，也不是說男性氣質——即使再加上社會階級——就足以打造政治上的共同體。在另一方面，把香蕉園假設為男人的世界，的確會影響運動的政治（不論其運動是想要改善工人的條件，或是要改變「香蕉共和國」的權力關係）。

一九二〇年代的宏都拉斯是半邊地球上最大的香蕉出口國，而聯合果品則是稱霸全球的香蕉產業，當時中美洲的香蕉工人開始組織罷工，最後美國政府和當地高層都無法忽視他們的罷工。香蕉工人要求的不只有工作條件，他們還關注政治結構——從低薪和危險的農藥一直到政治脅迫和國家主權。這些工人的抗議有強烈的民族主義色彩：除了外國種植公司之外，當地與之共謀的政權也是他們發洩憤怒的目標。但是只要香蕉園的工作被想像成男性的工作，香蕉工人的工會組織就比較像是男性的組織，那麼更廣泛的民族主義事業也會被看作男性的。香蕉共和國也許終將式微，但是父權制將繼續存在。

因此，女性運動人士加入一九八〇年代的抗議運動便具有特別的重要性——這些運動既是針對外國農園企業的剝削，也是針對腐敗的當地精英，在瓜地馬拉、宏都拉斯、尼加拉瓜、薩爾瓦多，以及哥斯大黎加都有發生（在哥斯大黎加是採取比較非暴力的形式）。她們的行動主義清楚顯示出婦女在地方和國際的香蕉政治中皆有一席之地，同時，她們對反政權運動的參與，也改變了**民族**的意義和民族主義運動的進展。[24]

負責栽種食物和清洗香蕉的婦女

香蕉園從來不像一般人所想的那樣全都是男性。為了把這金黃色的水果帶到世人的早餐桌上，也有婦女付出了有償和無償的勞動。目前估計香蕉園中有百分之八的女性員工。雖然她們只占所有香蕉工人的一小部分，但是光在拉丁美洲，估計就有五十萬名香蕉園女工了。不過，百分之八這個新比例已經比二十年前低了。這顯示農園公司主管成功減少了女工人數。雖然女性的薪水很低，但是這些香蕉園的主管還是認為她們屬於「高成本」工人。[25]

開墾之初的香蕉園最接近一個全為男性的飛地，當時的主要工作是用推土機鏟平和清理土地，以便後續種植。但是即使是在這個階段，公司及其男性僱員還是要仰賴女性的作用。從智利到南非再到印尼，凡是男性主導的礦業城，只要公司招募的男性必須離家工作，就必須有人留在家裡照顧家人和維護土地。將小規模農事留給婦女的「女性化農業」一直是（男性化的）採礦和香蕉種植中不可缺少的一部分。[26] 男性勞工必須與妻子、母親或姐妹做出私人的安排，以確保他們在合約到期、受夠了主管的蔑視或是（因全世界的價格暴跌而）被解僱時，還有地方可以回去。因此，每一個由男性主導的香蕉園背後，都有數十名女性以妻子、女兒和母親的身分在從事無償的家務和農園工作。

人們在二十一世紀時，漸漸意識到女性化農業是整個社會永續發展的一大阻礙。問題並不是女性無法勝任農民。聯合國食物權問題特別報告員（United National Special Rapporteur for the Right to Food）在二〇一三年發表的報告中指出婦女經營的小型農場生產力特別低下，真正的原因是性別歧視：「因為歧視，讓小規模的女性農場主無法與男性擁有相同的機會獲得化肥、種子、信貸、加入合作社和工會的資格以及技術協助。」[27]

聯合國的報告中指控社會各階層長期存在各種性別歧視的態度和政策，這會限制女性農民的生產力：例如讓婦女承擔所有家中兒童的照顧工作，還要負擔家務；刻板印象認為婦女不值得農業推廣官員的關注；家庭內部和國家政府內部的農業政策決定也都將婦女排除在外。[28] 在最基本的層面上，女性農民就被剝奪了耕種土地的合法所有權。例如孟加拉只有百分之三的農業地為婦女所有；埃及的農地只有百分之八為婦女所有。在巴西，女性擁有的農地是百分之十一，在尼加拉瓜是百分之十六，在法國是百分之十五，在挪威和美國則僅有百分之九。[29]

香蕉公司的主管、工會發言人和以出口為導向的政府官員都不想把男性員工的妻子和母親在農園外要承擔的農事責任當一回事。但是女性所做的這些沒有報酬的農事，其實是讓香蕉園得以存續的部分原因，因為如果沒有這些女性投入農事，公司

哥斯大黎加女工在清潔槽中清洗香蕉，二〇〇六年。照片來源：Terrance Klassen/Acclaim Images。

就僱不到任何一名生產香蕉需要的男性工人了。

等到香蕉樹種好了、開始結果，就會有更多女性加入、成為農園的居民和工人。一九六〇年代的企業策略引進現地的包裝工廠，想要將新式貨櫃運輸流程的優勢發揮到極限。他們認為包裝工廠的性別就是主要僱用女性工人。清洗和包裝香蕉的地方就成為香蕉園中最女性化的工作場所。

就像是人們可以一路從工廠車間到零售店鋪追蹤一件藍色牛仔褲的生產過程，人們也可以從農園到超市追蹤一串香蕉的全球供應鏈。人們還可以對其他現在已經全球化的食品和植物，沿著供應鏈進行同樣的逐步全球追蹤：包括綠花椰菜、茶葉、巧克力、番茄、芒果、鮮花。在每一個步驟中都有關於女性和男性的想法被付諸實行。通常這些性別觀念都會同時有公司和政府決策者的構思和執行。[30]

在一排又一排連綿不絕的香蕉叢中、在公司的碼頭上、在公司的冷藏船上，以及在目的地港口的卡車上，男人們做著公司主管認為是「男人的工作」。不過，在香蕉的包裝工廠中，人們就會看到婦女從粗大的香蕉莖上切下一串串皮還是綠色的水果，這個操作必須要小心進行（有人可能會說需要夠熟練），這樣香蕉才不會受到損傷。接下來，婦女們會在水槽中清洗掉香蕉殘留的農藥，所以水槽中的水大概都浸滿了農藥。婦女們會把不夠好的香蕉挑掉，數量最多可以達到採摘香蕉的半數。公司經常把淘汰的香蕉傾倒在附近的溪流，因此會造成汙染，導致當地的魚類死亡。婦女會把香蕉拿去秤重、在每根香蕉上貼公司的標籤，然後包裝好、以便運輸。這些包裝工廠的女工是按件計酬，通常沒有加班費。工頭希望她們的工作效率夠高，這樣才能滿足超市的需求。她們的就業很不穩定，因為在這次收穫季與下次收穫季之間，婦女就幾乎沒有什麼可以領薪水的工作。[31]

苔絲（Tess）是一名在TADECO工作的菲律賓女性。TADECO是聯合果品／金吉達品牌在菲律賓的子公司。她受僱於該國的南部島嶼——民答那峨島上的一個農園。民答那峨島的政府軍和穆斯林原住民團體已經打了二十年的戰爭，因為穆斯林原住民一直在抗議政府將大片土地租給鳳梨及香蕉的跨國公司、或是有錢的菲律賓地主（這些地主接著又與上述公司簽下利潤豐厚的合約）。苔絲自己是菲律賓的基督徒。當一度位居菲律賓龍頭地位的製糖產業陷入低谷時，苔絲和其他數千名男女一樣，為了尋找工作而在政府的鼓勵下從其他島嶼遷移到民答那峨島。她與其他年輕女性一起在農園的包裝工廠工作，替日本和美國的進口公司準備要運到日本的香蕉。她每天的工資大約是一塊錢美金。再加上額外的生活津貼，苔絲每個月大概可以賺四十五美元；她會把其中的三分之一寄回家鄉米沙鄢群島（Visayas）給她的家人。

苔絲的工作包括用化學溶劑清洗公司的香蕉。她的腿上有一個大塊的淡紅色斑點，那是不小心被某些化學物質噴到而造成的。她每天都要站好幾個小時，在一天結束後，苔絲會回到她與另外一百名婦女合住的宿舍，每個房間要住二十四個人，她們是睡在八張三層上下鋪的床上。[32]

許多在香蕉園包裝工廠工作的女性都是一家之長，她們從事這樣被剝削的工作是為了養活孩子；也有些女性認為就業是為了恪盡她們身為女兒的本分，她們要把微薄的收入寄一部分回去給父母——貪婪的農園企業一直在擴張，很可能讓她們的父母失去了自己的農地。[33] 在所有農園工作的女性和男性，不論她／他們生產的是供出口的香蕉、茶葉、橡膠、糖、鳳梨、棕櫚油或咖啡，都不會只具有「工人」這個角色。這些香蕉工人同時也是妻子、丈夫、女兒、兒子、母親和父親。每一個角色都有自己的政治。他們各自的角色和因此衍生的社會期望都會形成他們對香蕉工作的想法。國際香蕉產業依賴的就是「孝女」、「負責任的母親」、「忠誠的妻子」這類想法。

妓院與香蕉

女性主義者知道一定要問有關賣淫的問題。這並不是說她們知道一定會發現什麼，而是不論發現了什麼，大概都足以揭示出背後運作的那個更大的性別政治體系。

香蕉一直被拿來當作性笑話和性暗示的物體。愛滋病防治教育活動還曾經用香蕉來示範男人應該怎麼戴保險套，當時還遭到企業投訴。不過香蕉產業——不是香蕉本身——甚至充滿更多性。性騷擾有助於控制在農園包裝廠工作的婦女；男性主管也容許賣淫，這會讓他們更容易掌控大部分是男性的農園勞動力。

歷史上的農園一直是自成一格的小世界。工人、管理者、家庭成員和他們種植的農作物都住在一起，並有嚴格的空間階層規範他們之間的互動。農園看起來很像軍事基地。男性主管和他們的太太住在舒適的房子裡，他們的房子附有花園和廚房，還有當地的員工替他們打理；這類人通常有自己的俱樂部，俱樂部裡會有商品充足的酒吧和涼爽的游泳池。工頭家庭也會有自己的（偏簡樸的）宿舍和某些特權。工人則住在簡陋、男女分開的宿舍裡，通常連最基本的衛浴設備都沒有。也有些農園的設備比較好。總公司喜歡說他們提供了什麼診所和學校。他們很少談到隔絕或是工人在公司商店裡累積的巨額債務。有些公司為了獲得地方政府的土地使用權和稅收優惠，必須為工人提供基本的必需品。

加勒比海地區的評論家創造出**農園經濟**一詞，這是用來批評國家在過去太過依賴新自由資本主義的單一耕作：讓整個社會都受到外國農園企業巨頭的主宰，甚至已經淪落到附庸的地位，文化中也充滿家長式作風。[34] 賣淫在歷史上一直與兩性農園的依賴和家長式作風脫不了關係。

女性主義歷史學家安・勞拉・施托勒（Ann Laura Stoler）的研究對象是二十世紀早期荷蘭在印尼殖民地的劍麻、茶葉、橡膠和棕櫚油農園的生活，她的研究也涉及性別政治。[35] 她發現荷蘭的男性主管如果要招募和控制來自印尼各民族的男性勞工，賣淫是其中不可或缺的一種方式。這些農園的男性都比女性多出許多。女性工資是男性的一半，不敷她們的日常所需。大部分女工是簽約的單身爪哇女性，她們都是背井離鄉而來。有許多婦女為了維持生計，就會替住在農園簡陋宿舍的中國男性勞工提供性服務。也有些年輕女性是因為遭到包裝工廠工頭的性騷擾而被迫賣淫。農園的白人男性管理階層甚至有特權從最近抵達的女性中挑選性伴侶。

賣淫在許多農園成為常態是刻意為之，而不只是偶然的結果。公司的記錄透露出男性主管曾經討論賣淫對公司的利弊得失。這些爭論在別的地方也出現過：男性軍官也曾經討論過基地附近的賣淫有何利弊。有些荷蘭的殖民地評論家在二十世紀初曾經憂心男性農園工人感染性病的比率過高，他們把這歸咎於妓女。還有荷蘭評論家指出有白人男性主管遭到男性爪哇工人的攻擊，因為他們認為自己的女兒被拐去賣淫。但是管理階層普遍認為如果不提供女性的性服務，要招募男性工人從事農園工作十分困難。此外也有許多農園管理者認為如果無法讓男性工人享有女性的陪伴，他們就會發展出同性戀關係，而相較於男性工人之間的同性戀關係，賣淫的危害還比較小。最後是如果工人把工資的很大一部分用於買春，就會有許多男性工人更加深陷債務之中，這會讓他們在契約到期之後也很難放棄農園的工作。

在將近一個世紀後，在中美洲的聯合品牌／金吉達農園附近的妓院已經變得司空見慣。這次變成美國的男性管理階層（而不是荷蘭的男性主管）要對性做一番算計。妓院就開在香蕉園的大門外。在這些香蕉園工作的男性有美洲印第安人、黑人和拉迪諾人，不過在妓院的女性則清一色是拉迪諾人。有關她們的資訊很有限，不過大部分替香蕉工人服務的女性在成為妓女之前，似乎都做過其他工作。其中有許多婦女要獨力撫養她們的孩子。在中美洲香蕉園的妓院中，種族主義和性別歧視交織在一起，這也是賣淫政治中的常態。賣淫的拉迪諾婦女告訴一名研究者：她們比較喜歡印第安人男性顧客，因為她們說，這些男人都很害羞，不敢把衣服脫光光，而且性交也很快就結束了。這倒未必是對美洲印第安男性的溢美之辭，說不定還強化了拉迪諾和黑人男性工人的負面刻板印象。[36]

栽種女工和「香蕉戰爭」

一九九〇年代和二十一世紀初是「香蕉戰爭」的時代。在這些國際衝突中見不到槍枝，但還是充滿煙硝味。這件事的利益龐大，因為它在很大程度上涉及香蕉。對手都是全球的香蕉公司。國際間爭議的是下列問題：如果為了保護西非和加勒比海地區的香蕉進口，歐盟是否可以繼續對拉丁美洲運往歐洲的香蕉課徵高額進口關稅？

這些激烈的國際香蕉戰爭出現了幾種說法。加勒比海地區的香蕉主要是來自向風群島小國的聖文森和聖露西亞，而西非的香蕉則是來自塞內加爾、喀麥隆和象牙海岸；這兩個地區的香蕉都是由小型農場栽種的。相較之下，大部分拉丁美洲的香蕉——也就是歐盟委員想要徵收高額關稅的對象——則都是大型農園種出來的。

這場競爭看似是小農挺身對抗農園巨獸：水果界的大衛（David）決戰歌利亞（Goliath）。不過就和所有神話故事一樣，表面下總是藏著複雜的現實。（當時世界上最大的香蕉公司）都樂在二〇〇九年收購了法國公司「Compagnie Fruiti」，就是為了對該公司的西非小農種出來的香蕉取得控制，然後再利用歐盟的關稅制度。[37]

這場全球的貿易競賽還有更深一層的意義和利益：向風群島和西非的栽種者，以及靠著優惠措施進入歐洲香蕉市場並獲益的地方政府，都是英國和法國的前殖民地，在殖民結束後，倫敦和法國的貿易官員還是一直覺得對他們有一些家長式的義務。而另一方面，拉丁美洲的香蕉園則是由美國的大公司，都樂、金吉達和台爾蒙所擁有。這些公司被華盛頓官員視為國內的重要政治盟友（雖然他們的香蕉是產自拉丁美洲）。

這場戰爭最後的一個層次：是當前的全球政治經濟體，這場重量級香蕉競爭的戰場是在世界貿易組織（WTO）。各國政府創建 WTO 的目的是為了讓依賴貿易、相互競爭的政府間協商出解決辦法，好讓當今全球的新自由主義經濟齒輪能夠平穩運轉，尤其是避免不斷升級的貿易戰。

香蕉戰爭花了二十年才解決。最後是拉丁美洲的公司及其華盛頓盟友贏得勝利。日內瓦的 WTO 官員最後認定歐盟的關稅及其立論屬於保護主義。保護主義與全球的新經濟秩序背道而馳。WTO 的總幹事帕斯卡爾・拉米（Pascal Lamy）宣稱做出該決議是「真正的歷史性時刻」。全世界現在都可以自由競爭歐洲市場的占有率，加勒比海地區和西非的小農有幾年緩衝時間可以適應這種新的自由競爭，但是他們終究必須適應。[38] 這說明了為什麼（在象牙海岸市場賣東西的）伊莎貝爾・盧・庫赫盧既需要關注 WTO，也需要關注潛在的鄰國市場。市場婦女的盤算差不多切中了被迫「調整」的核心。

市場婦女是指當地的香蕉商販，她們為卡門・米蘭達和金吉達香蕉的創作者帶來了靈感，除了她們之外，還有其他女性的生計也擺脫不了歐盟的關稅體系，以及華盛頓、都樂、台爾蒙、金吉達對後殖民體系的正面挑戰。這些人是向風群島和西非的女性香蕉小農。如果有人拿著一根向風群島的 Fyffes 香蕉和一根厄瓜多的都樂香蕉，這兩根香蕉的性別比重其實完全不同。

女性或男性的小農會將香蕉賣給當地有影響力的農民合作社，再由合作社將香蕉賣給跨國的香蕉行銷公司（像是 Fyffes）。雖然香蕉小農比農園工人有更多自主性，但是他們的經濟命運還是與農民合作社和全球的行銷商息息相關。近幾年來，甚至有一些大型種植公司發現了小農體系的迷人之處：他們放棄自己的大型農園，轉向小農和小型的農園供應商購買香蕉，這樣他們就可以說是擺脫了直接僱用工人的社會責任。在這個意義上，香蕉公司也追上了全球服裝公司的腳步，嘗試微調他們的簽約外包方式。

因此，我們不應該把香蕉小農想得過於浪漫。他們也存在性別議題。男性小農大概會結婚，這樣他們就可以得到第二個成年人幫忙他們的農事和家務，但是許多女性蕉農卻都是單親媽媽。而且相較於男性農民，女性農民也比較不可能獲得其耕種土地的產權。例如在向風群島之一的聖露西亞（許多加勒比海地區的出口香蕉都是產自這裡），只有百分之二十五的農地所有人是女性；其餘百分之七十五都是男性。[39]

此外，在當地具有影響力的農民合作社和向合作社買香蕉的全球行銷公司都是由男性主導。向風群島農民協會（Windward Islands Farmers Association，WINFA）的網站就是一個明顯的指標，其中可以看出女性農民在當地的香蕉政治中被邊緣化。該協會的領導人在協會的〈主要目標〉中列出：「在所有 WINFA 的計畫中將性別相關議題導向主流。」這意味著性別這個主流還沒有進入該協會的視野，更遑論實現了。為了強調農民協會以男性為主的內部文化仍有待糾正，該組織後來在〈WINFA 要做的努力〉中加進：「鼓勵女性積極參與集會和交流。」[40]

如果觀察在最近「香蕉戰爭」中的女性，會讓我們看到在全球貿易中不同層級的敵對男性氣質是如何加速激烈的經濟衝突，而且其方式進一步助長女性的邊緣化。

BANANERAS：女性香蕉工人組織

香蕉工人的組織已經存在幾十年了。由於香蕉園一直是大型全球公司和當地精英的合作場域，所以會由香蕉工人的工會帶頭發起民族主義運動，他們既要對抗外國的剝削，也是在對本國政府的政治鎮壓提出挑戰。

當地和海外的觀察家似乎都沒有注意到或是不關心在這騷動的幾十年間，這些工會在大部分時間中都是由男性主導。具有同情心的勞工觀察家會關注的是階級和資本。最後是因為一些包裝工廠的女工才迫使他們——後知後覺的——注意到女性和香蕉工會內部的性別政治。

她們稱呼自己是「bananeras」。這些女性的工時很長、薪水很低，又得在潮濕、空氣中充滿農藥的農園包裝廠工作。她們沒有一邊揮舞著大砍刀。她們不夠上相。她們不符合通常認為的民族英雄形象。[41]

第一批大聲質疑為何要由男性壟斷工會領導權的女性香蕉工人是宏都拉斯的婦女。她們的故事始於一九八五年。地點是在拉利馬（La Lima），一個老的聯合果品（後來的金吉達）的農園城鎮。她們都是工會成員；隸屬於「SITRATERCO」（Sindicato de Trabajadores de la Tela Railroad Company），它的名稱來自香蕉公司的運輸子公司。SITRATERCO 誕生於冷戰最激烈時期一九五四年的一場大規模工人罷工，當時的工人組織很具有破壞性。一九五〇年代也是香蕉園性別史上的一段時期，當時的女性在生產中的角色只算得上是男性工人的不支薪妻子。引進農園包裝工廠是十年後的事了。工會最終贏得與企業管理階層的談判權利，也透過這些談判簽訂契約，替香蕉工人提供了一定程度的就業穩定性（這種穩定性是其他對工會懷有敵意的農園工人所缺乏的）。三十年後在一九八〇年代中期，各國的軍事政變推翻了拉丁美洲的繼任政府，女性也加入瓜地馬拉、尼加拉瓜和薩爾瓦多的反政權遊擊運動。拉丁美洲的女性主義運動能量在那幾年間不斷提升。那是一場跨國運動，並帶來對軍國主義、民族主義、資本主義、國族主義、貧窮和父權制的分析和反對運動。[42]這是令人振奮的幾年。不過女性的領導潛力在農園和工會內部還是很難獲得認可，女工的特殊問題也很難受到認真對待。

「那些男人覺得我們瘋了。」格拉迪斯．瓦萊（Gladys Valle）和瑪麗亞．特蕾莎．阿吉拉爾（Maria Teresa Aguilar）在一九八六年的 SITRATERCO 會議上提議成立一個婦女委員會，委員會要擁有自己的地位和辦公人員，而工會的女性運動人士是這麼形容她們的男性同事和工會夥伴對這件事的第一個反應。這些男人「都在嘲笑我們」。該提議也遭到否決。[43]

男性的反對和嘲笑激起了女性的活力。她們開始聚集起來討論在包裝工廠的經驗。但是她們很快地了解到不能夠把議題限制在工作經驗。她們（身為單親媽媽或是有男性伴侶）的家庭責任與她們的有薪工作生活可謂密不可分。滲進手套的農藥會引起疹子，而她們還要扛起拉丁美洲女性主義者所謂的「一天當兩天用」——同時做有薪工作和沒有報酬的工作，這兩者沒有辦法被拆分開來。它們都是女性經歷的政治的一部分，然而她們的男性同志卻不把這些經驗當一回事。

宏都拉斯農園的女性在其後兩年間開始與工會中的每一位男性接觸，她們會選那些看起來最好商量的、或是至少不會公開嘲笑她們想法的人。同時，如果工會領導階層號召農園罷工，女性也要確保她們的男性同事有看到女性的支持，而且知道她們的支持有多麼重要，的確會幫助工會替每個人贏得更好的工作條件。這群女性在一九八八年再次提出她們的決議。這次被通過了。可以投票的女性只有八名。但是她們獲得一百二十名男性投票支持。工會的婦女委員會（Comite Femenil）獲得成立。

「bananeras」又繼續集會、交流意見和經驗，後來她們還決定舉辦培訓工作坊。拉丁美洲的中產階級女性主義者發展出用工作坊來建構女性的技能。工作坊會聚集十幾個或更多的女性，有時候只舉辦幾小時，有時候是兩天，它的功能包括提供娛樂、夥伴情誼和教育。女性組織者意識到之所以很難讓更多女性擔任工會領導者的角色，主要障礙是女性沒有機會發展她們的領導技能。領導力也是一種技能，不會因為是男性就自然具備，在這些女性對性別政治的新理解中，領導力也是其中的一部分。但是參加工作坊與加入和平營地一樣，代表著這些女性在那段時間必須離開家人。必須有其他人照顧孩子、準備三餐。因此，單只是參加工作坊本身就會讓人們對家庭內部的性別分工提出質疑，也讓我們看到當女性外出離家時，男性伴侶對「他們的」女人的不信任。

香蕉工會在一九九〇年代受到了多方面的衝擊。大型香蕉

金吉達的重要供應商，特雷斯．埃爾馬納斯（Tres Hermanas）農園的女性香蕉工人在抗議農園主人侵犯工人的權利，包括未支付加班費和對工會 SITRAINBA 的打壓。宏都拉斯，二〇一三年。照片來源：COSIBAH，二〇一三年三月八日。

公司減少了他們的種植人力；米契（Mitch）颶風摧毀了中美洲的香蕉；政府也一直在鎮壓勞工運動。在厄瓜多新成立的 Noboa 香蕉公司完全禁止工會。在這幾年間充滿了暴力、失業、疾病、壓力和過勞。不過不同農園的婦女之間還是透過經驗的分享建立起友誼，這些農園包括都樂的果園，還有聯合果品／聯合品牌／金吉達和台爾蒙的果園。資訊、策略和鼓勵的話在跨國的農園女工之間流傳，尤其是在宏都拉斯、哥斯大黎加、瓜地馬拉和哥倫比亞的婦女之間。有更多女性競選工會的低階職位，也順利取得該職位。女性勞工變得更有自信，也讓這些女性幹部對她們「一天當兩天用」的生活更有實感。知識在不斷累積。婦女們開始比較大男人主義在她們的農園、工會和家庭中分別是如何運作。

到了二〇〇二年，女性已經會被推選為香蕉工會的高階職位。登上工會年會舞台的女性已經不再是異數。不過「bananeras」還是會組織工作坊，教導新一代的香蕉女工爭取權力。老一輩的先驅「bananeras」意識到香蕉公司現在會故意避免僱用年紀比較大的三十歲以上的女性，改而瞄準年輕女性，其中有些甚至年僅十七歲。[44] 有些年長、經驗豐富的女性運動家就在瓜地馬拉辦了一次工作坊，她們搭著一輛小貨車，從宏都拉斯穿越邊境去參加。這一次的主題是家庭暴力。香蕉和家庭暴力。會有這種連結是經過多年來的思考和分享。工作坊在開始時依循往例，由小組中的每位年輕女性分享她們希望從這次集會中得到什麼：

「我想要學習，然後可以給其他人看。」

「我想要學會如何保護自己免於受到其他人的壓迫，無論那個人是我的丈夫、我的工會還是我的老闆。」[45]

全球香蕉產業僱用的女性和男性建立的聯盟不僅跨越了國界和性別差異，而且還跨越了地理區域。他們想要讓菲律賓和拉丁美洲的農園工人／經營小型香蕉園的男性及女性聯合在一起。他們主張如果要解決全球香蕉產業的問題，這個產業底層的人必須將關係擴展到全球。同時有新的跨國組織（例如 Banana Link 和 Fair Food Network）會在富裕國家倡導公平貿易和永續的農業運動，在獲得這些新型跨國組織的支持之後，工人權益的倡導者也開始向大型的香蕉生產和銷售公司施壓，要求他們加入新成立的世界香蕉論壇（World Banana Forum）。[46] 全世界香蕉產業的主要角色都會聚集在該論壇中，一起討論全方位的經濟和社會正義問題。第一屆世界香蕉論壇是在二〇〇九年召開。[47] 如果女性沒有積極參與，在這種國際經濟論壇中又鐵定四處可見男性的影響力。

新成立的世界香蕉論壇的一個重要倡導者是拉丁美洲香蕉暨農產業工人協調機構（Coordinating Body of Latin American

Banana and Agro-Industrial Workers，COLSIBA），它是由幾個工會組成的聯盟。宏都拉斯香蕉工會也是COLSIBA的成員，早期的「bananeras」就是屬於宏都拉斯香蕉工會。世界香蕉論壇於二〇一二年在厄瓜多的惠夜基（Guayaquil）召開，當時COLSIBA是以艾里斯．蒙吉亞（Iris Munguia）為其代表，蒙吉亞是第一位當選聯盟高級協調員的女性。早在一九八五年，當蒙吉亞還是一名包裝工廠的工人時，她就是最早提議要在由男性主導的工會成立婦女委員會的年輕農園女工之一。蒙吉亞在二〇一二年協助發起第一屆香蕉園女工和女性香蕉小農的全球聚會。在世界香蕉論壇的正式會議前一晚，來自世界各地香蕉種植區的婦女們齊聚一堂，一起分享資訊及制定策略，處理她們在現實生活中要面對的惡劣勞動條件、市場壓力以及一天要當兩天用的責任。[48]

在緊接著上場的世界香蕉論壇的會議中，艾里斯．蒙吉亞直接對金吉達提出了要求。在對公平貿易、有機農業、永續發展和工會組織的討論中，蒙吉亞也提出了性騷擾的問題。在她的逼迫下，金吉達的企業高層首次同意要認真看待農園女工被男性主管性騷擾的問題。蒙吉亞解釋說：「這也可以作為其他公司，例如都樂和台爾蒙的範例。」[49] 婦女認為應該包括在工人議題中的事現在也加進國際經濟議程的內容了。

結論

在旅客吃了一堆裹著糖衣的鬆餅和好幾包薯條之後，一定會很高興能來碗新鮮的香蕉。在機場和火車站的香蕉經常像是營養的明燈一樣，在收銀台附近散發出光芒。這不是因為它們塗了什麼東西，而是出自它們自己亮黃色的外皮。在所有的人造食品中，終於有了一些天然的東西。

不過，它們有著讓人放心的黃色外皮，是因為它們的植物都有噴灑農藥。而疲憊的旅人可以不必心懷恐懼的剝香蕉，是因為女工們已經在潮濕的農園工廠內，花了好幾個小時把農藥洗掉。

不論是什麼產品，如果要從生產、包裝的地方經過數英里的運輸到達消費者手中，該產品一定經過對男性氣質和女性氣質觀念的多層應用。由男人砍下香蕉，接著由女人清洗。由男性負責裝船，由女人照顧孩子。男性在前面引導，女人忠誠的跟隨。要理解任何產品在過去、現在和未來的國際政治，勢必需要女性主義的好奇心，對於任何被理所當然地貼上「自然」標籤的東西，都需要抱持懷疑的眼光。

康乃狄克學院（Connecticut College）是一所在新英格蘭（New England）的小型文理學院，那裡的學生決定要更了解一下他們在學校的食堂裡都吃了些什麼。他們選擇的焦點是香蕉。因為當香蕉出現在他們的飯廳時，看起來還很完整，不像大多數食物在來到他們面前時，都已經經過完全或部分的加工了。他們很快就搞懂了全球化香蕉公司的足跡。他們用自己幾個月來的研究結果說服校園的管理階層和食堂的特許經營商放棄企業的香蕉，改買經過公平貿易認證的香蕉——這些香蕉是由一家進口公司向哥倫比亞的小農購買後（這些小農是經歷過先前的幾年游擊戰後倖存下來的），再進口到美國。[50]

不過，就算是經過公平貿易認證的香蕉公司，也必須受到性別政治的調查：誰是該公司網站上描述的「農民」？在當地擁有香蕉園土地所有權的女性和男性一樣多嗎？這都還只是開始。女性主義的性別調查員還會深入挖掘當地群體的決策過程、出口公司的管理人是如何招募、以及每個小農家庭內部的資金控制。這些哥倫比亞香蕉小農家中的婦女是否有參與二〇一二年香蕉園女工和女性農民的國際會議？如果要達到校園食堂的改變，也應該睜大眼展開對性別的關注。

全球化的香蕉並不是總維持靜態不變的。就算它看起來還是那個被卡門・米蘭達和金吉達香蕉捧紅的水果，它的政治其實一直在變。在很大程度上，其政治動態的形成取決於企業的男性主管是如何與當地的男性政治精英建立連結。而同時，這些政治運作也取決於香蕉公司的決策者對女性勞動力的效用有什麼想像。這項政治動態還取決於男性工人是否看到了女性無償工作的價值，或他們是否抵制女性同事要在當地和國際的香蕉工會中獲得一個立足點的努力。

在今天這個全球化香蕉產業中的每一個角色，都應該用帶有性別敏感度的工具加以分析。如果我們要知道香蕉的完整性別故事，就必須對金吉達、都樂、台爾蒙、Fyffes 和 Noboa 做性別分析，也要對沃爾瑪、特易購、好市多和家樂福做性別分析，還要對 COLSIBA 和世界香蕉論壇做性別分析，要對 Banana Link 和 Fair Food Network 做性別分析，當然，我們也要對 WTO 做性別分析。

踩到香蕉皮滑一跤，可能不只是雜耍的喜劇表演。它可能讓我們陷入一種天真的政治假設，以為香蕉就是自然的。

第 7 章｜女性勞動力絕對不便宜

全球的牛仔褲和銀行業中的性別

熱那大廈（Rana Plaza）在二〇一三年四月二十四日倒塌，造成一千一百二十九名孟加拉人死亡。死亡的大部分是女性，她們分別在那棟構造簡陋的建築物的五家服裝廠裡工作。服裝業這個全球產業長期受到各項災難的打擊，這次倒塌事故則是服裝業歷史上最嚴重的災難。不過，世界各地的頭條新聞刊登的倒不是孟加拉婦女的死亡，而是這起事件讓人們發現她們縫製的都是世界知名的品牌。但要不是因為這場悲劇發生的五個月前才剛發生另一起孟加拉服裝廠的悲劇，熱那大廈的倒塌很可能不會引起持續的關注，因為熱那大廈位於首都達卡（Dhaka）人口外溢的邊緣地區。在那場工廠火災中死亡的工人也大多是女性，她們也都在為知名的大品牌，例如沃爾瑪、蓋璞（Gap）和 Tommy Hilfiger 縫製衣服。

這些登上頭條的死亡事件能夠大幅度改變國際服裝業那根深蒂固的性別政治嗎？

門向內開

工廠的門是向內打開的。這是違反消防法規的行為。這起事件也證明這點的確是致命的。

那天是二〇一二年十一月二十四日，達卡郊區的塔茲雷恩

(Tazreen Fashions)製衣工廠發生了火災。那棟工廠有九層樓高;最上面的三層是違章建築。該公司有一千五百名員工,每年的銷售總額為三千五百萬美元。女性占了工廠員工的百分之七十,當她們剛開始聞到煙味時,都還坐在縫紉機旁。她們的主管告訴她們毋須擔心,只需要繼續留在縫紉機旁邊就好。

今天的服裝產業都必須和全球競爭,這些擁有牛仔褲、泳衣、內衣褲和籃球服製衣廠的男性老闆都已經和歐洲及北美的名牌公司簽了約,不能夠冒著趕不上生產期限的風險。這些交貨期限是他們的全球企業客戶決定的,那些公司希望新款時裝能擺上商店貨架的速度越快越好,這樣才能夠滿足那些不耐久等的消費者。這位孟加拉工廠老闆急著要趕上他的全球客戶迫在眉睫的生產日程,他的焦慮也感染了他的生產線主管。當煙霧往上竄時,主管只是一個勁兒的叫婦女們繼續縫、不要停。[1]

直到火勢蔓延開來。婦女們才違抗主管的命令衝向出口。她們和男同事們發現大部分門都被鎖住了,再不然就是被成堆的布料堵住。老闆事後說他下令把門鎖上,是因為要防止工人偷材料。有些婦女終於找到一扇沒有上鎖的門;但是它是向內打開的。在煙霧和混亂之中,有數十名婦女被擠壓在門上。也有婦女在跳窗逃生時死亡。許多人就死在離她們縫製那些名牌衣服的不遠處。總共有一百一十二名男性和女性工人在塔茲雷恩工廠火災中喪生;另外有數百人受傷。

蘇米・阿貝丁(Sumi Abedin)是成功逃生的工人之一。有關於那場火災、上鎖的門、堵住的樓梯和一團混亂都是她告訴我們的。她的一名男同事打破了窗戶。但是她跳過窗戶時還以為自己死定了,不過至少她的父母還可以替她收屍。她完全不記得自己是怎麼活下來的。蘇米是在二十三歲時從一個小農村搬到人口已經滿出來的達卡郊區,她搬來達卡是為了在遍布全孟加拉的數十間服裝工廠中找到一個可以領薪水的工作。她在塔茲雷恩找到了一份「高級」縫紉機操作員的工作,每個月可以賺五十五元美金，比孟加拉服裝廠工人的法定平均薪資（每個月三十七美元）高出將近二十元美金。她試著把賺到的一部分錢寄回家給父母。要賺到這五十五美元的月薪，蘇米必須每天在塔茲雷恩工作十一個小時，每週要工作六天。她記得她看過衣服上有沃爾瑪、迪士尼（Disney）和 Gap 的商標。[2]

塔茲雷恩的火災成為全世界的頭條新聞。但是它並不是孟加拉的第一起製衣廠火災。在塔茲雷恩火災造成傷亡之前的二〇〇六年到二〇一二年之間，甚至已經有五百名孟加拉工人死於其他服裝工廠的火災，而受傷的人就更多了。此外，塔茲雷恩的悲劇也不是孟加拉最後一次因為有服裝廠女工死亡而出現在全球的晚間新聞。

許多人會覺得時鐘彷彿倒轉了。服裝廠女工被鎖在著火的工廠裡、從高樓的窗戶跳下、因為老闆的苛待而造成死亡的結果：這難道是又重新回到一九一一年三月二十一日了嗎？那天在曼哈頓下城發生了臭名遠播的三角內衣工廠（Triangle Shirtwaist

孟加拉的塔茲雷恩製衣工廠在二〇一二年的火災中燒焦的縫紉機殘骸。照片來源：Khaled Hasan/The New York Times/Redux。

Factory）火災，造成許多猶太、愛爾蘭和義大利的年輕男女失去性命：共計有一百二十九名女性；十七名男性。在二〇一一年三月，女性主義的勞工史學家在三角火災的一百週年提醒我們：直到發生這麼多死傷的一場大火，美國公眾才意識到該國的服裝業工作環境有多麼剝削、有多麼不安全，也才迫使當時全由男性組成的議會通過了該國第一部有意義的勞動安全法。[3]我們在過去的這一個世紀中都沒有學到教訓嗎？為什麼我們還在穿被剝削的女工縫製的衣服？

在二〇一二年發生了孟加拉服裝工廠的火災之後，幾週內相繼出現了揭露和改革的呼聲。我們知道在最近幾年內，沃爾瑪、Tommy Hilfiger、班尼頓（Benetton）、海恩斯莫里斯服飾（H&M）、颯拉（Zara）、西爾斯（Sears）、Mango、Gap和女工之間都還另外有一層代理人：供應商。這些全球公司會透過當地供應商（例如Success Apparel）去僱用當地的工廠承包商。這些男性的工廠承包商（像是塔茲雷恩的老闆）會再去僱用縫紉工、熨衣工和裁剪工人。這些男性——工廠老闆和供應商及承包商主管——會與孟加拉當地有影響力的官員建立起政治連結，以確保他們不會因為違反安全法規而被罰款，而且可以取得（其實有問題的）分區使用許可。有些服裝廠老闆甚至自己就是孟加拉的議員。全球名牌公司的利潤就是這樣依靠著與當地男性之間的政治關係，包括他們信任的男性、他們賄賂的男性、他們招待的男性。

隨著火災的死亡人數一路攀升，某些跨國公司高層因為擔心他們的全球聲譽受損，最初否認有外包給塔茲雷恩。但是他們很快就只好回頭了，因為孟加拉的勞權倡議者拿出了他們的品牌標籤、以及能夠證明他們是塔茲雷恩客戶的文件。其實孟加拉的勞權倡議者做了一種高風險的行動，他們衝進燃燒的工廠大樓，把公司的標籤和服裝訂單拿出來，以免全球公司的高層在悲劇發生後否認事實（這些高層也的確這麼做了）。[4]

在二十世紀初有越來越多消費者開始關注勞工人權。一些政府機構——像是美國海軍陸戰隊和美國空軍（他們的軍事基地商店都會買進低成本的外包服裝），和民間企業——像是Nike、蘋果（Apple）、迪士尼、沃爾瑪（均為美國公司）、羅布勞超市（Loblaws，加拿大公司）、Zara和Mango（西班牙公司）、卡爾文．克雷恩（Calvin Klein）和Tommy Hilfiger（皆為德國公司PVH旗下）、H&M（瑞典公司）和Gap（美國公司，該公司旗下還有香蕉共和國〔Banana Republic〕和老海軍〔Old Navy〕）為了做出回應，於是倉促構思了一個稍微有修正的商業模式，讓他們可以兼顧以下兩件事：（一）繼續尋找世界上最低成本的服裝製造商，以及（二）向北美和歐洲的消費者承諾他們會對承接轉包工作的勞工之安全和權利負起責任。如果這兩個目標發生衝突，通常是第一個目標會比第二個目標更優先。[5]

為了消解有權利意識的消費者心中的擔憂，但是又不損及公司的利潤，公司想到的策略就是設計一個工作場所的監控系統，並且由「獨立」委任的監控機構加以指揮。因此，當塔茲雷恩的餘火還在悶燒時，就有些企業的主管聲稱他們公司曾經聘請監測員來檢查轉包商在各地的工廠，而塔茲雷恩符合監測員的安全和公平標準。但是，主管們忽略的是：那些所謂獨立的監控機構其實也要在財務上依賴他們的企業客戶才能夠獲得收入。此外，有些監測員一向把安全檢查工作分包給當地的檢查員，而且對當地檢查員只有最低限度的品質控管。[6]

卡波納．艾克特（Kalpona Akter）是一名倡導服裝工人權益的孟加拉女性，也是孟加拉工人團結中心（Bangladesh Center for Worker Solidarity）的負責人，她自己則是從十二歲就開始在一家服裝廠裡工作；當她得知這些全球品牌竟然聲稱塔茲雷恩和其他轉包製造商都有遵守國際工人安全的標準，她大聲問道：「是因為這間工廠的底部放了一堆布料和紗線，所以才會起火的。工人們又無法從樓梯逃生。你們竟然說這樣有遵守規定？」[7]

當代的公司有一個核心的全球化商業策略，就是要讓自己的董事會和（替他們縫製產品的低薪婦女的）工廠車間之間保持地理和政治上的距離。不過，現在的勞工權利運動人士——例如孟加拉的勞權運動家——不只會跑進燃燒的建築物裡，還會建立國際間的聯盟（他們會與代表反血汗工廠的協會結盟，像是阿姆斯特丹的清潔服裝運動〔Clean Clothes Campaign〕和華盛頓的工人權益協會〔Workers Rights Coalition〕等團體），以確保企業責任達到全球化。[8]一直以來這都不是件容易的事。

孟加拉在二〇一二年已經成為全世界第二大服裝出口國（第一大是中國）。孟加拉人在一九七一年發動戰爭要從巴基斯坦獨立，當時孟加拉還沒有製衣工廠。但是新獨立之後，孟加拉的企業家和決策者很快就意識到服裝業正在全世界快速的全球化，這為他們的國家提供了一個機會，因為孟加拉剛好擁有很多低薪的工人，所以他們正好可以利用這股勞力密集型的產業需求。孟加拉在二〇〇四年已經有三千三百家製衣廠。其中總共僱用了一百七十萬名工人：一百三十二萬名女性和三十八萬名男性。[9]到了二〇一二年，即發生塔茲雷恩火災的那一年，製衣廠的數量已經增加到四千五百家，還僱用了超過三百萬名孟加拉勞工，也就是說，該國製衣廠工人的數量相當於阿爾巴尼亞全國的總人口。許多工廠老闆都是孟加拉男性，不過也有海外的男性企業家開始進軍像孟加拉這樣利潤豐厚的服裝製造業。永元（YoungOne）是最大的工廠之一，它的老闆是韓國商人成耆鶴（Kihak Sung）。永元於二〇一二年在孟加拉已經有十七間工廠，他們會替 Nike 和 North Face 等全球品牌公司生產戶外服裝。[10]

孟加拉的服裝生產現在已經不只是筆大生意了；它還是大政治（Big Politics）。當地商人會試著影響市長、區域規劃局、政黨、監管機構和國會。工人們開始組織工會。如果政府站在工廠老闆那一邊、打壓他們的組織，工人就會自發的發起罷工，即使罷工不是由工會組織的。罷工的工人和武裝警察之間爆發過極為暴力的衝突，致使孟加拉總理謝赫．哈西娜（Sheikh Hasina）同意將該國的最低工資從每個月二十一美元提高到三十七美元（哈西娜是一位女性，但是她領導的執政黨孟加拉國人民聯盟〔Awami League〕是一個男性化的政黨，該黨與男性服裝業老闆是密切盟友）。[11] 不過，即使孟加拉的薪資水準達到平均每個月三十七美元，但它還是替全球的服飾公司提供了**最便宜**的價格生產服裝。所以名牌公司還是不斷湧入。供應商和承包商的業務不斷擴大。大品牌紡織品的成本和給消費者的服裝零售價能夠一直維持得比較低，除了因為孟加拉工人的低工資之外，也是因為工廠廠主對工廠的安全和健康措施缺乏投資，而且全球公司對這些安全和健康措施也不堅持。

為了保護北美和歐洲服裝工人的就業而制定了《多種纖維協議》（Multi-Fiber Agreement，MFA）規定輸出的限額（譯者註：這個協議是規定發展中國家可以向已開發國家出口的數量限額），這項協議在二〇〇五年終止，對於一直在尋找低成本承包商的跨國品牌公司而言，孟加拉的服裝工廠就變得更有吸引力了。日內瓦的世界貿易組織裁定 MFA 替已開發國家帶來不公平的優勢，這讓洛杉磯和紐約的服裝工人失去了數千個工作機會（其中有許多是移民婦女從事的），而全球的服裝公司則可以更自由的在全球尋找低成本的生產方式。[12]

接著是在二十一世紀初，中國的服裝女工自發性的發起多次非由工會組織的罷工，成功爭取到比較高的工資。這項發展又為孟加拉的低成本製造業增加了更多賣點。就是在這個性別的歷史性時刻，爆發了塔茲雷恩的工廠大火。

性別議題

當我們在講述這些全球化的服裝、金錢和死亡故事時，很容易顯得性別政治像是無關緊要。許多評論家在描述塔茲雷恩工廠火災的故事，以及不久之後就在孟加拉之外的巴基斯坦、柬埔寨、南韓和墨西哥發生的其他工廠事故時，也像是覺得不必特別強調大多數死者和傷者都是女性。可能有人會提到女性，也可能有女性的照片和影片，但是很少有主流記者會採訪她們這些工廠女工的複雜經歷。同樣的，當觀察家在解釋和構思改革時，似乎也不覺得探討男性氣質的運作會有任何收穫，雖然男性經常位於全球和國內企業／政治精英的高層。男性更常受到記者的採訪，但是他們發展男性化的企業和政治關係的經驗卻不曾受到探討。

像這樣輕易地做出不分性別的敘事、鬆懈地提出無關性別的解釋，都是有風險的。

如果要描述和解釋、從而預防未來的服裝廠災難，絕對不能夠只是批評全球的資本主義企業的做法——包括利潤最大化、個人主義、監管寬鬆、壓低成本——和在背後推動這些做法、被評論家稱之為「新自由主義經濟模式」的世界觀。如果要對今天的國際服裝產業做出另一種比較符合現實的政治分析，除了要注意到新自由主義模式的吸引力之外，也要對各種女性的生活、有關低薪女工的種族和階級的想法都有更多好奇心。除此之外，如果人們會看到製衣廠工人的女性身分，那麼工廠廠主、全球企業的主管、公務員、工會組織者和政治人物也會被人看到其男性的身分。[13]

在塔茲雷恩大火和當今世界各地都很常發生的許多服裝廠災難中受困的大部分受難者不僅僅是「工人」。她們是**女性**工人。如果記者、學者、人權運動人士和公民對這些女性和其女性的經歷都不感到好奇，他們就無法對女性勞動力是如何以及為什麼變得如此**廉價**提出令人信服的解釋。

沒有人的勞動力天生就是廉價的。都是**被變得**廉價的。對於女孩和婦女的觀念、以及對女性氣質的想法都經過刻意操縱，好讓那些想把女性勞動力變廉價的人取得權力。

喬比・馬哈茂德（Chobi Mahmud）在孟加拉北部的坦蓋爾（Tangail）長大。她十幾歲時就從家鄉的農村搬了出來。她的母國服裝產業日益擴張，勞動力也變得更女性化。當喬比加入全球化的服裝勞動力隊伍時，孟加拉服裝產業的女性化正在往前邁了一大步。喬比擁有的是她母親時代沒有的東西。在一九九〇年，婦女僅占孟加拉服裝工人總數的百分之二十八。相較之下，到了二〇〇二年喬比十九歲的時候，她告訴記者：女性在所有孟加拉服裝工人中的比例已經成長到驚人的百分之八十五。[14]

也就是說，孟加拉服裝廠的女工在二十一世紀有如此高的比例，其實一點也不「自然」。這有部分是因為男性的工廠廠主意識到如果他們開始讓勞動力走向女性化、僱用更多貧窮農村的年輕女性，就可以保持低薪的工資，從而讓他們的工廠在全球對 Nike、North Face、沃爾瑪、Mango、H&M 和 Tommy Hilfiger 的主管們顯得更具有吸引力。

不過這還需要性別公式發生第二次改變：需要村莊中有越來越多年輕女性對於自己可以做什麼的想法發生改變，並且說服父母讓她們離開家鄉。如果不是有效的重新定義女性該做什麼、怎樣算是正經的女人，全球的品牌公司也可能不會遷到孟加拉。

喬比和大部分年輕的工廠女工一樣，到城市的工廠工作時都還沒有結婚。她和其他裁縫同事都是因這份工作開始賺取工資。當她們把錢寄回家給父母時，會覺得自己變重要了，她們的父母也很快就意識到女兒比兒子更有可能從城市的工作中寄錢回家。有了這層認識之後，父母就比較不會覺得女兒的好出路就是嫁給由他們選擇的年輕人。在工廠做女工不只會推遲婚姻，她們結婚後，也經常會想辦法和丈夫商討新的家務分工方式。

喬比的許多工廠女工朋友如果在結婚後繼續工作並賺錢回家，就能夠說服她們的丈夫開始分擔更多家務。馬舒達・謝法利・卡頓（Mashuda Shefali Khatun）——達卡的婦女權益倡導組織「為女性行動／倡議」（Nari Uddug Kendra）的執行長——表示：研究顯示如果男性的妻子從事有薪工作（相較於妻子沒有從事有薪工作的男性），他們會承擔更多家務時間。[15]

許多孟加拉製衣廠的女工敏銳的意識到她們是在不公平、甚至危險的條件下縫製接縫、摺邊和口袋——她們的廁所不乾淨、工時很長、空氣不流通、樓梯堵塞。每一位製衣廠女工在決定她是否要冒險參加工會以及抗議時，都要權衡她能夠獲得和保留工廠有薪工作的性別優勢，相對於她對許多男性勾結起來的剝削感到越來越深的挫敗感——這些男性包括跨國公司、她們的工廠廠主和當地政客——他們會壓低她的工資、妨礙她組工會的努力，甚至危及她的健康。這種性別的計算會令人不安。

塔茲雷恩火災發生在一個在當地和國際的性別史上都很特別的時刻。就像是一九一一年的紐約三角內衣工廠火災（發生在一個對女性的國際移民史和美國婦女選舉權的組織史上都很特別的時刻），二〇一二年的塔茲雷恩火災也發生在一個對跨國婦女政治和孟加拉婦女自己的組織來說都很特別的時刻。一種常見的種族迷思有助於跨國公司和他們的當地盟友壓低女性勞動力的價格，這種迷思認為在富裕國家的社會邊緣的女性、或是生活在貧窮國家的女性比較沒有意識到、也比較不需要她們的權利——或是必須在條件比較好的女性和男性的指導和領導之下，她們才會追求自己的權利。

事實上，孟加拉婦女的政治思想和組織在二〇一二年都已經很精緻而複雜了。孟加拉的女性運動人士會用指名、揭露及發起運動的方式，抵制當地男子為了讓婦女和女孩毀容而潑酸（投擲腐蝕性物質）的行為。還有一些女性運動人士不只有參與微型金融（microfinance）計畫，還開始揭露這些計畫往往只讓男性獲得權力，但是卻讓女性申請者背負債務——雖然它的目的是讓貧窮的婦女獲得經濟上的權力。也有些女性開始挑戰孟加拉由男性主導的政黨和宗教神職人員。當地的女性主義者也支持孟加拉婦女在沉默了幾十年之後，現在願意公開講述她們在一九七一年的獨立戰爭中被強姦和倖存下來的故事，這等於是公然反抗民族主義的尊嚴和女性對性的羞恥心等根深柢固的觀念。[16]

婚姻、育兒、身為女兒、女人的友誼、有薪和無償勞動的兩性分工、婦女的組織、女性的性和沉默，都各自有其政治——這些政治也都存在性別。每一種政治的形成都取決於它是接受或抗拒對女性氣質和男性氣質的某些觀念。這些觀念的**政治性**在於它們不僅需要權力來取得合法性及維持，也需要權力來進行改造或揭露。

這些想法以及它們帶來的性別政治並不是永恆不變的。它們也可以改變，有時候只是在表面上，有時候則會很深入。這些深具性別意義的政治過去是、也將繼續是（牛仔褲、比基尼、洋裝、運動衫和背心等）國際政治經濟的支柱。如果要真正理解導致女性勞動力變得**廉價**的國際政治，讓女性被看到可以說是至關重要。

女性勞動力何以變得廉價？

我們常說「廉價的女性勞動力」。在公共政策的討論中提到這句話時，彷彿廉價是女性工作中原本就有的特點——尤其是那些被推到社會和國際邊緣的女性。

事實卻遠非如此：如果女性的工作得不到報酬或是報酬很低，這其實是**被造成**的結果。

女性主義的調查會關注決策，以及作成和執行這些決策的人。國際政治經濟會這樣運作的部分原因是決策降低了女性工作的價值，讓女性的工作變得無償或是低薪。但是這些決策也許沒有被看見——人們可能以為它們只是「自然」過程下的結果，而沒有意識到它們其實是被做出來的決策。如果它們被當成「自然」發生的事，就會逸脫政治的領域。許多國際政治中正在發生的事都沒有得到充分的調查，就是因為它們被誤以為是自然之事。不以女性主義的角度評論國際政治，特徵之一就是會低估權力。

企業主和支持的政府官員為了發動歐洲在十九世紀的工業革命，想出來的重要策略包括組織工廠的工作、設計機制以及執行廠規，好確保女性的生產力並走向女性化。工業化的紡織品生產和服裝製作是英國崛起成全球強國的關鍵。各行業的男性企業家是有意識的使用女性勞動力，好讓利益最大化，並取得國際競爭力。其他國家的投資者和官員也吸收了英國經驗，要在新興的全球政治經濟中取得競爭力，並排除外國的控制。也就是說，產業中要採用女性勞動力的經驗跨越國界散播了出去。打造「工廠女孩」不僅對帝國而言十分重要，對反帝國的努力也至關重要。像是美國的後殖民商人——男性的紡織廠投資者——在十九世紀的前幾十年中就會從波士頓到英國的紡織工廠去學習這套工業化的性別公式。[17] 日本維新派的立場是堅決抵制西方的殖民統治，受到政府中明治維新派支持的日本男性企業家也選擇以農村的年輕婦女作為工業化的第一批勞動力。[18] 工業化的俄羅斯在沙皇統治下，新出現的紡織廠老闆也在政府批准下一直在增加女工的比例。經過半個世紀和一場革命後，女性在一九七〇年代還是占蘇聯的縫紉機操作員總數的百分之九十三。[19]

不過女性化其實從來不像主流歷史學家所呈現的那樣容易維持（主流歷史學家的侷限來自於對性別缺乏好奇心）。得要說服女孩的父母讓女兒離開家，還要推遲她們的結婚年齡。紡織女工和製衣廠女工本身也經常很難掌控，她們對於僱主用維多利亞時代的女性禮教向她們說教感到不屑一顧，甚至加以嘲諷。[20]有時候女性也會站出來罷工——不一定是出自男性工會領導者的建議。這時就需要主管、父母和官員的威脅、強迫、利誘及修改法律結構，才會讓工廠女工重回生產線。此外，工業生產力和利潤最大化的目標經常與通行的女性文化規範互有扞格。這時政府的經濟專家、企業家、技術工程師和支持他們的媒體就必須想方設法否認、或是至少要化解性別意識形態的尷尬。例如在十九世紀中葉，（對製衣的工業化最重要的）縫紉機既引發解放女性的歡呼，也拉響了性方面的父權警報。

縫紉機最初受到了女性主義的讚揚。它在一八五一年的倫敦博覽會和一八五五年的巴黎博覽會展出，也吸引了大批人潮。[21]湯瑪斯・庫克導覽的遊客會聽到他說縫紉機被譽為女性的解放者。它象徵進步：而科技會帶來解放。只要一國的女性可以使用縫紉機，就足以慶幸她們擺脫了體力勞動——體力勞動代表她們都擠在帝國階梯底層的無知社會。

雖然女性被鼓勵將縫紉機看作解放她們的家庭工具，但是男性企業家卻在替他們工廠中的女性買進大量縫紉機。縫紉機讓公司老闆可以把製作一件衣服或褲子的過程拆解成許多獨立的操作，這樣就可以合理化他們對裁縫女工施行的工廠系統：每一名婦女都只需要縫製衣服的一小部分——袖子、打褶、後褲袋。製衣廠老闆就可以按件支付員工的工資，而不是依小時計酬，或是得支付整件成品的工資。這讓製造商改變了對服裝製作者的定位：她們不再被視為熟練的手工業者；從今以後就可以把她們想像成具有替代性的僱工。這也讓工廠的男性老闆擺脫了手工業者加諸的束縛——手工業者會覺得自己的勞動力值得更多酬勞，也比較不會遵守督導控制。也就是說在工業化的時代，服裝和紡織工廠的崛起需要壓制某種男性氣質、壓制男性化的手工業者。此外，女性化工廠的按件計酬制也提高了女工之間的競爭意識，削弱了她們的團結感，因此而擴大了工廠主管對整個生產過程的控制。

不過，也有人詆毀縫紉機。縫紉機對服裝製造業的工業化如此重要，然而和腳踏車一樣，有許多人認為它會危害女性的性純潔。在一八六〇年代的法國城鎮，有大量被僱用從事縫紉機工作的婦女抱怨她們很疲勞、健康狀況不佳。在一八六六年，一名巴黎的男醫師尤金・吉布特（Eugène Guibout）向醫院醫療協會（Société Médicale des Hospitaux）指出：長時間使用縫紉機會產生大量的陰道分泌物，有時候甚至會出血，它還會導致生殖器極度興奮——這是由於操作這種雙踏板的機器會摩擦大腿（雙踏板的機械裝置後來被用於為工業生產機器提供動力）。這場爭論後來延燒到德國和義大利。有些男性科學家並不像吉布特醫生那樣擔心，但是他們也對雙踏板縫紉機潛在的自慰效果感到驚訝。單踏板機器問世之後，國際醫學界明顯鬆了一口氣。一直到下個世紀的電動縫紉機出現，縫紉機對性有什麼影響的爭議才日漸平息。[22]

歷史上的牛仔褲：探索您的全球衣櫥

每一件衣服都有自己的國際性別政治史。

當人們在講述牛仔褲的故事時，經常講得像是一個沒有性別之分的故事，故事裡充滿男性行為者，但是講述的人對男性氣質或是女性的生活沒有絲毫好奇心。例如：舊金山的批發商李維・史特勞斯（Levi Strauss）和他的合作夥伴——裁縫師雅各布・戴維斯（Jacob Davis）在一八七三年發明了牛仔褲（這個名詞是來自一種最早從義大利熱內亞開發出來的棉質布料），他們用堅韌的厚質丁尼布（這是法國尼姆的紡織品製造商對熱內亞材料的一種改良版，因此稱為「丁尼布」〔de Nîmes〕），再加上現在獨特的銅鉚釘來強化褲子的接縫。最早的牛仔褲都是由裁縫師縫製的，因此他們被視為工匠。牛仔褲很快就成為加州等地區的工人流行的服裝選擇。為了滿足這些需求，並使利潤最大化，牛仔褲開始由工廠生產，李維．史特勞斯也成為全球化服裝產業的巨頭之一。[23]

我們可以講述全球化的牛仔褲現在正在發生的另一個真實的性別故事，從其中更可以看清金礦礦工和裁縫工匠具有的男性氣質、工廠女工的女性氣質、以及正經女人該有的表現。性別的政治故事也凸顯了男性想要控制女性的勞動力。利惠公司（Levi's）的牛仔褲從工匠的作品變成工廠產品，該公司的縫紉勞動力也變得以女性為主。商業上的成功不再仰賴男性的手工技能，而是靠著壓低女性按件計酬的勞動力價格。

您可以打開自己的衣櫥，展開您自己的這趟跨國與跨性別的牛仔褲歷史探索。您可以拿出所有藍色與黑色的牛仔褲，根據年分把它們攤開。從最舊的、褪色的、膝蓋部分已經磨損的那一件，到您還穿不慣的、最新的那一件，它們都是百分之百純棉的嗎？在今天的中國、印度、美國、巴基斯坦、烏茲別克和巴西是最大的天然棉生產國，這讓人們開始思考女性和男性在這些國家的棉花種植中的角色。[24] 現在看一下您的每件牛仔褲上的標籤：它們會列出縫製這些牛仔褲的國家。試著記住您購買的每一件牛仔褲的年分。您即將開始探索藍色牛仔褲在歷史和國際上的政治性別模式。

李維．史特勞斯的美國工廠維持的時間比許多大品牌的服裝公司都還要久。相較於許多競爭對手，它也抗拒了比較長的一段時間，才把生產外包給承包商。不過在同時，Levi's 的高階主管卻對工人加入獨立工會保持敵意。在該公司追隨其他服裝公司的腳步將業務轉移到海外之前，先把工廠搬到了美國南部和西南部，這些地區的保守派州議員讓工人很難組成工會。在一九八〇年代初期，德州的艾爾帕索（El Paso）在當地被譽為「世界的牛仔褲首都」。

在一九八〇年代用象徵Levi's的橘色線為Levi's縫製衣服的大多數美國工人是拉丁裔女性，她們在當時的美國社會中是政治邊緣人，在聯邦政治中也沒有發言權。[25]但是拉丁裔又被海外的工人取代了。該公司的美國生產公式——使用女性和特定種族的人士——被證實無法滿足Levi's管理階層對利潤的期待。Levi's在二〇〇四年已經把所有製造部門從美國搬出來轉移到菲律賓、中國、印尼和土耳其，並關閉了美國的最後一家工廠（德州的聖安東尼奧廠）。[26]生產地點改變了，工人的種族和國籍也都改變了；但是Levi's的主管還是偏好以女性作為主要的製造勞動力。

因此，在以女性主義探索您的全球衣櫥時，第一步應該先看一下以前買的衣服上縫製的標籤，了解一下它們的生產國。不

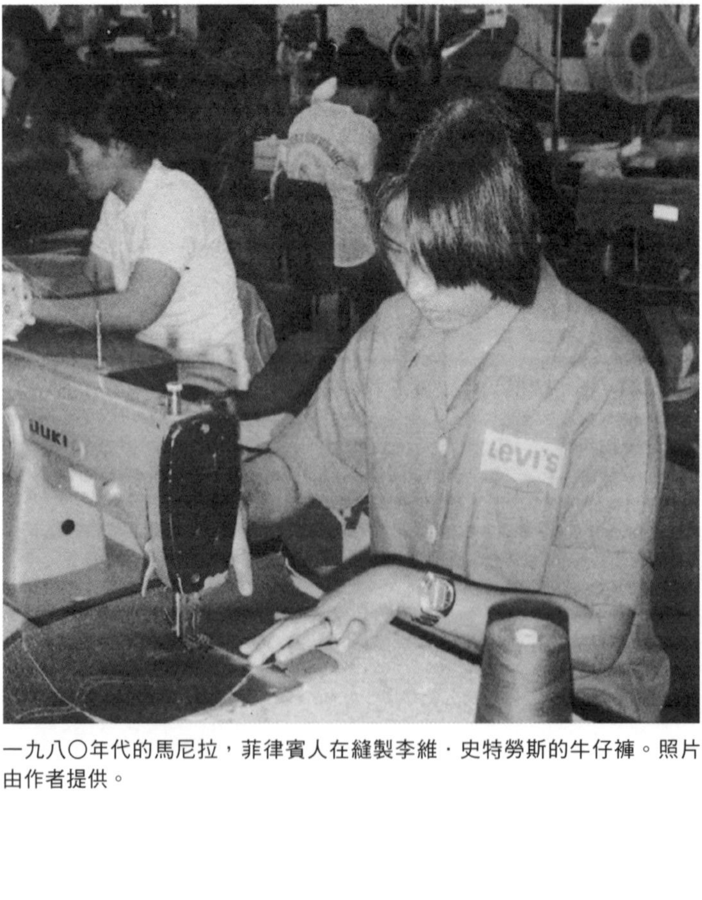

一九八〇年代的馬尼拉，菲律賓人在縫製李維・史特勞斯的牛仔褲。照片由作者提供。

過，標籤不會告訴您這件牛仔褲是什麼性別或種族的人在負責設計、剪裁、縫紉、熨燙、包裝和行銷——或是這些工人中有哪些人領的是生活工資（指為了支付生活開銷所需的最低收入）。標籤也不會告訴您哪些國內／國際的男性同盟是為了壓低縫紉工的工資而結成的，或是每一位縫紉工對她的低工資有什麼想法。標籤也不會告訴您工廠車間的門是不是要向內打開。如果要知道這些重要的資訊，您還是必須深入挖掘。

一九七〇年代末在許多國家興起了婦女運動，它們改變了許多女性對於「女性氣質」和「正經」的觀念。美國和歐洲的各個社會階層的女性開始穿牛仔褲——「設計師的牛仔褲」，好讓自己與男性礦工和碼頭工人的穿著做出區隔。最受歡迎的是全棉的丁尼布藍色牛仔褲。當服裝公司遠赴他鄉尋找廉價的勞動力時，女性消費者也開始重新定義什麼是正經的女人。

當時美國服裝業的兩大工會之一，國際婦女服裝工人聯合會（International Ladies Garment Workers Union）在一九七〇年和一九八六年之間減少了二十多萬名會員。理由很容易了解：因為美國的女裝和童裝產量下降了超過百分之五十。不過，紐約的大都會區仍然居住著數千名在服裝廠工作的男性和女性：該工會直到一九八六年還是有七萬五千四百名紐約會員，領導階層主要是男性，而普通會員則絕大多數是女性。[27]

「去工業化」帶來政治上的焦慮，因為工業衰退意味著鋼鐵和汽車重鎮（像是匹茲堡、伯明罕和底特律）的工廠男性工人會遭到裁員——而且大概因為在許多男性民選官員的心目中，只有男性的高失業率才會造成社會危機。相較之下，早期美國製衣廠工人的經濟困難和她們所反映出的國際變化則容易遭到官員忽視，因為大多數製衣廠工人都是女性，其中有許多還是移民而來的城市或貧窮農村婦女。此外，在這些男性的決策者看來，女性需要一份薪水好的工作依然不構成社會常規。對於政策制定者來說，即使女性失去了有薪工作，也不會讓政治拉警報。

班尼頓模式：一九八〇年代的全球化作業

李維・史特勞斯和其他美國服裝公司把工廠往南遷，並僱用更多的農村白人婦女、非裔美國人和拉丁裔婦女來縫製它們的產品，而英國公司則是看向黑人和亞裔的英國婦女。這些婦女中的許多人都是剛從加勒比海地區、巴基斯坦和孟加拉前來，她們做的都是一些低薪、福利最少而且健康危害最大的季節性工作，很容易顯得孤立無援。英國的大型零售商（例如瑪莎百貨〔Marks and Spencer〕，該公司在一九八〇年代的銷售占英國所有賣出服裝的五分之一）下定決心要成為「沒有工廠的製造業者」。他們的主管開始把契約外包給比較小型的服裝生產商，再由這些生產商僱用工人或是另一層分包商。他們之中許多人僱用的婦女會在自己家裡從事縫紉。工業化的家庭代工倒也不是新職業，只是現在變得全球化了。[28]

雖然女性家庭代工的工資很低，也沒有什麼醫療或是退休金福利，而且必須自己負擔電費，但是這種在家工作的新方式通常可以吸引到需要照顧小孩的女性。從事這樣的縫紉工作意味著婦女不必在母親和有薪工作之間做選擇，而該婦女的父親或丈夫也會覺得這種工作令人放心，因為他們的妻子／女兒不必面對英國的工業化社會中嚴酷的種族主義現實——或許還有這些男人想像中的不道德誘惑。後帝國時期的英國移民的性別和種族政治都被織入瑪莎百貨訂製的襯衫了。在一九八〇年代，有一名亞裔的英國女性家庭代工解釋說：

> 姊妹啊，如果妳住在〔倫敦東緣的〕紐漢（Newham），其實妳別無選擇。亞洲人的房屋被燒毀甚至都不再上新聞了……在這種情況下，我是要怎麼離開家去找工作？我希望都沒人看見我，的確就是這樣。
>
> 而且，姊妹啊，我是一個寡婦，我真的不知道我在法律上有

什麼地位……現在是我的叔叔把縫紉機工作帶到家裡來讓我做。合算下來是每小時五十便士，條件是不好！但是總之我可以賺錢養活我的孩子。最重要的是，我不必走到白人的世界裡，面對種族主義的虐待帶來的恐懼。[29]

不過瑪莎百貨在二〇一〇年就已經減少了對英國亞裔家庭代工的依賴，它也和其他大型的名牌服裝零售商一樣，把許多製造業務轉移到孟加拉。

在一九九〇年代的班尼頓是一家時髦、受人喜愛而且在全球都很成功的服裝公司。它的總部位於義大利北部一個由農場和小鎮組成的地區，那裡有發展蓬勃的工業公司，因此贏得了「第三義大利」（the Third Italy）的稱號：「〔盧西亞諾・〕班尼頓（[Luciano] Benetton）那獅子般的灰褐色捲髮和角質框架的眼鏡會出現在無數的媒體照片中，數百萬義大利人都對他很熟悉了，他穿著各種平常的休閒服裝：寬鬆的卡其色褲子、棕色的里昂比恩（L. L. Bean）風格的牛津鞋、花呢夾克和領尖有紐扣的襯衫……〔他即將要做的事情〕比生活中的任何一件事都讓他感到興奮：在世界上『遙遠、幾乎無法置信』的地方開設一家班尼頓商店。那天早上我們是要去布拉格參加班尼頓的開幕儀式。」[30]

班尼頓受人推崇的是它充滿時尚感的設計、大膽的跨種族廣告意象，以及它可以迅速的改變時尚，跟上善變的消費者們改變品味的速度。這種企業公式靠的是**靈活性**：班尼頓必須利用先進的電腦技術搶先機設計新圖案。而如果要最大限度的提高靈活性，班尼頓的主管就必須能夠號召當地的小規模縫紉車間，才能夠比大多數大公司都更快的更新產品，同時又要確保足夠低的價格，好讓班尼頓能夠領先許多零售商。

解決方案是：義大利的家庭分包商會僱用義大利的婦女在家工作，或是在非屬於工會的小型車間工作。雖然班尼頓在一九八〇年代中期在義大利北部其實有八間自己的工廠，但是這些工廠只僱用了兩千名製衣工（班尼頓公司總共有八千名服裝工人）。當時要靠班尼頓維持生計的義大利女性中，大部分並不是直接替該公司工作。這是一個成功——也就是能賺到錢——的企業模式秘訣之一，它用最大限度提高了時尚的靈活性。如果有記者要來採訪，該公司安排的參觀行程中不會帶記者去參觀那些沒有加入工會的小型商家（他們都聚集在班尼頓那給人深刻印象的新工廠周圍），雖然這些小型分包商承擔了班尼頓大約百分之四十的針織工作和百分之六十的服裝組裝工作。如果今天有人到義大利北部的服裝工廠參觀，當他走過工廠時，一定會發現大多數低薪、沒有加入工會的縫紉工和裁剪工人都已經不是義大利人；今天他們都已經變成中國移民了。[31]

十幾歲的女孩是一九八〇年代的主要消費市場，她們開始會採用「班尼頓造型」。班尼頓的主管用顯然帶有後民族主義色彩的「世界色彩」宣傳活動，著手創造出一種解消國界的風格。班尼頓正在幫歐洲的青少年替多民族歐盟的擴張做好準備。而這個明顯走向全球化和後民族主義的消費者運動依靠的是被隔絕在家庭中的女性勞動力。

不過到了二〇一三年，班尼頓的管理階層也已經把公司的部分生產分包給孟加拉工廠了，這些工廠的女工也在替瑪莎百貨、Zara、沃爾瑪和 Gap 縫製衣服。

銀行家與縫紉女工

Nike 是放棄自家工廠的先驅。Nike 的奧勒岡州（Oregon）男性主管決定要仰賴承包的海外工廠老闆時，他們選擇了南韓。南韓政府很友善。南韓政府在一九七〇年代還十分軍事化；也因為軍事同盟而與美國緊密的連結在一起，在南韓有數十個美軍基地駐紮了五萬名美軍。Nike 的主管認為這種冷戰布署讓南韓看起來是個不錯的投資選擇。但是接下來，南韓卻在一九八〇年代中期爆發了成功的群眾民主運動，包括大學生和工廠工人的女性在這場運動中發揮了重要的政治作用。南韓用新的文官民主政治制度取代了軍事政權，當地的婦女運動和工會都變得更有影響力，Nike 的主管在這時候決定終止和南韓工廠的契約，與他們的南韓男性分包商一起搬到印尼等地方。此後，印尼的農村、移民和年輕女性就成為 Nike，還有 Puma、愛迪達（Adidas）和銳跑（Reebok）的全球營利公式中一個重要的部分。[32]

服裝工廠在二十一世紀初已經成為（在政治上路線各異的）各國常見的當地景觀之一了。縫製每一條牛仔褲、每一件襯衫或比基尼的絲線都帶有特定的性別政治色彩。例如在種族隔離制度下的南非，以白人為主的政府官員會鼓勵外國公司在班圖斯坦（Bantustans）設店，這樣的領土規劃是為了支持種族隔離，以及支撐起黑人的「家園」能夠自給自足的神話。也有來自香港、台灣和以色列的企業接受了南非首都普勒托利亞（Pretoria）的邀請。[33] 越南的共產黨政府官員為了推動越南在戰後的經濟發展，而在一九八六年採取了一項名為「革新」（Doi Moi）的新親商政策。政府在此政策下的體制延續了幾十年，對它的描述是「普遍不透明的越南製造業世界，會有好幾層承包商和分包商」替國際市場生產服裝和運動鞋。[34] 同時間的斐濟也面臨世界糖價長期低迷，且旅遊收入在軍事政變後急劇衰退，政府為了彌補，便嘗試吸引澳洲和紐西蘭的服裝公司前來設廠，並提供特別優惠好與斐濟的亞洲鄰國削價競爭。斐濟官員希望斐濟婦女的縫紉工作能夠彌補農園經濟弱化、種族衝突和軍事化帶來的問題。[35]

服裝業的國際政治從坐在縫紉機前縫著一件又一件難搞的牛仔褲縫線的婦女、一直延伸到董事會和部長辦公室中起草著一份又一份貸款和投資備忘錄的男人們。不論是私人銀行或是國際銀行機構（像是世界銀行和國際貨幣基金組織），銀行家一直是服裝產業全球化的主要推手，也是他們促成了服裝產業刻意倚賴低薪的女性勞動力。不過，銀行家不會與操作縫紉機的女性談話，更不用說是談判了。銀行家都是與企業主管和政府官員打交道，尤其是那些主宰該國財政部門的男性。

這些交易都是秘密進行的，通常很緊繃，而且通常是在男性之間。不同男性氣質的運作是如何形成這些重要的金融交易，我們所知甚少。我們確實知道的是其結果不只會決定女性的生活，也必須仰賴對女性生活的控制。銀行家會將政府及公司的借貸與借款人是否有能力提高服裝出口的國際競爭力綁在一起。如果政府官員和製造業高層不採取刻意的措施來壓低製造業（女性）勞動力的成本，那麼這項貸款條件就很難達成了。

貸款和縫紉，這兩項活動在全球已經變得互為表裡了。每個過程中都必須仰賴對性別假設和性別關係的強化：出口服裝廠的車間還是都靠女性，而國際貸款機構的董事會則仍然偏向男性化。[36]

承擔風險一直是銀行業的男性化概念的核心。就像是前往「異國風情的」地區旅行曾經被認為是一種充滿風險、因此特別男性化的冒險形式，在今天，也有許多金融家認為像個男子漢一樣承擔風險是全球化的金融業和男性化的銀行業不可或缺的一部分。此外，自從各國政府在一九九〇年代和二十一世紀初大幅放鬆對銀行業的監管之後，承擔風險的價值就更大了。對銀行業的管制普遍放寬之後，原本屬於美國銀行的男性化風格現在在英國、愛爾蘭、冰島、西班牙、希臘和日本也變得常見。這種跨國界的男性化銀行風格也有助於維持（原本應該競爭激烈的）男性銀行家之間的合作關係。共通的男性化風格（願意承擔風險）造就了他們的「世界」。也讓女性只能繼續留在這個「競爭不斷」的錢財世界的邊緣——因為據說她們比「有男子氣概的男性」更討厭風險。

在今天已經有上千名女性在全球的銀行業工作。她們為銀行業提供了關鍵的支援服務；但是偶爾才有婦女會晉升到高階的政策職位（高階職位還是以男性為主）。以美國為例：女性僅占所有銀行業主管的百分之十六。長時間工作和不斷的出差無疑是證明自己願意對公司付出的必要條件，而對那些想要晉升到銀行高層的女性而言，僵化的傳統婚姻政治和為人母的政治強化了高層主管的男性化特徵。[37]

銀行業的男性化結構和文化一直持續到二〇〇八年的金融危機災情，甚至還維持到那之後。在全球金融危機的後期階段，有越來越多女性投身金融業，也有一些女性晉升到中階的管理職。不過一直到二〇一三年都沒有女性擔任過歐盟的中央銀行行長、世界銀行行長、美國的財政部長或是英國的財政大臣。在二〇一一年才有第一位女性——克莉絲蒂娜·拉加德——被選為國際貨幣基金組織的總裁。直到二〇一四年才有第一名女性——珍妮特·葉倫（Janet Yellen）——獲任命為美國聯準會（U.S. Federal Reserve）主席這樣重要的職位。每一項突破在很大程度上都是對各方政治壓力的回應。任命本身其實無法證明全球銀行業的父權制慣例已經被徹底推翻了。[38]

國際銀行界的男性化在政治上付出了高昂的代價。它破壞了政府的穩定、扭曲公共優先事項、破壞了包容性的民主，還擴大貧富差距。許多歐洲和發展中國家揹負著巨額的國際債務，幾乎付不出積欠外國債權人如天文數字般的利息，更不要說是償還本金了。不過日本、英國、德國、美國和其他重要的貸款人及其政府也擔心全球違約會擾亂二戰以來精心建構的國際政治經濟。因此，貸款人及其盟友會施壓債務國政府兌現他們的巨額債務。最常見的一整套貸款條件——「結構調整」——包括減少債務國政府對「非生產性」公共服務（交通和食品津貼、公共醫療衛生服務以及教育）的支出，還有擴大出口：出口品包括當地開採的原材料、當地種植的農作物或是當地製造的產品。後者就包含服裝。許多負債國政府如果無法靠服裝出口維持全球競爭力，就無法償還國際的債務。

銀行家提出的主要出口策略是加工出口區。經濟學家鼓勵負債國政府劃出一個區域來建立工廠，專門生產商品提供給國際市場。政府為了吸引海外公司把工廠遷到這些地區，會提供電力、港口、跑道、低成本的工人、免稅期和警察的保護。其中最吸引人的莫過於政府承諾要提供「廉價的勞動力」。大多數加工出口區（不論是位於斯里蘭卡、菲律賓、薩爾瓦多、尼加拉瓜或巴拿馬）都至少有百分之七十的工人是女性，這應該也在預期之中。

承擔風險的全球銀行家需要靠認真工作的裁縫女工來維持他的世界。地方的父權政治家和他的財務顧問需要裁縫女工讓銀行家感到安心。如果裁縫女工展開反抗、徹底的重新思考身為一名以縫紉為生的女性公民該是怎麼樣的，那麼她的國家就可能被銀行家列入「投資回報欠佳」的名單。

父權制從未過時

服裝公司的主管還在靠四種父權制的假設幫他們維持工廠女工的低薪資。首先是將縫紉定義成女孩和婦女「自然」或是「傳統上」就要做的事。一個人「自然」就會的事情就不是一種「技能」了，因為技能是必須經過訓練才能夠學會的，既然要學習，就必須獲得報償。事實上，許多女學生在上家政課時也必須經過一番掙扎，然後還是學不會課程要求的裙子或圍裙。一名製衣廠的經理說他還寧可僱用不會縫紉的年輕菲律賓女性，這樣子「就不必改掉她們以前學到的壞習慣了」。[39]但女性是「天生」縫紉工的迷思仍然存在，工廠經理也會利用這種迷思來貶低女性製衣工的實際技能、壓低她們的工資。於是有女性縫紉車工展開罷工，要求公司主管將她們的工作歸類為「技術性」工作。[40]

其次，只要將所謂技術性的工作保留給男性，就可以讓女性的勞動力一直保持**廉價**。「天生」的女性縫紉工會被分配去操作縫紉機；而主管會僱用男性擔任裁剪工人和熨衣工，以及操作一些專門設備（像是拉鍊插入機）。負責裁剪、熨燙布料和放入拉鍊的工人所領的工資比縫紉工高。主管認為只有男性才具備操作專門機器和熨燙所需的體力，而這些工作所需要的技能也只有男性才學得會，這種想法忽略了還有其他技術選項，而且女性在做家務和農活時同樣需要付出體力，這種想法還忽略了其實有些男性的學習能力比不上某些女性，也學得比較慢。

第三，工廠老闆和主管認為女性只是家庭中次要的收入來源，這樣就可以合理化他們支付給女性的工資比男性少，甚至低於生活工資。他們寧可忽略（其實在大多數時候）年輕女性勞工的農村父母已經開始依賴這些年輕女孩（他們的「孝女」）寄回家的錢。但是每當主管們想要說服女性不要因罷工而丟了工作，他們又會策略性的操作對女兒的期望。跨國服裝公司的主管會用一種過時的假設來自欺欺人：作為父親和丈夫的男性依然是掙錢養家的人。在一九九〇年代，在女性主義者的內部活動和外部遊說之下，一些較大的國際機構說服了他們的經濟學家和發展專家，讓他們意識到這個「男性在掙錢養家」的假設已經與經濟現實脫節了。[41]「男人要掙錢養家」這個假設對於幾代的製衣廠主管來說一直是一大福音。它在今天還是一個錯誤的假設，但是它讓主管可以合理化他們支付給女性員工的薪資比較少的事實，**彷彿**女性回到家後還可以得到男性的經濟支援。

事實上，離婚、遺棄、經濟衰退、愛滋病、戰爭和分居顯然導致越來越多婦女成為家庭的主要收入來源——通常還是唯一的收入來源。她們不僅要撫養自己的孩子，還有親戚的孩子，以及年邁或貧困的父母。在二〇〇六年，西歐和北美之外的許多國家已經有百分之二十五以上的家庭是以女性作為戶主，包括越南、香港、賴索托、納米比亞、辛巴威、肯亞、蒲隆地、坦尚尼亞、巴西、秘魯、委內瑞拉、哥倫比亞、薩爾瓦多、哥斯大黎加、尼加拉瓜、海地和多明尼加共和國等族繁不及備載的國家。[42]

工廠老闆和他們的全球客戶的第四個自私主張是單身女性並不是「認真」的勞動力人口——雖然她們每天在機器前面工作十一個小時，每週要工作六天——她們只不過是想要工作到找到老公「安定下來」的那一天為止，然後就給老公養了。因此，現代的婚姻管理學認為單身的女性員工不需要獲得專職工人的報酬：對她來說，替 Gap 縫製衣領或是為 Levi's 縫製後褲袋只是在走過「這一個階段」。如果男性工會領導人也持這樣的觀點——女性的主要和永續職業就是成為一個好太太——女性集體行動的前景就更加黯淡了。

因此，其實是父權的力量讓女性勞動力保持廉價。壓低女性勞動力的價格需要結盟、保持警惕和每天的努力。這種努力是今天的「國際政治經濟」不可或缺的一部分。只靠工廠主管還無法讓女性勞動力保持廉價：還需要有意願的盟友一起抱持並宣揚父權思想，包括父親和丈夫、媒體製作人、地方和國家的官員、警察部隊、全球的主管、勞工運動人士。也就是說，企業和政府要賺到利潤和稅收，必須讓某些關於技術、婚姻、孝女、育兒、正經的女人和時尚的觀念永遠保持不變。父權思想鞏固了家庭內部、社群內部、政府內部和政府之間、以及工廠車間裡的性別關係，全球服裝產業的政治就是靠這些父權思想維持的。

要從女性主義的觀點理解銀行家與藍色牛仔褲的國際政治——還有女裝、運動鞋、運動衫和足球制服——就需要廣泛探討各種環環相扣的性別思維和許多政治場域，並找出誰會因為這些特定信念的延續而獲得什麼好處。

輕工業、重工業：女性在哪裡？男性又在哪裡？

最急著壓低人力支出的人就是那些最需要依賴人力生產產品的公司經營者。公司越是能夠最大限度的減少對人力的依賴，主管就越不需要集中精力削減勞動力的成本。在今天，勞動力最密集的產業稱為「輕工業」。而勞動力密集度最低的產業則稱為「重工業」。輕工業和重工業的差別還有人力和資本設備的混合程度，資本設備包括熔爐、渦輪機、電腦、機器人、織布機、縫紉機，每一種設備都必須產出符合利潤的產品。

輕工業屬於勞力密集的產業，比較不必仰賴大量資本注入，因此也比較不會集中在少數幾個所有者手中：輕工業市場中的人數比重工業市場多得多。這使得輕工業的分布比較分散，全球競爭更加激烈。因此服裝界的國際性別政治便不同於（例如）鋼鐵業的國際性別政治。

輕工業在全球的競爭激烈，強化了業主和主管想要儘可能降低勞動成本的決心。削減勞動成本被認為是擊敗競爭對手的主要策略之一。服裝業在全球化之後變得分散——尤其是因為全球的「供應鏈」還包括許多層的供應商和分包商——這使得勞權倡議者很難監控公司的不當虐待，就連盡責的政府也很難有效的實施工人安全法。要隱藏一間違法的服裝工廠，比掩蓋一間違法的汽車工廠容易得多了。美國最高法院的法官索尼婭·索托瑪約（Sonia Sotomayor），她是第一位被任命為美國最高法院法官的拉丁裔美國人，最近回憶起她在兒時的一九五〇年代曾經去過她的阿姨奧羅拉（Aurora）在紐約市布朗克斯區的服裝縫紉廠。小索尼婭發現即使是在夏天那樣「悶熱、黑暗、空氣也不流通」的車間裡，窗戶都還是「漆成黑色，門也關得嚴嚴實實的」，這讓她感到十分困惑。她很天真的問為什麼她的阿姨和其他波多黎各女工都沒有抱怨，但是別人就只是叫她不要多問，這件事情本來就是這樣。也就是說，她的阿姨和同事都是在一間非法、沒有註冊的工廠裡，領著低薪做縫紉的工作。[43]

「輕工業」是最為女性化的工業，而「重工業」則是最男性化的工業。這種區別並不是說服裝廠裡就沒有男性工人，其實還是有，他們會擔任裁剪工人、拉鍊機器的操作員、熨燙工、包裝工人和主管。也不是說重工業（像是汽車製造業或造船等）的工廠裡就沒有女工，其實也有。說輕工業偏「女性化」其實是指管理階層偏好僱用女性擔任大部分的工作，其中的勞資關係也是依照父權制對傳統女性的假設。同樣地，說重工業為「男性化」其實是說主管會假定該產業的大部分工作最好由男性擔任，該產業的勞資關係主要文化則是由父權制對男性的假設所形成的。因此，除了要對全球的服裝、玩具或電子產業進行有性別敏銳度的女性主義調查之外，我們還要對國際的汽車、鋼鐵和造船業也進行女性主義分析。以下列出了今天的一些產業通常被認為是兩種主要類別中的哪一種：

輕工業	**重工業**
紡織	鋼鐵
服裝	鋁
食品加工	汽車（包括裝甲車）
煙草	化學製品和石油化學製品
玩具	機械製造
鞋類	採礦
電子	石油化學產品
資料輸入 （例如：保險、機票預訂）	飛機與航空航天工業
小型武器 （例如：手槍、步槍、榴彈發射器）	造船

除了只是比較輕工業和重工業之外，還需要釐清它們之間的政治關係。這些政治關係也與性別有關，而且會決定女性和男性在國家事務中有多少影響力。今天的巴西同時擁有重工業和

輕工業；印度、中國、美國、英國、加拿大、南非、瑞典、日本、俄羅斯、法國、波蘭和南韓也是。**如果**女性普遍被視為母親、臨時或兼差的工人以及非技術工人，**如果**女性在（據稱代表她們的）工會裡沒有影響力、或是如果她們根本沒有工會，**如果**女性不被政府部門或政黨中的男性認真當作盟友或對手，**那麼**在輕工業工作的女性就特別難在政治領域站穩腳跟。換個方式來說，在採礦、造船、航空航天、汽車、鋼鐵或石化產業工作的非精英男性可以集體對其國家的政治制度產生影響，這不僅會使重工業掌握特權，也讓男性取得了特權的地位。這種男性的政治影響力會削弱集中在輕工業的整個女工群體。

從服裝業轉往鋼鐵業發展被認為可以提升一個國家的全球地位。發展一個國家自己的重工業——男性化的工業——會使得那個國家及其官員受到認真的看待：該國會被認為已經「達陣」：該國官員可以加入大人物的行列了。他們可以試試看加入二十大工業國（Group of Twenty），甚至是人數更少的八大工業國組織。南韓和墨西哥、最近還有被稱為金磚五國（BRICS）的巴西、俄羅斯、印度、中國和南非等國的政府官員都在發展男性化的重工業，並對其國際地位的提升表示自豪。而在同時，「已開發」國家（像是美國、英國、日本和法國）則擔心由於其鋼鐵、造船、飛機和汽車產業的相對沒落，正在失去自己過去以男性化精英身分站上的全球高度。

如果政治評論家認為由於「國家安全」議題而應該正視本國的鋼鐵、飛機或汽車公司，其實他們也正在進一步將女性的有薪工作推向邊緣化，並且確認了國際政治的男性化。

這些就是整體的性別模式。它們都有意義。它們都有國內和國際的原因和後果。不過每一家服裝工廠、它們的男性老闆、以及所有在工廠工作的男性和女性都是存在於特定的時間和地點。沒有一間服裝工廠或縫紉女工是懸浮無根或是外於歷史的。我們每個人都生活在歷史中，我們都會在特定的時間和地點思考和行動。對於所有服裝工廠的女性主義研究都需要綜合考慮上述的整體模式、以及特定的時間和地點。抽象的空想是絕對不夠的。

南韓：成為「老虎」要由誰付出代價？

在一九八二年，南韓的政府官員正在為自己的國家宣傳，希望南韓被選為一九八八年的奧運舉辦國，此時有評論家提出了「兩個韓國」。他們並不是指北韓和南韓。他們指的是擁有大型資本、重工業的南韓，和擁有較小型的服裝、運動鞋和電子組裝廠的南韓。

韓國女性在工廠工作的歷史早在一九一〇年就展開了。[44]不過在一九七〇年，軍人出身的朴正熙總統和他的男性化軍政府發起了一場刻意設計的運動，勸說父母讓他們的女兒離開家、延後結婚，到南韓的出口工廠工作，政府說這樣不僅會對她們的家庭有好處，對國家也有好處。[45]據估計，在一九八〇年代時，女性勞工已經占了「第二個」南韓的三分之二。她們每週比男性同僚的工時更長、要做更多家務，但是平均薪資卻少了三分之一。

女性生產的服裝、電子產品和鞋子讓南韓商人累積了足夠資本可以創辦自己的重工業公司，還成為全球公認的新興經濟「老虎」。也就是說，靠著壓低女性在輕工業的勞動力工資，替該國較有聲望的重工業提供了資金，還讓該國的精英有信心能夠成功申辦奧運。

一場工廠火災凸顯了這種特定國家發展策略的成本。一場大火在一九八八年三月席捲了 Green Hill 紡織公司，公司的樓梯門一直鎖著，還有成堆剛完成的毛衣堵住了出口。這間小工廠擠在首爾郊外住宅區的撞球廳、餐廳和教堂之間。灰燼中有燒焦的縫紉機、被煙燻黑的成堆木材和煤渣，還有能看出一些女性曾經在那裡工作、也死在那裡的小小紀念品：一張年輕女孩在紅花田裡燦笑的照片、一張流行歌手的雜誌剪報、一封年輕男孩從軍隊中寄來的信。該次共有二十二名年輕女孩罹難。[46]

Green Hill 工廠的老闆是四十四歲的李豐遠（音譯，Lee Pung Won），他會承包日本和歐洲電子公司的工作，他被公認是一名好僱主，對待工人「就像家人一樣」。他的員工大部分是單身的南韓年輕女性，她們從農村前來城市尋找一份有薪水的工作。李豐遠付給她們的工資是大約每小時一點七五美元，她們每週要工作五十七小時。在這一點上，她們其實與附近的工廠（專門生產出口的鞋子和電視）的其他南韓女工並沒有太大差異。如果工廠收到全球客戶的大訂單（這在季節性的服裝貿易中經常發生），李豐遠還希望女工們能夠工作更長的時間。全球的企業客戶並不在乎工廠是怎麼趕上交貨期限的。[47]

許多南韓的工廠女工在一九八〇年代舉行了罷工，她們與要求民主的中產階級大學生一起走上街頭。他們一起合作推翻了獨裁的軍政府（該軍政府是美國的親密軍事盟友）；這個政權曾經很積極的想要改變國族主義的「孝女」觀念。工廠女工知道參與這場支持民主的反叛運動不只會危及她們的工作，還會危及她們是正經的女人、合適的婚姻對象的年輕女性名聲。[48] 在今天，Green Hill 紡織廠大火和軍事政權垮台的二十五年後，南韓的婦女運動已經獲得了很大的政治影響力，因為它們結合了中產階級的女性運動人士和工廠的女性運動人士，一起要求在形式上保持性別公平的民主化。她們要推動立法機構的改革，力求消除家庭法和勞動法中一些十分家父長式的影響。

不過，南韓婦女運動的影響力最近卻倒退了，這是因為該國的輕工業衰落（南韓的軍政權垮台之後，許多南韓的男性企業家紛紛將他們的承包工廠轉移到印尼、越南、孟加拉和中國），經濟衰退引發了民族主義，並想要強化家父長式的家庭角色，而且人民也重新開始關心國家軍事化帶來的國家安全。南韓在二〇一三年選出第一位女性總統朴槿惠，她是保守黨黨魁，也是該國最後一位軍人總統的女兒，但是她並沒有替南韓的女性主義者或是該國的工廠女工注入力量。[49]

墨西哥：一次地震只是開始

一九八五年九月十九日早上七點十九分，墨西哥城經歷了北美最嚴重的地震之一。數千人無家可歸，現代化的辦公大樓從中斷裂、不堪使用，在墨西哥長年執政的制度化革命黨（Institutionalized Revolutionary Party，一般稱之為「the PRI」）也遭受嚴重動搖。而對於在聖安東尼奧阿瓦德（San Antonio Abad）附近的許多工廠工作的縫紉女工來說，這次地震象徵一次政治和個人的轉折點。地震在那天早上摧毀了墨西哥城大約八百家小型服裝工廠，造成一千多名服裝廠工人死亡，另外有四萬人失去工作。[50]

在墨西哥城發生地震時，剛準備上工的婦女們站在那裡，眼睜睜的看著倒成廢墟的瓦礫堆，在一個小時前這裡還是她們的生計來源。那天是星期四，正好是發薪日。她們之中有許多人是單親媽媽。不過當她們站在工廠外時，首先想到的是早上七點開始工作、現在被困在已經夷為平地的廢墟的其他婦女們。她們的工廠經理通常會關緊工廠的門窗，以防止女工蹺班或偷材料，所以裡面的工人應該不太有逃生機會。有些建築物會分租給五十家不同的服裝公司，每層樓都有幾家。撐起建築物的樓板和水泥柱應該不足以承受笨重的工業縫紉機和大量織物的重量——雖然沒有政府檢查員投訴過這一點。大多數公司都是小型分包商，買他們產品的客戶都是國際公司。雖然這些墨西哥城的公司不像分布在美墨邊境的那些加工出口工廠那樣容易

墨西哥服裝廠的工人在一九八五年縫製的一條橫幅，上面寫著「我們要組工會的權利」。照片來源：Marco A. Cruz/Imagenlatina。

被看見、那樣為大家所知，不過它們也是墨西哥政府政策的一部分，墨西哥政府不僅想利用近海的石油、還想用旅遊業和出口輕工業來償還不斷增加的外債。外資和合資工廠（像是擠在聖安東尼奧阿瓦德附近的工廠）在一九八六年已經取代旅遊業，成為該國第二大外匯來源。[51]

婦女們試著爬過瓦礫堆的殘骸、去營救被困在裡面的同事，緊急出動的政府士兵卻把她們推了回去。起重機和士兵開始依照公司老闆的指示移走成堆倒下的水泥，好讓他們把工廠機器回收。太陽下的員工只能在站在繩索的另一邊，怒火中燒的看著她們的老闆和政府士兵放著受困的女工不顧、優先搶救縫紉機。

在過去，想要組工會的墨西哥工廠女工會遭到解僱，其他婦女也對工會避之惟恐不及，因為害怕會危及養活家人的這張飯票。就算有些女性願意冒著被解僱的風險，也還是得面對她們滿心憤恨的男性伴侶，因為他們不理解為什麼女性下工後還得留下來開會。此外，左翼的反對黨也很少關注小型血汗工廠的女工；這些男性工會主義者還寧可站到在政治上更有影響力的男性石油工人那一邊。墨西哥的女性主義者很活躍，但是她們大部分是中產階級女性，所以幾乎不了解只受過小學教育的貧困婦女心目中的優先事項。

現在，這些女性站在倒塌的廠房外，她們對於自己見到的一切感到越來越憤怒，所以開始討論、以及採取行動。有些婦女主動跑去擋住卡車，不讓它們運走老闆珍貴的機器。其他婦女則直接向老闆要求發還她們的工資。如果男性老闆只是聳聳肩，女人們便開始吼道：「賠錢！賠錢！」有數十名婦女決定在現場過夜，好防止軍用卡車開走或是老闆逃走。在這裡過夜，意味著要把等她們回家的男性配偶和孩子們先丟在一邊。

墨西哥城女權團體的中產階級婦女大約在這個時候抵達了倒塌建築物的現場，為現場的女工提供援助。有些服裝廠工人事後回想起女性主義者似乎有鼓勵她們組工會。但是服裝廠工人經過盤算之後，認為如果她們當真組織了獨立工會——非附屬於執政黨 PRI 的強大勞工聯盟——或許會讓政府決定採取報復手段，讓她們與老闆更加疏遠，這樣老闆就永遠不會給她們應得的現金了。而她們的 *compañeros*、即她們的男性伴侶又會怎麼想呢？如果女性開始認真看待自己的工作條件，他們是否會感受到威脅？於是女性主義者向後退了一步，改成捐贈打字機，並利用她們與城市媒體的聯繫幫忙宣傳女工的訴求。

墨西哥的服裝廠工人最後還是決定成立自己的工會，並且命名為「九月十九日服裝工會」（September 19th Garment Workers Union），這個工會獨立於所有政黨之外。運動人士成立了托兒中心，舉行有史以來第一次對家庭暴力的公開討論，並且試圖說服她們的男性伴侶相信女性在工會投入時間並不是因為在性方面有不忠。在一九八七年，工會已經獲得十二間工廠的工人支持和官方認可。不過，要讓援助及於遠在北部的華瑞茲（Juarez）或南部猶加敦（Yucatan）的工廠婦女，還是很困難。公共汽車的票價很貴。在一九八八年的墨西哥首次總統大選期間，脆弱的工會內部對於何謂在政治上獨立爆發了爭議，也導致內部發生緊張。而且在有記者報導服裝廠工人的故事時，政府的確會表現得通情達理，但是一旦記者都撤了、公眾的注意力也被分散，政府就會又重新與服裝公司結盟，收回對工會的官方認可。還有男性青少年小混混被派去工廠向女性運動人士丟石頭。於是便有些 *compañeros* 決定禁止他們的妻子和配偶參加這類會帶來人身風險的運動。

在一九九四年，墨西哥、美國和加拿大政府之間通過了新自由主義條約《北美自由貿易協議》（North American Free Trade Agreement），之後「九月十九日服裝工會」便無法再存在了。《北美自由貿易協議》不僅使美國企業更容易接觸到墨西哥的勞工和消費者，還讓墨西哥農民必須面對大量美國進口玉米和豆類的問題，這迫使許多墨西哥農民只好離開自己的農場，前往墨西哥那已經人滿為患的輕工業加工出口工廠找工作，或是越過邊境成為農業移工和家庭幫傭。[52]

墨西哥的婦女運動直到今天依然在政治上很活躍，她們一直在爭取對生育權（reproductive rights）的支持，以及制止對女性的暴力。中產階級的女性運動人士和勞工階級女性之間的聯盟仍然很脆弱，需要不斷呵護。墨西哥的政黨之間競爭激烈，不過還是有其中一個最強的政黨在挑戰曾經一黨獨大的 PRI，即親商的「國家行動黨」（National Action Party，簡稱 the PAN）。

墨西哥的男性高層政府官員已經不再那麼關注女性化的服裝業政治了，他們更關心的是男性化的販毒集團和石油出口的政治。

中國：行動的女性

如果我們看一下今天中國的社會地圖，一定會對中國的沿海和內陸省分之間的巨大差異感到震驚，而其中有許多差異都與性別有關。自從鄧小平國家主席在一九七〇年展開具有中國特色的，也就是受共產黨掌控的、資本主義的、因外國投資而驅動的工業化以來，沿海和內陸的經濟差距又更大了。[53] 除了地區之間的不平等之外，城鄉之間、超級富豪和其他人之間的差距也日益擴大。[54]

在二〇〇五年，光是南部沿海的廣東一省就已經成為**全世界**第三大服裝出口地。[55] 數以千計的中國年輕女性從貧窮的農村移居到沿海城市，並且把錢寄回家給貧困的農村父母。如果沒有她們寄回家的錢，城裡居民和農村中國人之間的差距還會更大。這些年輕女性填補了快速發展的中國輕工業（電子、紡織、運動鞋和服裝）的大部分工作。一九七〇年後的這一代年輕女性普遍識字、離鄉背井、晚婚、會寄錢回家給生計困難的農村父母，而在這個過程中提高了父母對女兒的重視。[56]

前面幾代的中國女性要求的是不只將她們視為女兒、妻子、母親和婆婆。這些女性大部分來自城市。在二十世紀初之後的中國女性是作家、改革者和爭取投票權的運動人士；有數千名女性投身群眾運動，挑戰朝廷的君主政體並抵抗歐洲、美國和日本的帝國入侵及軍事占領。農村和城市婦女都有對中國共產黨在一九四九年的革命勝利做出貢獻，成功的對抗地主及其政治盟友的剝削。[57]

不過，到了比較近期，從一九七〇年代後期到二十一世紀的頭十年，那些從農村出來到出口工廠工作的年輕女性至少在表面上似乎落入了中國工廠工人走向女性化的模式。男性化網絡中的四組人共同享受了這種模式：分別是由中國的成長帶動的政府官員、他們在地方上的富人盟友、當地的台灣分包商以及外國品牌的公司主管。這種模式下的女工人數眾多，因此甚具可替代性；她們工作勤奮、不組織工會；一心只想存夠錢回家鄉去結婚；她們結婚後就會心甘情願的放棄年資，把位置讓給更年輕的妹妹們來填補她們在生產線上的空位。

其實這些年輕女性也有自己的抱負，有她們的評估和算計，有她們的擔憂和失望。但就算中國／外國的男性精英承認女工有制定戰略的能力，他們還是一邊用奢華的宴會和有酒助興的卡拉 OK 建立男性的連結，一邊很安心的認為這些年輕的工廠女工已經接受了新自由資本主義下的個人主義：她們會私下處理自己不滿的情緒，例如撥打廣播諮詢熱線、找朋友聊聊，再把自己的職場策略調整一下。[58] 這些女性的口號是：「妳唯一可以信賴的人是妳自己。」[59]

但是，其實中國女性並不是「天生」順從或是只關注自己的事。她們也逐漸開始重新思考自己作為中國公民的權利，並且發展出集體的行動能力。她們開始公開抗議工作條件過於惡劣，這使得 Nike、Levi's、蘋果和其他全球品牌感到難堪（這些品牌的產品都是交由承包商〔例如台灣的製造業巨頭富士康〕的工廠所生產）。[60] 她們開始意識到自己所處的環境非常嚴峻。產業中心鄭州有上千名女性和男性在為蘋果組裝產品，一名記者拿蘋果的美國總部和鄭州廠區做了對比：「鄭州工廠與蘋果在加州庫比蒂諾（Cupertino）的現代化新園區可謂截然不同；庫比蒂諾的四周被杏樹環繞，鄭州工廠則完全散發出流放地的氣息。」[61]

中國網站新浪微博和智慧型手機讓更多中國女性和男性可以分享訊息，也讓更多人知道中國精英是多麼有錢到嚇人，以及這些商界和政界的男性精英做出的腐敗行為；例如包養情婦、開豪車 BMW、在高級俱樂部打高爾夫球。其結果使得工廠中的年輕女性開始覺得努力工作就是為了自己和抽象國家的想法失去了正當性。[62]

中國工廠的女性開始提出集體要求並舉行聯合罷工，同時北京政府的一胎化政策也讓人們不再覺得年輕女工是可以源源不斷替代的。這些女工新發現了集體槓桿的作用力，而同時歐洲、北美和日本也有越來越多消費者開始注意到——而且真的在乎——是誰在生產他們的衣服和電子設備，這些生產者的工作條件又是多麼危險和充滿剝削。

中國的工廠主管為了讓躁動的女工繼續留在工作崗位上，並且減輕他們的全球企業客戶感到的焦慮（這些企業客戶對聲譽都很敏感），於是被迫要至少解決工人的部分投訴，並提高工廠女工的工資。[63] 這兩種措施加起來，便使得中國在二〇一〇年的全球資本家競賽中喪失了部分競爭力（資本家一直在尋找廉價的勞動力）。我們越來越能夠確定那些以婚姻為重、忠於職

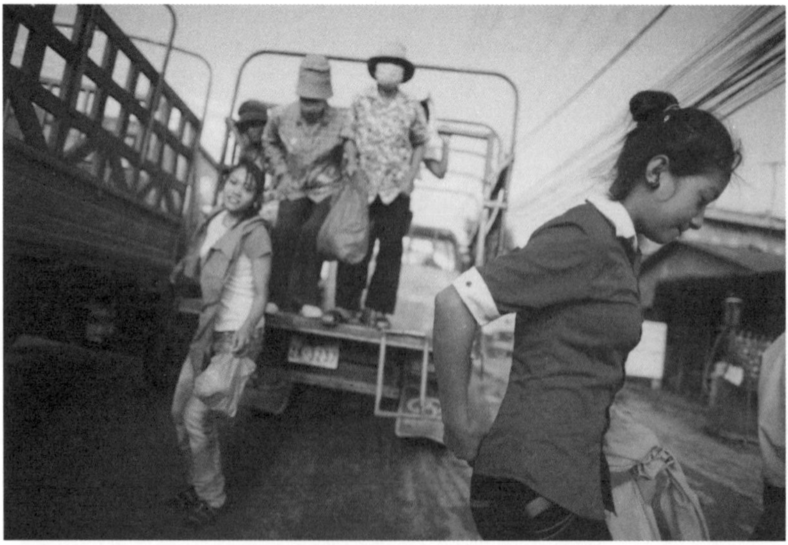

製衣廠工人於二〇一〇年在柬埔寨金邊搭乘卡車上班。照片來源：Will Baxter。

守、順從而且只重視自身的中國工廠女性從來都不是「天生」的；她們是決策和歷史中性別條件的產物。決策可能被證明缺乏遠見；而性別條件也可能發生改變。

中國的服裝分包商和他們的全球品牌客戶在二〇一〇年又開始重複他們這數十年來所做的事。他們在尋找新的國家設立電子產品、運動鞋和服裝工廠——這些國家的政府官員都握有獨裁權力，並且渴望將本國的廉價女性勞動力提供給國際出口商；當地企業家也渴望加入最新的供應商和分包商的行列；而且那些國家的年輕女性似乎在政治上顯得很天真，只想找到另一種生計讓她們可以擺脫農村生活、早婚、無償的農活和家務。孟加拉看起來很有希望。柬埔寨也不遑多讓。但是柬埔寨在二〇一四年初卻失去了對企業高層的吸引力，因為有上百名柬埔寨服裝廠工人走上街頭，抗議他們平均每個月只有八十美元的月薪過低，同時也抗議強制施行這些低工資的洪森（Hun Sen）總理的獨裁政權。[64]

結論

國際貨幣基金組織、世界貿易組織和北美自由貿易協議都有其作用。新自由主義經濟模式和（為了促進該模式的）結構調整公式會有作用。李維・史特勞斯、朴正熙、鄧小平和謝赫・哈西娜都有作用。政黨（像是制度化革命黨、孟加拉國人民聯盟和共產黨）會有作用。沃爾瑪、Nike、Tommy Hilfiger、H&M、瑪莎百貨、Mango、North Face、Zara、班尼頓和 Gap 都有作用。銀行家有其作用。許多不知名的供應商、分包商、安全監控員和零售商都有作用。母親、父親和丈夫有其作用。工會有其作用。消費者也有其作用——如果他們關注不斷變化的時尚、人為壓低的價格，或是關心工人的生活。每一個人都在服裝的全球化故事中扮演了她／他／它自己的角色，付出各自的成本，得到各自的好處。

每一件事也都與性別有關。

也就是說，每一個角色，包括世界貿易組織、沃爾瑪、承包商、銀行家、政黨、家長、消費者、工會，各自的形成都要視其日常操作中是如何運用男性氣質和女性氣質的觀念。而大多數這些互為連動的性別觀念又都在促成一種強而有力的觀念，即女性「天生」就是全球化服裝產業中的縫紉工。它們加起來，就把女工的勞動力**變得廉價**了。

如果我們忽略了——依然不好奇——男性氣質和女性氣質平常在這些角色的團體內部／彼此之間是如何運作的，我們便無法對服裝產業如何支撐政府提供令人信服的解釋，或是服裝產業何以會在全球替某些人帶來利潤、但是讓其他人受到剝削。

讓女性被看見，會使我們對有許多層面的性別政治保持警醒。培養敏銳的性別好奇心代表我們應該認真看待沙希娜・阿赫塔爾（Shaheena Akhtar）那過於短暫的一生。

熱那大廈是一棟八層樓的建築，它是由和政界有關的商人索赫爾・熱那（Sohel Rana）胡亂蓋起來的，裡面共由五家服裝工廠租用。沙希娜離開了孟加拉的一個貧窮農村，來到達卡近郊的工業區薩瓦（Savar），在熱那大廈的一間服裝工廠裡找到一個替全球的大品牌縫製衣服的工作。[65] 她有一個兒子羅賓（Robin），她在三十二歲時逃離會家暴的丈夫並成為單親媽媽。沙希娜在工廠裡一直工作到生羅賓的幾個小時前，並在生產兩個月後又回到工廠的縫紉機旁。她用了一個新姓氏——阿赫塔爾——來宣示她新取得的自主權。對於像她這樣低薪的製衣廠女工來說，宣告自主權的方式就是選擇自己的名字，還有與她的兒子及其他五個人共用兩個小房間。她們幾個室友加起來，總算可以支付每個月五十六美元的房租。

工廠的工資很低；她得去工作才有錢領。有其他女工注意到熱那大廈的牆壁已經出現裂痕，沙希娜的朋友勸她隔天，即四月二十四日就不要去上班了。但是雖然出現了這樣驚人的裂縫，熱那大廈的工廠老闆卻堅持要開工。他們必須趕上外國公司的交貨期限。沙希娜告訴朋友說她必須去工作。如果她不工作，就負擔不起每個月二十五美元的房租（她們七個人希望一起搬進稍大一點的公寓，這是她每個月要分攤的房租）。她的妹妹傑斯敏（Jesmine）還記得沙希娜在四月二十三日跟她說：「如果我明天不去上班，我就算曠職了，那麼我就拿不到當天的工資……他們還有可能拖欠我的月薪。我需要錢幫兒子買牛奶。」[66]

大樓在二〇一三年四月二十四日的早班時間開始變形。沙希娜和其他人還來不及逃出來，大樓就整片塌下來壓在她們身上。在熱那大廈倒塌事故的五個月前，才剛發生也造成死傷的塔茲雷恩工廠火災。總共有一千一百二十七名孟加拉的婦女或男性死在熱那大廈那斷裂的橫樑和破碎的水泥下。有幾家全球公司被迫承認他們的衣服是沙希娜和她的同事們一起在這棟不安全的大樓裡縫製的，這些跨國公司包括 Cato Fashions、羅布勞超市、Mango、Children's Place、傑西潘尼（JCPenney）和沃爾瑪。[67]

在一次接一次的孟加拉工廠災難之後，全球的企業開始緊急會面並採取聯合行動。企業主管在保護他們在消費者眼中的全球聲譽和維持全球利潤之間左右為難，無法針對應該怎麼做達成一致的協議。當孟加拉救難人員還在試著從熱那大廈的廢墟中挖出屍體時，（瑞典零售商）H&M；（法國大型零售商）家樂福；（英國最知名的百貨公司）瑪莎百貨；（西班牙的全球零售商）Zara 和 Mango；和幾間德國零售商在德國政府的壓力下，全都簽署了《孟加拉消防和建築安全協議》（Accord on Fire and Building Safety in Bangladesh）。每一間簽署協議的公司都正式承諾其贊成更嚴格的安全檢查，並且支持孟加拉工人組織獨立工會的權利。[68]

但是在美國的沃爾瑪、目標（Target）百貨、Gap 的主管以及聯邦機構的官員——他們的員工制服就是在孟加拉工廠中生產的，在軍事基地的商店中也有這些工廠生產的服裝——卻拖拖拉拉的不願採取行動。美國勞工部（U.S. Labor Department）的官員希望美國公司要負起責任進行有效的改革。他們在城市另一端上班的國務院同僚卻擔心如果對孟加拉官員施壓，會危及他們的雙邊反恐聯盟。最後是勞工部及他們的勞權倡議者盟友贏了這一局。歐巴馬政府在二〇一三年六月宣布將暫停孟加拉的貿易特權，直到該國的決策者真正承諾要改善孟加拉服裝廠工人的安全條件為止。[69]

孟加拉的政治人物承諾將僱用更多工廠檢查員，並停止鎮壓當地工會。議會通過了新法保障工人組織工會的權利，並且禁止勞動就業部（Ministry of Labor and Employment）依照舊慣把工廠中投票支持工會的工人名單提供給工廠老闆。但是勞權倡議者擔心即使通過了新法，具有政治影響力的工廠廠主仍會與官員勾結，工廠老闆也還是會解僱支持工會的員工。服裝廠業主協會（其被稱為「BGMEA」）一向對於該產業的所有政府法規擁有決定性的發言權。孟加拉的議會向企業傾斜，企業主管也掌握了百分之六十的議會席次；光是服裝廠老闆就占了立法席次的百分之十。[70]

此外，孟加拉官員還是一直在避免讓男性工廠主負起責任；只有偶爾才會由他們的下屬——工廠主管——因為疏忽造成的不安全環境而遭逮捕（而且還要這些不安全的環境引起火災，並導致數十名工人死亡）。[71] 工廠廠主也鮮少因環保法規而受到指控，儘管他們會把好幾加侖的有毒染料直接倒進附近的溪流，把溪流染成亮藍色。[72] 除此之外，政府僱用的合格檢查員人數過少，無法檢查上千家服裝工廠。這些檢查員被要求迅速的執行檢查，但是卻因為職權劃分混亂而受到阻礙。[73]

迪士尼主管則宣布把服裝生產撤出孟加拉。不過孟加拉的勞工運動人士——像是卡波納．艾克特——及其國際盟友則要求迪士尼和其他國際公司不要逃往另一個提供**廉價**勞動力的國家，而是應該留下來參與真正的改革。[74]

保證改革並不是什麼新鮮事。政府官員、當地企業家和全球大品牌的公司高層以前都做過這類令人放心的承諾——包括在孟加拉、墨西哥、巴基斯坦、印尼、柬埔寨、中國、尼加拉瓜、瓜地馬拉和南韓。問題一直都在於：一旦媒體和消費者的關注被轉移到其他地方之後，會不會還有人長期監控這些最新的承諾是否獲得執行。五年後，婦女的廉價勞動力依然是服裝業的國際政治核心，但是她們的處境真的有獲得改善嗎？

而喬比、蘇米和沙希娜倖存的妹妹呢？活了下來、但是直到現在還會在晚上尖叫著醒來、以為自己還被困在水泥樑下的孟加拉婦女呢？還有失去了女兒的婦女和失去雙腿的年輕女性又怎麼樣了？[75] 和這些女性一樣在全球的服裝工廠工作的同行現在呢？

雖然有很多新聞報導、有人會感到憤怒、有政治懺悔的表態，但是幾乎沒有什麼人在討論怎樣的組織對這些女性來說才最有意義——既然她們是真正縫製這些全球化服裝的人、是她們創造出公司的利潤並確保政府的收入。有人在談論消防法規、企業名聲、金錢捐贈和利潤率，但是很少人在認真討論今天的服裝廠女工所打造的複雜生活。也沒有人在討論那些男性氣質的運作依然在使女性的勞動力變得**廉價**。

灰燼已經冷卻，廢墟也被夷平了，但是性別政治仍然乏人探究。

第 8 章｜擦洗全球化的浴缸

世界政治中的家庭幫傭

在宏都拉斯香蕉園工作的女性和在孟加拉服裝廠工作的婦女都必須考慮家務事。她們之中的每一個人在漫長的有薪工作結束之後都還有自己的家務事要做，她得要「一天當兩天用」。她也會計算一下如果辭掉目前低薪而危險的工作、當一名家庭幫傭去做別人的家務事，是不是會比較有利。她是不是可以接觸到比較少的有毒化學物質？她是不是就不必面對那麼多得要處理的性騷擾。她是否比較有機會加入工會？每個女性都在權衡各種不穩定、低薪女性工作的利弊。

而同時，還有些國家的婦女可能會發現戰爭摧毀了她所處社會的社會結構、奪走了她以前的職業（例如曾經在巴格達當理髮師、或是曾經在塞拉耶佛當公務員），支薪的家庭幫傭是她現在唯一的職業選擇了。而對於移民到新國家的婦女來說，還需要學習新語言、找到棲身之處、獲得合法身分並撫養自己的孩子，住在僱主家擔任幫傭似乎也是唯一的就業選擇。

二十一世紀的家庭幫傭已經成為全球化經濟的主要就業類別之一。今天在全世界共有五千三百萬名男性或女性的家庭幫傭。其中絕大多數、百分之八十三是女性。[1] 有數千名婦女移居國外替其他人打掃房子。其中有些婦女是被迫或是被騙去海外當家庭幫傭的。暴力、債務和欺騙已經深植到家庭幫傭的生活。家庭幫傭已經成為政府間爭奪的領域。同時，替家庭幫傭爭取權利的運動人士則建立了跨國聯盟，要求承認她們的勞權和女權。

「全球化的家務勞動」——這並不是矛盾的形容。

讓我們想像一下特蕾莎・M・唐泰斯（Theresa M. Dantes）的生活。[2] 特蕾莎是一名二十九歲的菲律賓人，她決定與一家菲律賓的勞工承包商簽約，前往波斯灣國家卡達做女傭，她認為這是讓她養活奎松市（Quezon City）的家人最好的方法。卡達是一個小國，統治它的是雄心勃勃的現代化君主政體，卡達有一座美軍基地，對整個區域都有政治影響力。卡達擁有豐富的石油和天然氣，人均所得是全世界最高。只有百分之十三的卡達居民是卡達人。剩下的百分之八十七都是受到嚴格控管的移工。他們分別是巴基斯坦人、印度人、尼泊爾人、埃及人和菲律賓人，他們替全球的銀行建造摩天大樓，替二〇二二年的世界盃建造足球場；成為醫院、旅館、博物館和政府辦公室的員工；以及清掃卡達人的私人住宅。

特蕾莎・唐泰斯步上了數百萬名出國尋找工作機會的菲律賓人後塵。在二〇一一年共有一百零三萬名菲律賓婦女在國外工作。[3] 卡達已經有十萬名菲律賓移工；大多數男性都是建築工人和旅館工作人員，大部分女性則是旅館和私人住家的清潔工。住在卡達的菲律賓移民沒有什麼能力組織工會，但是他們有自己的 Facebook 專頁。特蕾莎知道在沙烏地阿拉伯、阿拉伯聯合大公國和卡達等波斯灣國家做家庭幫傭和旅館清潔工的婦女會寄錢（「匯款」）回家經援她們的家庭。這些婦女會用 Facebook、簡訊和 Skype 與家裡通訊並參與孩子的生活（一位在加拿大工作的菲律賓人說：「我的兒子說我連不在家的時候都很嘮叨」）。[4] 所以她在簽訂勞動契約時並不覺得自己冒了多大的風險。契約中擔保她每個月會有四百美元的工資，食宿則由僱主提供。特蕾莎帶著這份書面保證登上了飛往（快速發展的卡達首都）杜哈的飛機。

等待特蕾莎的現實讓她大吃一驚。她的僱主要求她與僱主同住，而他每個月只會支付兩百五十美金作為家庭幫傭的工資。

特蕾莎覺得她還是得接受這樣低於契約的工資，因為她在菲律賓的家庭（就和許多菲律賓家庭一樣）都指望著她匯款回家。她主人家的卡達成年男性僱主每天只給她吃一餐，而且還是剩飯剩菜：「如果那天沒有剩菜，我就沒東西吃了。」[5]剝削還不只這樣。特蕾莎每週要工作七天，完全沒有休假的時間，而且除了要打掃僱主的房子之外，她還要打掃僱主的姐姐和岳母的房子。八個月之後，特蕾莎覺得受夠了。她告訴僱主她要辭職。而她的僱主只是笑笑。卡達的移工法規定除非僱主同意，否則特蕾莎沒有辦法辭職。她的僱主拒絕了她的辭職。這時候特蕾莎決定逃跑。她沒有支援團體可以求助，但是她知道菲律賓政府在杜哈設有海外勞工辦公室（Overseas Labor Office）──菲律賓的經濟發展也需要靠在海外工作的菲律賓公民寄回國內的匯款。特蕾莎到那裡尋求庇護。她發現已經有其他五十六名菲律賓人在那裡尋求庇護了。[6]

現在，讓我們再想一下羅莎（Rosa，化名）的生活。女性主義研究員多琳．馬丁利（Doreen Mattingly）在聖地牙哥研究時認識了羅莎，當時馬丁利的研究對象是在加州中產階級家庭擔任家庭幫傭的墨西哥婦女，她的研究內容是要看墨西哥婦女創造的網絡是如何既讓她們賺取收入，又能夠自己照顧孩子。在二〇一一年，在美國大都會地區從事家庭幫傭的所有女性中，已經有百分之五十九是拉丁美洲裔的女性。[7]同時間拉美裔占了美國人口的百分之十六，拉美裔的政治組織──也包括提倡家庭幫傭權利的組織──成倍數增加，而「拉美裔選票」則會對美國選舉的結果起決定性的作用。聯邦的移民改革法案或許可以讓羅莎的法律地位不再充滿不確定性，但是卻仍因黨派僵局而卡在國會中。[8]

這是屬於羅莎跨國性別生活中典型的一天：「羅莎每週會有五天搭乘市區公車前往一個離她家很遠的富裕社區，她在那裡從事打掃的工作。羅莎來自墨西哥，她是一個沒有正式身分的移民……她每天可以賺四十美元，這樣就可以養活她的三個孩子，以及支付她一家人住的小公寓租金。」羅莎隔週二要打掃勞麗（Laurie）的房子，勞麗是一名白人女性藥劑師。雖然勞麗家是一個雙親家庭，但是如果沒有羅莎提供的有薪服務，勞麗也無法繼續她的藥劑師生涯。當羅莎到達時，勞麗一家人剛吃完早餐，正要準備去上學和上班。勞麗還有時間和羅莎交代一下當天要做的家務，以及孩子們下午放學回家後的事。「羅莎做事很勤快，也很迅速，她會努力在時限內完成工作，以便趕上下午的巴士回家吃晚飯。」當羅莎在打掃別人的房子以及照顧別人的孩子時，她自己最小的孩子就交給羅莎的母親照顧。羅莎幫她的母親從墨西哥搬到聖地牙哥，就是要有人照顧她的孩子，好讓她自己能夠去做一份工作賺錢。她的母親在美國也沒有合法身分。[9]

國際政治塑造了特蕾莎和羅莎的生活。但是女性主義分析家不會停留在影響層面。女性主義研究員會尋找原因。國際政治是**由**特蕾莎和羅莎、勞工承包商、邊境巡邏人員、移民官員和想要掌控她們的立法者、以及僱用她們的男性和女性所塑造的。家庭幫傭從一九九〇年代末開始會在當地建立草根的團體，這些團體後來又開始建立跨國聯盟，開始批評占主導地位的新自由主義資本發展模式，以及倡導家庭幫傭的勞權、基本人權和婦女權利。但是家庭幫傭運動人士也面臨巨大的挑戰。

思考家事工作的政治時，好像會覺得沒有必要多問一句「婦女在哪裡？」畢竟不論是有薪或無薪的擦洗浴缸或照顧孩子，通常都被認為是「女人的工作」。然而什麼是女性的工作，這個假設其實需要由國際政治中無數的參與者共同支撐。這種支撐也不是容易達成的，因為雖然過去的確有許多婦女得在低薪的農業工作和低薪的家務勞動之間做選擇，不過她們現在都成了全球大企業的服裝和電子工廠的廉價勞動力。困難的另外一個原因是許多國家都有越來越多婦女接受教育，這使得她們對於成為妻子和母親在財務上的意義有了其他想法，而同時大多數男性仍然在迴避家務勞動，因為做這類工作「不像個男人」。因此，家務勞動的性別國際政治是動態的；它不是始終靜止的。特蕾莎和羅莎都是一直在變動的性別國際政治歷史中的一個角色。僱用她們的女性和男性也是。

女僕、家庭教師和帝國認為的正經女人

「有些殖民地會利用公共資金鼓勵英國移民，其中包括新南威爾斯、維多利亞、南澳洲、塔斯馬尼亞、紐西蘭的**一些**省分、好望角和納塔爾（Natal）……要到**所有**這些地方提供支援的人都必須確實屬於勞工階級。」[10] 十九世紀的英國女性主義者瑪麗亞·萊伊（Maria Rye）不太高興的引用了英國女王陛下的移民委員（Emigration Commissioner）所說的這段話。如果英國政府只想援助那些出國當家庭幫傭的婦女，那麼英國的未婚中產階級婦女怎麼能指望她們也用得上殖民地的就業機會呢？

瑪麗亞·萊伊身處十九世紀的英國婦女運動人士圈，她們自稱是朗豪坊集團（Langham Place Group），想要為中產階級的單身女性打開有薪工作的大門。在維多利亞時代中期的英國，女性人數超過男性。沒有足夠的男性讓所有符合條件的女性都可以結婚——而這是傳統的父權制對女性財務困境的解方。朗豪坊的女性在文章和寫給議會的請願書中也都指出女性在婚姻中的經濟保障一直是一個神話，而不是事實。沒有足夠的家庭教師職位可以提供給上千名單身的中產階級「剩餘」女性，她們需要這類既正經又可以提供經濟支援的工作。因此，瑪麗亞·萊伊在一八六一年協助成立了女性中產階級移民協會（Female Middle Class Emigration Society）：要找到白人殖民者家庭中的**正經**有薪工作。當政府在解決未婚英國婦女急迫的經濟需求時，這些改革者其實也在進一步促成政府的帝國目標。

瑪麗亞·萊伊的目的並不是讓中產階級的白人婦女只是去當家庭幫傭；這有損她們的社會地位，也沒有充分利用到她們的許多技能。女性中產階級移民協會的運動人士希望中產階級女性移民後能夠當褓姆、家庭教師和商店的管理人。帝國也需要正經、擁有技術的褓姆來提升殖民地的白人移民社會。

從實際數字來看，該協會對十九世紀英國單身女性的經濟問題只解決了一小部分。在一八六一年，即協會活動的第一年，只替十四名女性安排到殖民地的有薪職位：其中十二名在澳洲，另外兩名在南非的納塔爾。到了第二年，計畫取得較大的成功：有二十名女性被派到澳洲，六個人去納塔爾，七人被派赴加拿大的溫哥華島，還有三個人去紐西蘭，並有一人去印度。雖然瑪麗亞·萊伊本人明顯偏愛加拿大（因為她讀了蘇珊娜·穆迪〔Susannah Moody〕到加拿大邊境拓荒的自傳式描述），不過澳洲卻是英國女性家庭教師最喜歡的目的地，因為淘金熱和該地不斷增加的白人拓居地。印度和非洲則都排不進正經的白人單身職業婦女會認真考慮的殖民地名單。[11]

當中產階級的單身女性立足於曼徹斯特或肯特郡，往外看向一個由茶園、金礦和貿易港口組成的帝國，她們會發現這個帝國的組織方式是讓女性處於依賴地位，同時又要求她們的技能和生育能力要為帝國所用。這個世界中擁有更多特權的女性會保持自己與其他女性之間的階級和種族差異，其程度不亞於她們在維持女性和男性之間的區別。因此，雖然向女性中產階級移民協會尋求協助的婦女知道她們應該要學會煮飯和洗衣，才是殖民地的移民計畫想要接受的申請人，但是她們也意識到中產階級的單身女性所擁有的少數珍貴資產之一就是被人覺得是正經的女人。這就是她們的賣點。她們寧可留在英國，而不願意遠赴殖民地成為家庭幫傭，這種職位一定會讓她們失去最重視的正經形象；但是英國缺乏有薪工作，獲得婚姻保障的機會也很渺茫，留在英國對許多女性來說似乎並不可行。

然而，帝國的鞏固需要褓姆，同時也需要家庭幫傭。有許多印度人、馬來人、土著居民、毛利人、加拿大原住民和非洲婦女在白人殖民者的家裡當傭人。茶園或甘蔗園的白人女主人與她的當地人傭人之間的家長式關係，經常被當作殖民者使命的範例。南非白人在二十世紀末強制施行種族隔離制度，為了分析黑人女傭與白人「夫人」之間的家長式關係，南非的黑人婦女也發展出一種國內殖民主義的理論。[12] 不過在另一方面，也有許多殖民者寧可僱用與自己同種族的工人階級女性，或是他們對傭人的需求會超出願意在殖民者家中工作的當地婦女所能夠提供的。加拿大聯邦政府在二十世紀初修改了移民規則，讓當地代理人可以從英國引進年輕的工人階級白人女孩擔任女傭。等到發現這些女孩還是不夠，加拿大便轉向年輕的芬蘭婦女。有些女性主義者鼓勵貧窮的英國婦女到殖民地從事家務勞動。她們認為貧窮的英國白人年輕女性能夠移民的話，好過於在家鄉不知不覺的陷入犯罪生活。這些倡議者指出如果這些女孩能夠在合適的監護人照顧下移民到殖民地，就可以確保被安排到好的家庭，那種家庭能夠培養她未來成為一個正經的人。[13]

英國婦女會對帝國的各個地區排名，看哪裡最容易找到有薪的家務勞動工作。澳洲的排名很前面，因為那裡的白人移民人口不斷增長，原住民人口則受到鎮壓及邊緣化。紐西蘭聽起來也很有吸引力，不過它是一個比較新的殖民地，那裡的毛利人還是會引起白人一些焦慮。加拿大的殖民地官員還在修正政策，鼓勵中產階級的女性移民。[14] 英國在印度的統治才剛因一八五七年的叛亂而動搖，需要女性家庭教師的白人殖民社群還很小。非洲的殖民社會在英國中產階級單身女性的期望清單中排名墊底——雖然對某些人來說，那裡還是具有值得「冒險」的吸引力。[15]

「一天當兩天用」的性別史

國際勞工組織在二〇一〇年的估計是全球有四千三百六十萬名女性在私人家庭中擔任支薪的家庭幫傭。還有八百九十萬名男性從事家庭幫傭。在僅僅十五年前（一九九五年），從事家庭幫傭的女性是兩千八百八十萬人（男性則有五百九十萬人），相較之下可謂是大幅躍進。[16]

此外，每個地區的兩性政治經濟都不相同，性別的全球化壓力在每個地區發揮作用的方式也不一樣，因此不同地理區域的工作模式就會不同。在一九九五年到二〇一〇年之間，從事（或被迫從事）支薪家庭幫傭的本地和移民婦女增長最快的是拉丁美洲和加勒比海地區：該地區在一九九五年有九百六十萬名婦女擔任家庭幫傭；十五年後，人數已經接近兩倍，到達一千八百萬名女性。中東地區也有顯著的增加：在一九九五年有七十四萬五千名本地和移民婦女擔任家庭幫傭；到了二〇一〇年，人數已經上升到一百三十萬名女性。[17]

這些調查結果發表在國際勞工組織委託的第一份全球報告，該份報告專門針對家庭幫傭調查她們來自哪裡、在哪裡工作、有什麼權利，以及在清潔別人的房屋時遭到哪些虐待。早期的國際勞工組織報告是將家庭幫傭與其他移工混為一談。擔任家庭幫傭的婦女的確會經歷到許多其他移工要面對的問題，但是如果不考慮女性勞工被僱用到私人宅邸中會產生的獨特問題，就會掩蓋了這些女性生活的獨特性別政治。因此，《世界各地的家庭幫傭》（*Domestic Workers across the World*）報告可謂政治上的里程碑。[18]該研究是女性家庭幫傭自己的國際組織所得的成果，是針對一直沒有將家庭幫傭視為「真正勞工」的國際機構。研究不會「剛好生出來」。按照性別分類收集數據並分析涵義，是為了替未來的政治行動提供資訊；這樣的資料收集和分析也是有組織的政治遊說的結果。

在一九三六年的日內瓦國際會議上，與會者認為領薪水的家庭幫傭是世界上最脆弱的勞工之一（雖然缺乏全球的數據）。在經過了七十七年、許多次戰爭和後來的許多次社會改革及條約之後，國際勞工組織的研究人員在二〇一三年得出的結論是家庭幫傭依然是世界上最容易遭受剝削的勞工之一。她們的勞動遭到剝削，她們的權利會被忽視，她們的身體可能遭人販賣。[19]這種持續性並不是因為這個工作具有永恆不變的特質。這種持續性是出自政治的永續性——因為要在政治上維持性別歧視的勞工體制。

女性有薪或無薪的家務勞動經常被描述成自古以來就存在。但其實它並不是。每一種被認為是女性的工作都經歷過一段政治史、都出現在性別的國際政治史中。

對家庭住宅的設計和重新設計都是依據特定時代對家務和怎樣算是正經女人的主流觀念。廚房應該擺在地下室遠離家人的視線之外，還是應該靠近家中的餐廳，好讓家庭主婦方便使用？家中的男人是否應該有一間木質書房？應該在房子頂層建一間小的傭人房，還是只需要在廚房外留一個單人房給每天來的女傭使用？應該留多少壁櫥空間放吸塵器和掃把呢？洗衣機和烘乾機的位置是不是為了方便得把一天當兩天用的家庭主婦？每一個問題的答案都是有關性別的建築學決定，這個決定不僅由來自當前的家庭現實，也反映出有償和無償的兩性家務勞動各自有什麼價值——而相關的爭論從未停止。[20]

把一天當作兩天用——婦女必須同時負擔有薪工作和無償工作的雙重責任——對於在工廠和農地工作的婦女來說，可以說是再熟悉不過了，因為婦女被發現有助於達到生產力極大化，而且婦女自己也想要尋求收入。不過對大部分中產階級女性來說，要把一天當兩天用就是比較新的經驗了。在一九〇〇年代初，保守派和改革派告訴該國主要種族和族裔群體的中產階級婦女：受過教育的中產階級婦女是「正經的」女人，這是她們的主要政治資源，成為一名能幹的現代家庭主婦是一份值得尊敬、甚至很科學的全職工作（雖然是無薪的）。她們不應該依靠僕人照顧丈夫和孩子；她們應該運用自己的精力、腦力和技能履行每一天的家務勞動，不過每週可以有兩次花錢請女性清潔工來幫忙。

一九七〇年代之後許多國家有越來越多中產階級婦女開始尋找自己在家庭之外的有薪工作，這有部分是受到女性運動的啟發。「家事科學」失去了吸引力。她們的動機各自不同：可能是想實現職業抱負、避開婚姻、在離婚或丈夫去世後養活自己和孩子，或是強化兩人家庭的經濟能力。這些動機促使女性在家庭之外追尋有薪的工作，因此有越來越多中產階級女性發現她們必須把一天當兩天用。不同之處是相較於在工廠和農園工作的女性，中產階級女性可能對於如何把一天當兩天用有更多選擇。

對於許多受過教育的二十一世紀婦女來說，成為「女超人」並不是她們嚮往的理想；而是一句描述性的話。從事有薪工作的女性，即「職業婦女」，會被期待有超人的力量，這又因為男性的不作為而得到助長：這些女性的僱主、政府或丈夫不願意採取措施來減少女性要把一天當兩天用的壓力——例如：他們拒絕改變（鼓勵加班的）辦公室文化、拒絕投資公共托兒服務，而且只願意分擔很少量的家務（以目前來說，平均一天有百分之二十的美國男性會做家事，相較於有百分之四十八的美國女性會做家事；英國男性平均每週會做七小時家務，而女性則是十八個小時）。在這種兩性的社會政治條件下，想要及需要工作報酬的女性只好尋求私下的解決方案。[21] 這些情況對於越來越多在尼加拉瓜和美國等不同國家帶著年幼孩子的單親媽媽來說尤其沉重。因此在二〇一一年，對於有孩子、而且是家庭中唯一收入來源的八百六十萬名美國婦女來說，就必須制定策略來對付得把一天當兩天用的生活。[22]

中產階級婦女用各種個人的策略來減輕這樣要把一天當兩天用的負擔：有些人會找兼職的工作；也有人接受了律師事務所中被排除在正常升遷路徑之外的「受僱律師」職位，而這意味著要放棄成為事務所合夥人的指望。有些女性會儘可能推遲生孩子的計畫，直到她們覺得在職業生涯中站穩了腳跟；有些人在有了孩子之後會投入越來越多薪水到昂貴的私人托兒所。而在過去三十年中，也不乏一些中產階級婦女選擇了一種老式的方案（雖然要配合現在的新政治環境）：僱用其他女性幫她們做家事以及照顧孩子。

今天的性別模式是歷史發展至今最新的模式，而性別模式是為了支持各個世代對社會最佳秩序的想像。幾世紀以來的女性都會僱用其他女性完成家務。十九世紀初期和中期的工業革命塑造了對中產階級正經女人的想法——正經的女人應該避免體力勞動以保護自己的女性純潔，而且要留在家裡為辛苦工作的丈夫提供避風港——這幫助西歐和北美創造了對家庭幫傭的需求。這些工作是由在女性主義之前的維多利亞時代意識形態創造出來的，而家務勞動構成了工人階級的愛爾蘭女性、非裔美國女性和日裔美國女性的歷史。[23]

在一百多年後，一九八〇年代和一九九〇年代的女性主義者改而對女性的家務勞動**和**對工人階級女性的剝削提出尖銳的批評。因此，僱用家庭幫傭來解決「女超人」的困境反而會在政治上受到質疑。「女性主義者兼家庭幫傭的僱主」不是很矛盾嗎？一名住在倫敦大公寓的年輕記者解釋了她是如何避免因生活中充滿這種矛盾而感到不安：是的，她的確需要僱另外一名婦女來打掃，這有助於改善她的婚姻（否則她和她的醫生丈夫會一直為了誰要做哪一件家務事而爭吵）。然而同時，她又決定不要把自己和另外一名為她打掃房子的女性的關係想成是純粹經濟上的關係：「我猜，當我是個理想主義的社會主義學生時，我覺得我永遠、絕對不可能叫別人來替我做事。不過我從來不把這看作是一種僱員與僱主的情境。」[24]

但在新的現代化國家中，僱用其他女性做家裡的家務事已經成為人們殷殷追尋的地位象徵。好幾個世代以來，有傭人一直是上層階級的特權象徵。然而到了今天，僱用僕人已經被認為是相對於「傳統」、較現代化的象徵。達到現代化的國家必須證明該國婦女有經濟機會；即使是本地的工人階級婦女也有用得上她們技術的機會，她們可以做一些比打掃同胞的房子更好的事情。例如：僅僅十年前，智利的中產階級家庭還會僱用智利的工人階級婦女來打掃房子。而在今天，那些工人階級婦女和她們的女兒則擁有更多元的經濟機會，不需要再當女傭了。智利的房主現在比較可能僱用從秘魯、哥倫比亞或海地來的移民婦女從事清潔工作。[25]

此外，引進婦女清掃該國日益增加的中產階級家庭，也已經成為一個國家的中產階級不斷擴大的證據。這可以被看作該國正在走上現代化道路的證據。人們會認為馬來西亞、智利、卡達和黎巴嫩已經成為現代社會，證據就是每個國家都引進了數千名婦女來清掃該國公民的家。

輸出國的政府官員耽溺於他們國家的女性家庭幫傭寄回家的匯款。這種經濟上的癮頭使他們不願意堅持捍衛該國在海外工作的公民的權利。輸入國的政府官員則可以藉機展示國家的現代化。這便提供了政治誘因，讓他們願意投入公共資源以維持家事移工的流動，並掌控進入該國從事這些工作的婦女。

這些不同的需求和願望加在一起，便使得輸出和輸入女性家庭幫傭的國家建立起雙邊依賴的關係；但是它們也會讓輸出國和輸入國之間的政治產生緊張關係。例如印尼的官員會批評馬來西亞官員想要驅逐女性的家庭幫傭移工。菲律賓政府會公開譴責香港官員，因為他們拒絕讓在香港生活和工作數十年的菲律賓家庭幫傭取得居留權。斯里蘭卡的政府抗議沙烏地阿拉伯政府在未經公平審判之下就處決了一名涉嫌謀殺僱主孩子的年

黎巴嫩的二十萬名外籍家庭幫傭的其中一人，一名菲律賓家庭幫傭正在打掃僱主的浴室，二〇一〇年。照片來源：Matthew Cassel。

輕斯里蘭卡家庭幫傭。[26] 不過，這些輸出國官員的批評都沒有真的幫忙那些寄錢回家的婦女維護她們在海外的權利。

團結從來不是自動發生的

今天在家務勞動中的女性僱主和女性僱員之間的關係，又因為種族和階級的刻板印象及不平等而變得複雜。中產階級女性有時候會對她們的權力甚至是僱主地位感到政治上的矛盾，這又讓情況更加惡化了。在政治上積極的家庭幫傭未必覺得工作國的女性主義者是可靠的盟友。有些國家會從海外或本國的貧窮農村輸入女傭，然而該國當地的女性主義團體的女性領導者往往出身自僱用家庭幫傭的社會階層。再加上語言和種族的差異——經常還要加上有薪家務的國內政治——這些障礙都很難克服。還有些政治積極的女性甚至不認為家庭幫傭是「勞工」。

她們可能不像製衣廠工人或賣淫婦女那樣獲得運動人士的多方想像。家庭幫傭受到剝削的經歷沒有那麼顯而易見；或者，也許承認有這回事存在，對中產階級的女性主義者來說有點難堪。此外，由於家庭幫傭都是單獨作業，因此很難找到她們與其他家庭幫傭的集體連結。一名家庭幫傭的運動人士表示：一個在其他方面都很進步的女僱主卻有可能覺得家庭幫傭是「她的財產、她的物品、她的小寵物，或以上都是」。[27] 領導巴西家庭幫傭協會的瑪麗．卡斯特羅（Mary Castro）反問：「總而言之，如果女性主義者在身為僱主時對我們這麼惡劣，我們要怎麼相信女性主義者呢？」[28]

不同的女性在該國政治結構中有不同的位置，這使得女性僱主和女性家庭幫傭之間的關係又更複雜了：大多數僱主不必擔心政府不斷變更的移民法，也不必想辦法利用。現在已經有上千名家庭幫傭婦女是新來的移民，她們從衣索比亞前往義大利；從菲律賓到日本、以色列、黎巴嫩、卡達或新加坡；從墨西哥、巴西和波蘭前往美國；從牙買加到加拿大；從印尼到馬來西亞；從中國到南韓；從厄瓜多到西班牙；從斯里蘭卡到沙烏地阿拉伯；從泰國到約旦；從摩洛哥到法國；從秘魯到智利。她們這樣新移民的身分通常沒有法律文件，這讓她們的就業生活更加不穩定。她們不僅會因為私人僱主突發的念頭而受影響，也受制於母國政府和居住國政府的各種繁瑣規定。

各國政府都有自己的理由要控制——或是故意忽視——國際的家事服務貿易。家事服務本來就是混合了親密感和權力的棘手組合，這一直影響著從事家務勞動的婦女和女性僱主之間的關係，而政府的政策讓事情又變得更加複雜了。[29]

各國不同的移民政策會形成僱主和家庭幫傭的關係，以及家庭幫傭彼此之間的關係，而各國對政治性組織的管理規則也不相同。例如：在卡達或沙烏地阿拉伯的移工女傭遠比在香港做同樣的工作受到更多限制。雖然香港的地方官員會受到北京當局的仔細監控，但是官員對重大社會運動組織和活動的容忍度還是遠遠超過波斯灣的君主國。同樣的，新加坡政府對工人組織的控制力道也比歐盟的各國政府抓得更緊。在今天，擔任家庭幫傭的女性也意識到這些差異。到外國從事幫傭工作的女性在找工作時也會擬訂策略，除了會儘可能尋找工資比較高的國家之外，也會選擇容許移工幫傭組織工會的政府。[30]

如果上述這些阻礙婦女團結的障礙還不夠讓你覺得氣餒，不要忘了在不同類型的家庭幫傭之間，甚至還有一種體面度和自主性的等級排序。位於金字塔的哪一階會影響她們是如何看待自己的工作、她們可能有什麼政治盟友以及她們的最佳組織策略。金字塔的頂端是專業褓姆；歐洲和北美的許多褓姆是白人，雖然她們通常也來自國外。如果她們取得工作時已經有正式的資格和組織性支持，自然希望僱主將她們視為獨立的成年人。位於金字塔上層的還有外國的年輕女性，她們是持互惠工作的短期簽證進入該國。她們通常也是白人，不過只有把這份工作看作短期的工作；這個工作不會決定她們的社會地位，反而比較像是她們旅行和學習另一種語言的方式，之後她們就會投入下一個更正式、地位較高的職涯。這些年輕女性經常被她們的歐洲或北美僱主看作「女兒」。

在這個家庭幫傭的體面度和自主性的排序中，金字塔的上層再往下一點就是提供老人照護的婦女。她們有些是住在僱主家中，每天二十四小時待命，所以她們的自主性會受到限制。但是如果她們採用團隊的形式，二十四小時排班輪流工作，那麼就不需要住在僱主家中，因此可以替自己創造出很大的獨立性。無論她們是否住在僱主家中，家庭的老人照護工都應該具備一些技能和體力，她們要替通常有嚴重殘疾的老年人洗澡、餵食和滿足個人的衛生需求。她們通常還是被照顧者的主要社交伴侶。這可能會造成她們情感上的滿足或消耗。富裕國家的老年人口比例不斷上升，這些國家需要女性移工在家庭中提供老人照護，以及擔任老人療養院的護理師和護佐，這類需求呈爆炸性增長，不僅在歐洲和北美是這樣，包括像是新加坡和日本等國家也是如此。[31]

還有一些女性（像是羅莎）不住在僱主家中，她們只是受僱做每天的清掃工作，通常也包括照顧孩子。無論她們的經驗和技能有多豐富，政府和僱主都沒有把她們看作專業人士；她們只被當作「女傭」，做的是分給女性的家務勞動，這也決定了她們的社會地位。這類比較不受尊重的家務勞工通常是有色人種婦女、僱主所屬國家中的弱勢族群，或是來自國外。她們沒有專業褓姆的資格、不是短期互惠打工那種全然的外行人，也缺乏許多褓姆和互惠生本身的種族優勢，這些女性更容易受到經濟剝削及家中男性的性騷擾，甚至被工作國的政府驅逐出境。而在另一方面，她們不是住在僱主家裡，所以能夠建立最低限度的個人自主權，也可以照顧自己的孩子。

最不容易得到尊重和最可能受到虐待的家庭幫傭是像特蕾莎那樣，受僱後全天候住在僱主家的人。她們很可能被與其他家庭幫傭切斷了社交上的聯繫，也與同種族或族裔的人群隔絕開來。這類要住在僱主家的工作當然必須離開她們自己的家庭。她們也是最需要不分日夜全天候待命的工人。這類家庭幫傭最為依賴她們的僱主，她們需要靠僱主提供遮風避雨的住所——即使住所無法令人滿意（許多與僱主同住的家庭幫傭只能夠睡在家中孩子的臥室）——也需要靠僱主提供食物，即使只有殘羹剩菜。因為與僱主同住的移工幫傭是否能夠留在該國，需要取決於她的工作（因僱主通常會握有勞工的護照和簽證），通常與僱主同住的勞工能夠指望僱主給她的最好待遇就是居高臨下的家長式作風。[32]

有一部分與僱主同住的家庭幫傭是被賣去強迫勞動的。在今天國際上的販賣人口犯罪中，被賣去當家庭幫傭的婦女／女孩僅次於被賣去強迫賣淫的婦女和女孩。被賣是指違背個人意願、或是以虛假藉口被帶往國內的其地地區或跨越國際上的國界，然後被強迫從事低薪或無薪的工作、被剝奪身體的一切自主權，而且被禁止離開工作崗位。

國際勞工組織的最新研究估計有兩千零九十萬人——包括婦女、男人、女孩和男孩——是法律上認為的「強迫勞動」受害者。國際勞工組織的研究人員並說這個數字是「保守估計」。強制勞工並非自願參與勞動，也無法依自己的意願離開工作，他們之中的多數（百分之五十五）是婦女和女孩。[33] 所有強迫勞動的人當中有百分之四十四被迫離開家鄉去工作。如果以脅迫或以虛假藉口徵募婦女從一個地區前往另一個地區（或是出國）擔任女傭，並強迫她在足以構成虐待的條件下長時間工作，還剝奪她的休息時間以及追尋社交關係的自由，就是拐賣女性從事強迫勞動。

拐賣婦女並強迫她從事家務勞動的過程需要許多行為者：招募者、運輸者，最後還要有僱主。將家庭幫傭留在家裡、切斷她自己選擇的社交紐帶，僱主就可以隱藏他對家庭幫傭的奴役了。這也是為什麼強迫勞動和販賣人口的犯罪者相對比較少受到起訴的原因之一。[34]

接下來是第六群比較新型的、支薪從事家務勞動的女性——合約清潔公司的女性僱員。客戶／房屋主人會僱用公司來清掃她／他的私人住宅，而她／他與從事清潔工作的婦女並沒有直接僱傭關係，該名女性會每週或每兩週來吸塵和擦洗一次。美國的女性主義記者芭芭拉·艾倫瑞克（Barbara Ehrenreich）花了一年時間做調查，她共做了四份低薪的女性工作，她的目的是要了解現代工作的剝削何在。她選擇的其中一份工作就是一家清潔公司的清潔工。艾倫瑞克和她的工作夥伴在一個大熱天裡去打掃一名女性屋主的房子，女性屋主對她們幾個人的輕蔑態度讓艾倫瑞克大感震驚。女屋主完全不想知道清潔工的名字，而且當一名清潔工禮貌的和她要一杯水時，她甚至顯得十分驚訝。

這名女性僱主似乎從來沒有一丁點展現家長式作風的想法。[35]

從事褓姆、互惠生、家中的老人照護員、日常家務的傭人、與僱主同住的家庭幫傭、清潔公司的員工等職業的女性都面臨許多挑戰。她們大部分都賺不到生活工資。其中有許多是新移民，她們要面臨錯綜複雜的移民法規，甚至可能連受過正規教育、夠自信的女性都搞不清楚。大多數家庭幫傭都與她們的僱主分屬不同種族、族裔或國籍。這些在別人家裡工作的女性都要面對在政治上不被看見、隱私和可能的騷擾等共通問題。工會、勞工部會、立法機構和國際機構高層的大多數男性一貫認為這六類女性都不算是「嚴謹意義下的勞工」。最後，其實相較於大多數勞工，所有的這六類女性都比較可能是由其他（更有特權地位的）女性擔任其僱主。

雖然她們有這些共通的經驗和問題，但是褓姆、互惠生、家中的老人照護員、日常家務傭人、與僱主同住的家庭幫傭和家庭清潔公司的女性員工卻發現她們很難在彼此之間建立起政治的橋樑，無論是在各國國內或是要跨越國家的界線。

家庭幫傭組織工會

帕德米尼．帕利亞古魯格（Padmini Palliyaguruge）曾經當過斯里蘭卡的小學老師。她在當地的婦女組織中也很活躍。她參加過一次罷工要求改善教師的低薪，但是卻因此而失去了工作。她的丈夫和兩個孩子得靠她的工資生活，她的丈夫也從來不支持她參加運動。帕德米尼．帕利亞古魯格很需要工作，她發現自己別無選擇，只能夠到一家斯里蘭卡機構去登錄（全斯里蘭卡共有四百五十家這類機構，業務內容就是招募斯里蘭卡婦女到沙烏地阿拉伯去做家庭幫傭）。那時候是一九八〇年代初期。波斯灣國家的石油收入不斷增加，於是那裡的國家就需要移工婦女來清掃當地人的房子。

在當時到中東做家庭幫傭的婦女能夠賺到的薪水是在斯里蘭卡的三十倍。雖然她們要交五百到一千美元的仲介費，而且有男性招募人員會虐待女性的惡名在外，但是這對帕德米尼來說似乎還是個該掌握的機會。[36]

根據估計，在一九八四年共有一萬八千名斯里蘭卡婦女在海外從事有薪工作，她們大部分是簽一年或兩年的短期合約。在斯里蘭卡的歷史中，到國外就業的斯里蘭卡女性首次超過男性。在一九八七年，簽約到中東工作的斯里蘭卡人共有二十萬人，其中有百分之七十是要去當女傭的女性。她們大部分都已婚。大多數是在該國政治上占主導地位的僧伽羅族群。在海外工作的斯里蘭卡女性會將收入寄回國內，這使得國外匯款成為斯里蘭卡的第二大外匯收入來源，僅次於茶葉出口。[37]

帕德米尼在沙烏地阿拉伯時就和其他斯里蘭卡女傭一樣，需要全天候為僱主提供服務。她一週工作七天，通常每天工作超過十八個小時。她形容在那樣的環境中，「女性沒有休閒或娛樂。她們遠離自己的文化來到一個未知的世界，還要面對如此艱苦的工作條件，心理也受到創傷。醫療設施幾乎付之闕如。婦女可能被迫從事任何種類的工作，許多女性在身體和性上面都受到嚴重的虐待」。[38]

帕德米尼在一場講話中向她的聽眾展示了幾張照片，照片中的女性在結束中東的工作回到斯里蘭卡時，都罹患了緊張性精神分裂症或坐著輪椅。她們會在僱主發怒時受到虐待或人身攻擊，這些僱主對於她們不會操作電器感到不耐煩、對她們不願意沒完沒了的工作感到氣惱，或是因為她們對性挑逗的抗拒而惱火。雖然曾經有這樣不堪的經歷，但是一些體力尚可的斯里蘭卡女性在面對自己家庭的財務困境時，還是會回到招募機構，付錢、再度簽約前往另一次打掃、煮飯、照顧孩子的海外旅途。因此國外匯款還是可以繼續流入斯里蘭卡，讓斯里蘭卡政府有錢繼續支付未償還的外國貸款利息。[39] 帕德米尼告訴她的聽眾：石油收入、國際債務、發展策略、盡責的妻子和女兒、女性勞動力、家庭勞動力和全球的不平等——這些都要放在一起考慮。

帕德米尼．帕利亞古魯格描述了一九八五年的奈洛比那些剝削性的工作條件。她的聽眾是來自世界各地的女性，她們是來參加延續十年的聯合國婦女十年（United Nations Decade for Women）的最後一次國際聚會。這次聚會是要彰顯家務勞動是國際政治問題，並且顯示家庭幫傭也是世界上最新的國際政治參與者之一。

帕德米尼．帕利亞古魯格並不是以受害者的身分在奈洛比發表談話，她是以組織者的身分與會，她代表斯里蘭卡的進步婦女陣線（Progressive Women's Front）。她參與了一個非政府小組，小組的目的是讓其他女性主義者和女權運動人士注意到女性移工的特殊問題。她的小組同伴還有來自秘魯、菲律賓、日本和阿爾及利亞的女性，她們都曾經當過移工、或是移工的捍衛者。她們都講到一個共通的經歷：當她們試著讓當地的男性工會領導者關注家庭幫傭的問題時，都遭到對方的冷漠以待。小組成員也記得就連有國際意識的女性主義者，都很難說服她們把移工婦女的政治問題放進編排議程中。移工婦女似乎很容易從人們的視線中消失。因此在奈洛比的聯合國會議上特別組織一個小組，除了是刻意讓她們的處境能被政府看到之外，也是要讓其他有政治意識的女性了解。運動人士在奈洛比策劃了這場會議，也能讓來自各個國家的女性家庭幫傭工會組織者有機會互相交流她們的分析和策略。

在一九八〇年代、一九九〇年代和二十一世紀初，新加坡、香港、美國、日本、斯里蘭卡、巴西、加拿大和義大利都出現了許多想要組工會的家庭幫傭。同時她們也會與其他勞工、移民和女權運動人士串連。大多數家庭幫傭的組織都還很小。運動人士受限於家務勞動本身就有的孤立性、女性家庭幫傭之間在國籍、種族和語言上的差異、移工幫傭會擔心被驅逐出境、僱主加諸的時間限制、女性原本就得把一天當兩天用、移工的母國政府在政治上的膽怯、還有工作地的政府會積極阻止基層的政治組織。通常唯一能夠集結起來的組織形式只夠提供即時諮詢和實際協助，而非嘗試改變公共政策；能提供這類服務的通常是宗教機構（像是天主教會），或是其他在寶貴的休息日還志願幫忙的家庭幫傭。[40]

提倡家庭幫傭權益的人從最近這些頗具挑戰性的經驗中學到的教訓之一是：如果她們想要讓公眾和官員容易理解她們碰到的問題，比較好的方法是將她們的問題界定為人權、婦女權利、勞工權利、公民權利、移民權利、或這之中的某幾種組合。[41] 因此智利的秘魯女傭不再只是女傭；她是一名勞工。沒有合法證件在聖地牙哥打掃房子的的拉丁美洲人不只是一名清潔工；她是一名移民。如果有一名菲律賓婦女被卡達僱主禁止離開僱主的家，她也不再只是一個受到虐待的婦女；她是被剝奪了人權的人。如果一名義大利家庭幫傭的問題遭到政治人物和工會組織者的忽視，她不再只是一名被邊緣化的勞工；她是一個因性別歧視而噤聲的女性。

像上述那樣，對她們的問題和需求做出比較大範圍、多面向的界定，可以讓家庭幫傭的運動人士獲得新盟友。這些大範圍議題的支持者會開始認真看待家庭幫傭的狀況，並承認她們在自己的大範圍事業中也很重要。這些女性的主要挑戰是克服工作造成她們彼此隔離，而且她們的勞動地點被認為是私人空間，像這種建立聯盟的策略將有助於她們增加在公眾面前的能見度、獲得政治上的合理性、利用戰略的槓桿作用和跨國連結。

不過，拉大政治的鏡頭好讓她們能夠被看見和被認真對待，這件事也存在風險。做這樣的定位要注意不能夠淡化了家庭幫傭自己的特殊問題。這種比較大範圍的界定會帶來結盟，但是也必須確定其中的構造，不能夠讓家庭幫傭被完全吸收進比較容易被看見的目標中、或是男性化的組織領導下。

二〇〇五年在香港的反世界貿易組織抗議運動引發了媒體的關注，在香港的印尼、菲律賓、尼泊爾和泰國幫傭也決定要利用媒體對香港的關注，以吸引大眾關注他們的問題。[42] 她們選擇在抗議運動的這幾天也同步發起自己的示威活動，好讓其他批評世貿組織的新自由主義資本發展模式的人也認識到女性移工幫傭的問題，並且了解到這個問題也是全球必須檢討的內容中不可或缺的一部分。她們組織了所謂的「跳（領事）館抗議」，其中的亮點就是「羞恥堂獎」。家庭幫傭們租了巴士，先把她們載到尼泊爾領事館，在那裡抗議國王的獨裁統治；然後再到印尼領事館，在那裡宣布印尼政府因為成功的輸出廉價勞動力而獲頒「年度新秀」獎。接著，巴士又載著家庭幫傭們前往馬來西亞領事館，她們在那裡宣布馬來西亞總理因為對民主的鎮壓而榮登「鎮壓蘇丹」寶座。

她們的跳領事館之旅還沒有結束。旅程一邊繼續，一邊有越來越多人加入她們，像是其他移民以及香港公民；更多記者開始報導她們的巡迴示威。家庭幫傭接下來又坐上巴士，前往菲律賓領事館，她們在那裡向總統頒發「擠奶女工獎」，因為她「擠出」了菲律賓家庭幫傭的匯款，才使菲律賓的經濟得以維持。她們的第五個停靠站是泰國領事館，在那裡頒給泰國政府的是「缺席政府獎」，因為泰國政府明顯忽視本國移工。抗議者這趟跳領事館之旅的最後一站是香港自己的政府機關。她們在那裡頒給特別行政區的行政長官「剪刀手愛德華獎」，那是一把很大的、用硬紙板做的剪刀，代表香港政府一直在削減工資和社會服利。頒完獎之後，家庭幫傭們前往維多利亞公園加入南韓農民的抗議活動，這些農民前來香港是為了抗議世貿組織的貿易政策對小農經濟造成的傷害。

家庭幫傭的運動人士用這趟極富想像力的旅程揭發了當地和國際共同串謀的複雜網絡，這套網絡造成了今天對家庭幫傭的剝削。

今天在美國的大部分家庭幫傭都是新移民，工會在政治上也遭到削弱，於是以家庭幫傭身分在美國組織起來的婦女決定要在章程中同時加入勞工權利、移民權利和婦女的權利。運動人士指出剝奪家庭幫傭的這三項權利會使她們的生活變得不穩定，也等於拒絕承認她們的勞工身分。美國家庭幫傭目前的首要目標是州的立法機關。州議會的民選代表一直通過法律讓家庭幫傭不要受到勞工保護法和最低工資法的拘束。紐約州、加州、麻薩諸塞州和其他十九個州的立法者已經通過法律將最低時薪（每小時七點二五美元）擴大適用到與僱主同住的褓姆或看護。但是還有二十八個州的議員拒絕。這二十八個州包括愛達荷州、印第安納州、奧勒岡州、北卡羅來納州、德州、佛羅里達州和新罕布夏州等。[43]

為了翻轉這些除外的做法，並落實除了最低工資之外的其他勞工平等的要求，美國的家庭幫傭倡議團體（例如全國家庭幫傭聯盟〔National Domestic Workers Alliance，NDWA〕）必須正面迎戰一些在法律上支持這些除外做法的迷思。這類迷思首先認為家庭幫傭在某些方面與（例如）汽車工人、軟體工程師或零售工人有著根本上的不同，再者，僱用女性在房屋或公寓裡打掃、煮飯、照顧小孩或照顧老人，不能算是工作場所。[44]

NDWA 的運動人士會與當地的家庭幫傭團體、移民權利團體、拉丁美洲人的組織、勞工組織和非裔美國人的公民權團體互相結盟。他們會遊說立法者、經營媒體、與專業的研究人員合作、說明僱主和制定公共政策的人需要解決什麼問題。不過，對家庭幫傭的調查需要縝密的研究策略，因為調查對象被隔絕在各自的工作場所中，而且僱主通常人就在附近。研究者不能只是等在工廠大門或是軟體公司的辦公大樓外。因此，NDWA 的調查員會「去公園、交通樞紐、教堂和購物中心，在那裡尋找褓姆、房屋清潔工和老年人的看護，詢問她們在私人家庭中的工作條件」。[45]NDWA 與合作的學術研究人員挑選了全國的十四個城市進行這個策略，他們在家庭幫傭可以坦率表達意見的地方對兩千零八十六名家庭幫傭做了調查。

他們的調查發現家庭幫傭的低薪造成她們的「嚴重財務困難」，有百分之四十的受訪幫傭說她們在前一年「有些〔抵押貸款或租金的〕帳單遲延給付」，還有百分之二十的人說家裡上個月沒有食物，「因為沒錢可以買」。[46] 只有百分之二的受訪幫傭會從主要僱主那裡獲得退職金或退休金；而且因為許多僱主是私下支付工資給家庭幫傭，所以大部分人在年老後都沒有社會安全福利。此外，有百分之六十五的受訪幫傭沒有醫療保險，但是她們在別人家中執行的工作又的確會造成身體損害：有百分之三十八的幫傭「曾經在過去的十二個月中因工作而造成手腕、肩膀、手肘或臀部疼痛」；百分之二十九的家庭看護「在前十二個月中發生過背部受傷」。[47] 除了這些工作場所的風險之外，許多新移民幫傭婦女表示她們擔心如果對工作條件表達任何不滿會使自己遭到報復，例如會有人向美國移民官員提出檢舉。[48]

在做這些調查的兩年前，紐約州的女性家庭幫傭曾有過一次重大的政治突破：紐約州的立法機構在二〇一〇年通過了第一部全州適用的《家庭幫傭權利法案》（Domestic Workers' Bill of Rights）。雖然 NDWA 的報告揭示出全國的家庭幫傭還在繼續面臨一些工作問題，但是紐約州通過的權利法案還是帶來了新希望。它是紐約州的兩個組織——紐約家庭幫傭正義聯盟（New York Domestic Workers Justice Coalition）和家庭幫傭聯合會（Domestic Workers United）——領導了運動六年之後的結果。[49] 該法案涵蓋了紐約都會區的大約二十萬名女／男家庭幫傭，以及在長島和紐約上州私人住宅工作的另外數千人。紐約的法律規定的權利包括：（一）每週有一次「休息」二十四小時的權利，（二）每週在四十小時以上的工作時數有權利獲得工資一倍半的加班費（有一個重要的例外：與僱主同住的家庭幫傭需要一週工作四十四小時以上才須支付加班費），以及（三）如果家庭幫傭在工作期間遭到性騷擾或種族歧視，有權向國家當局提出法律控訴。[50]

NDWA 與紐約當地的合作夥伴一起承諾要促使加州的立法機構也通過一項與紐約類似的全面性家庭幫傭權利法案。同時這些倡議團體也施壓國會，要求終止許多州的一些做法（不把家庭幫傭視為真正的勞工，也不把僱主視為真正的僱主）。美國的這些努力，其成功或失敗，也會對國際上的家務勞動政治產生影響。

香港、美國、斯里蘭卡、菲律賓等地的家庭幫傭所組織的運動，再加上女性運動人士於一九八五年在奈洛比的聯合國會議上播下的早期種子，茁壯成一個跨國的女性主義家庭幫傭組織：國際家庭幫傭網絡（IDWN）。[51] 促成 IDWN 的跨國女性運動團體把目光放在日內瓦（國際勞工組織的總部所在）。她們的目標是說服國際勞工組織中的各國政府代表制定一項國際公約，闡明從事各種家務工作的女性和男性應該由各國政府和國際勞工組織賦予哪些勞工權利保障。

用跨國組織的方式帶來壓力以試圖對某種看似遙遠的國際政治產生影響，這個做法的前景令人質疑。有多少家庭幫傭聽過國際勞工組織呢？有誰負擔得起飛往日內瓦的費用？高級的國際外交語言很正式、抽象，通常還故意弄得晦澀難懂。此外，全世界大部分受過大學教育的人大概都很難說出其中一項國際勞工組織公約的名字，因此，動用家庭幫傭有限的資源去推動制定一項新的國際勞工組織公約，看起來不像是值得進行的大筆投資。

儘管面對這些艱鉅的挑戰，還是有一群女性家庭幫傭決定要這麼做。經過幾年的跨國對話之後，她們在二〇〇六年於阿姆斯特丹舉辦了第一次全球會議。她們決定組織一個網絡，納入並鼓勵各地的草根組織（包括在家庭幫傭工作的地方和她們稱為家的地方結成的組織）。她們努力避免秘密作業和階級，也承諾會加強透明度和民主問責制。[52] 此外，這些早期的 IDWN 運動人士——她們分別來自菲律賓、斯里蘭卡、巴西、墨西哥、尼泊爾和其他盡力輸出國內勞動力的國家——認為從組織的角度來看，應該把這個剛起步的國際家庭幫傭網絡放入一個原本就存在的國際工會，並由其提供支持。她們選擇的是國際食品、農業、旅館、餐廳、餐飲、菸草和聯合工人協會聯盟（International Union of Food, Agricultural, Hotel, Restaurant, Catering, Tobacco and Allied Workers' Associations），通常簡稱為 IUF。也由於這些運動人士認為自己的活動是更廣泛的國際婦女倡議活動的一部分，因此她們也接受跨國組織「非正式就業中的婦女：全球化和組織化」（Women in Informal Employment: Globalizing and Organizing，WIEGO）所提供的援助。該組織的宗旨是在增強非正式經濟中的婦女的經濟能力，例如街頭小販、拾荒者和資源回收者，其計畫範圍從秘魯和巴西延伸到南非和印度。[53]

這個網絡在成立之初就與 IUF 和 WIEGO 互相連結，替跨國的家庭幫傭運動帶來了一些資源，例如對如何影響國際機構運作（包括聯合國婦女署和國際勞工組織）的相關資訊和培訓。也讓家庭幫傭能夠取得更多能見度，因為 IUF 和 WIEGO 都可以利用既有的媒體和網絡來宣傳家庭幫傭想要實現的目標，以及為何這些對家庭幫傭以外的人也很重要。

尤其如果幫傭是要承受仇外心理的移民，或者從事有薪家務勞動的婦女是來自當地較弱勢的族裔或種族群體，IDWN 的發起人也明確知道種族主義會對家務勞動造成的後果。她們對家務勞動和家庭幫傭的政治分析也會明確意識到性別的存在。她們會注意到無償家務勞動的性別政治和有薪家務勞動的政治之間在分析上的關聯性，她們指出「家務勞動從根本上就涉及權力關係」。而且「它也無法擺脫性別面向：各個社會中的家務勞動都還是會被視為『女性的工作』；各地的男性都不會平等分擔家中的勞務。」她們指出領薪水的女性家庭幫傭與僱用家庭幫傭的婦女之間的連結：「如果女性離家工作，家務工作會由其他女性或是兒童來做——而不是由家中的男性承擔更多家務工作。」[54]

這些 IDWN 運動人士在接下來的五年中組織了一個社群，找時間和資源來培訓自己，以面對國際勞工組織那通常晦澀難懂的技術性政治。接著，她們便制定策略打算遊說國際勞工組織中的各國政府代表，說服他們相信以國際公約來規範家庭幫傭的權利具有急迫性。[55]

國際勞工組織的國際勞工大會（International Labor Conference）在二〇一一年六月十六日通過了第一八九號公約（Convention 189），這是世界上第一個規定家庭幫傭權利的國際條約。新公約承認家庭幫傭是享有勞工權利的勞動者。它要求批准該公約的政府必須保障「家庭幫傭做的是像樣的工作」。簽署並批准第一八九號公約的各國政府都有義務改革國內法，使其國內法符合公約的條件。這些勞工權利包括：

- 組織工會的權利；
- 獲得最低工資的權利；
- 每週有不少於二十四小時「休息時間」的權利（與僱主同住的勞工在此時間內毋須留在僱主的住所）；
- 簽訂正式及透明的僱傭工作協議的權利；這對移工來說尤其重要；
- 能夠自己保有其身分證明文件和護照的權利。[56]

國際勞工組織第一八九號公約的正式通過具有歷史意義。直到二〇〇〇年，大概都沒有人想像得到在全球數以百萬計的私人住宅中擔任清潔工和看護的婦女，竟然能夠說服外交官和國際公務員（他們之中許多人的家中就有僱用家庭幫傭），讓這

在國際家庭幫傭網絡的運動人士遊說下，通過國際勞工組織第一八九號公約，二〇一一年於日內瓦。照片來源：Institute of Policy Studies。

些官員做出他們幾乎不曾提過、更不要說有動機去做的事：宣布在家裡替他們打掃浴缸的婦女享有正式國際認證的權利。

第一八九號公約是否能為家庭幫傭的生活帶來積極的影響，現在取決於各國的立法者和行政官員是否批准。第一個批准的是烏拉圭政府，而且是在公約通過的一年後（二〇一二年）就批准了。在二〇一三年六月之前，陸續有菲律賓、巴林、泰國、西班牙、新加坡、阿根廷、南非、哥斯大黎加、義大利、德國和巴西批准了第一八九號公約。這些國家會批准，都是因為有家庭幫傭的運動人士在動員和遊說立法者。這十二國的批准背後都有性別的政治故事。不過那些還沒有批准的政府又將如何呢？英國下議院是否會對國際勞工組織第一八九號公約進行辯論？美國參議院又是否會對第一八九號公約的條款進行表決？

結論

富裕的國家、富含石油的國家和新興的工業化國家發展出一套共通的公式，可以降低並維持家庭幫傭的廉價勞動力：

- 將家務勞動視為典型的女性工作。
- 引進邊緣的地區、種族和族裔群體的婦女從事家務勞動。
- 讓中產階級婦女和工人階級婦女在政治上保持隔離，雖然她們互相依賴。
- 確保女性移工家庭幫傭的簽證和公民身分保持在不穩定的狀態。
- 確保其母國政府會提心吊膽的仰賴家庭幫傭的匯款，因此就不會挑戰接納家庭幫傭的政府對移工的虐待政策。
- 不讓家庭幫傭適用其工作國的現行最低工資和勞工權利法規。
- 將家庭幫傭的工作場所視為私人領域。
- 拒絕將僱用家庭幫傭的女性和男性在法律上歸類為僱主。
- 認為從事家務勞動的女性不可能或不值得組織工會。
- 想像家庭幫傭沒有自己的孩子和父母需要撫養。
- 把在別人家中從事有薪家務勞動的婦女想像成「就像其家人一樣」。

造成家庭幫傭的剝削現況的這十一根支柱都不可能獨自成立。每一根支柱都必須不斷獲得鞏固。支撐它們的是僱主、記者、編輯、勞工組織者、移民官員、檢察官、國家公務員、發展專家、外交政策專家、民選的政治人物和國際機構的官員。女性家庭幫傭克服了重重困難成為既草根又跨國的運動人士，她們今天在想盡辦法要動搖其中的每一根支柱。

第 9 章｜

結　論

個人即國際，國際亦個人

特蕾莎・唐泰斯逃脫了虐待她的卡達僱主，回到她在馬尼拉的家。或許我們這時候可以想像一下特蕾莎下一步會做什麼。她可能會加入菲律賓的家庭幫傭團體，說服菲律賓政府批准國際勞工組織第一八九號公約（其內容是針對家庭幫傭的權利）——就算她和其他家庭幫傭並不相信政府會執行該公約的所有承諾。官員應該受到家庭幫傭的監督和壓力，以確保出國打掃別人家房子的菲律賓人可以得到一個勞工該有的待遇：公平而且受到尊重。

展望未來，我們或許可以想像特蕾莎將決定邀請世界各地親身經歷過國際政治的女性來馬尼拉參加一個討論會。這些婦女透過 Facebook、Skype 和不時舉辦的會議（包括婦女論壇和聯合國的集會）意識到她們的政治活動其實有重疊，因為她們身為女性的國際化經歷就是重疊的。特蕾莎認為舉辦一個為期三天的討論會可以打造一個珍貴的環境推動真正的意見交流。她可能聽過在菲律賓的都樂香蕉園工作的其他菲律賓婦女說討論會將提供空間，讓婦女可以用非正式的方式彼此認識、公開發言、互相比較經驗，並對於這個兩性不平等的世界和她們有什麼能力改變世界，在彼此交流後建立起她們的集體理解。

第一位到達的是從宏都拉斯飛來的艾里斯・蒙吉亞。艾里斯已經是國際香蕉政治中的重要人物，不過她還是和 bananeras 保持連結——這些婦女在香蕉園那潮濕、滿是農藥的清洗小屋中和她一起長時間工作。緊隨其後抵達馬尼拉的是搭乘飛機從達卡前來的喬比・馬哈茂德。這是她第一次離開孟加拉。在多人死傷的服裝工廠火災和建築物倒塌之後，國際的非政府組織一直保持與倖存婦女（像是喬比）的直接對話。他們為喬比支付了前往馬尼拉的飛機票，讓她可以與其他國家的女性分享自己的經驗。拉基・切特里需要換好幾趟飛機才能夠從加德滿都飛到馬尼拉。不過她和她的企業家姐妹總是能讓事情實現。能夠學會攀登喜馬拉雅山的人當然也到得了菲律賓。

幸運的是當接到特蕾莎那出乎意料的邀請時，雷伊・阿切森人還在紐約。她在聯合國總部的對街與其他女性主義者一起制定戰略——她們分別來自國際婦女和平自由聯盟和國際小型武器行動網絡的婦女網絡（International Action Network on Small Arms Women's Network）——要確保新的國際武器貿易條約中那歷史性的性別暴力條款會得到實施。她們已經聽到了聯合抵制的傳聞。雷伊知道幾位活躍於聯合國婦女署的菲律賓婦女，但是從來沒有想過可以在她們的母國見到她們。地理上比較靠近的是高里鈴代。那霸和馬尼拉之間的航班很頻繁，因為有許多菲律賓人在沖繩的美軍基地附近的娛樂產業工作。有些菲律賓女性告訴高里她們在馬尼拉接受過歌手訓練，而且有人向她們保證去沖繩之後就會被僱用為合法的表演者。不過她們抵達之後，老闆卻強迫她們向美國軍人提供性服務。[1] 特蕾莎在幫傭團體的新朋友告訴她：現在做打掃工作和照顧孩子的移工婦女（像是她過去在卡達的身分）可以不必住在僱主家。這些婦女的跨國家務勞動經驗似乎和她有很大的不同。所以她也邀請羅莎與會。羅莎在日益茁壯的加州幫傭運動中大概已經稱得上十分活躍，不過令特蕾莎驚訝的是羅莎建議讓她的中產階級僱主勞麗也一同前來。羅莎解釋說雖然她和勞麗的政治經驗十分不同，但是這位美國白人女性或許也能提供她「一天當兩天用」的生活經驗。羅莎和勞麗搭乘同一班飛機從聖地牙哥前來。

特蕾莎還要從無數的民族主義運動中挑選一名女性與會。她決定邀請瑪麗－艾梅．海利－盧卡斯。雖然瑪麗－艾梅在阿爾及利亞長大，年輕時也曾經參加反對法國殖民主義的阿爾及利亞民族主義運動，但是她覺得自己必須流亡以追求女性主義的目標。她的「生活於穆斯林法律下的婦女」同伴鼓勵她接受特蕾莎的邀請。

在特蕾莎送出討論會的邀請函之前，曾經與當地的幫傭運動人士討論是否要邀請外交官夫人。像這類婦女的經驗似乎與香蕉工人和登山嚮導相去甚遠。但是特蕾莎有一個運動圈的新朋友曾經打掃過一名駐馬尼拉的外交官家，她說那個家的太太似乎對於無法追求自己的生物學家職業生涯感到沮喪，也對她被期望去參加一堆社交活動感到不滿。所以，最後特蕾莎還是邀請了洋子（音譯），她是日本大使館首位政府官員的妻子。她要求只使用自己的名字（不要加上姓氏），以免讓她即將晉升大使的丈夫遭受任何可能的波及。洋子派駐馬尼拉兩年了，她曾經邀請一群當地的菲律賓女性主義者到家裡喝茶聊天，這件事就已經足以引發外交界的震撼了。

我們大概可以想像當大家終於聚在一起時，特蕾莎會有一點緊張，不過她可以感覺到其他有些女性也是如此，這讓她放下了心裡的一塊大石。她熱烈的歡迎她的九名客人：艾里斯、喬比、拉基、雷伊、高里、羅莎、勞麗、瑪麗－艾梅和洋子。大多數女性不需要太多提點就能開始講話。她們先是互相詢問對方的家庭。家庭一直都是一個切入點。她們是自己撫養孩子嗎？她們需要照顧年邁的父母嗎？她們會傳閱彼此的照片和智慧型手機，互相展示自己的孩子、朋友和家族成員的照片。接下來，對話轉向比較政治性的。她們的男性伴侶或是父親是否不願意「允許」她們前來馬尼拉？她們不在的時候是誰在照顧小孩和做家事？她們能夠承受失去五天的工資——即使是低薪嗎？

等她們變得更加放鬆後，就開始交換一些故事，尤其是她們被邀請參加這個女性主義的討論會時，旁邊的人都說了些什麼。她們的許多男性朋友、甚至還有些女性同事都感到摸不著頭腦；有些男性還真的笑了出來。完全不了解的人則會用一些粗魯、性別歧視的名稱指稱女性主義者。不過，彼此分享她們的故事有助於消除這些近期記憶中的刺痛。並可以引導女性坦誠的談論性別歧視是如何運作、嘲笑是如何使人噤聲，以及當話題有關「政治」或是「國際政策」時，女性有時候很難發出自己的聲音。

我們大概想像得到這十位婦女主要在談論的是真正會影響到她們安全感的事情——例如：政府的移民政策、缺乏公共資助的兒童照顧、種族主義的細微之處、讓一些婦女被推向神壇而另一些女性則跌入底層的刻板印象、軍國主義滋生的恐懼和扭曲的安全觀念、企業不斷升級的生產需求和難以究責的勞工承包商。同時，這些女性還會提到有關全球品牌、匯款、國際債務、民族主義進程、軍事基地、發展口號、人口販賣和環境危害的豐富資訊，這些資訊都是來自她們的日常經驗。不過她們並不是從這些主題開始的。她們是從最個人的關係開始，但這並不是因為她們幼稚、視野狹隘或是不關心政治。她們從那裡開始，是因為知道這些從事無償的家務勞動和（女人的）照顧工作的人，其實在牛仔褲和香蕉的生產、旅遊業的促進、民族運動的動員和軍事及外交的運作都是不可或缺的。她們也知道權力在家庭中如何運作，其實對於權力在社群內部、在社會運動中、在政黨、政府以及國際機構和聯盟中如何運作也都至關重要。

在近幾十年來形成的最簡單卻也最令人焦慮的一個女性主義觀點，就是「個人即政治」。這個深刻的理論觀點可以印在T恤或是保險桿貼紙上。之所以主張「個人即政治」會令人感到焦慮，而且是有意識的焦慮，是因為這表示我們曾經以為只是個人的或是社交的關係（許多我們的朋友和同事現在仍以為是這樣），其實都充滿了權力。而且那些所謂個人的、私人的關係充滿了不平等的權力，並得到公共權威的支持。

不過，「個人即政治」這種主張就像一句回文，不論正著讀或倒著讀都可以。假如我們把它讀成「政治即個人」，這個主張的意思就是政治不是只有在立法辯論、投票所、政黨戰略會議、法庭或作戰室中發生的事情。雖然在許多國家主宰公共生活的男性會告訴女性只要留在廚房就好（不要去參加馬尼拉的討論會，不要組織工會，不要創立理論），但是這些男性卻會利用各種形式的公共權力來建立私人關係，以加強他們自己男性的政治控制。如果沒有這些刻意為之的性別操作，男性對政治生活的掌控大概就遠遠稱不上穩固了。

此外，如果沒有這些性別操作，似乎大多數男性對政治都很「專業」的印象就不會那麼突出了。在二〇一三年有一項針對公民政治知識的跨國調查，在其調查的十個國家中，幾乎每一個「國家的女性對政治的了解都少於男性，無論該國的性別平等有多麼先進」。[2]該研究的作者推斷對政治資訊的性別差異可能是因為新聞界和精英政治圈中極少有女性扮演重要的角色，這讓許多女性觀眾和讀者不覺得當前的新聞報導和她們自己有什麼關聯。雖然這樣解釋各國的政治資訊差異似乎也算合理，但是有一名英國的女性主義記者在分析同樣十國的研究時，提供了另一種解釋：或許是因為這些研究者對於何謂「政治」的定義和衡量標準過於狹隘。[3]許多女性會關注並且記住的相關資訊是屬於更大範圍、或許也有人會說是更為現實的政治板塊——例如：是否能夠得到自己負擔得起的育兒照顧、公園的狀況、公共交通的可使用程度、在婦女提出強姦的指控時警察有多麼願意以尊重的態度對待、政府是否會以性別刻板印象中的當地婦女圖片來吸引外國遊客，以及在工作中會虐待女性的僱主是否能夠免於懲處。也就是說，如果什麼算是政治的版圖由女性主義的製圖師重新繪製，那麼女性和男性之間對政治知識的差距很可能會急遽縮小。

要解釋為什麼所有國家都有這樣的政治，我們必須對定義男性氣質和女性氣質的拉扯過程感到好奇，並好奇它們是怎樣建構公眾的生活。接受「政治即個人」會使人們對婚姻的政治、女性勞動力的廉價化、男性化的意識形態、性傳染病和恐同症展開調查，而不再認為它們只是邊緣的議題，並且也同意這些是國家的核心問題。這類研究就與研究軍事武器或稅收政策一樣嚴肅。事實上，只要我們同意政治**即**個人的話，如果要充分理解後者，就當然勢必要考慮前者。

如果要理解國際政治，在解讀權力時也需要正著看和反著看。國家及政府之間的權力關係不是只關乎軍事演習和外交信件。如果是正著看，「個人即國際」這句話是在說何謂「正經的」女人或是「可敬的」的男性是由殖民政策、國際貿易戰略和軍事策略所塑造的。今天我們老是會聽到有人說世界正在變小、國家的邊界也非嚴密不透風：想一想，肯德基已經開到上海、聖地牙哥可以吃得到壽司、杜哈的牆上掛著塞尚、韓國的流行歌手在紐約照樣吸引觀眾，俄羅斯的武器則被拿去支持敘利亞的獨裁者。但是我們在討論個人的權力關係時，卻經常像是仍覺得它們受限於主權國家的範圍內。我們在談論對婦女的暴力行為時，經常沒有調查網路色情產業中的全球貿易，或是提供性旅遊和郵購新娘的公司是如何開展其跨國業務。同樣地，當我們試著解釋女性是如何學習「像個女人」，卻沒有揭開殖民官員留下的遺緒（他們是想用維多利亞時期的顧家女性典範來支撐帝國）；或者當我們在追蹤是什麼形成了兒童對女性氣質和男性氣質的想法時，卻漏掉考慮政府的外國投資政策會鼓勵一些巨頭在全球的廣告活動（像是麥肯廣告〔McCann Erickson〕、黃禾國際廣告〔BBDO〕或上奇廣告〔Saatchi and Saatchi〕）。

不過，意識到個人關係即國際的，也可能只是讓人因為不夠關注國際事務而感到內疚。「你應該要更了解國際貨幣基金組織」，「當專家開始談論氣候變遷的時候不要轉台」，「要能夠找到關島在哪裡」。新的國際關注當然有用，但是不夠。它沒有從根本上觸及我們的傳統假設——我們原本認為的「國際政治」是什麼、以及它會在哪裡發生。意識到「個人即國際」會擴大關心政治的群眾，但是不足以改變我們對於國際政治的各個階段正在發生什麼事的理解。

如果我們把「個人即國際」倒過來讀成「**國際即個人**」，為什麼要用女性主義來理解國際政治的意義就會變得清晰許多。各國政府之間的結盟、相互競爭和發動戰爭是怎麼一回事，都需要徹底的重新想像。

「國際即個人」是指政府在處理外交事務時，會依靠某些所謂的私人關係。政府不只需要稅收和間諜機構；他們還需要願意為外交官丈夫提供無償服務的妻子，好讓她們的外交官丈夫能夠與其他外交官丈夫建立起信任關係。他們需要的不只是軍事裝備，還有能穩定提供的女性性服務，以及軍人妻子的感恩戴德之情（好讓男性士兵相信他們的男子氣概）。政府為了在國際舞台上運作而要尋求其他政府承認其主權；但是維持自主的國家也需要仰賴男性的尊嚴和女性的犧牲這類觀念。

因此，不論是債務、投資、殖民、去殖民化、國家安全、外交、貿易或是軍事占領的國際政治，都遠比大多數專家在過去要我們相信的複雜得太多。或許看起來很矛盾。許多人——尤其是女性——被教導說國際政治太複雜、太遙遠，對於所謂的女性思維來說太難理解。即使有像希拉蕊・柯林頓、安格拉・梅克爾、艾倫・強森・瑟利夫、蜜雪兒・巴舍萊或克莉絲蒂娜・拉加德能夠進入這個領域，也是因為她們學著「像個男人一樣思考」。

傳統分析探索的國際關係領域不夠完整，女性主義研究者才是探索、並一直在擴充性別與國際關係領域的先驅：她們會研究國家如何靠著對家庭和私人領域所做的特定人為建構來達成其政治目標。如果我們認真看待家庭幫傭、住在軍事基地裡面或附近的婦女、縫製 Gap 和 Zara 服裝的婦女之相關政治，我們就會發現國際政治遠比非女性主義的分析家所想的更為複雜。

這值得再說一遍：對國際政治的解釋如果缺乏女性主義者的質疑，解釋將顯得過於簡單。這類非女性主義的詮釋迴避了複雜性，低估了權力。

複雜的國際政治體系以目前的方式運作需要各種不同的權力，女性主義的探究方法能夠揭示出其中的各式權力。傳統上對各國關係的分析也的確經常談論權力。它們也的確把權力當作評論的核心。一般都認為（像個男人的）男性自然就會理解這些評論；女性——尤其是那些被認為是傳統女性的婦女則被當作天生就對行使或理解權力沒有興趣。然而，女性主義的探索——不論其對象是企業化農園的賣淫、外交官群體的性別歧視，或是反覆嘗試讓直言的民族主義女性噤聲——都告訴我們構建和維持國際政治關係所需要的權力，其實遠比我們過去被教導以為的都更**多元**得多。採用女性主義者視角的成果之一是不會在「國際安全研究」和「國際政治經濟學」這兩個領域之間樹立虛假的界線。女性主義者意識到性別政治的實際運作經常使得這些人為的研究領域彼此之間界線模糊。

這就是為什麼當十位精通政治的女性聚在一起參加特蕾莎所想像的馬尼拉討論會時，會從她們的家庭生活開始。權力剝奪了婦女的土地所有權，迫使她們必須離家，到國外當家庭幫傭或是留在香蕉園。權力也使女性在該國的外交圈遭到邊緣化，還被排除在中央銀行和財政部會高層之外。權力會將婦女排除在勞動談判之外。權力讓當地（無論是已經工業化或是尚在發展中的社會）男女不平等的問題無法進入許多民族主義運動的議程。權力要求各種女性各司其職，以確保軍事基地的順利運作。權力讓聯合國條約不承認性少數群體的權利。確實考慮到侵害婦女之暴力的聯合國條約在權力下也無法獲得執行。權力會透過電影、廣告、學校課程、電視、書籍、音樂、時尚和網路建構流行文化，而這些文化會強化、而非顛覆全球的性別階級。

確實意識到「國際即個人」，再加上女性主義長期以來關心婦女的生活和男性氣質是如何發揮作用，將帶領我們了解世界貿易組織、國際勞工組織、國際貨幣基金組織、八大工業國組織、二十大工業國、世界銀行、歐洲聯盟委員會、梵蒂岡、卡達酋長國、中國中央政治局、聯合國安全理事會、國際刑事法院、非洲聯盟和阿拉伯國家聯盟。「國際即個人」作為起點，也會讓我們理解 Gap、蘋果、迪士尼、富士康、金吉達香蕉、德意志銀行和 H&M，以及紅十字國際委員會、CARE、樂施會（OXFAM）和人權觀察（Human Rights Watch）。為了對國際政治做出現實的理解，我們需要對上述——和其他——組織進行徹底的、女性主義的性別分析。

我們可以對任何事進行女性主義的性別分析。每一次分析都會讓我們更敏銳地了解這個世界是如何運作的、或是無法運作。

認真看待「國際即個人」這個主張，意味著我們在探究上述這些組織、還有這些組織之間的關係時，各種不同的女性都必須被看見，在分析中不可對她們視而不見。政府、企業和國際組織間在構成合作或敵對關係時，的確會仰賴婦女作為象徵、由婦女提供情感的支持、以婦女作為無薪和低薪的勞工，有婦女選民，也有婦女作為象徵性的參與者，所以我們就很難理解在分析國際政治時，為什麼婦女只會在事後才會被想到。不分性別的收集難民、私人保全人員、地震受害者、民兵成員、企業主管、工廠廠主、新聞記者或和平談判人員的資料，其實沒有任何意義。我們也無法理解既然女性能夠成為引人注目的照片人物，為什麼不需要採訪她們。

國際決策圈有時候看起來就像男性俱樂部，但是國際政治整體還是需要女性用某些方式發揮作用。如果有夠多女性拒絕依照既定方法行事，政府之間、或是政府與企業之間的關係就必須改變了。

也就是說，女性不只是權力的客體，不只是被動的傀儡或是沒有想法的受害者。如同我們在前文所述，不同階級和民族的女性都有自己的盤算，好應付目前在國家間的鬥爭，甚至從中獲益。這些盤算會使得整體國家之間產生關聯（通常是以等級的關係）。追求冒險的體力和智力刺激通常保留給男性，或是有些富裕的女性會幫助其他女性轉往異國之地。有些女性為了追求有意義的有薪職涯，會定居在該國政府的殖民地或是僱用來自前殖民地的婦女。許多婦女為了追求時尚和增強她們有時候搖搖欲墜的自信心，會成為某些產品的主要消費者（而這些產品的生產者是在危險的工廠中以低薪工作的女性）。也有些婦女想要讓「文明化」和「現代性」的全球國際金字塔獲得承認，因為她們要衡量自己所處社會的解放層級。

因此，如果要問「女性在哪裡？」——然後再問「她們為什麼會在那裡？」「她們在那裡會讓誰得利？」，以及「她們對於自己在那裡有什麼想法？」——必須準備好得到一個複雜的答案。

但這個新的認識——女性（尤其是較貧窮國家的女性）需要在國際舞台上被看見以及被聽到，有可能會冒著抹殺女性之間重要差異的風險。例如：中國人之間的經濟階級差異日益擴大，甚至連北京的男性政治精英都感到震驚。這些無法弭平的不平等加劇了農村和城市婦女之間的差異、政治關係良好的商人妻子和在工廠的生產線上工作的婦女之間的差異。要說明女性之間的不平等不只是一些比較性的陳述——例如：城市女孩比農村女孩更有可能上中學，或是富裕的女性比勞工階級女性更有可能使用網路。這樣的比較性陳述是互相關係之下的後果。女性自己的社會階級、以及種族和族裔的不同經驗都有可能轉化成通常會令人驚訝的差異，這些差異會體現在不同女性對女性氣質的理解、各自的婚姻經濟、與特定男性的關係以及與國家的相遇經驗。無論是在美國、中國、印度、土耳其、南非、越南、墨西哥、巴西、馬來西亞、伊拉克和埃及，富裕的婦女、中產階級婦女、城市中的貧困婦女和農村的貧困婦女之間日益擴大的物質和政治不平等（尤其是如果又因為種族主義和民族中心主義而加劇），對於所有努力在創造和維持有活力的國家或跨國婦女運動的女性來說，都是嚴峻的挑戰。

創立跨國的香蕉園女工團體、發起國際家庭幫傭網絡（IDWN）、建立跨國聯盟（以遊說通過具性別意識的武器貿易條約）、替居住在海外美軍基地附近的女性組織跨國網絡、籌組服裝工廠女工的工會、替生活在父權宗教法下的女性主義者維持跨國網絡、建立一個以聯合國為中心的聯盟來對抗「邪惡聯盟」——這些努力都不容易。每天都還有人為了捍衛自己在當地或是全球的利益，做出一些行為讓不同的女性失去對彼此的信任、收回對彼此的支持。我們可以列出一張父權制得利者的清單，這些人都在依靠女性的分裂。名單上的人倒也未必是企業大亨或政治獨裁者。

制定外交政策的男性官員可能以為自己是在處理高級的金融或軍事戰略，但是毋寧說他們其實是有意識的在設計移民、旅遊、勞工、外交、文化和軍事基地政策，來分化和控制女性（他們很少承認這一點），他們會表現得像是政府或組織在世界事務中的定位取決於女性的行為方式。

揭露這些努力也會凸顯出男人的**男性身分**。國際政治不僅要依靠運用各種不同意義的女性氣質，也需要操作對男性氣質的概念。對於冒險、現代性、文明、進步、專業知識、理性、穩定、成長、風險、信任和安全的想法都會因為某種男性化的價值觀、體系和行為而取得正當性。這也是這些想法變得如此強大的原因之一。

男性政府官員和公司主管經常想要靠著控制女性，讓他們對其他男性的影響力擴到最大：包括其他作為丈夫、選民、移工、士兵、外交官、情報人員、農園和工廠經理、編輯和銀行家的男性。因此，如果要以女性主義來理解國際政治，也必須了解男性氣質的國際運作。男性自己對於男子氣概的觀點，同時來自於他們對其他男人的男性氣質的想法，以及他們對各個種族和社會階層的婦女的女性氣質的看法。因此我們要注意：如果沒有密切關注婦女和女性氣質，就不可能充分理解男性氣質的國際政治。對於（所有類型的）男性氣質的概念都是出自對女性氣質和現實中女性的想法、迷思和不確定性。對於男性氣質的可靠研究就必須認真看待女性。

氣候變遷、資本主義全球化、新的軍備競賽以及日益擴大的貧富差距——我們很容易被這些當代議題吸引過去展開討論，而不再問「女性在哪裡？」只要這些議題越急迫——「紐約很快就要在水面下了！」「中國的軍力建設將引發世界大戰！」——不去問「女性在哪裡？」就似乎越合理。在家父長制之下，「急迫性」成了女性主義探討的敵人。

不過，前面的章節已經告訴我們：這些急迫的議題正是因為其急迫性，才更需要性別分析，因為它們需要最充分、最符合真實的理解。女性主義的環境研究者和運動人士也已經告訴我們：如果要真正追蹤（例如）氣候變遷的原因，而不只是記錄其後果，必須揭露出男性氣質和女性氣質的觀念是如何運作，以及女性和男性之間的關係（這些都是有意識的使用政治權力造成的）。新軍備競賽、全球化帶來的剝削、貧富差距擴大等事項的原因調查也都是如此。

我們可以想像特蕾莎、喬比、高里、艾里斯和其他討論會的與會者現在正在深入討論。她們挖掘得越深，彼此就會變得越坦誠。她們想要營造一種信任的氣氛，鼓勵每一位女性誠實的表達自己的擔憂和困惑。她們要一起踏上旅程，要了解香蕉園是如何運作、服裝分包商是如何看待裁縫女工、軍事基地在保護誰的安全，以及為什麼家庭幫傭的女性和男性僱主都不把她們看作真正的勞工。

每當對話掉進抽象的討論，就會有其中一名女性把它拉回女性複雜的日常現實。這就是用女性主義理解國際政治聽起來的樣子。

注釋

第 1 章｜性別讓世界轉動：女性在哪裡？

1 有線索指出認真看待女性秘書的角色有助於揭露伊朗門事件，可參見 Barbara Gamarekian, "Consequences of Fawn Hall," *New York Times,* February 28, 1987; Mary Sit, "Hall Tells Secretaries: 'Stand by Your Boss,' " *Boston Globe,* September 30, 1988。在男性間的以色列—巴勒斯坦和平談判中，作為秘書的女性扮演了何種令人驚訝的角色，相關的女性主義政治分析可參見 Sarai Aharoni, "Gender and Peace Work: An Unofficial History of Israeli-Palestinian Peace Negotiations," *Politics and Gender* 7, no. 3 (2011): 391–416。對女性秘書的女性主義研究（出自對五百名澳洲秘書所做的採訪），可參見 Rosemary Pringle, *Secretaries Talk: Sexuality, Power and Work* (London: Verso Books, 1988)。下列極具啟發性的研究揭示了以色列的工人階級和中產階級女性對於她們擔任以色列國防軍（Israeli Defense Force）義務役的秘書工作有多麼不同的理解：Edna Lomsky-Feder and Orna Sasson-Levy, "Serving the Army as Secretaries," *British Journal of Sociology*（2014，即將出版）。

2 我要感謝女性主義學者張景順（音譯，Gyoung Sun Jang）讓我看到國際聯盟內部的各種女性工作史（這部分幾乎還沒有被大家充分認識到）。她的精彩論文是：Gyoung Sun Jang, "The Sexual Politics of the Interwar Era Global Governance: Historicizing the Women's Transnational Movements with(in) the League of Nations, 1919–1940" (PhD diss., Women's Studies, Clark University, Worcester, MA, 2009)。

3 希拉蕊・柯林頓是美國律師，也曾經是美國的第一夫人，她當選過美國紐約州參議員，並曾經被任命為美國國務卿；瑪麗・羅賓遜是一名愛爾蘭律師，曾經當選愛爾蘭總統，也曾擔任聯合國人權事務高級專員，以及聯合國秘書長的非洲大湖地區（Great Lakes Region）特使；艾倫・強森・瑟利夫是賴比瑞亞（Liberia）的經濟學家，她曾經是世界銀行的經濟學家，也曾當選賴比瑞亞總統，並獲頒諾貝爾和平獎；希林・伊巴迪是一名伊朗律師，她因為捍衛伊朗人權而獲得諾貝爾和平獎；安格拉・梅克爾是德國基督教民主聯盟（Christian Democratic Party）的黨魁及德國總理；克莉絲蒂娜・拉加德曾經擔任法國的財政部長，也是國際貨幣基金組織（IMF）有史以來第一位女性總裁。

4 有關女性的國際政治經驗、以及男性氣質和女性氣質在經常出現緊張關係的生活中是如何運作，以下兩本書收集了對此主題的認真反思：Dyan Mazurana, Karen Jacobson, and Lacey A. Gale, eds., *Research Methods in Conflict Settings: A View from*

Below (New York: Cambridge University Press, 2013); Brooke Ackerly, Maria Stern, and Jacqui True, eds., *Feminist Methodologies in International Relations* (New York: Cambridge University Press, 2006)。

5 這些數據來自獨立的監測團體「美國須重視媒體」（Media Matters for America）的一項研究，該研究調查了 CNN、福克斯新聞（Fox News）和 MSNBC 在二〇一三年四月間播出的晚間節目。Rob Savillo and Oliver Willis, "Report: Diversity on Evening Cable News in 13 Charts," Media Matters for America, May 13, 2013, http://mediamatters.org/research/2013/05/13/report-diversity-on-evening-cable-news-in-13-ch/194012。英國團體「新聞業中的女性」（Women in Journalism）在二〇一二年調查了英國的九家全國性報紙的頭版報導，也發現有類似的偏向男性的模式。他們發現在這九家報紙中，只有一家小報（《每日快報》〔*Daily Express*〕）有百分之五十的頭版報導是出自女性記者之手。著名且深具影響力的《泰晤士報》（*The Times*，有時候也被稱為《倫敦時報》〔*The Times of London*〕）有百分之八十二的頭版是由男性記者撰稿，女性記者僅占百分之十八。同一項研究還發現在英國的九份全國性報紙中，頭條報導所引用或提及的姓名中有百分之八十四是男性。Jane Martinson, Kira Cochrane, Sue Ryan, Tracy Corrigan, Fiona Bawdon, "Seen but Not Heard: How Women Make Front Page News," Women in Journalism, October 15, 2012, www.womeninjournalism.co.uk/wp-content/uploads/2012/10/Seen_but_not_heard.pdf。有關電視新聞製作人比較會選擇男性而不是女性擔任節目專家的更多數據，可參見 Cynthia Enloe and Joni Seager, "Media," *The Real State of America Atlas: Mapping the Myths and Truths of the United States* (New York: Penguin Books, 2011), 40–41。

6 「費曼」是由三名烏克蘭年輕女性發起的（該組織是以使用女性裸體的大膽女性主義抗議方式而聞名），對三名發起人的描述可參見 David M. Herszenhorn, "Ukraine's Feminist Shock Troops," *International Herald Tribune,* June 1–2, 2013。「費曼」運動人士遭到人身攻擊的報導可參見 David M. Herszenhorn, "Feminists Ask Protection after Attack in Ukraine," *New York Times,* August 19, 2013。

7 可參見Catia Cecilia Confortini, *Intelligent Compassion: Feminist Critical Methodology in the Women's International League for Peace and Freedom* (Oxford: Oxford University Press, 2012)。

8 有關這些跨國女性主義團體的更多資訊，請瀏覽其各自的網站：Women Living Under Muslim Laws, www.wluml.org; International Network of Women in Black, www.womeninblack.org; Women's Global Network for Reproductive Rights, www.wgnrr.org; International Women's Health Coalition, http://iwhc.org; Our Bodies Ourselves Global Network, www.ourbodiesourselves.org; Equality Now, www.equalitynow.org; International Action Network on Small Arms Women's Network, www.iansa-women.org; Women's Initiatives for Gender Justice, www.iccwomen.org; International Domestic Workers Network, www.idwn.org; International Gay and Lesbian Human Rights Commission, www.iglhrc.org; Women's International League for Peace and Freedom, www.peacewomen.org; NGO Working Group on Women, Peace and Security, www.womenpeacesecurity.org; Women in Conflict Zones Network, www.yorku.ca/wicznet。如果要探索女性主義團體如何走向全球化及其後果，可參見 Mary Hawksworth, *Globalization and Feminist Activism* (Lanham, MD: Rowman and Littlefield, 2006)。

9 目前已經出現了大量女性主義的學術探索，有助於創造和活化性別與國際關係的學術領域，其中包括：J. Ann Tickner, *Gendering World Politics* (New York: Columbia University Press, 2001); J. Ann Tickner and Laura Sjoberg, eds., *Feminism and International Relations* (London: Routledge, 2011); Christine Sylvester, *Feminist International Relations: An Unfinished Journey* (Cambridge: Cambridge University Press, 2001); V. Spike Peterson and Anne Sisson Runyan, *Global Gender Issues in the New Millennium* (Boulder, CO: Westview Press, 2010); Jan Jindy Pettman, *Worlding Women: Feminist International Politics* (London: Routledge, 1996); Laura Shepherd, *Gender, Violence and Security* (London: Zed Books, 2008); Shirin Rai, *The Gender Politics of Development* (London: Zed Books, 2008); Elisabeth Prugl and Mary Meyer, eds., *Gender and Global Governance* (Boston: Rowman and Littlefield, 1999); Laura Sjoberg, ed., *Gender and International Security: Feminist Perspectives* (London: Routledge, 2010); Annick T. R. Wibben, *Feminist Security Studies* (London: Routledge, 2011); Marianne Marchand and Anne Sisson Runyan, eds., *Gender and Global Restructuring* (London: Routledge, 2000); Carol Cohn, ed., *Women and Wars* (Cambridge: Polity Press, 2013); Marysia Zalewski, *Feminist International Relations* (London: Routledge, 2013); Joyce Kauffman and Kristen Williams, *Women, the State and War: A Comparative Perspective on Citizenship and Nationalism* (Lantham, MD: Lexington Books, 2007); Cynthia Weber, *International Relations Theory* (London: Routledge, 2014); Laura Sjoberg, *Gender and International Relations* (New York: Routledge, 2009); Laura Shepherd, ed., *Gender Matters in Global Politics* (New York: Routledge, 2014); Cynthia Weber, *Queer International Relations* (Oxford: Oxford University Press, 2014)。學術期刊《國際女性主義政治學雜誌》（*International Feminist Journal of Politics*）的創辦是為了替女性主義的國際政治研究提供跨學科的空間。該刊的許多撰稿人和編輯都是上面列舉的作者，但是最近也有來自幾十個國家的多位學者進入及塑造了性別和國際關係的領域。

10 女性和男性在美國的紙媒、電視、廣播和網路新聞媒體中的相對數據，可參見 Diana Mitsu Klos, *The Women's Media Center: The Status of Women in the U.S. Media 2013*, Women's Media Center, 2013, www.womensmediacenter.com/pages/statistics。婦女媒體中心（Women's Media Center）會定期研究女性受到的媒體待遇，以及女性作為專業媒體製作人、編輯和記者的現況。該中心是由格洛麗亞・斯泰納姆（Gloria Steinem）、羅賓・摩根（Robin Morgan）和珍・方達（Jane Fonda）創立的。有關英國對新聞媒體的性別監測，可參見 Women in Journalism, http://womeninjournalism.co.uk。

11 Women's eNews, http://womensenews.org/.

12 從一八〇〇年代末到今天，有關幾份活躍的出版物或是具有影響力的女性主義書店（例如麻薩諸塞州〔Massachusetts〕劍橋〔Cambridge〕市的「New Words」）的記錄，都由下列幾座女性史圖書館收集起來，透過其線上網站對外展示：the Schlesinger Library on the History of Women in America, Radcliffe Institute, Harvard University; the Sophia Smith Collection, Smith College, Northampton, MA; the Women's Library（其前身為 the Fawcett Library）, London School of Economics; the Lesbian Herstory Archives, Brooklyn; the Lesbian Archives, Amsterdam。

13 「婦女的全球領導力中心」（Center for Women's Global Leadership）召集了運動人士和學者制定策略，要求聯合國在二〇一五年之後的發展目標中要明確將婦女列入考量，其主題之一便是讓媒體了解女性主義經濟學家的專業知識：*Towards the Realization of Women's Rights and Gender Equality: Post 2015 Sustainable Development* (New

Brunswick, NJ: Center for Women's Global Leadership, Rutgers University, 2013), www.cwgl.rutgers.edu。

14 可參見Nell Irvin Painter, *Sojourner Truth: A Life, a Symbol* (New York: W. W. Norton, 1996); Margaret Washington, *Sojourner Truth's America* (Urbana: University of Illinois Press, 2009)。

15 Claire Midgley, *Women against Slavery: The British Campaigns, 1780–1870* (London: Routledge, 1992).

16 十九世紀中葉的美國作家／編輯／女權倡導者瑪格麗特・富勒（Margaret Fuller）寫了一本令人激動的新傳記，她在書中揭示了如何將非洲人在美國所受的奴役、與白人已婚婦女經歷到的類似奴隸制的狀況產生連結：Megan Marshall, *Margaret Fuller: A New American Life* (Boston: Houghton Mifflin Harcourt, 2013).

17 例如可參見 Margot Badran, *Feminists, Islam and Nation: Gender and the Making of Modern Egypt* (Princeton: Princeton University Press, 1995); Bonnie S. Anderson, *Joyous Greetings: The First International Women's Movement, 1830–1860* (Oxford: Oxford University Press, 2000); Caroline Daley and Melanie Nolan, eds., *Suffrage and Beyond: International Feminist Perspectives* (New York: New York University Press, 1994)。下列大型線上資料庫收集了國際婦女組織從十九世紀中葉到現在的文件和報告（已達十五萬頁，還在不斷增加中），可參見 Kathryn Sklar and Thomas Dublin, eds., *Women and Social Movements, International, 1840 to Present* (Alexandria, VA: Alexander Street Press, n.d.), http://alexanderstreet.com/products/women-and-social-movements-international。

18 這段敘述是基於作者在二〇一三年三月和七月之間與「國際婦女和平自由聯盟」的（紐約及日內瓦辦公室的）雷伊・阿切森（Ray Acheson）、瑪麗亞・巴特勒（Maria Butler）、瑪德琳・里斯（Madeleine Rees）和艾碧該・魯安（Abigail Ruane）、以及（紐約的）「婦女、和平與安全非政府組織工作小組」的莎拉・泰勒（Sarah Taylor）的對話以及電子郵件往來。多年來的跨國女性主義運動中，她們都扮演了關鍵的角色，以確保性別暴力將在歷史性的二〇一三年《武器貿易條約》中獲得具體和有效的解決。這段敘述的明文資料來源包括：WILPF, IANSA Women's Network, Amnesty International, and Religions for Peace, "A United Call to Explicitly Include Gender-Based Violence in the Criteria," June 2012, www.wilpfinternational.org; International Action Network on Small Arms Women's Network, "About the IANSA Women's Network": www.iansa-women.org/about.html，瀏覽日期為二〇一三年五月十日；IANSA Women's Network, "IANSA Women Continue to Push for a Strong ATT That Will Prevent Gender-Based Violence": www.iansa-women.org/node/819，瀏覽日期為二〇一三年五月十日；Women's International League for Peace and Freedom, "Make It Binding: Include Gender-Based Violence in the ATT," PeaceWomen, April 2013; www.peacewomen.org/pages/att; Ray Acheson, "A Tale of Two Treaties," *Arms Trade Monitor,* no. 6.9 (March 27, 2013), http://reachingcriticalwill.org/images/documents/Disarmament-fora/att/monitor/ATTMonitor6.9.pdf; Rebecca Gerome (IANSA Women's Network) and Maria Butler (WILPF's Peace-Women), "A Step Back? 'Gender-Based Violence' vs. 'Violence against Women and Children,' " *ATT Monitor,* no. 5.11 (March 2013), www.peacewomen.org/assets/fi le/ATT/att_and_gbv.pdf; Ray Acheson, Maria Butler, and Sofia Tuvestad, "Preventing Armed Gender-Based Violence: A Binding Requirement in the New Draft ATT Text," WILPF, March 28, 2013, http://peacewomen.org/assets/file/article_gvb_march28_

final.pdf; Ray Acheson and Beatrice Fihn, "The Failure of Consensus," *Arms Trade Treaty Monitor: The Blog,* April 1, 2013, http://attmonitor.blogspot.com/2013/04/the_failure_of_consensus_html; Robert Zuber, "Distance Runner," *Arms Trade Treaty Monitor: The Blog,* April 1, 2013, http://attmonitor.blogspot.com/2013/04/distance-runner.html; Katherine Prizeman, "Looking to the Future of the ATT: Shifting Attention to Implementation," *Arms Trade Treaty Monitor: The Blog,* April 2, 2013, http://attmonitor.blogspot.com/2013/04/lookingto-future-of-att-shifting.html; Ray Acheson, "The ATT: A Start to Challenging the Status Quo," April 2, 2013, http://attmonitor.blogspot.com/2013/04/the-att-start-to-challenging-status-quo.html; Maria Butler, editorial, *PeaceWomen Enews,* April 2013, www.peacewomen.org。

19 United Nations General Assembly, *Final United Nations Conference on the Arms Trade Treaty, Draft Decision, Submitted by the President of the Final Conference: The Arms Trade Treaty* (New York: United Nations, March 27, 2013), 6. 《武器貿易條約》要在國際上生效，必須得到至少五十國政府的簽署和批准。截至二〇一三年年底，美國政府僅簽署了《武器貿易條約》，甚至沒有訂出核准該條約所需的美國參議院的辯論日期和投票日期。一般認為美國政府接受《武器貿易條約》的前景渺茫，這是因為以全國步槍協會（National Rifle Association）為首的擁槍團體所進行的遊說在美國政治圈發揮了政治影響力。"Editorial: Containing the Conventional Arms Trade," *New York Times,* October 1, 2013. 而在另一方面，最近有幾項國際條約（例如：禁止地雷條約和建立國際犯罪法院的條約）已經獲得足夠多的政府批准，因此毋須美國批准即可生效。

20 以下資料將世界各地的女性謀殺案（有別於女性的戰時死亡）做成圖表並加以比較，是十分罕見的資料：Joni Seager, "Murder," *Penguin Atlas of Women in the World* (New York: Penguin Books, 2009), 30–31。

21 有越來越多具啟發性的研究在追蹤特定國家的男性氣質演變和彼此之間的競爭，其中有許多研究是對性別感興趣的民族誌學者進行的。例如：可參見 John Osburg, *Anxious Wealth: Money and Morality among China's New Rich* (Stanford, CA: Stanford University Press, 2013); Robin Le Blanc, *The Art of the Gut: Manhood, Power, and Ethics in Japanese Politics* (Berkeley: University of California Press, 2010); Daniel Conway, *Masculinities, Militarisation and the End Conscription Campaign: War Resistance in Apartheid South Africa* (Manchester: Manchester University Press, 2012)。對不同的男性氣質、它們相互的影響以及政治意涵，具創新性的跨國研究包括：Marysia Zalewski and Jane Parpart, eds., *The "Man" Question in International Relations* (Boulder, CO: Westview Press, 1998); Jane Parpart and Marysia Zalewski, eds., *Rethinking the Man Question: Sex, Gender and Violence in International Relations* (London: Zed Books, 2008); Paul Kirby and Marsh Henry, eds., "Rethinking Masculinity and Practices of Violence in Conflict Settings," special issue, *International Feminist Journal of Politics* 14, no. 4 (2012); Paul Higate, ed., *Military Masculinities: Identity and the Sate* (Westport, CT: Praeger, 2003); Paul Amar, "Middle East Masculinity Studies," *Journal of Middle East Women's Studies* 7, no. 3 (Fall 2011): 36–71; Terrell Carver, "Being a Man," *Government and Opposition* 41, no. 3 (2006): 477–95。

22 桑德拉・哈定（Sandra Harding）是研究這門科學的女性主義先驅理論家，她有大量文章在討論為何理性思維被視為男性氣質的標誌。例如：可參見 Sandra Harding, *The Science Question in Feminism* (Ithaca, NY: Cornell University Press, 1986); Sandra

Harding, *Sciences from Below: Feminisms, Postcolonialities and Modernities* (Durham, NC: Duke University Press, 2008)。

23 Carol Cohn, "Sex and Death in the Rational World of Defense Intellectuals," *Signs* 12, no. 4 (1987): 687–718; Carol Cohn with Felicity Hill and Sara Ruddick, *The Relevance of Gender in Eliminating Weapons of Mass Destruction* (Stockholm: Weapons of Mass Destruction Commission, 2005).

第 2 章｜女性旅行者、選美皇后、女性空服員和旅館女服務生：旅遊業的國際性別政治

1 "China Becomes World's Biggest Source of Tourists, Academy Says," *Bloomberg News,* April 25, 2013, www.bloomberg.com/news/2013-04-25/china-becomes-world-s-biggest-source-of-tourists-academysays.html. 在二〇一三年全世界最受歡迎的旅遊目的地中，中國排名第三，僅次於法國和美國。Associated Press, "World Briefing: China: Foreign Tourism Falls, and Smog May Be One Reason," *New York Times,* August 14, 2013. 法國是中國遊客最愛的海外旅遊目的地，光是在二〇一二年，就有一百四十萬名中國遊客赴法旅遊。Dan Levin, " Wooing, and Also Resenting, Chinese Tourists," *New York Times,* September 17, 2013.

2 Dan Smith, *The State of the World Atlas*, 9th ed. (London: New Internationalist; New York: Penguin Books, 2013), 52–53.

3 UN Women and UN World Tourism Organization, *Global Report on Women in Tourism 2010* (New York: UN Women and UN World Tourism Organization, 2011). 也可參見 Thomas Baum, "International Perspectives on Women and Work in Hotels, Catering and Tourism" (Gender Working Paper 1/2013, International Labor Organization, Geneva, 2013)。依據鮑姆（Baum）的估計，旅遊業對全球 GDP 的貢獻在二〇一二年將達到百分之九（p. 8）。

4 "Tourism a Vehicle for Gender Equality and Women's Empowerment," UN Women, March 11, 2011, www.unwomen.org/2011/03/tourism-a-vehicle-for-gender-equality-and-womens-empowerment.

5 同上註。

6 有關性別傳統是如何影響女性的外出旅行，以及接下來如何影響女性獲得權利和機會的有限途徑，其深入討論可參見 Mona Domosh and Joni Seager, *Putting Women in Place: Feminist Geographers Make Sense of the World* (New York: Guilford, 2001)。

7 Joni Seager, "In Their Place," *The Penguin Atlas of Women in the World,* 4th ed. (New York: Penguin Books, 2009), 18–19.

8 U.K. Department of Transport, *National Travel Survey 2010: Driving License Holding and Vehicle Availability* (London: Department for Transport, 2010), www.gov.uk/government/uploads/system/uploads/attachment_data/file/8933/nts2010–02.pdf.

9 出自 Richard Montague, *The Life and Adventures of Mrs. Christian Davies,* 1740，引用自 Julie Wheelwright, "Amazons and Military Maids," *Women's Studies International Forum* 10, no. 5 (1987): 491。也可參見 Julie Wheelwright, *Amazons and Military Maids* (London: Pandora Press, 1989)。

10 Vita Sackville-West, October 5, 1920，引用自 Nigel Nicolson, *Portrait of a Marriage* (New

York: Atheneum, 1973), 109–11。在此時有一些穆斯林婦女會女扮男裝，以逃脫階級和性別的限制。在第一次世界大戰前夕，婦女權利組織（Organization for the Rights of Women）的土耳其女性發起了一場運動，為婦女爭取不須經男性同意就可以旅行的權利。為了彰顯她們的觀點，貝爾基斯．塞克韋特（Belkis Sekvet）——第一位駕駛飛機的土耳其女性——在一九一三年進行了一次很引人注目的飛行表演；她穿著男裝開飛機，這是為了證明女性也跟男性一樣勇敢，因此她們和男性一樣也能夠旅行。可參見 Sarah Graham-Brown, *Images of Women: The Portrayal of Women in Photography of the Middle East, 1860–1950* (New York: Columbia University Press, 1988), 142–43。

11 Lisa Wenner with Peggy Perri, "Pack Up Your Sorrows: The Oral History of an Army Nurse in Vietnam"（typescript, Smith College, Northampton, MA, 1986），15–16。

12 Mildred Cable and Francesca French，引用自 Mary Morris, with Larry O'Connor, eds., *The Illustrated Virago Book of Women Travellers* (London: Virago Press, 1996), 133。

13 瑪麗．西科爾（Mary Seacole）是一名加勒比海的黑人女性，她是一個重要的例外（除她之外的維多利亞女性旅人都是白人）。有關於她在克里米亞（Crimea）和歐洲的冒險，可參見 Ziggi Alexander and Audrey Dewjee, eds., *Wonderful Adventures of Mrs. Seacole in Many Lands* (Bristol, U.K.: Falling Wall Press, 1984)。女性旅人撰寫了大量文獻（其中大部分現在都有新版），對她們的兩本重要指南分別是：Jane Robinson, ed., *A Bibliography of Women Travellers* (Oxford: Oxford University Press, 1989); Marion Tinling, ed., *Woman into the Unknown: A Source Book on Women Explorers and Travelers* (Westport, CT: Greenwood Press, 1989)。

14 Katherine Frank, *A Voyager Out* (New York: Houghton Mifflin, 1986). 對瑪麗．金斯利更為重要的評價可參見 Deborah Birkett, "The Invalid at Home, the Samson Abroad," *Women's Review* (London), no. 6 (1987): 18–19。 以及 Deborah Birkett, "West Africa's Mary Kingsley," *History Today* (May 1987)。

15 *Ladies in the Field: The Museum's Unsung Explorers,* exhibition at the American Museum of Natural History, New York, December 1986. 在博物館的善本部（Rare Book Department）可以找到迪莉婭．愛克力、迪娜．布羅德斯基、莎莉．克拉克（Sally Clark）、博戈拉斯夫人（Mrs. Bogoras）和伊薇特．博魯普．安德魯斯（Yvette Borup Andrew）的文章和日記。

16 Robert W. Rydell, *All the World's a Fair: Visions of Empire at the World Expositions, 1876–1916* (Chicago: University of Chicago Press, 1984), 2.

17 同上註，頁 118。

18 Jeanne Madeline Weimann, *The Fair Women* (Chicago: Academy Press, 1981). 一八七六年的百年紀念展可參見 William D. Andrews and Deborah C. Andrews, "Technology and the Housewife in Nineteenth Century America," *Women's Studies* 2 (1974): 323–24。

19 Louis Turner and John Ash, *The Golden Hordes: International Tourism and the Pleasure Periphery* (New York: St. Martin's Press, 1976), 20–21.

20 Maxine Feifer, *Tourism in History: From Imperial Rome to the Present* (New York: Stern and Day, 1986), 10–11. 有關日後歐洲旅行的更多資訊（尤其是十七世紀和十八世紀男性貴族的旅行）可參見 John Tower, "The Grand Tour: A Key Phase in the History of Tourism," *Annals of Tourism Research* 12 (1985): 297–333; Judith Adler, "Youth on the Road: Reflections on the History of Tramping," *Annals of Tourism Research* 12 (1985): 337–

50; Susan L. Blake, "A Woman's Trek: What Difference Does Gender Make?" in *Western Women and Imperialism, ed. Margaret Strobel and Nupur Chaudhuri* (Bloomington: Indiana University Press, 1992)。

21 關於湯瑪斯・庫克這次旅遊行程的主要資料來源是湯瑪斯・庫克檔案(Thomas Cook Archives)。這些檔案已經數位化,而且是英國國家登記檔案(National Register of Archives)中的一部分,可以在線上瀏覽,www.nationalarchives.gov.uk/nra/onlinelists/GB2065ARCHIVES.pdf。檔案中收藏了庫克在一八五五年出版的 *Excursionist*,以及在一九〇五年首次推出的 *Travellers' Gazette*。

22 "How Four Ladies Visited the Rhine," *Cook's Excursionist and Cheap Trip Advertiser,* August 20, 1855, 2. 廢奴主義者兼反戰運動人士朱莉亞・沃德・豪(Julia Ward Howe)在一八九一年於波士頓協助創立了婦女休閒旅遊協會(Women's Rest Tour Association)。該協會的上流社會成員渴望在沒有男性陪伴的情況下出國旅行,因此創建了一份有實用資訊的文件,列出適合正經女人的歐洲住宿地點。如今該協會及該文件被歸類在「旅遊國際交流」(Travel International Exchange);可參見 William A. Davis, "Travel Exchange Is Still Marching On," *Boston Globe,* November 15, 1987。

23 "About Thomas Cook," Thomas Cook, www.thomascook.com,瀏覽日期為二〇一四年一月七日。

24 Peter Stalker, "Going Places: Westerners Invade Paradise," *New Internationalist,* December 1984,摘錄自 *Utne Reader,* July–August 1987, 104。

25 Orlando Crowcroft, "Tourism in Egypt: Hope Amid a Slow Recovery," CNN, May 23, 2013, www.cnn.com/2013/05/23/travel/egypt-tourism.

26 David D. Kirkpatrick, "Egypt: Last Place on Tourism List," *New York Times,* March 14, 2013; Jennifer Blanke and Thea Chiesa, eds., *The Travel and Tourism Competitiveness Report 2013* (Geneva: World Economic Forum, 2013), www.weforum.org/issues/travel-and-tourismcompetitiveness. 該報告的作者在評價一百四十個國家的旅遊業時,不僅會考慮遊客安全,還會包括該國的服務、有效規劃和基礎設施。世界經濟論壇根據這些綜合標準評定出世界十大旅遊國家,由一到十名分別是瑞士、德國、奧地利、西班牙、英國、美國、法國、加拿大、瑞典、新加坡。在新加坡之後,被世界經濟論壇認為的前三大非西方旅遊國家分別是南韓(第二十五名)、巴貝多(Barbados,第二十七名)和阿拉伯聯合大公國(United Arab Emirates,第二十八名)。對埃及的西方人遊客的複雜國際文化政治所做的探討,可參見 Elisa Wynne-Hughes, "The International Contact Zones in Cairo" (PhD diss., Department of Politics, University of Bristol, U.K., 2013)。

27 有關埃及婦女的反性騷擾運動在「阿拉伯之春」中發揮的作用,相關研究可參見 Cynthia Enloe, *Seriously! Investigating Crashes and Crises as If Women Mattered* (Berkeley: University of California Press, 2013)。

28 Sohaila Abdulali, "I Was Wounded; My Honor Wasn't," op-ed, *New York Times,* January 8, 2013. 該篇文章在二〇一三年一月七日刊登於《紐約時報》的網路版,www.nytimes.com/2013/01/08/opinion/after-being-raped-i-was-wounded-my-honor-wasnt.html。

29 例如可參見 Swapna Majumdar, "India's Rape Furor Catalyzes New Alliances," Women's eNews, January 14, 2013, http://womensenews.org/story/rape/130112/indias-rape-furor-catalyzesnew-alliance; Jim Yardley, "Urging Action, Report on Brutal Rape Condemns India's

Treatment of Women," *New York Times,* January 23, 2013; "Full Text of Justice Verma's Report (PDF)," *The Hindu,* January 23, 2013, www.thehindu.com/news/resources/full-text-of-justice-vermas-report-pdf/article4339457.ece。

30 Maseeh Rahman, "India Tourist Visits Down 25% Following Fatal Delhi Gang Rape," *The Guardian,* March 31, 2013, www.guardian.co.uk/world/2013/mar/31/india-tourist-visits-down-delhi-gang-rape.

31 Neha Thirani Bagri and Heather Timmons, "India Scrambles to Reassure Tourists Shaken by Recent Attacks on Women," *New York Times,* June 11, 2013.

32 同上註。

33 "The Miss World History," Miss World, http://missworld.com/History，瀏覽日期為二〇一三年六月二十日；Maurn Judkis, "Miss World Pageant," *Washington Post,* August 17, 2012, www.washingtonpost.com/blogs/arts-post/post/miss-world-pageant-what-in-the-world-is-it。

34 Colleen Ballerino Cohen, Richard Wilke, and Beverly J. Stoeltje, eds., *Beauty Queens on the Global Stage* (New York: Psychology Press, 1996); Colleen Ballerino Cohen, *Take Me to My Paradise: Tourism and Nationalism in the British Virgin Islands* (New Brunswick, NJ: Rutgers University Press, 2012).

35 對於印度參加全球選美比賽出現了許多複雜的辯論，值得參考的分析可參見：Rupal Oza, *Making of Neoliberal India: Nationalism, Gender and the Paradoxes of Globalization* (New York: Routledge, 2006)。對於當代的女性氣質和印度的民族主義媒體，另一個有價值的探討可參見：Purnima Mankekar, *Screening India, Viewing Politics: An Ethnography of Television, Womanhood and Nation in Postcolonial India* (Durham, NC: Duke University Press, 1999)。有關海外南蘇丹人對南蘇丹小姐是否會強化或破壞南蘇丹民族主義精神的辯論，可參見 Caroline Faria, "Gender and Nation-Building in Diasporic Discourse," *International Feminist Journal of Politics* 12, no. 2 (June 2010): 222–43。卡洛琳．法利亞（Caroline Faria）也有調查男性在南蘇丹小姐選美比賽中的角色："Staging a New South Sudan in the U.S.A.: Men, Masculinities and Nationalist Performance at a Diasporic Beauty Pageant," *Gender, Place and Culture* 19, no. 36 (October 2011): 1–20。

36 國際選美的世界地圖（顯示哪些國家的女性贏過最多次國際選美皇后），可參見 Seager, *Penguin Atlas of Women in the World,* 52–53。

37 Janet Elise Johnson, Thorgerdur Einarsdottir, Gyda Margart Petursdottir, "A Feminist Theory of Corruption: Lessons from Iceland," *Politics and Gender* 9, no. 2 (June 2013): 189.

38 Annadis Rudolfsdottir, "Blonde Ambition: The Rise and Decline of the Miss Iceland Beauty Contest"（在性別研究所〔Gender Institute〕發表的演講，出自一九九八年十一月在倫敦經濟學院〔London School of Economics〕的演講記錄）。

39 同上註所引用的冰島小姐宣傳小冊子。

40 我要感謝冰島大學（University of Iceland）的女性主義教師安娜迪斯．魯道夫斯多蒂爾和一位提名自己參選冰島小姐的候選人與我分享這段說明。出自與作者的電子郵件通信，二〇一三年六月。也可參見 "MP Signs Up for Miss Iceland Beauty Contest," *News of Iceland,* June 14, 2013, www.newsoficeland.com/home/entertainment-leisure/other/item/1696-mp-signs-up-for-miss-iceland-beauty-contest。

41 Jo Stanley, "Women at Sea," *Spare Rib,* September 1987, 26–27. 也可參見 Henriette

Louise, *Sailors in Skirts* (London: Regency Press, 1980); John Maxtone Graham, *Liners to the Sun* (London: Macmillan, 1985)。蓬勃發展的遊輪產業報告可參見 *New York Times,* September 28, 1987 and August 28, 1988。我要感謝大衛・G・恩洛（David G. Enloe）對遠洋客輪船員所做的研究。有關大型遊輪公司依據種族和性別所做的勞務分工，最近期的女性主義研究可參見：Christine B. N. Chin, *Cruising in the Global Economy: Profits, Pleasure and Work at Sea* (London: Ashgate, 2008)。也可參見 Christine B. N. Chin, "Labour Flexibilization at Sea," *International Feminist Journal of Politics* 10, no. 1 (2008): 1–18。有關全球郵輪產業（嘉年華〔Carnival〕和皇家加勒比〔Royal Caribbean〕是其中最大的兩間公司）的人數統計和收入，可參見 the Cruise Lines International Association's annual survey: www.cruising.org。

42 Kelli Gant, "Women in Aviation," The Ninety-Nines, www.ninety-nines.org/index.cfm/women_in_aviation_article.htm，瀏覽日期為二〇一三年六月十三日。

43 Kathleen M. Barry, *Femininity in Flight: A History of Flight Attendants* (Durham, NC: Duke University Press, 2007), 18–23.

44 這個精彩的故事是出自克里斯蒂娜・矢野（Christine Yano）對數十名曾經在泛美航空工作的日裔美國女性空服員的訪談，記錄於：Christine R. Yano, *Airborne Dreams: "Nisei" Stewardesses and Pan American World Airways* (Durham, NC: Duke University Press, 2011)。

45 Air Lanka advertisement, *Far Eastern Economic Review,* May 1, 1986. 也可參見 Jane Clarke and Amanda Hood, "Hostess with the Mostest," *Spare Rib,* October 1986, 15–17。

46 Barry, *Femininity in Flight,* 174–209. 也可參見Victoria Vantoch, *The Jet Sex: Airline Stewardesses and the Making of an American Icon* (Philadelphia: University of Pennsylvania Press, 2013)。

47 Barbara Vanderhei，引用於 Joe Sharkey in "Stewardesses Blazed a Trail in Feminism," *New York Times,* June 4, 2013。

48 有關於西印度群島加勒比海地區依種族、階級和國家而有所不同的男性氣質，以及西印度群島的女性對這些男性氣質的反應，相關研究匯集於下列書籍：Rhoda Reddock, ed., *Interrogating Caribbean Masculinities* (Kingston, Jamaica: University of West Indies Press, 2004)。

49 Tom Barry, Beth Wood, and Deb Preusch, *The Other Side of Paradise* (New York: Grove Press, 1984), 85. 也可參見 E. Philip English, *The Great Escape: An Examination of North-South Tourism* (Ottawa: North-South Institute, 1986)。

50 Jan H. Mejer, "Capitalist Stages, State Formation and Ethnicity in Hawaii," *National Journal of Sociology* 1, no. 2 (Fall 1987): 199; Phyllis Andors, "Women and Work in Shenshen," *Bulletin of Concerned Asian Scholars* 20, no. 3 (1988): 27.

51 Veronica M. Fenix, "Beyond 8 to 5: Women Workers Speak Out," in *Kamalayaan: Feminist Writings in the Philippines,* ed. Pennie S. Azarcon (Quezon City, Philippines: Pilipina, 1987), 37. 有關於這段時期的旅遊業對女性經濟地位的影響，更多的探討可參見 Janice Monk and Charles Alexander, "Free Port Fallout: Gender, Employment and Migration on Margarita Island," *Annals of Tourism Research* 13 (1986): 393–413; Shireen Samarasuriya, *Who Needs Tourism? Employment for Women in the Holiday Industry of Sudugama, Sri Lanka* (Colombo, Sri Lanka: Women and Development, 1982)。

52 這些數據出自以下兩份聯合國報告：Thomas Baum, *International Perspectives on Women*

and Work in Hotels, Catering and Tourism (Geneva: Bureau for Gender Equality and Sectoral Activities Department, International Labour Organization, 2013); UN Women and UN World Tourism Organization, *Global Report on Women in Tourism 2010: Preliminary Findings* (New York: UN Women; Madrid: UN World Tourism Organization, 2011)。

53 Baum, *International Perspectives on Women and Work in Hotels, Catering and Tourism,* 2013.

54 Aldo Salvador and Ana Garcia Pando, "Empowering Women through Entrepreneurship in the Galapagos Islands Ecuador," in UN Women and UN World Tourism Organization, *Global Report on Women in Tourism 2010*, p. ix.

55 Kristie Drucza, "Three Pioneering Nepali Sisters," in UN Women and World Tourism Organization, *Global Report on Women in Tourism 2010*, p. viii.「三姐妹探險健行」公司的網站是 www.3sistersadventures.com。

56 我要感謝威爾斯利學院（Wellesley College）的政治學教授洛伊絲・瓦瑟斯普林（Lois Wasserspring），她對女性手工藝者在與本國政府和旅遊業的中間商打交道時所面臨的困難提出了許多洞見。她針對享有高度評價的瓦哈卡（Oaxaca）農村地區的墨西哥女性陶瓷藝術家進行了長達十五年的研究，在具有識別力的遊客和畫廊老闆眼中，這些女性的作品名氣甚高。她的研究揭露了成功而有名氣的女性手工藝者卻依然很貧困的原因。可參見她的著作 *Growing Up Poor and Female in Rural Mexico*（即將出版）。

57 Thomas Fuller, "Thais Cast a Wide Net for Diverse Tourists," *New York Times,* August 4, 2013.

58 有許多研究是以一九九〇年代在城市的服裝廠工作的泰國年輕女性為對象，其中以下列民族誌特別值得參考：Mary Beth Mills, *Thai Women in the Global Labor Force* (New Brunswick, NJ: Rutgers University Press, 2002)。以下研究則是針對兩個因美國軍事基地而著名的地方（兩者都有以軍事為訴求的旅遊），其中有極富創新性的比較，可參見 Vernadette Vicuna Gonzalez, *Securing Paradise: Tourism and Militarism in Hawaii and the Philippines* (Durham, NC: Duke University Press, 2013。

59 人口的數據是來自一名馬來西亞記者哈麗娜・托德（Halinah Todd）的文章："Military Prostitution: Assault on Women," *The Mobilizer* (Mobilization for Survival) (Summer 1987): 8。有關商業機構的數據以及其中引述的一名在這些機構中工作的婦女之談話，是出自：Pasuk Phongpaichit, "Bangkok Masseuses: Tourism—Selling Southeast Asia," *Southeast Asian Chronicle,* no. 78 (April 1981): 15–16。有關於二十世紀初「反性販賣」的國際運動的新研究，可參見 Stephanie A. Limoncelli, *The Politics of Trafficking: The First International Movement to Combat the Sexual Exploitation of Women* (Stanford, CA: Stanford University Press, 2010)。

60 韓國的女性主義者李美京（Mi Kyung Lee）指出在一九八〇年代，韓國軍政府將服務業及其中的性娛樂產業作為整體發展計畫的主要支柱之一。該行業女性的低薪迫使她們進入該行業附隨的賣淫生意：Mi Kyung Lee, speaking at the International Trafficking in Women Conference, New York City, October 22, 1988。該次會議的完整報告可參見 "The First US Conference on Trafficking in Women Internationally," *Off Our Backs,* December 1988, 1–5。將婦女組織起來反對賣淫的較早期會議可參見 Kathleen Barry, Charlotte Bunch, and Shirley Castley, eds., *International Feminism: Networking against Female Sexual Slavery* (New York: International Women's Tribune Center, 1984)。

61 下列書籍中詳細說明了當代中國的精英商人是如何利用旅館和其他娛樂場所，與其他商人和政府官員形成相互負有義務的紐帶，以及在這些男性形成紐帶的過程中，不同中國女性的性服務是如何形成其核心：John Osburg, *Anxious Wealth: Money and Morality among China's New Rich* (Stanford, CA: Stanford University Press, 2013)。

62 對這些問題有些特別仔細的研究，可參見 Denise Brennan, *What's Love Got to Do with It? Transnational Desires and Sex Tourism in the Dominican Republic* (Durham, NC: Duke University Press, 2004)。男性創立性販賣團夥向結束勤務的男性國際警察和男性士兵提供性服務，最惡名昭彰的案件之一便是發生在一九九〇年代末的波士尼亞。戰後的波士尼亞處於聯合國和北約的共同監管下。最後被揭露進行性販賣的男子是與美國公司 DynCorp 簽約的美國白人男性警察。他們販賣的年輕女性來自前蘇聯各州。他們會在戰後波士尼亞的酒吧和迪斯可舞廳（後來變成妓院）找到來自不同國家的男性成為其顧客，但是這些不同國家的男性都是在戰後的波士尼亞擔任簽約警察和北約的維和部隊士兵。一名在波士尼亞工作的美國女性警官凱瑟琳·博爾科瓦克（Kathryn Bolkovac）揭露了這起性販賣事件。當她試圖讓這個性交易團夥曝光時，卻被 DynCorp 解僱了。聯合國官僚機構中主要支持她的人是（時任人權事務高級專員〔High Commissioner for Human Rights〕波士尼亞問題特別代表〔Special Representative for Bosnia〕的）瑪德琳·里斯（Madeleine Rees），其他人則對她充滿敵意。而當時支持瑪德琳·里斯的聯合國人權事務高級專員包括愛爾蘭的前總統瑪麗·羅賓遜（Mary Robinson）。Kathryn Bolkovac, with Cari Lynn, *The Whistleblower: Sex Trafficking, Military Contractors and One Woman's Fight for Justice* (New York: Palgrave Macmillan, 2011). 對凱瑟琳·博爾科瓦克和瑪德琳·里斯的聯合採訪可參見 Elisabeth Prugl and Hayley Thompson, "The Whistleblower: An Interview with Kathryn Bolkovac and Madeleine Rees," *International Feminist Journal of Politics* 15, no. 1 (2013): 102–9。

63 例如可參見 Phillip Martin, *Trafficking Stories from Boston to Bangkok*，它是由 WGBH 波士頓公共廣播電台和布蘭戴斯大學（Brandeis University）的舒斯特新聞調查研究所（Schuster Institute for Investigative Journalism）共同贊助的一系列文字和廣播節目（共分成八個單元），其內容是關於成年婦女和男性、未成年女孩和男孩是如何從東亞被販賣到紐約和波士頓，January 2013, www.schusterinstituteinvestigations.org/#!trafficking-boston-to-bangkok/c1y6t。若是在馬來西亞首都吉隆坡賣淫的移民婦女，相關的精彩研究可參見：Christine B. N. Chin, *Cosmopolitan Sex Workers: Women and Migration in a Global City* (Oxford: Oxford University Press, 2013)。

64 Seager, *The Penguin Atlas of Women in the World,* 56–57.

65 同上註，頁 56。

66 例如可參見 Wenona Giles, "Women Forced to Flee: Refugees and Internally Displaced Persons," in *Women and Wars,* ed. Carol Cohn (Cambridge, UK: Polity Press, 2013), 80–101。

67 U.S. Department of State, *Trafficking in Persons Report 2013* (Washington, DC: U.S. Department of State, June 19, 2013), http://www.state.gov/j/tip/rls/tiprpt/2013/.

68 "Combating Child Sex Tourism," United Nations Human Rights, April 10, 2013, www.ohchr.org/EN/NewsEvents/Pages/Child-SexTourism.aspx.

69 在追蹤和防止性販賣的非政府組織中，跨國女性主義組織「Equality Now」（www.equalitynow.org）可謂十分活躍，它的全球總監是巴基斯坦女性主義者亞斯明·哈桑（Yasmeen Hassan）。而下列組織的使命是促成和提升國家層級對人口販賣的預防（性販賣是其中的一個主要部分）：見國際移民組織（International Organization for Migration, the IOM）(www.iom.int)。

第 3 章｜民族主義與男性氣質：民族主義的故事還未結束——這不是一個簡單的故事

1 當前的美國帝國的地圖可參見 Cynthia Enloe and Joni Seager, *The Real State of America: Mapping the Myths and Truths of the United States* (New York: Penguin Books, 2011), 18–19。也可參見 Stephen Burman, *The State of the American Empire* (Berkeley: University of California Press, 2007)。

2 可口可樂、沃爾瑪、星巴克、全球電影和芭比娃娃的傳播地圖可參見 Enloe and Seager, *The Real State of Americas,* 102–3。

3 揭露女性和民族主義之間的不穩定（通常是緊張）關係的研究中，最具影響力的著作之一是：Nira Yuval-Davis and Floya Anthias, *Woman, Nation, State* (London: Macmillan, 1990)。也可參見 Sita Ranchod-Nilsson and Mary Ann Tetreault, eds., *Women, States, and Nationalism* (London: Routledge, 2000); Jenny White, *Muslim Nationalism and the New Turks* (Princeton, NJ: Princeton University Press, 2013)。

4 下列書籍收集並分析了許多北非殖民地的明信片：Malek Alloula, *The Colonial Harem* (Minneapolis: University of Minnesota Press, 1986)，書中附有芭芭拉・哈洛（Barbara Harlow）很有幫助的介紹。

5 Rana Kabbani, *Europe's Myths of the Orient* (Bloomington: Indiana University Press, 1986; reprint, London: Pandora Press, 1988). 也可參見 Sarah Graham-Brown, *Images of Women in Photography of the Middle East, 1860–1950* (New York: Columbia University Press, 1988); Edward Said, "Orientalism Reconsidered," *Race and Class* 27, no. 2 (1985)。

6 Sylvia Van Kirk, *Many Tender Ties: Women in Fur-Trade Society, 1670–1870* (Winnipeg: Watson and Dwyer, 1980; reprint, Norman: University of Oklahoma Press, 1983); Jennifer S. H. Brown, *Strangers in Blood: Fur Trade Company Families in Indian Country* (Vancouver: University of British Columbia Press, 1980).

7 Mona Etiene and Eleanor Leacock, eds., *Women and Colonization* (New York: Praeger, 1980); Esther Boserup, *Women's Role in Economic Development* (New York: St. Martin's Press, 1970); E. Frances White, *Sierra Leone's Settler Women Traders: Women on the Afro-European Frontier* (Ann Arbor: University of Michigan Press, 1987).

8 我非常感謝南韓的女性主義學者權仁淑（Insook Kwon）向我介紹這些早期的韓國新女性的生活和她們所面臨的風險，以及一直圍繞著她們的相關爭論：Insook Kwon, "The 'New Women's Movement' in 1920s Korea: Rethinking the Relationship between Imperialism and Women," in "Feminisms and Internationalism," ed. Mrinalini Sinha, Donna J. Guy, and Angela Woollacott, special issue, *Gender and History* 10, no. 3 (November 1998): 381–405。權仁淑的下列著作中還在繼續探索這個依然存在爭議的性別政治領域："Feminists Navigating the Shoals of Nationalism and Collaboration: The Post-Colonial Korean Debate over How to Remember Kim Hwallan," *Frontiers* 27, no. 1 (2006): 39–66。也可參見 Ruri Ito, "The 'Modern Girl' Question in the Periphery of Empire: Colonial Modernity and Mobility among Okinawan Women in the 1920s and 1930s," in *The Modern Girl around the World: Consumption, Modernity, and Globalization,*

ed. Alys Eve Weinbaum et al. (Durham, NC: Duke University Press, 2008), 240–62。對於當地女性如何嘗試掌握日本占領的陷阱和機遇，其他相關研究可參見 Norman Smith, *Resisting Manchukuo: Chinese Women Writers and the Japanese Occupation* (Vancouver: University of British Columbia Press, 2007)。

9 針對南韓當前的民族主義，最細膩的兩項女性主義研究分別是：Elaine H. Kim and Chungmoo Choi, eds., *Dangerous Women: Gender and Korean Nationalism* (New York: Routledge, 1998); Katherine H. S. Moon, *Protesting America: Democracy and the U.S.-Korea Alliance* (Berkeley: University of California Press, 2012)。

10 Marie-Aimee Hélie-Lucas, "The Role of Women during the Algerian Struggle and After: Nationalism as a Concept and a Practice Towards Both the Power of the Army and the Militarization of the People," in *Women and the Military System,* ed. Eva Isaksson (London: Wheatsheaf; New York: St. Martin's Press, 1988), 186. 也可參見 Marie-Aimee Hélie-Lucas, "Against Nationalism: The Betrayal of Algerian Women" *Trouble and Strife,* no. 11 (Summer 1987): 27–31。有一名阿爾及利亞的女性主義者寫了一本發人深省的小說：Fettouma Touati, *Desperate Spring* (London: Women's Press, 1987)。也可參見 Peter R. Knauss, *The Persistence of Patriarchy: Class, Gender and Ideology in Twentieth Century Algeria* (New York: Praeger, 1987)。

11 Hélie-Lucas, "Role of Women during the Algerian Struggle and After," 176.

12 Women Living Under Muslim Laws, www.wluml.org.

13 我試著在下列書籍中整理這樣的婚姻走向以及伊拉克人對此的解釋：*Nimo's War, Emma's War: Making Feminist Sense of the Iraq War* (Berkeley: University of California Press, 2010)。也可參見 Nadje Al-Ali, *Iraqi Women* (London: Zed Books, 2007); Nadje Al-Ali and Nicola Pratt, *What Kind of Liberation? Women and the Occupation of Iraq* (Berkeley: University of California Press, 2010); Deborah Amos, *Eclipse of the Sunnis* (New York: Public Aff airs, 2010)。有關於種族通婚的國際政治，可參見 Joyce Kauffman and Kristen Williams, *Women at War, Women Building Peace* (Boulder, CO: Kumarian Press, 2004)。

14 這些內容節錄自帕蒂（・帕克斯頓）・休伊特（Hewitt）所寫的一份打字稿（未註明日期），這份稿件收藏在哈佛大學拉德克利夫研究所（Radcliffe Institute）的施萊辛格美國婦女史圖書館（Schlesinger Library on the History of Women in America）。

15 Kathleen Barry, *Susan B. Anthony: A Biography of a Singular Feminist* (New York: New York University Press, 1988), 327–28. 從安・薩默斯（Anne Summers）擔任英國女性軍護的歷史中，也可以看出提倡婦女參政權的女性主義者對英國的帝國主義存在一些類似的矛盾，她們認為如果要說服反對婦女選舉權的男性官員，證明女性對帝國的價值的確是一個誘人的策略。*Angels and Citizens: British Women as Military Nurses, 1854–1914* (London: Routledge and Kegan Paul, 1988), 182–83.

16 女性在德國、美國、蘇聯和英帝國的事業中扮演不同的角色，相關的女性主義歷史可參見：Clare Midgley, ed., *Gender and Imperialism* (Manchester, U.K.: Manchester University Press, 1998); Lora Wildenthal, *German Women for Empire, 1884–1945* (Durham, NC: Duke University Press, 2001); Laura Briggs, *Reproducing Empire: Race, Sex, Science, and U.S. Imperialism in Puerto Rico* (Berkeley: University of California Press, 2002)。

17 有關美國與歐洲婦女在政府的殖民努力中扮演的各種複雜角色，相關分析可參見 Margaret Strobel and Nupur Chaudhuri, eds., "Western Women and Imperialism," special issue, *Women's Studies International Forum* 13, no. 2 (1990); Helen Callaway, *Gender, Culture*

and Empire: European Women in Colonial Nigeria (London: Macmillan; Chicago: University of Illinois Press, 1987); Jane Hunter, *The Gospel of Gentility: American Women Missionaries in Turn of the Century China* (New Haven, CT: Yale University Press, 1984); Elisabeth Croll, *Wise Daughters from Foreign Lands: The Writings of European Women on China* (London: Pandora Press, 1989); Claudia Knapman, *White Women in Fiji* (London: Unwin Hyman, 1989); Margaret Strobel, "Gender and Race in the Nineteenth and Twentieth Century British Empire," in *Becoming Visible: Women in European History,* ed. Renate Bridenthal and Claudia Koonz, rev. ed. (Boston: Houghton Mifflin, 1987); Margaret Strobel, *European Women and the Second British Empire* (Bloomington: Indiana University Press, 1991); Patricia R. Hill, *The World Their Household: The American Women's Foreign Mission Movement and Cultural Transformation, 1870–1920* (Ann Arbor: University of Michigan Press, 1988); Helen M. Bannan, "Womanhood on the Reservation: Field Matrons in the United States Indian Service" (working paper no. 18, Southwest Institute for Research on Women, University of Arizona, Tucson, 1984); Luis Martin, *Daughters of the Conquistadors: Women of the Viceroy of Peru* (Albuquerque: University of New Mexico Press, 1983); Susan Bailey, *Women and the British Empire: An Annotated Guide to Sources* (New York: Garland, 1987); Margaret Macmillan, *Women of the Raj* (London: Thames and Hudson, 1988); Joanna Trollope, *Britannia's Daughters: Women of the British Empire* (London: Hutchinson, 1983)。

18 James Mills, *History of India*，引用自下列文獻：Mrinalini Sinha, "Gender and Imperialism: Colonial Policy and the Ideology of Moral Imperialism in Late Nineteenth Century Bengal," in *Changing Men: New Directions in Research on Men and Masculinity,* ed. Michael S. Kimmel (Newbury Park, CA: Sage, 1987), 218。

19 Sinha, "Gender and Imperialism," 218–19.

20 Joanna Liddle and Rama Joshi, "Gender and Imperialism in British India," in "Review of Women's Studies [in India]," supplement, *Economic and Political Weekly* (New Delhi), 20, no. 43 (October 26, 1985): WS72–WS78. 也可參見 Joanna Liddle and Rama Joshi, *Daughters of Independence: Gender, Caste and Class in India* (New Delhi: Kali for Women; London: Zed Books, 1986); Kumkum Sangari and Sudesh Vaid, eds., *Recasting Women: Essays in Colonial History* (New Delhi: Kali for Women, 1988); Dagmar Engles, "The Limits of Gender Ideology: Bengali Women, the Colonial State and the Private Sphere, 1890–1930," *Women's Studies International Forum* 12, no. 4 (1989)。

21 Robert Baden-Powell, *Rovering to Success* (London: Herbert Jenkins, 1922), 120.

22 同上註，頁109–10。也可參見Michael Rosenthal, *The Character Factory: Baden-Powell's Boy Scouts and the Imperatives of Empire* (New York: Pantheon, 1986); Raphael Samuel, "Patriotic Fantasy," *New Statesman,* July 18, 1986, 20–22; Simon Schama, *The Embarrassment of Riches: An Interpretation of Dutch Culture* (New York: Knopf, 1987)。世紀之交的美國對男性氣質和帝國主義展開了辯論，我很感謝帕特里克・米勒（Patrick Miller）提出的見解；他的論文是："College Sports and American Culture" (Department of History, Rutgers University, New Brunswick, 1988)。對男性氣質和國家的新批判性思維，可參見Robert W. Connell, *Gender and Power* (Stanford, CA: Stanford University Press, 1988)。

23 在此我要感謝我的朋友艾謝・居爾・阿爾蒂內耶（Ayse Gul Altinay），她是伊斯坦堡的薩班吉大學（Sabanci University）的文化研究教授，她針對當代土耳其女性穿著的政治問題，與我進行了長篇對話。可參見 Ayse Gul Altinay, *The Myth of the Military-Nation: Militarism, Gender, and Education in Turkey* (London: Palgrave and Macmillan, 2004)。

24 有關阿塔圖克禁止男性戴紅氈帽的現代主義禁令，以及在各個城鎮執行、包括許多土耳其男性反抗該禁令的歷史，可參見：Jeremy Seal, *A Fez of the Heart* (New York: Harcourt, 1995)。

25 我要特別感謝土耳其的女性主義者兼人類學家艾謝·居爾·阿爾蒂內耶與我分享她以目擊者身分對塔克西姆廣場的示威活動和政府的暴力反應所做的描述。出自二〇一三年六月到八月間與作者的電子郵件通信。

26 Altinay, *Myth of the Military-Nation,* 2004; Margot Badran, *Feminists, Islam and Nation: Gender and the Making of Modern Egypt* (Princeton, NJ: Princeton University Press, 1995); Douglas Northrop, *Veiled Empire: Gender and Power in Stalinist Central Asia* (Ithaca, NY: Cornell University Press, 2004); Helie-Lucas, "Role of Women during the Algerian Struggle and After"; Cynthia Nelson, "Akram Khater, 'al-Harakah al-Nisa'eyya: The Women's Movement and Political Participation in Modern Egypt," *Women's Studies International Forum* 11, no. 5 (1988); Selma Botman, "The Experience of Women in the Egyptian Communist Movement, 1939–1954," *Women's Studies International Forum* 11, no. 2 (1988); Graham-Brown, *Images of Women in Photography of the Middle East;* Margot Badran, "Dual Liberation: Feminism and Nationalism in Egypt, 1870–1925," *Feminist Issues* 8, no. 1 (Spring 1988); Huda Shaarawi, *Harem Years: The Memories of an Egyptian Feminist* (London: Virago, 1986); Mervat Hatem, "The Politics of Sexuality and Gender in Segregated Patriarchal Systems: The Case of Eighteenth and Nineteenth Century Egypt," *Feminist Studies* 12, no. 2 (Summer 1986); Elizabeth Sanasarian, *The Women's Rights Movement in Iran* (New York: Praeger, 1983).

27 我嘗試在下列書中與今日的埃及女性主義者一起探索這些討論：*Seriously! Investigating Crashes and Crises as If Women Mattered* (Berkeley: University of California Press, 2013)。

28 Mervat Hatem, "Through Each Other's Eyes: Egyptian, Levantine-Egyptian and European Women's Images of Themselves and of Each Other, 1862–1920," *Women's Studies International Forum* 12, no. 2 (March 1989).

29 有關於這些緊張關係的進一步討論，可參見 Yuval-Davis and Anthias, *Woman, Nation, State;* Floya Anthias, Nira Yuval-Davis, and Harriet Cain, *Resistance and Control: Racism and "The Community"* (London: Routledge, 1989)。

30 "A Letter from the Women's Study Circle of Jaffna," *Women's Studies International Forum* 12, no. 1 (1989). 這個論點可由斯里蘭卡女性主義者安妮塔·娜西亞（Anita Nesiah）於一九八八年十一月七日在麻薩諸塞州伍斯市（Worcester）的克拉克大學（Clark University）的演講加以證實。

31 Malathi de Alwis, Julie Mertus, and Tazreena Sajjed, "Women and Peace Processes," in *Women and Wars,* ed. Carol Cohn (Cambridge, U.K.: Polity Press, 2013), 169–93. 也可參見 "Team 1325 Sri Lanka," International Civil Society Action Network, www.icanpeacework.org/team-1325-sri-lanka，瀏覽日期為二〇一三年六月十七日。

32 "Philippine Women Say Repression Is Worsening," *Listen Real Loud* (American Friends Service Committee, Philadelphia), 9, no. 1 (1988): 7.

33 例如可參見Sandra McEvoy, "Loyalist Women Paramilitaries in Northern Ireland," in *Gender in International Security,* ed. Laura Sjoberg (New York: Routledge, 2009); Vina A. Lanzona, *Amazons of the Huk Rebellion: Gender, Sex, and Revolution in the Philippines* (Madison: University of Wisconsin Press, 2009)。

34 例如可參見"Nicaragua: Working Women in a Women's Brigade," *Off Our Backs* (June 1988): 12–13; Ailbhe Smyth, guest ed., "Feminism in Ireland," special issue, *Women's Studies International Forum* 11, no. 4 (1988); Eileen Fairweather, Roissin McDonough, and Melanie McFaryean, *Only the Rivers Run Free—Northern Ireland: The Women's War* (London: Pluto Press, 1984); Ailbhe Smyth, Pauline Jackson, Caroline McCamley, and Ann Speed, "States of Emergence," *Trouble and Strife,* no. 14 (Autumn 1988): 46–52; Clio Collective, *Quebec Women: A History* (Toronto: Women's Press, 1987); Stephanie Urdang, *And Still They Dance: Women, War and the Struggle for Change in Mozambique* (New York: Monthly Review Press, 1989)。

35 Henry Kamm, "Afghan Peace Could Herald War of Sexes," *New York Times,* December 12, 1988.

36 Afghan Women's Network, *UN SCR 1325 Implementation in Afghanistan* (Kabul: Afghan Women's Network, 2011). 二〇〇〇年十月通過了聯合國安全理事會第一三二五號決議（UN Security Council Resolution 1325），要求聯合國的所有會員國和聯合國各機構都必須確實讓婦女正式參與所有和平談判、以及戰後的所有民族和解及國家重建項目的規劃。

37 Curtis Wilkie, "Roles Change for Palestinian Women," *Boston Globe,* May 17, 1988.

38 Ellen Cantarow, "Palestinian Women Resisting Occupation," *Sojourner* (April 1988): 19. 也可參見 Beata Lipman, *Israel—the Embattled Land: Jewish and Palestinian Women Talk about Their Lives* (London: Pandora Press, 1988); Hamida Kazi, "Palestinian Women and the National Liberation Movement," in *Women in the Middle East,* ed. Mageda Salman (London: Zed Books, 1987)。 也可參見 Rhoda Ann Kanaaneh and Isis Nusair, eds., *Displaced at Home: Ethnicity and Gender among Palestinians in Israel* (Albany: SUNY Press, 2010); Ellen Freishmann, *The Nation and Its "New" Women: The Palestinian Women's Movement, 1920–1948* (Berkeley: University of California Press, 2003); Simona Sharoni, *Gender and the Israeli-Palestinian Conflict* (Syracuse, NY: Syracuse University Press, 1994)。

39 Hue-Tam Ho-Tai, lecture, Clark University, Worcester, MA, October 25, 1987. 也可以參見譚可泰從性別角度對越南革命的研究：*Radicalism and the Origins of the Vietnamese Revolution* (Cambridge, MA: Harvard University Press, 1992); *Passion, Betrayal, and Revolution in Colonial Saigon: The Memoirs of Bao Luong* (Berkeley: University of California Press, 2010)。

40 David Marr, *Vietnamese Tradition on Trial, 1920–1945* (Berkeley: University of California Press, 1981); Kumari Jayawardena, *Feminism and Nationalism in the Third World* (London: Zed Books; New Delhi, Kali for Women, 1986), 196–212.

41 我要感謝康乃爾大學（Cornell University）的克里斯汀・懷特（Christine White）向我介紹了兩名越南婦女的故事，她們都是以游擊隊員的身分在民族主義運動中參與戰鬥：Nguyen Thi Dinh, *No Other Road to Take,* trans. Mai V. Elliott, data paper no. 102 (Ithaca, NY: Southeast Asia Program, Cornell University, June 1976); Phan Thi Nhu Bang, *Ta Thi Kieu: An Heroic Girl of Bentre* (Ho Chi Minh City: Liberation Editions,

1966)。

42 Sophie Quinn Judge, "Vietnamese Women: Neglected Promises," *Indochinese Issues,* no. 42 (December 1983). 也可參見 Christine White, "On Promissory Notes," 與 "Vietnamese Socialism and the Politics of Gender Relations"，均收錄於 *Promissory Notes: Women in the Transition to Socialism,* ed. Sonia Kraks, Rayna Rapp, Marilyn Young (New York: Monthly Review Press, 1989)。

43 胡志明市的蓮花大學（Hoa Sen University）擁有目前最活躍的婦女研究教師團體之一。該大學的性別與社會研究中心（Gender and Society Research Center）出版了一份線上通訊（有越南語、法語和英語）：*Gender and Society Newsletter* (www.hoasen.edu.vn)。

44 Jayawardena, *Feminism and Nationalism in the Third World,* 1.

45 出自與斯里蘭卡的女性主義者安妮塔·娜西亞和庫馬里·賈瓦德納的對話，於一九八八年三月在麻薩諸塞州的劍橋。美國的南亞女同性戀者發表的一份時事通訊中也有提出一些這類問題：*Anamika* (Brooklyn, NY)。*Anamika* 1, no. 2 (March 1986) 中有一名斯里蘭卡的女同性戀者描述斯里蘭卡是對同性戀寬容而且／或矛盾的社會，其社會中允許女性之間有相當程度的親密關係。但是女性必須結婚的壓力很大，而該文作者所知的唯一一名以女同性戀身分生活的女性，是居住在首都可倫坡的上流社會女性。一九八〇年代的牙買加女性主義者也會遭到嘲諷，並被指控為「女同性戀」。Sistren, with Honor Ford Smith, *Lionheart Gal* (London: Women's Press, 1986), xxvi. 下列書中討論了愛爾蘭女同性戀與民族主義的關係：*Out for Ourselves: The Lives of Irish Lesbians and Gay Men* (Dublin: Dublin Lesbian and Gay Men's Collective and Women's Community Press, 1986)。同樣有所助益的參考書籍還有：Carmen, Shaila, Pratibha, "Becoming Visible: Black Lesbians Discuss Feminism," special issue, *Feminist Review,* no. 17 (Autumn 1984)。有關塞爾維亞的「黑衣女性」在南斯拉夫戰爭期間被民族主義者嘲笑的經歷，可參見 Cynthia Cockburn, *From Where We Stand* (London: Zed Books, 2007)。

46 E. Frances White, "Africa on My Mind" (lecture, Clark University, Worcester, MA, March 31, 1988). 也可參見Ayesha Mei-The Imam, "The Presentation of African Women in Historical Writing," in *Retrieving Women's History,* ed. S. Jay Kleinberg (Oxford: Berg, 1988)。

47 Yasmin Saikia, *Women, War, and the Making of Bangladesh: Remembering 1971* (Durham, NC: Duke University Press, 2011).

48 Sistren, with Honor Ford Smith, *Lionheart Gal,* xxiii.

49 Delia Aguilar, "On the Women's Movement Today," *Midweek* (Manila), November 9, 1988.

第 4 章｜軍事基地的女性

1 我要感謝斐濟的女性主義研究員／紐西蘭維多利亞大學（Victoria University）太平洋研究（Pacific Studies）的主任泰瑞西婭·蒂瓦（Teresia Teaiwa），她提醒我注意私人軍事承包公司會招募斐濟婦女到美軍的伊拉克基地擔任洗衣工。也可參見 Teresia Teaiwa, ed., "Militarism and Gender in the Western Pacific," special issue, *Asia Pacific Viewpoint* 52, no. 1 (2011): 1–55。

2 對美國海外軍事基地和當地居民如何反應的多國比較研究，包括：Joseph Gerson and Bruce Bichard, eds., *The Sun Never Sets* (Boston: South End Press, 1991); John Lindsay-

Poland, ed., "Closing Bases: Supporting Communities," special issue, *Fellowship* (magazine of the Fellowship of Reconciliation), 71, nos. 1–3 (Winter 2007); Catherine Lutz, ed., *The Bases of Empire: The Global Struggle against Military Posts* (London: Pluto Press, 2009)。

3 有美國分析家認為美國有資格被定義為「帝國」是因為美國的軍事基地遍布全球，其中最有影響力的或許當屬已故的詹鶽（Chalmers Johnson）。可參見他的三部曲：*Sorrows of Empire* (2004), *Blowback* (2004)，與 *Nemesis* (2006)，均由大都會圖書公司（Metropolitan Books）在紐約出版。

4 如果要對關島的性別軍事化展開研究，可先閱讀Keith Camacho, *Cultures of Commemoration: The Politics of War, Memory, and History in the Mariana Islands* (Honolulu: University of Hawai'i Press, 2013); Setsu Shigematsu and Keith Camacho, eds., *Militarized Currents: Toward a Decolonized Future in Asia and the Pacific* (Minneapolis: University of Minnesota Press, 2010); Catherine Lutz, "Introduction: Bases, Empire, and Global Response," in Lutz, *Bases of Empire,* 1–44。

5 例如可參見 David Cronin, "France's Power Games in Africa," *New Europe,* January 21, 2013, www.neueurope.eu/article/frances-power-games-in-africa; Nick Hopkins, "UK to Withdraw 11,000 Troops from Germany by 2016," *The Guardian,* March 4, 2013, www.guardian.co.uk/2013/mar/05/uk-withdrawal-troops-germany-2016; Dan Smith, *The State of War and Peace Atlas* (New York: Penguin, 1997)。

6 "Camp Le Monier/Lemonier/Lemonnier, Djibouti (CLDJ)," GlobalSecurity.org, October 26, 2012, www.globalsecurity.org/military/facility/camp-lemonier.htm.

7 Nick Turse, "The Increasing US Shadow Wars in Africa," *Mother Jones,* July 12, 2012, www.motherjones.com/politics/2012/07/usshadow-wars-africa; Eric Schmitt, "In a First, the U.S. Army Houses an Antiterror Strategy for Africa, in Kansas," *New York Times,* October 10, 2013. 有關美國國防部如何重組和擴大在義大利的基地以加強在非洲的行動，相關分析可參見 David Vine, "The Italian Job: How the Pentagon Is Using Your Tax Dollars to Turn Italy into a Launching Pad for the Wars of Today and Tomorrow," TomDispatch.com, October 3, 2013, www.tomdispatch.com/blog/175755/。

8 Eric Schmitt, "Drones in Niger Reflect New U.S. Tack on Terrorism," *New York Times,* July 11, 2013; Eric Schmitt and Scott Sayre, "U.S. Troops at Drone Base in West Africa," *New York Times,* February 23, 2013.

9 迪戈加西亞島上流離失所的當地人究竟認為土地遭到美國軍事基地接管意味著什麼，詳細的民族誌研究可參見：David Vine, *Island of Shame: The Secret History of the U.S. Military Base on Diego Garcia* (Princeton, NJ: Princeton University Press, 2009)。大衛・維恩（David Vine）在下列書中以新的跨國研究持續他對美國軍事基地的人類學調查：*Base Nation*（即將出版）。

10 美國的平原州（Plains States）何以有這麼多平民支持在社區設置地下核彈頭基地，下列書中對其歷史有甚具啟發性的研究：Gretchen Heefner, *The Missile Next Door: The Minuteman in the American Heartland* (Cambridge, MA: Harvard University Press, 2012)。

11 人類學家凱瑟琳・盧茨（Catherine Lutz）對布拉格堡（Fort Bragg）的美國陸軍基地（位於北卡羅來納州〔North Carolina〕的費耶特維爾〔Fayetteville〕）所做的研究，可以說是對單一軍事基地用最豐富的歷史資料做出最精細的民族誌分析，其研究對不斷變化的種族、性別與階級的複雜性做出了詳細的描述：*Homefront: A Military City and the American Twentieth Century* (Boston: Beacon Press, 2002)。

12 “Camp Le Monier/Lemonier/Lemonnier, Djibouti (CLDJ).”

13 下列民族誌研究是針對厄瓜多的曼塔平民對於城市中美軍基地的看法：Erin Fitz-Henry, “Distant, Allies, Proximate Enemies: Rethinking the Scales of the Anti-Base Movement in Ecuador,” *American Ethnologist* 38, no. 2 (May 2011): 323–37。也可參見 Luis Angel Saavedra, “The Manta Base: A U.S. Military Fort in Ecuador,” *Fellowship* 73, no. 1–3 (Winter 2007): 20–21; John Lindsey-Poland, “U.S. Military Bases in Latin America and the Caribbean,” in Lutz, *Bases of Empire,* 71–95; Joshua Partlow, “Ecuador Giving U.S. Air Base the Boot,” *Washington Post,* September 4, 2008, www.washingtonpost.com/wp-dyn/content/article/2008/09/03/AR2008090303289.html。

14 女性主義的環境研究者喬尼．席格（Joni Seager）描繪了美國的平民家庭主婦如何抗議基地的地表排水和因此造成的平民社區供水污染，以及她們的抗議暴露出美國軍事基地指揮官居高臨下的性別歧視態度：*Earth Follies: Feminism, Politics and the Environment* (New York: Routledge, 1993)。

15 Duncan Campbell, *The Unsinkable Aircraft Carrier: American Military Power in Britain* (London: Paladin Books, 1986).

16 同上註，頁 16。

17 下文的描述是借鑑以下參考書籍：Graham Smith, *When Jim Crow Met John Bull: Black American Soldiers in World War II Britain* (London: I. B. Tauris, 1987; reprint, New York: St. Martin's Press, 1988)。也可參見 Mary Penick Motley, ed., *The Invincible Soldier: The Experience of the Black Soldier, World War II* (Detroit: Wayne State University Press, 1987)。

18 有關於十數個武裝部隊各自的種族政策，可參見 Cynthia H. Enloe, *Ethnic Soldiers: State Security in Divided Societies* (London: Penguin, 1980)。

19 女性主義歷史學家菲莉帕．萊文（Philippa Levine）對英帝國的軍國主義賣淫政策有最全面的跨國調查：*Prostitution, Race and Politics: Policing Venereal Disease in the British Empire* (New York: Routledge, 2003)。

20 Smith, *When Jim Crow Met John Bull,* 188.

21 同上註，頁 192–93。第六八八八中央郵政營是第二次世界大戰期間唯一部署在海外的非裔美國女性部隊，有關於在美國陸軍這個具開創性意義的部隊服役的非裔美國女性的歷史，可參見 Brenda L. Moore, *To Serve My Country, to Serve My Race* (New York: New York University Press, 1996)。

22 Ben Bousquet and Colin Douglas, *West Indian Women at War: British Racism in World War II* (London: Lawrence and Wishart, 1991). 作者的母親便是第二次世界大戰期間在英國軍隊服役的西印度群島婦女。

23 Smith, *When Jim Crow Met John Bull,* 186.

24 同上註，頁 200。

25 John Costello, *Virtue under Fire: How World War II Changed Our Social and Sexual Attitudes* (Boston: Little, Brown, 1985), 254. 關於嫁給加拿大士兵的英國女性，可參見 Joyce Hibbert, *War Brides* (Toronto: New American Library of Canada, 1980)。

26 Smith, *When Jim Crow Met John Bull,* 206.

27 Susan Zeiger, *Entangling Alliances: Foreign War Brides and American Soldiers in the Twentieth Century* (New York: New York University Press, 2010); Maria Hohn and Seungsook Moon, eds., *Over There: Living with the U.S. Military Empire from World War Two to the Present* (Durham, NC: Duke University Press, 2010).

28 Norman Lewis, "Essex," *Granta,* no. 23 (Spring 1988): 112.

29 Mark L. Gillem, *America Town: Building the Outposts of Empire* (Minneapolis: University of Minnesota Press, 2007).

30 Betty Friedman, *The Feminine Mystique* (New York: Dell, 1964).

31 男性戰略專家之間對於是否要鼓勵軍人結婚的長期爭論，以及女性對這些爭論的回應，可參見 Myna Trustram, *Women of the Regiment: Marriage and the Victorian Army* (Cambridge: Cambridge University Press, 1984); Cynthia Enloe, *Maneuvers: The International Politics of Militarizing Women's Lives* (Berkeley: University of California Press, 2000)。今天有一些男性會以英國軍隊的海外新兵的身分移居英國，以下書籍中可見對這些男性妻子的生活和想法的分析：Vron Ware, *Military Migrants: Fighting for Your Country* (London: Palgrave Macmillan, 2012)。在二〇一一年和二〇一二年之間，有一些英國士兵被派到阿富汗，而他們的英國妻子則駐紮在德國的英國基地，對這些婦女的民族誌研究可參見 Alexandra Hyde, "Insecure Sovereignties: The Transnational Subjectivities of Military Wives on a British Army Base Overseas" (paper presented at the Gender Institute, London School of Economics, June 13, 2013)。也可參見 Deborah Harrison and Lucy LaLiberte, *No Life Like It: Military Wives in Canada* (Toronto: Lorimer, 1994); Mona Macmillan, "Campfollower: A Note on Wives in the Armed Forces," in *The Incorporated Wife,* ed. Hilary Callan and Shirley Ardener (London: Croom Helm, 1984); Rosemary McKechnie, "Living with Images of a Fighting Elite: Women and the Foreign Legion," in *Images of Women in Peace and War* (London: Macmillan, 1987; reprint, Madison, University of Wisconsin Press, 1988), 122–47; Ximena Bunster, "Watch Out for the Little Nazi Man That All of Us Have Inside: The Mobilization and Demobilization of Women in Militarized Chile," *Women's Studies International Forum* 11, no. 5 (1988): 21–27。

32 U.S. Department of Defense, *Demographics 2010: Profile of the Military Community* (Washington, DC, 2010), www.ncdsv.org/images/DOD_DemographicsProfileOfTheMilitaryCommunity_2010.pdf.

33 Rachel L. Swarns, "Military Rules Leave Gay Spouses Out in the Cold," *New York Times,* January 20, 2013.「Servicemembers Legal Defense Network」（www.outservesldn.org）的總部位於華盛頓特區，它力促國防部承認在美國軍人的同性婚姻中平民配偶應享有的權利。美國國防部在二〇一三年八月正式將配偶的權利擴及已婚的男女同性戀軍人配偶，但是只限於在同性婚姻合法化的十三個州。Emmarie Huetteman, "Gay Spouses of Members of Military Get Benefits," *New York Times,* August 15, 2013.

34 Donna Alvah, *Unofficial Ambassadors: American Military Families Overseas and the Cold War, 1946–1965* (New York: New York University Press, 2007).

35 下列書籍仔細收錄了嫁給第一代美國男性太空人的七位女性群體像（她們成年後的生活大部分都具有軍人妻子的身份）：Lily Koppel, *The Astronaut Wives Club* (New York: Grand Central, 2013)。

36 我在下列書籍中嘗試探討二〇〇三年到二〇一〇年之間（美國領導的伊拉克戰爭期間）美國士兵妻子的經歷和想法：*Nimo's War, Emma's War: Making Feminist Sense of the Iraq War* (Berkeley: University of California Press, 2010)。有關美國軍人的女兒在一九六〇年代和一九七〇年代於美國軍事基地生活的經歷，可參見 Mary Wertsch, *Military Brats: Legacies of Childhood Inside the Fortress* (St. Louis: Brightwell, 2011)。

37 下列書中以更長的篇幅講述這個軍人妻子政治組織的故事：Enloe, *Maneuvers*。我要感謝嘉露蓮·貝克拉夫與我分享她的政治經歷和分析。

38 有關家庭暴力的軍中政治的詳細說明，可參見 Enloe, *Maneuvers;* Enloe, *Nimo's War, Emma's War*。

39 下列新的民族誌書籍也是明確的性別研究，其對象是美國的大型基地及其周圍社區（科羅拉多州的卡森堡基地和科羅拉多泉〔Colorado Springs〕），書中指出了創傷後壓力症候群（PTSD）和創傷性腦損傷的代價：Jean Scandlyn and Sarah Hautzinger, *Beyond Post-Traumatic Stress: Homefront Struggles with the Wars on Terror* (San Francisco: Left Coast Press, 2013)。也可參見 Enloe, *Nimo's War, Emma's War, 2010*。

40 David Vine, "The Lily-Pad Strategy: How the Pentagon Is Quietly Transforming Its Overseas Base Empire and Creating a Dangerous New Way of War," TomDispatch.com, July 15, 2012, www.tomdispatch.com/archive/175568.

41 如果要對當代軍隊的男性氣質做一比較，關於英國，可參見 Ware, *Military Migrants;* Victoria Basham, *War, Identity and the Liberal State: Everyday Experiences of the Geopolitical in the Armed Forces* (London: Taylor and Francis, 2013); Claire Duncanson, "Narratives of Military Masculinity in Peacekeeping Operations," *International Feminist Journal of Politics* 11, no. 1 (March 2009): 63–80。關於瑞典，可參見 Annica Kronsell, *Gender, Sex and the Postnational Defense: Militarism and Peacekeeping* (London: Oxford University Press, 2012)。關於加拿大，可參見 Sandra Whitworth, *Men, Militarism and UN Peacekeeping* (Boulder, CO: Lynne Rienner, 2004)。關於日本，可參見 Sabine Frustuck, *Uneasy Warriors: Gender, Memory, and Popular Culture in the Japanese Army* (Berkeley: University of California Press, 2007)。關於俄羅斯，可參見 Maya Eichler, *Militarizing Men: Gender, Conscription, and War in Post-Soviet Russia* (Stanford, CA: Stanford University Press, 2012)。關於土耳其，可參見 Nadire Mater, *Voices from the Front: Turkish Soldiers on the War with the Kurdish Guerrillas* (London: Palgrave Macmillan, 2005); Ozgur Heval Cinar and Coskun Usterci, eds., *Conscientious Objection: Resisting Militarized Society* (London: Zed Books, 2009)。關於南韓，可參見 Insook Kwon, "Sexual Violence among Men in the Military in South Korea," *Journal of Interpersonal Violence* 22, no. 8 (August 2007): 1024–42。關於美國，可參見 Aaron Belkin, *Bring Me Men: Military Masculinity and the Benign Facade of American Empire, 1899–2012* (New York: Colombia University Press, 2012)。有關於私人軍事承包商部隊中的男性氣質，可參見 Paul Higate, "Cowboys and Professionals: The Politics of Identity Work in the Private and Military Security Company," *Millennium Journal of International Studies* 40, no. 2 (2012): 321–41。

42 這些數據出自 Lory Manning, *Women in the Military: Where We Stand,* 8th ed. (Washington, DC: Women's Research and Education Institute, February 2013)。女性研究與教育學會（Women's Research and Education Institute，www.wrei.org）是一個不分黨派的組織，它從一九九〇年代開始，每三年發表一次這份甚具價值的報告。該學會的婦女與軍隊（Women and the Military）計畫將代表美國軍隊的女性進行監督和倡議，並收集數據、培訓實習生、在國會作證，還有替美國軍隊的女性與其他國家的軍中女性、以及消防和警察部門的女性搭建網絡。該學會的「婦女與軍隊」計畫於二〇一三年底結束。

43 數據來源同上註。

44 下列書中有可謂十分創新的比較，其比較對象是美國女性軍人對五角大廈的父權制規範與規定展開的遊說，以及美國修女對美國天主教會的制度性性別歧視提出的挑戰：Mary Fainsod Katzenstein, *Faithful and Fearless: Moving Feminist Protest inside the Church and Military* (Princeton, NJ: Princeton University Press, 1999)。

45 有一部紀錄片講述了五名（分屬不同軍種的）美國女性軍人遭到性侵害的經歷，這部紀錄片吸引了大眾和官方的廣泛關注，並獲得奧斯卡金像獎提名：Kirby Dick, dir., *The Invisible War,* 2012, 97 min., http://kirbydick.com/invisiblewar.html。

46 女性倡議團體「服務婦女行動網絡」（Service Women's Action Network，www.servicewomen.org）領導的運動試圖讓軍中性暴力成為公共議題。以下兩篇女性主義者的文章均是針對此問題，文中明確分析了美國軍人對軍隊內部女性的暴力行為、與他們對美國軍事基地周圍婦女的暴力行為之間的關聯：Lucinda Marshall, "Sexual Violence in the Ranks and the Gendered Impact of Militarism," Feminist Peace Network, 2013, www.feministpeacenetwork.org/2013/06/09/sexual-violencein-the-ranks-and-the-gendered-impact-of-militarism; Annie Isabel Fukishima and Gwyn Kirk, "Military Sexual Violence: From Frontline to Fenceline," *Foreign Policy in Focus* (Institute for Policy Studies, Washington, DC), June 17, 2013, www.fpif.org/articles/military_sexual_violence_from_frontline_to_fenceline。

47 U.S. Department of Defense, *Department of Defense Annual Report on Sexual Assault in the Military, Fiscal Year 2012* (Washington, DC: Department of Defense, May 2013), http://sapr.mil/media/pdf/reports/FY12_DoD_SAPRO_Annual_Report_on_Sexual_Assault-Volume-ONE.pdf. 也可參見 James Dao, "When Victims of Military Sex Assaults Are Men," *New York Times,* June 24, 2013。

48 Jennifer Steinhauer, "Veterans Testify on Rapes and Scant Hope of Justice," *New York Times,* March 14, 2013.

49 以下書籍是以北卡羅來納州的費耶特維爾的布拉格堡為對象所做的歷史性民族誌研究，針對美國本土軍事基地周圍的賣淫現象所做的研究不多，本書是其中之一：Catherine Lutz, *Homefront*。

50 以下書籍對英政府的帝國賣淫政策有最詳細的歷史記錄：Philippa Levine, *Prostitution, Race and Politics: Policing Venereal Disease in the British Empire* (New York: Routledge, 2003)。

51 對英國反傳染病法案運動的報導，可參見上註。也可參見 Judith R. Walkowitz, *Prostitution and Victorian Society* (Cambridge: Cambridge University Press, 1982)。

52 讀者可以在倫敦經濟學院的婦女圖書館（Women's Library）找到《黎明》的副本，也可以在下列網址取得其部分內容：www.lse.ac.uk/library/newsandinformation/womenslibraryatLSE/Accessing-the-Womens-Library-@-LSE-collections.aspx。

53 Joanna Liddle and Rama Joshi, "Gender and Imperialism in British India," in "Review of Women's Studies [in India]," supplement, *Economic and Political Weekly* (New Delhi), 20, no. 43 (October 26, 1985): WS–74. 也可參見 Kenneth Ballhatchet, *Race and Sex and Class under the Raj* (London: Weidenfeld and Nicolson, 1980)。

54 *The Dawn,* no. 1 (May 1888): 5. 關於女性主義如何解釋約瑟芬・巴特勒對帝國主義的態度，可參見 Antoinette Burton, "The White Woman's Burden: British Feminists and 'the Indian Woman,' 1865–1915," in Margaret Strobel and Nupur Chaudhuri, eds., "Western Women and Imperialism," special issue, *Women's Studies International Forum* 13, no. 2 (1990)。

55 *The Dawn,* no. 27 (May 1895): 1–2.

56 有關在一九九〇年代的前幾十年中美國對軍中賣淫的爭論，可參見 Allan Brandt, *No Magic Bullet* (Oxford: Oxford University Press, 1987); Katherine Bushnell, *Plain Words to Plain People,* an undated, World War I pamphlet, Schlesinger Library on the History of Women in America, Radcliffe Institute, Harvard University; Enloe, *Maneuvers.* The Canadian debate about soldiers' sexuality during World War II is discussed in Ruth Roach Pierson, *"They're Still Women after All": The Second World War and Canadian Womanhood* (Toronto: McClelland and Stewart, 1986)。

57 日本皇軍的「慰安婦」議題在二〇一三年再次成為頭條新聞，當時日本的第二大城市大阪的保守派市長宣稱：「士兵冒著生命危險在槍林彈雨中奔跑，想要讓這些情緒緊張的士兵可以在某處得到休息，顯然需要慰安婦制度。」橋下徹市長接著指出：在今天（遭到沖繩女性主義者抗議的）替沖繩美軍基地提供服務的賣淫制度可以追溯到第二次世界大戰期間的皇軍「慰安婦」制度，以此而取得正當性。橋下市長的這一番言論遭到日本大眾和日本精英來自四面八方的反對，足以顯示日本輿論已經開始對第二次世界大戰期間的制度持貶抑態度：Hiroko Tabuchi, "Women Sent to Brothels Aided Japan, Mayor Says," *New York Times,* May 14, 2013; Mari Yamaguchi, "Osaka Mayor Defends 'Comfort Women' Remark," *Boston Globe,* May 17, 2013。

58 在第二次世界大戰期間，有些亞洲婦女被迫成為日本皇軍的賣淫制度「慰安所」的性奴隸，對其生活的相關研究每年都在增加。首先可參見 Yuki Tanaka, *Japan's Comfort Women: Sexual Slavery and Prostitution during World War II and the U.S. Occupation* (New York: Routledge, 2001)。有一個日本的女性主義團體在東京創建了一個小型博物館——婦女的戰爭與和平資料館（Women's Active Museum on War and Peace），其目的在於讓亞洲各地在皇軍的「慰安婦」制度中倖存下來的婦女生活和想法可以為人們所知悉：www.wam-peace.org。

59 可參見 Beth Bailey and David Farber, *The First Strange Place: The Alchemy of Race and Sex in World War II Hawaii* (New York: Free Press, 1992); John Willoughby, "The Sexual Behavior of American G.I.s during the Early Years of the Occupation of Germany, " *Journal of Military History,* no. 62 (January 1998): 155–74; Na Young Lee, "The Construction of Military Prostitution in South Korea during the U.S. Military Rule, 1945–1948," *Feminist Studies* 33, no. 3 (Fall 2007): 453–81。

60 Mary Louise Roberts, *What Soldiers Do: Sex and the American GI in World War II France* (Chicago: Chicago University Press, 2013).

61 對於冷戰時期美國軍中的賣淫制度，調查得最徹底的研究之一是：Katherine Moon, *Sex among Allies: Military Prostitution in U.S.-Korea Relations* (New York: Columbia University Press, 1997)。如果要繼續探索美國的軍事基地是否成為助長南韓在冷戰後的性別民族主義的關鍵要素之一，可參見 Katherine Moon, *Protesting America: Democracy and the U.S.-Korea Alliance* (Berkeley: University of California Press, 2013)。

62 沖繩婦女反軍事暴力行動的相關資訊可參見 Women for Genuine Security, www.genuinesecurity.org/partners/okinawa.html。關於這些沖繩女性主義者的反軍國思想和行動，更多資訊可參見 Enloe, *Maneuvers*; Cynthia Cockburn, *Antimilitarism: Political and Gender Dynamics of Peace Movements* (London: Palgrave, 2012)。下列書籍用深具啟發性的方式，講述了冷戰時期的美國外交政策制定者是如何招募嫁給駐沖繩

美國士兵的美國婦女和美國的家政學女教授（尤其是密西根州立大學〔Michigan State University〕和夏威夷大學〔University of Hawaii〕的教授），讓她們與沖繩婦女建立友好的關係，目的是為了替沖繩的美國軍事基地搏取大眾支持，可參見 Mire Koikari, *Making Homes, Building Bases: Women, Militarism, and the Cold War Transnationalism in the U.S. Occupation of Okinawa*（即將出版）。

63 Jessie Anglum, unpublished diary, 1901–2, Schlesinger Library on the History of Women in America, Radcliffe Institute, Harvard University。

64 Gabriela: Alliance of Filipino Women, www.gabrielaph.com; Women for Genuine Security, www.genuinesecurity.org. 我要感謝沖繩婦女反軍事暴力行動的核心領導人之一高里鈴代，她們記錄並批評了美軍基地對當地婦女造成的負面影響。她讓我了解民族主義和女性主義在反基地運動中的複雜互動，以及過去二十年來女性主義行動的各種形式，這些行動讓婦女可以在對反基地運動的運作和未來的激烈辯論中發出自己的聲音。「亞洲日本女性資料中心」是日本本土支持沖繩婦女進行反基地運動的女權組織。可參見她們的研究："Women in Okinawa: Resisting Colonialism and Militarism," special issue, *Voices from Japan,* no. 27 (March 2013)。該中心目前的工作可參見 www.ajwrc.org。

65 Alexander R. Magno, "Cornucopia or Curse: The Internal Debate on the US Bases in the Philippines," *Kasarinlan* (Third World Studies Program, University of the Philippines, Quezon City), 3, no. 3 (1988): 9–12; Pilar Ramos-Jimenez and Elena Chiong-Javier, *Social Benefits and Costs: People's Perceptions of the U.S. Military Bases in the Philippines* (Manila: Research Center, De La Salle University, 1987), 9–10; *Philippine Resource Center Monitor,* no. 3 (August 12, 1988).

66 Christopher M. Lapinig, "The Forgotten Amerasians," op-ed, *New York Times,* May 28, 2013.

67 尤其可參見 Sandra Sturdevant and Brenda Stoltzfus, *Let the Good Times Roll: Prostitution and the U.S. Military in Asia* (New York: New Press, 1992)。

68 Floyd Whaley, "U.S. Seeks Expanded Role for Military in Philippines," *New York Times,* July 13, 2013.

69 有關美軍在南韓基地周遭的賣淫制度（當時以南韓婦女占賣淫婦女的大多數），最詳細的敘述可參見：Moon, *Sex among Allies*。下列紀錄片探索了二十一世紀的南韓美軍基地內部及周遭的賣淫和性販賣動態：David Goodman, dir., *"Singers" in the Band: Prostitution, Global Sex Trafficking and the U.S. Military*，即將推出。

70 在下列文獻中可以找到各國反基地運動的敘述：Lutz, *Bases of Empire*; John Lindsey-Poland, "Closing Bases"。

71 可參見 Gwyn Kirk and Alice Cook, *Greenham Women Everywhere* (London: Pluto Press, 1983); Jill Liddington, *Road to Greenham Common: Feminism and Anti-Militarism in Britain since 1820* (Syracuse, NY: Syracuse University Press, 1989)。在據稱極端保守和支持軍隊的地區（美國大平原〔American Great Plains〕各州）也發展出一場看似不可能的反基地運動，對這場運動的精彩分析可參見 Gretchen Heefner, *Missile Next Door*。

72 引用自 Anna Coote and Beatrix Campbell, *Sweet Freedom: The Struggle for Women's Liberation,* 2nd ed. (Oxford: Basil Blackwood, 1987), 49。

73 Beatrix Campbell, *The Iron Ladies: Why Do Women Vote Tory?* (London: Virago, 1987), 126.

74 Jean Stead, "The Greenham Common Peace Camp and Its Legacy," *The Guardian,*

September 5, 2006, www.guardian.co.uk/uk/2006/sep/05/greenham5. 也可參見 Beeban Kidron, "Common People," *The Guardian,* September 3, 2013。

75 在一九九〇年代末期之後，國際維和基地周圍發生性虐待的報導層出不窮。這些基地所在國家的女性和男性都因為當地多年的武裝衝突而顯得特別脆弱。下列書籍對於聯合國和北約的男性維和人員和美國警察承包商在戰後波士尼亞發生的性虐待有詳細的描述：Kathryn Bolkovac, with Cari Lynn, *The Whistleblower: Sex Trafficking, Military Contractors, and One Woman's Fight for Justice* (New York: Palgrave Macmillan, 2011)。博爾科瓦克的書籍被改編成以下電影：Larysa Kondracki, dir., *The Whistleblower,* 2011, 112 min。

76 Denise Kiernan, *The Girls of Atomic City: The Untold Story of the Women Who Helped Win World War II* (New York: Simon and Schuster, 2013). 也可參見 Hugh Gusterson, *Nuclear Rites: A Weapons Laboratory at the End of the Cold War* (Berkeley: University of California Press, 1998); Gretchen Heefner, *Missile Next Door*。

第 5 章｜從事外交與不從事外交的妻子

1 引用自 Mary Jordan, "'Hillary Effect' Cited for Increase in Female Ambassadors to U.S.," *Washington Post,* January 2010, http://articles.washingtonpost.com/2010–01–11/news/36825656_1_ambassadormeera-shankar-hillary-clinton。

2 同上註。

3 "MFA Press Statement," Ministry of Foreign Affairs, Singapore, June 14, 2013, www.mfa.gov.sg.

4 Governor Sir George Simpson，引用於 Sylvia Van Kirk, *Many Tender Ties: Women in Fur-Trade Society, 1670–1870* (Winnipeg: Watson and Dwyer, 1980; reprint, Norman: University of Oklahoma Press, 1983), 93。

5 同上註，頁 75–84。

6 Julie Wheelwright, *Amazons and Military Maids: Women Who Dressed as Men in Pursuit of Life, Liberty and Happiness* (London: Pandora Press, 1989).

7 Van Kirk, *Many Tender Ties,* 192–94. 也可參見 Clio Collective, *Quebec Women: A History* (Toronto: Women's Press, 1987), 40–46。

8 Cynthia Enloe, *Does Khaki Become You? The Militarization of Women's Lives* (London: Pandora Press, 1988).

9 Ann Corbett, "Beryl Smedley Obituary," *The Guardian,* August 4, 2011, www.guardian.co.uk/theguardian/2011/aug/04/beryl-smedleyobituary.

10 Beryl Smedley, *Partners in Diplomacy* (London: Harley Press), 1990.

11 同上註。

12 艾比蓋兒・亞當斯（Abigail Adams）的丈夫約翰・亞當斯（John Adams）在美國獨立革命時是（當時正在起義的）殖民地在巴黎和倫敦的特使，只領有微薄的薪水，艾比蓋兒利用她的生意頭腦維持家庭的償債能力，關於這段歷史，可參見 Woody Holton, *Abigail Adams* (New York: Free Press, 2009) 中精彩而新穎的描述。

13 Victoria Glendinning, *Vita: A Biography of Vita Sackville-West* (New York: Quill, 1983), 157.

14 出自作者對貝里爾・斯梅德利的訪談，一九八七年二月二日於英格蘭的拜弗利特（Byfleet）進行。

15 出自英國駐斯里蘭卡大使約翰・尼古拉斯爵士（Sir John Nicholas）和英國駐聯合國大使大衛・戈爾-布思（David Gore-Booth）的陳述，引用自 Simon Jenkins and Ann Sloman, *With Respect, Ambassador: An Inquiry into the Foreign Office* (London: BBC, 1985), 63。

16 Lady Wade-Gery，引用自同上註，頁 64–65。

17 Sir Oliver Wright，引用自同上註，頁 79。

18 Jenkins and Sloman, *With Respect.*

19 貝里爾・斯梅德利自己的訃聞於二〇一一年刊登在倫敦的《衛報》(*The Guardian*)。斯梅德利的訃聞由她的姪女執筆，共有兩段：Ann Corbett, "Beryl Smedley Obituary," *The Guardian,* August 4, 2011。

20 下列資訊大部分是出自一九八七年一月三十日對蓋伊・墨菲的採訪（她當時是外交官夫人協會的主席）。其他資訊則出自該協會的出版刊物：*Diplomatic Service Wives Association,* 1985–88。

21 出自作者對美國國務院職員的訪談，於二〇一三年六月進行。

22 美國國務院家庭聯絡處的官員蘇珊・帕森斯（Susan Parsons）在接受作者訪談時引用的一名批評者的說法，該訪談於一九八七年五月四日在華盛頓特區進行。

23 Eve Bender, "Mission Goes Global for State Department Psychiatrists," *Psychiatric News,* July 1, 2011, http://psychiatricnews.psychiatryonline.org/newsarticle.aspx?articleid = 115820.

24 出自作者對蓋伊・墨菲的訪談。

25 Diplomatic Service Wives Association publication (Autumn 1986): 28.

26 同上註，頁 20。

27 出自作者對蓋伊・墨菲的訪談。

28 同上註。

29 Annabel Hendry, "From Parallel to Dual Careers: Diplomatic Spouses," in *Modern Diplomacy,* ed. J. Kurbalija, Diplo website, 1998, www.diplomacy.edu/resources/general/parallel-dual-careers-diplomaticspouses.

30 出自作者於一九八七年四月三日在華盛頓對一名提倡女性軍人和軍人妻子權益的倡議者的訪問（其姓名保密）。

31 出自作者於一九八七年四月三日和一九八七年五月六日在華盛頓對幾名運動人士所做的訪談，這些運動人士關心的是嫁給政府僱員的女性權利問題。

32 Barbara Gamarekian, "Foreign Service Wives' Goal: Pay," *New York Times,* April 10, 1984.

33 同上註。

34 Kelly Bembry Midura，以 Cyberspouse 之名寫作，"Financial Security and the Foreign Service Spouse," Associates of the American Foreign Service Worldwide, 2012, www.aafsw.org/articles-advice/family-life-in-the-foreign-service/financial-security-and-the-fs-spouse。AAFSW 的職員名單是出自 www.aafsw.org。

35 同上註。

36 吉恩・喬伊斯接受婦女行動組織口述歷史計畫（Oral History Project）的薇樂莉・克洛策爾（Valerie Kreutzer）的訪談打字稿，無日期，p. 10，收藏於 Schlesinger Library on the History of Women in America, Radcliffe Institute, Harvard University。

37 同上註，頁 14。

38 吉恩・喬伊斯接受婦女行動組織口述歷史計畫的芭芭拉・古德（Barbara Good）和妮雅・隆（Nira Long）的訪談。

39 同上註。

40 Elizabeth Cotton, *Morning Edition,* National Public Radio, April 22, 1987.

41 Phyllis Oakley，引用於 John Goshko, "Tackling a White Male Bastion," *Washington Post,* April 29, 1987。

42 Cotton, *Morning Edition.*

43 同上註。雷根總統在一年後任命菲利斯・奧克利的丈夫羅伯特・奧克利（Robert Oakley）為駐巴基斯坦的代理大使，因為雷根認為「奧克利夫人在巴基斯坦也會有工作」。David Binder, "Washington Talk: Briefing," *New York Times,* August 22, 1988.

44 一九八七年九月的數據是出自美國國務院平等機會辦公室（Equal Opportunity Office）在一九八八年六月提供給作者的資料。也可參見 Equal Opportunities Office, U.S. Department of State, *1987 Annual Report to Congress* (Washington, DC, September 1987)。

45 "Under Pressure, State Department Moves to End Its Sex Discrimination," *New York Times,* April 21, 1989; "The 'Palmer Effect' on the U.S. Foreign Service," *DiploPundit,* January 12, 2010, http://diplopundit.net/2010/01/12/the-palmer-effect-on-the-us-foregin-service.

46 Julia Chang Bloch, "Women and Diplomacy," *Ambassadors Review* (Fall 2004): 93, http://s3.amazonaws.com/caa-production/attachments/287/93–100_Bloch.pdf?1366918904. 張之香（Julia Chang Bloch）在一九八九年到一九九三年之間是美國駐尼泊爾大使。

47 我要感謝弗萊徹法律與外交關係學院（Fletcher School of Law and Diplomacy）的普麗斯卡・貝內利（Prisca Benelli）為我提供她對夫人政治的見解（這些夫人的伴侶都在國際人道主義組織工作）。也可參見 Rosalind Eyben, "Fellow Travellers in Development," *Third World* 33, no. 8 (2012): 1405–21。

第 6 章｜奮起吧香蕉大軍！香蕉的國際政治中，女性何在？

1 這些貿易數據是二〇〇九年的數據。Edward Evans and Fredy Ballen, "Banana Market," University of Florida, IFAS Extension, Electronic Data Information Source, 2009, http://edis.ifas.ufl.edu/fe901.

2 "Grupo Noboa S.A., Guayaquil, Ecuador," Banana Link, 2010, www.bananalink.org.uk/grupo-noboa-sa-guayaquil-ecuador.「Banana Link」是一家倡議勞工權利和永續公平貿易的獨立組織，監督全球的香蕉和鳳梨產業，總部位於英國的諾里奇（Norwich）。

3 "Top 25 Global Food Retailers 2013," *Supermarket News,* 2013, www.supermarketnews.com/top-25-global-food-retailers-2013. 也可參見 "The Truth on Your Table: Facts about Women Workers in the Banana Industry," STITCH: Supporting Women Workers in the US and Central America," 2006, http://stitchonline.org/archives/Stitch-BananaFactSheet.pdf。STITCH 是一個獨立的女工權益倡議組織，總部位於華盛頓特區。

4 James Robert Parish, *The Fox Girls* (New Rochelle, NY: Arlington House, 1972), 499–528.

5 巴西的電影製片人海倫娜・索爾伯格（Helena Solberg）製作了一部（英語和葡萄牙語的）紀錄片，講述卡門・米蘭達複雜的娛樂業生涯以及巴西人和美國人是如何解讀她的生涯。Helena Solberg, dir., *Carmen Miranda: Bananas Is My Business,* International Cinema, 1994, 91 min.

6 Parish, *Fox Girls,* 504.

7 George Black, *The Good Neighbor: How the United States Wrote the History of Central America*

and the Caribbean (New York: Pantheon, 1988), 68–71. 也可參見 Neal Gabler, *An Empire of Their Own: How the Jews Invented Hollywood* (New York: Crown, 1988)。

8 有關好萊塢電影公司在第二次世界大戰期間的角色，更多資訊可參見例如：Thomas Patrick Doherty, *Projections of War: Hollywood, American Culture, and World War II, rev. ed.* (New York: Columbia University Press, 1999)。

9 有關於美國電影如何創造出和強化對拉丁美洲女性的刻板印象，更多資訊可參見 Lester Friedman, ed., *Unspeakable Images: Ethnicity and the American Cinema* (Champaign: University of Illinois Press, 1991)。

10 Eduardo Galeano, *Century of the Wind* (New York: Pantheon, 1988), 131. 有關加萊亞諾對一九四〇年代的好萊塢拉丁美洲男性刻板印象的描述，可參見 p. 122。

11 Virginia Scott Jenkins, *Bananas: The American History* (Washington, DC: Smithsonian Institution Press, 2000).

12 Claire Shaver Houghton, *Green Immigrants: The Plants That Transformed America* (New York: Harcourt Brace Jovanovich, 1978), 30–35. 也可參見 *People Like Bananas* (Boston: United Fruit Company, 1968)。

13 *People Like Bananas.* 在一九八〇年代，金吉達品牌（Chiquita Brands）——它當時是聯合品牌（United Brands）的子公司（聯合品牌的前身是聯合果品〔United Fruit〕）——出版了一份業務通訊《金吉達季刊》（*Chiquita Quarterly*），季刊中經常提到該公司的運輸船隊，它是當時世界上最大的冷藏運輸船隊，占一九八〇年代全球總數的百分之十二。

14 Black, *Good Neighbor,* 77–78. 對於美國香蕉公司在中美洲扮演的政治角色，下列文獻中有重要的評價：Stephen Schlesinger, *Bitter Fruit: The Untold Story of the American Coup in Guatemala* (New York: Doubleday, 1982)。

15 我要感謝聯合品牌的貝絲・C・施瓦茨（Beth C. Schwartz）為我提供「金吉達香蕉」之歌的原始歌詞。

16 金吉達網站：www.chiquita.com。

17 Trade and Market Division, FAO, *Banana Statistics, 2011* (Rome: Food and Agriculture Organization, 2011), www.fao.org/docrep/meeting/022/AM480T.pdf.

18 同上註。

19 Salif D. Cheickna, "Cote d'Ivoire: Banana Producers Turn to Regional Markets," *Inter Press Service,* January 25, 2010, www.ipsnews.net/2010/01/cote-divoire-banana-producers-turn-to-regional-markets.

20 Jenkins, *Bananas,* 20.

21 以下書籍和文章中有對農園中之農活的性別動態提出分析：Piya Chatterjee, *A Time for Tea: Women, Labor, and Post-colonial Politics on an Indian Plantation* (Durham, NC: Duke University Press, 2001); Shobhita Jain and Rhoda Reddock, eds., *Women Plantation Workers* (Oxford: Berg, 1998); Angela Davis, "Reflections on the Black Women's Role in the Community of Slaves," *Black Scholar,* no. 3 (December, 1971); Rhoda Reddock, "Women and the Slave Plantation Economy in the Caribbean," in *Retrieving Women's History,* ed. S. Jay Kleinberg (Oxford: Berg, 1988), 105–32; Jacqueline Jones, *Labor of Love, Labor of Sorrow: Black Women, Work and the Family from Slavery to the Present* (New York: Vintage, 1986); Elizabeth Fox-Genovese, *Within the Plantation Household: Black and White Women of the Old South* (Chapel Hill, NC: University of North Carolina, 1988); Ronald Takaki, *Pau*

Hana: Plantation Life and Labor in Hawaii (Honolulu: University of Hawaii Press, 1983); Belinda Coote, *The Hunger Crop: Poverty and the Sugar Industry* (Oxford: Oxfam, 1987); Shaista Shameen, "Gender, Class and Race Dynamics: Indian Women in Sugar Production in Fiji," in "Women and Work in the Pacific," special issue, *Journal of Pacific Studies*13 (1987): 10–35; Sidney Mintz, *Worker in the Cane: A Puerto Rican Life History* (New Haven, CT: Yale University Press, 1960); Laurel Herbener Lessen, *The Re-division of Labor: Women and Economic Choice in Four Guatemalan Communities* (Albany: SUNY Press, 1984); Ravinda K. Jain, *South Indians on the Plantation Frontier in Malaya* (New Haven, CT: Yale University Press, 1970); Ann Laura Stoler, *Capitalism and Confrontation in Sumatra's Plantation Belt, 1870–1979* (New Haven, CT: Yale University Press, 1985); Rachel Kurian, *Women Workers in the Sri Lanka Plantation Belt* (Geneva: International Labor Organization, 1982); Rachel Kurian, *Ethnicity, Patriarchy and Labor Control: Tamil Women in Plantation Production* (The Hague: Institute of Social Sciences, 1986); Dan Jones, *Tea and Justice: British Tea Companies and the Tea Workers of Bangladesh* (London: Bangladesh International Action Group, 1986); Stella Hillier and Lynne Gerlach, *Whose Paradise? Tea and the Plantation Tamils in Sri Lanka* (London: Minority Rights Group, 1987)。

22 Philippe Bourgois, *Ethnic Diversity on a Corporate Plantation* (Cambridge, MA: Cultural Survival, 1986).

23 同上註，頁 10–11。也可參見 Trevor W. Purcell, *Banana Fallout: Class, Color, and Culture among West Indians in Costa Rica* (Los Angeles: Center for Afro-American Studies, University of California, 1993)。

24 有關女性在一九八〇年代的中美洲反抗運動和民族主義運動中的各種角色，更多資訊可參見：Karen Kampwirth, *Women and Guerrilla Movements: Nicaragua, El Salvador, Chiapas, Cuba* (University Park: Pennsylvania State University Press, 2002); Karen Kampwirth, *Feminism and the Legacy of Revolution: Nicaragua, El Salvador, Chiapas* (Athens: Ohio University Press, 2004)。

25 "First Ever Global Meeting of Women Banana Workers!" Banana Link, 2013, www.bananalink.org.uk/first-ever-global-meeting-womenbanana-workers.

26 有關於女性化的農業及其發展結果，可參見 Esther Boserup, *Women's Roles in Economic Development* (London: George Allen and Unwin, 1970); Barbara Rogers, *The Domestication of Women: Discrimination in Developing Societies* (London: Kogan Page, 1980)。有關性別和種族的等級制度如何支持跨國礦業公司在印尼的經營，下列書籍提供了敏銳的觀察：Kathryn M. Robinson, *Stepchildren of Progress* (Albany: State University of New York Press, 1986)。

27 Olivier De Schutter, United Nations Special Rapporteur on the right to food, "The Feminization of Farming," *New York Times*, March 4, 2013.

28 Olivier De Schutter, *Gender and the Right to Food: Executive Summary* (Geneva: United Nations High Commission for Human Rights, February 2013), www.ohchr.org/Documents/Issues/Food/20130304_gender_execsummary_en.pdf.

29 Joni Seager, *The Penguin Atlas of Women in the World* (New York: Penguin Books, 2009), 86–87.

30 透過以下研究，讀者可以對農產品的性別供應鏈自行展開全球追蹤：Deborah Barndt, ed., *Women Working the NAFTA Food Chain: Women, Food and Globalization*

(Toronto: Second Story Press, 1999); Edward F. Fischer and Peter Benson, *Broccoli and Desire: Global Connections and Maya Struggles in Postwar Guatemala* (Stanford, CA: Stanford University Press, 2006); Emma Robertson, *Chocolate, Women and Empire* (Manchester, U.K.: Manchester University Press, 2009); Orla Ryan, *Chocolate Nations: Living and Dying for Cocoa in West Africa* (London: Zed Press, 2012); Catherine Ziegler, *Favored Flowers: Culture and Economy in a Global System* (Durham, NC: Duke University Press, 2007); Heidi Tinsman, *Buying into the Regime: Gender and Consumption in Cold War Chile and the United States* (Durham, NC: Duke University Press, 2013)。

31 STITCH: Supporting Women Workers in the US and Central America, "The Truth on Your Table: Facts about Women in the Banana Industry," 2006, http://stitchonline.org/archives/StitchBananaFactSheet.pdf. 也可參見 Elizabeth U. Eviota, "The Articulation of Gender and Class in the Philippines," in *Women's Work,* ed. Eleanor Leacock, Helen I. Safa, and contributors (South Hadley, MA: Bergin and Garvey, 1986), 199；菲利普．布古於一九八六年十月二日與作者的通信。關於在食品加工業工作的女性，可參見 Lourdes Arizpe and Josephina Aranda, "Women Workers in the Strawberry Agribusiness in Mexico," in Leacock and Safa, *Women's Work,* 174–93; Vicki Ruiz, *Cannery Women, Cannery Lives* (Albuquerque: University of New Mexico Press, 1987); Patricia Zavella, *Women's Work and Chicano Families* (Ithaca, NY: Cornell University Press, 1987)。

32 Mary Soledad Perpinan, "Women and Transnational Corporations: The Philippines Experience," in *The Philippines Reader,* ed. Daniel Schirmer and Stephen R. Shalom (Boston: South End Press, 1987), 243.

33 Lorenzo Cotula, *The Great African Land Grab: Agricultural Investments in the Global Food System* (London: Zed Books, 2013).

34 Clive Thomas, *Plantations, Peasants and the State* (Los Angeles: Center for Afro-American Studies, UCLA, 1984).

35 Stoler, *Capitalism and Confrontation in Sumatra's Plantation Belt,* 30–34.

36 出自菲利普．布古於一九八六年十月二日與作者的通信。

37 Banana Link et al., *Dole: Behind the Smoke Screen* (Norwich, U.K.: Banana Link, 2009), www.bananalink.uk.org/bananalink/sites/bananalink.neontribe.co.uk/files/documents/Companies/NewDolereport07Oct09.Eng.pdf.

38 "Banana War Ends after 20 Years," *BBC News,* November 8, 2012, www.bbc.co.uk/news/business-20263308.

39 Seager, *Penguin Atlas of Women in the World,* 86–87.

40 "Windward Islands Farmers Association (WINFA)," Caribbean Agribusiness, www.agricarib.org/windward-islands-farmersassociation，瀏覽日期為二〇一三年七月二日。

41 女性香蕉工人組織的歷史仰賴達納．弗蘭克（Dana Frank）——她是加州大學聖克魯斯分校的宏都拉斯政治專家——對這些女性工會運動人士的第一手精彩採訪。Frank, *Bananeras: Women Transforming the Banana Unions of Latin America* (Boston: South End Press, 2005).

42 對於這個時期拉丁美洲的女性主義思想和行動的形成時代的探索，可參見 Jane Jaquette, *The Women's Movement in Latin America* (Boulder, CO: Westview Press, 1994); Sonia Alvarez, Evelina Dagnino, and Arturo Escobar, eds., *Cultures of Politics, Politics of Culture: Re-Visioning Latin America Social Movements* (Boulder, CO: Westview Press, 1998);

Nikki Craska and Maxine Molyneux, eds., *Gender and Politics of Rights and Democracy in Latin America* (London: Palgrave, 2002)。

43 Frank, *Bananeras,* 25 中引用之女性工會運動人士的話。

44 STITCH, "The Truth on Your Table: Facts about Women Workers in the Banana Industry."

45 Frank, *Bananeras,* 4 中引用之女性勞工的話。

46 Banana Link, www.bananalink.org; Fair Food Network, www.fairfoodnetwork.org.

47 World Banana Forum, www.fao/wfb/en.

48 "First Ever Global Meeting of Women Banana Workers!"

49 "Voices from the Field," *Fair Food International,* February 18, 2013, www.fairfood.org/2013/02/voices-from-the-field.

50 Katherine Sartiano, "Going Bananas over Chiquita," *College Voice* (Connecticut College, New London), October 3, 2011.

第 7 章｜女性勞動力絕對不便宜：全球的牛仔褲和銀行業中的性別

1 對於孟加拉的塔茲雷恩製衣工廠在二〇一二年十一月二十四日發生的火災及其後續餘波，相關描述是基於以下報導：Vikas Bajaj, "Fire Ravages Bangladesh Factory," *International Herald Tribune,* November 26, 2012; Julfikar Ali Manik and Jim Yardley, "Garment Workers Stage Angry Protest after Bangladesh Fire," *New York Times,* November 27, 2012; Steven Greenhouse, "Documents Indicate Walmart Blocked Safety Push in Bangladesh," *New York Times,* December 6, 2012; Associated Press, "Factory in Bangladesh Lost Fire Clearance before Blaze," *New York Times,* December 8, 2012; "Fire Safety in Garment Factories," editorial, *New York Times,* December 10, 2012; Steven Greenhouse, "2nd Supplier for Walmart at Factory That Burned," *New York Times,* December, 11, 2012; Julfikar Ali Manik and Jim Yardley, "Bangladesh Finds Gross Negligence in Factory Fire," *New York Times,* December, 18, 2012; Amy Goodman, "Survivor of Bangladesh's Tazreen Factory Fire Urges U.S. Retailers to Stop Blocking Worker Safety"，對蘇米・阿貝丁（Sumi Abedin）的訪問，Democracy Now, April 25, 2013, www.democracynow.org/2013/14/25/survivor_of_bangladeshs_tazreen_factory_fire。

2 Goodman, "Survivor of Bangladesh's Tazreen Factory Fire ..."

3 例如：可參見由女性主義歷史學家創建的「Remember the Triangle Fire Coalition」網站，該網站專門介紹一九一一年三角內衣火災的歷史——當然還有教訓：www.rememberthetrianglefire.org；也可參見兩部描述三角火災的紀錄片：Jamila Wignot, dir., *Triangle Fire,* American Experience, PBS, 2011；與 Daphne Pinkerton, dir., *Triangle,* HBO, 2011。

4 Greenhouse, "Documents Indicate Walmart Blocked Safety Push in Bangladesh"; Priyanka Borpujari, "Deadly Savings," *Boston Globe,* January 2, 2013.

5 Lynda Yanz, "Gap Pulls Out of Bangladesh Fire Safety Program," *Maquila Solidarity Update* 17, no. 3 (December 2012): 1–8, Maquila Solidarity Network, http://en.maquilasolidarity.org/sites/maquilasolidarity.org/fi les/MSN-Update-Dec-2012.pdf. 如果要詳細了解美國的聯邦機構（包括國防部）如何利用孟加拉、海地、巴基斯坦、墨西哥和多明尼加共和國的服裝廠分包商，最後生產出聯邦非戰鬥人員的低成本服裝以及在美國軍事基地商店中銷售的服裝，可參見 Ian Urbina, "Buying Overseas Clothing, U.S.

Flouts Its Own Advice," *New York Times,* December 23, 2013。有關西班牙的全球零售商 Mango 如何使用西班牙的新分銷技術，再加上施壓孟加拉工廠要求其配合越來越短的生產期限，以便用快速的周期為世界各地的 Mango 商店提供新款式，相關的珍貴報告可參見 Jim Yardley, "Clothing Brands Sidestep Blame for Safety Lapses," *New York Times,* December 31, 2013。

6 我要感謝傑夫・巴林傑（Jeff Ballinger），他是一位跨國的勞工權益倡導者，對於跨國公司在工作場所使用的監測員也有密切的觀察。多年來都是靠著他教我如何看出這些公司的服務系統的缺陷。

7 Kalpona Akter，由下列文獻引述：Manik and Yardley, "Garment Workers Stage Angry Protest after Bangladesh Fire"。有關更多卡波納・艾克特對勞權的倡議，可參見 James North, "Bangladeshi Garment Workers Fight Back," *The Nation,* November 15, 2013, www.thenation.com/article/177181/bangladeshi-garment-workers-fight-back。

8 Clean Clothes Campaign, www.cleanclothes.org; Workers Rights Consortium, www.workersrights.org.

9 National Garments Workers Federation, *Activity Reports, 1999–2004,* Dhaka, 2004, www.nadir.org/initiativ/agp/s26/banglad/.

10 "YoungOne Workers in Bangladesh Clash with Police, Killing 4," *Korea Times,* December 13, 2010, http://koreatimes.co.kr/www/news/nation/2010/12/113_77916.html.

11 Jim Yardley, "Fighting for Bangladesh Labor, and Ending Up in Pauper's Grave," *New York Times,* September 10, 2012.

12 有關服裝貿易協定的政治以及這些協定對美國和發展中國家之服裝工人的影響，更多資訊可參見 Ethel Brooks, *Unraveling the Garment Industry* (Minneapolis: University of Minnesota Press, 2007); Edna Bonacich and Richard Appelbaum, *Behind the Label: Inequality in the Los Angeles Apparel Industry* (Berkeley: University of California Press, 2000); Elizabeth L. Cline, *Overdressed: The Shockingly High Cost of Cheap Fashion* (New York: Penguin, 2012); Ellen Israel Rosen, *Making Sweatshops: The Globalization of the U.S. Apparel Industry* (Berkeley: University of California Press, 2002); Robert Ross, *Slaves to Fashion: Poverty and Abuse in the New Sweatshops* (Ann Arbor: University of Michigan Press, 2004)。

13 有關於在當代的新自由主義資本主義商業世界中尤其能有效運作的某種男性氣質，下列書籍中提出了特別具有啟發性的探討：Charlotte Hooper, *Manly States: Masculinities, International Relations and Gender Politics* (New York: Columbia University Press, 2001)。

14 這次採訪可見於：Swapna Majumdar, "Bangladesh Garment Workers Have Taste of Freedom," Women's eNews, July 15, 2002, http://womensenews.org/story/labor/020715/bangladeshgarment-workers-have-taste-of-freedom。這裡所引用的就業數據（依性別區分）是由達卡的孟加拉發展研究所（Bangladesh Institute of Development Studies）的研究人員收集的。

15 同上註。

16 有關於孟加拉的婦女組織在當前的政治，以及該組織在何時、又會如何挑戰國際上對孟加拉婦女的刻板印象，更多資訊可參見 Elora Halim Chowdhury, *Transnationalism Reversed: Women Organizing against Gendered Violence in Bangladesh* (Albany, NY: SUNY Press, 2011); Elora Shehabuddin, *Reshaping the Holy: Democracy, Development and Muslim Women in Bangladesh* (New York: Columbia University Press, 2008); Lamia

Karim, *Microfinance and Its Discontents: Women in Debt in Bangladesh* (Minneapolis: University of Minnesota Press, 2011); Yasmin Saika, *Women, War and the Making of Bangladesh: Remembering 1971* (Durham, NC: Duke University Press, 2011)。

17 Judy Lown, *Women and Industrialization: Gender at Work in Nineteenth-Century England* (Minneapolis: University of Minnesota Press, 1990).

18 Mikiso Hane, *Peasants, Rebels and Outcasts: The Underside of Modern Japan* (New York: Pantheon, 1982).

19 Maggie McAndrew and Jo Peers, *The New Soviet Women: Model or Myth?* International Reports on Women, no. 3 (London: Change, 1981), 26. 女性也占蘇聯打字員和秘書總人數的百分之九十九，以及護理師的百分之九十八。

20 Lown, *Women and Industrialization.*

21 Karen Offen, " 'Powered by a Woman's Foot'—a Documentary Introduction to the Sexual Politics of the Sewing Machine in Nineteenth Century France," *Women's Studies International Forum* 11, no. 2 (1988): 93. 有關勝家（Singer）縫紉機的全球歷史，更多資訊可參見 Mona Domosh, *American Commodities in an Age of Empire* (New York: Routledge, 2006)。

22 Offen, "Powered by a Woman's Foot."

23 James Sullivan, *Jeans: A Cultural History of an American Icon* (New York: Gotham Books, 2007).

24 各國的棉花生產商、棉花出口商和棉花進口商的國際比較排名資料是由該產業的一個貿易協會——美國國家棉花委員會（National Cotton Council of America）——所收集的。可參見 www.cotton.org/econ/cropinfo/cropdata/rankings.cfm，瀏覽日期為二〇一三年三月二十八日。對一個獨裁國家的棉花政治報告可參見 Mansur Mirovalev and Andrew E. Kramer, "In Uzbekistan, the Practice of Forced Labor Lives on during the Cotton Harvest," *New York Times,* December 18, 2013。

25 Patricia Marin and Cecilia Rodriguez, "Working on Racism: Centero Obrero, El Paso," in *Of Common Cloth: Women in the Global Textile Industry,* ed. Wendy Chapkis and Cynthia Enloe (Amsterdam: Transnational Institute, 1983), 81–85.

26 Cline, *Overdressed,* 54. 以下是一部關於 Levi's 在菲律賓、土耳其和印尼工廠的紀錄片：Marie France Collard, dir., *Working Women of the World,* produced by Icarus Films, 2002, 53 min., www.icarusfilms.com/new2002/www.html。

27 Alexander Reid, "In Hard Times, Garment Union Places Hopes in New Leadership," *New York Times,* June 3, 1986.

28 Liz Bisset and Ursula Huws, *Sweated Labour: Homeworking in Britain Today* (London: Low Pay Unit, 1984); Amy Gamerman, "Homeworkers: Bottom of the Rag Trade Heap," *New Statesman,* May 3, 1988.

29 出自斯瓦斯蒂・米特（Swasti Mitter）對亞裔英國婦女所做的訪談，引述於下列文獻中：*Common Fate, Common Bond* (London: Pluto Press, 1986), 130。其他針對英國移民工廠婦女的早期女性主義研究包括：Sallie Westwood, *All the Live Long Day* (London: Pluto Press, 1984); Barbro Hoel, "Company Clothing Sweatshops, Asian Female Labor and Collective Organization," in *Women, Work and the Labor Market,* ed. Jackie West (London: Routledge and Kegan Paul, 1982); Sally Westwood and Parminder Bhachu, eds., *Enterprising Women: Ethnicity, Economy and Gender* (London: Routledge, 1988); Annie Phizacklea, *One Way Ticket: Migration and Female Labor* (New York: Routledge and Kegan Paul, 1983)。

對家庭代工制度的描述可參見 Wendy Chapkis and Cynthia Enloe, *Of Common Cloth: Women in the Global Textile Industry* (Amsterdam: Transnational Institute, 1983)。有關墨西哥的家庭代工，在下列文獻中有細膩的描述：Lourdes Beneria and Martha Roldan, *The Crossroads of Class and Gender: Industrial Homework, Subcontracting and Household Dynamics in Mexico City* (Chicago: University of Chicago Press, 1987)。也可參見 Alison Lever, "Capital, Gender and Skill: Women Homeworkers in Rural Spain," *Feminist Review,* no. 30 (Autumn 1988): 3–24; Laura C. Johnson, *The Seam Allowance: Industrial Home Sewing in Canada* (Toronto: Women's Press, 1982); Joan McGrath, "Home Is Where the Work Is," *In These Times,* October 14, 1987, 12–13。

30 Andrea Lee, "Profiles: Being Everywhere," *New Yorker Magazine,* November 10, 1986, 53.

31 同上註。最先是斯瓦斯蒂・米特提醒我注意到「班尼頓模式」。有報告指出現在的義大利服裝工廠越來越常僱用中國移民工，可參見 Elisabetta Povoledo, "Deadly Factory Fire Bares Racial Tensions in Italy," *New York Times,* December 8, 2013。

32 有關 Nike 先是與南韓工廠婦女、接著與印尼工廠婦女的關係，更多資訊可參見 Cynthia Enloe, *The Curious Feminist* (Berkeley: University of California Press, 2004)。

33 我要感謝南非的外國投資專家安・塞德曼（Ann Seidman）提供的這些資訊。出自塞德曼與作者的訪談，於一九八八年四月二十一日在麻薩諸塞州伍斯市的克拉克大學進行。

34 Thomas Fuller, "Vietnam Accused of Abusing Drug Addicts," *New York Times,* September 8, 2011. 也可參見 Murray Hiebert, "Hanoi Courts Capitalist Investment," *Indochina Issues,* no. 67 (July 1986): 3–4。對於目前由越南政府批准的勞工組織，對其不帶批判的概論可參見 Kent Wong and An Le, *Organizing on Separate Shores: Vietnamese and Vietnamese Union Organizers* (Los Angeles: UCLA Center for Labor Research and Education, 2009)。

35 Anthony B. Van Fossen, "Two Military Coups in Fiji," *Bulletin of Concerned Asian Scholars* 19 (November 4, 1988): 29; *Far Eastern Economic Review* (March 3, 1988): 49.

36 對於全球化的銀行業內部的男性化政治，相關研究可參見 Cynthia Enloe, *Seriously! Investigating Crashes and Crises as If Women Mattered* (Berkeley: University of California Press, 2013)。

37 同上註。有一份報告指出某些有孩子的已婚婦女想要追求在美國銀行內部的高層主管職業生涯，她們的解決方案是改變個人狀態，例如仰賴丈夫成為無薪的全職家管，因此銀行界內部的男性化文化其實不曾發生任何改變，該報告可參見 Jodi Kantor and Jessica Silver-Greenberg, "Wall Street Mothers, Stay-Home Fathers," *New York Times,* December 8, 2013。

38 Lynn Ashburner, "Women Inside the Counting House: Women in Finance," in *Women and Work,* ed. Angela Coyle and Jane Skinner (London: Macmillan; New York: New York University Press, 1988), 130–51. 以及 Penny Pox, "Sisters in the City," *Observer,* May 24, 1987。有關美國股票經紀人當中的女性，可參見 Nancy Nichols, "Up Against the Wall Street," *Ms. Magazine,* November 1988, 66–69。有關目前的女性與銀行業的數據，可參見 Counting Women In, *Sex and Power 2013: Who Runs Britain?* (London: Counting Women In, 2013), www.scribd.com/doc/177808034/Sex-and-Power-2013-FINALv2-PDF; Yvonne Roberts, "Revealed: Shocking Absence of Women from Public Life," *The Observer,* February 24, 2013; Jill Treanor, "The Women Changing the Face of the Bank of England with Focus on Financial Stability," *The Guardian,* February 28, 2013。

39 出自作者對 Levi's 工廠經理的訪談，於一九八〇年三月在馬尼拉進行。也可參見 Noeleen Heyzer, *Daughters in Industry: Work, Skills, and Consciousness of Women Workers in Asia* (Kuala Lumpur, Malaysia: Women's Program, Asian and Pacific Development Centre, 1988)。

40 女性勞工為了抗議縫紉是否屬於**技術性**的工作，最著名的一次罷工發生在一九六八年六月的英國，當時是（英格蘭達格納姆〔Dagenham〕的）福特（Ford）公司汽車工廠的一百八十七名負責縫製汽車和貨車座椅的女性縫紉車工舉行了罷工，要求福特主管修改對她們的工作描述，將「非技術性」改成「技術性」。「非技術性」工人的工資低於「技術性」工人。在工廠裡從事「技術性」工作的大多數是男性。達格納姆這間福特公司的女性罷工者替英國那部具歷史意義的《同工同酬法》（Equal Pay Act）鋪平了道路，但是，其實福特公司並沒有更改她們的工作類別，一直到一九八四年又發生了第二次女性罷工，才迫使公司終於修改。Simon Godfrey, "Women Who Took on Ford in Equal Pay Fight," *The Guardian,* June 7, 2013. 碧雅翠絲・坎貝爾在當時報導了福特工廠的女性罷工，她也是持續追蹤其後續影響的英國女性主義記者之一，http://beatrixcampbell.co.uk/media。

41 有關早期的女性主義對這種官僚做法的批評，可參見 Barbara Rogers, *The Domestication of Women: Discrimination in Developing Societies* (London: Kogan Page, 1980)。下列書籍用圖表顯示出各國的女性結婚率和作為戶主的地位，可參見 Joni Seager, *The Penguin Atlas of Women in the World,* 4th ed. (New York: Penguin, 2009), 22–25。

42 Seager, *Penguin Atlas,* 22–23.

43 Sonia Sotomayor, *My Beloved World* (New York: Alfred A. Knopf, 2013), 96.

44 Janice C. H. Kim, *To Live to Work: Factory Women in Colonial Korea, 1910–1945* (Stanford, CA: Stanford University Press, 2009).

45 有關於朴正熙這場扭轉性別的運動，詳細描述可參見：Seung-kyung Kim, *Class Struggle or Family Struggle?: The Lives of Women Factory Workers in South Korea* (New York: Cambridge University Press, 1997)。

46 Susan Chira, "Anyang Journal: Near Seoul, a Dream Turns to Ashes," *New York Times,* April 6, 1988.

47 同上註。有關一九八〇年代南韓女工的更多資訊，可參見 Bernard Stephens, "Defiant Tiger," *New Statesman and Society,* September 11, 1988, 18; Jim Woodward, "Korean Workers Consolidating Unions," *Labor Notes* (November 1988): 8–9。

48 Kim, *Class Struggle or Family Struggle?*

49 同上註。也可參見 Seungsook Moon, *Militarized Modernity and Gendered Citizenship in South Korea* (Durham, NC: Duke University Press, 2005)。

50 這裡的敘述是根據以下資料來源：九月十九日服裝工會（September 19th Garment Workers Union）的代表艾莉西亞・塞萬提斯（Alicia Cervantes）和格洛麗亞・胡安迭戈（Gloria Juandiego）在一九八八年四月十八日於麻薩諸塞州伍斯市的克拉克大學的談話；工會代表於一九八六年九月五日在墨西哥城的工會總部與一群來訪的美國女性主義者進行的討論；Marta Lamas, "The Women Garment Workers' Movement: Notes for a Feminist Reflection," transl. Elaine Burns, *Fem* (Mexico City), (March 1986); Rachel Kamel, "September 19th Garment Workers Fight Government, Owners," *Listen Real Loud,* newsletter of the Women's Project, American Friends Service Committee

(Philadelphia), 9, no. 1 (1988); Rebecca Ratcliffe, "Women United Across Borders," *Sojourner* (1987); *Correspondencia,* newsletter of Mujer a Mujer (Mexico City), 1987 and 1988 issues。

51 David Brooks, "The Future: Who Will Manage It?," special issue on Mexico, *NACLA: Report on the Americas* 21, no. 5 and 6 (September–December 1987): 23–24. 以下兩項優秀研究的對象是美墨邊境的加工出口工廠的女工：Vicki L. Ruiz and Susan Tiano, eds., *Women on the US-Mexican Border: Responses to Change* (Boston: George Allen and Unwin, 1987); Patricia Fernandez-Kelly, *For We Are Sold, I and My People: Women and Industry on Mexico's Frontier* (Albany, NY: State University of New York Press, 1983)。

52 例如可參見Altha J. Cravey, *Women and Work in Mexico's Maquiladoras* (Lanham, MD: Rowman and Littlefield, 1998); Deborah Barndt, ed., *Women Working the NAFTA Food Chain: Women, Food and Globalization* (Toronto: Second Story Press, 1999)。

53 以下文獻對當代中國及其地區性差異有令人驚嘆的、生動且多層次的的描繪：Stephanie Hemelryk Donald and Robert Benewick, *The State of China Atlas* (Berkeley: University of California Press, 2009)。

54 同上註。

55 Chinese Ministry of Commerce, "Doing Business in Guangdong Province of China," http://english.mofcom.gov.cn/aroundchina/Guangdong.shtml，瀏覽日期為二〇一四年一月五日。

56 Anita Chan, Richard Madsen, and Jonathan Unger, *Chen Village: Revolution to Globalization* (Berkeley: University of California Press, 2009); Ellen Oxfeld, *Drink Water, but Remember the Source: Moral Discourse in a Chinese Village* (Berkeley: University of California Press, 2010).

57 例如可參見Gail Hershatter, *Women in China's Long Twentieth Century* (Berkeley: University of California Press, 2007); Paul S. Ropp, *China in World History* (London: Oxford University Press, 2010); Tani Barlow, *The Question of Women in Chinese Feminism* (Durham, NC: Duke University Press, 2004); Louise Edwards, *Gender, Politics and Democracy: Women's Suffrage in China* (Stanford, CA: Stanford University Press, 2008)。

58 有關富有的中國男性企業家如何利用宴會和卡拉OK與其他商場和政壇的男性建立情感、道德義務和工具利益的連結，相關的民族誌調查可參見John Osburg, *Anxious Wealth: Money and Morality among China's New Rich* (Stanford, CA: Stanford University Press, 2013)。要深入了解卡拉OK俱樂部以及在那裡擔任女招待的女性是如何讓日本商人間建立起男性的連結，可參見Anne Allison, *Nightwork: Sexuality, Pleasure and Corporate Masculinity in a Tokyo Hostess Club* (Chicago: University of Chicago Press, 1994)。

59 如果想聽取移居中國女性的心聲，可參見Xinran Xue and Ran Xin, *The Good Women of China* (London: Vintage, 2003); Leslie T. Chang, *Factory Girls: From Village to City in a Changing China* (New York: Spiegel and Grau, 2009); Ngai Pun, *Made in China: Women Factory Workers in a Global Workplace* (Durham, NC: Duke University Press, 2005)。有一部記錄片講述兩名在牛仔褲工廠工作的中國少女的生活：Micha X. Peled, dir., *China Blue,* Teddy Bear Films and Bullfrog Films, 2007, 88 min., www.bullfrogfi lms.com。

60 《紐約時報》的系列報導調查了台資的富士康與其工廠的中國工人及主要企業客戶（例如蘋果和惠普〔Hewlett-Packard〕）之間的關係，該系列報導包括：David

Barboza, "After Suicides, Scrutiny of China's Grim Factories," *New York Times,* June 7, 2010; Charles Duhigg and Nick Wingfield, "Apple, in Shift, Pushes an Audit of Sites in China," *New York Times,* February 14, 2012; Steven Greenhouse, "Early Praise for Inspection at Foxconn Brings Doubt," *New York Times,* February 17, 2012; David Barboza, "Foxconn Plans to Sharply Lift Workers' Pay," *New York Times,* February 19, 2012; David Barboza and Charles Duhigg, "Pressure, Chinese and Foreign, Drives Changes at Foxconn," *New York Times,* February 20, 2012; Nick Wingfield, "New Chief Presses Factories to Improve Working Conditions," *New York Times,* April 2, 2012; David Barboza and Charles Duhigg, "China Plant Again Faces Labor Issues on iPhones," *New York Times,* September 11, 2012; David Barboza and Keith Bradsher, "Foxconn Shuts Plant in Wake of Worker Riot," *New York Times,* global ed., September 25, 2012。有關發生在二〇一二年的富士康勞動條件糾紛的背景以及蘋果的回應，可參見 Jenny Chan and Ngai Pun, "Suicide as Protest for the New Generation of Chinese Migrant Workers: Foxconn, Global Capital, and the State," *Asia-Pacific Journal,* 2010, http://japanfocus.org/-jenny-chan/3048; Vindu Goel, "Foxconn Audit Finds a Workweek Still Too Long," *New York Times,* May 17, 2013。

61 Dan Levin, "The Demanding Off -Hour Escapes of China's High-Tech Workers," *New York Times,* July 17, 2013.

62 Osburg, *Anxious Wealth.* 要深入了解中國政府是如何對待賣淫婦女（若其客戶是非精英中國男性），可參見 Andrew Jacobs, "For Prostitutes Jailed in China, Forced Labor with No Resources," *New York Times,* January 1, 2014。

63 Keith Bradsher, "As China's Workers Get a Raise, Companies and Consumers Face Higher Prices," *New York Times,* June 1, 2011; Neil Gough, "Chinese Apparel Firm Addresses Falling Profits," *New York Times,* July 6, 2012; Keith Bradsher and Charles Duhigg, "Signs of Changes Taking Hold in Electronics Factories in China," *New York Times,* December 2012.

64 Keith Bradsher, "Hello, Cambodia: Wary of Events in China, Foreign Investors Head to the South," *New York Times,* April 9, 2013; Thomas Fuller and Keith Bradsher, "Deadly Collapse in Cambodia Renews Safety Concerns," *New York Times,* May 17, 2013; Gerry Mullany, "Workers Face Police Gunfire amid Unrest in Cambodia," *New York Times,* January 4, 2014. 今天的國際服裝產業中有一個主要但是鮮為人知的參與者，這些公司是在「尋找潛在供應商及後勤的公司」。他們所做的便是媒合全球品牌和當地的服裝廠老闆。他們的目標是找到能夠以最低成本生產衣服的工廠（不論在哪一個國家）。如果有一間全球品牌終止了其與（例如）中國工廠的契約，並決定將生產線轉移到孟加拉，或者終止了與孟加拉的契約，將生產線轉移到柬埔寨、委內瑞拉或波札那，這間品牌通常就需要找這類公司提供建議與協助、以及替品牌尋找潛在的供應商。這類協助尋找潛在供應商的公司中，在全球最大也最有影響力的便是香港的利豐（Li and Fung） 公 司。Ian Urbina and Keith Bradsher, "Linking Factories to the Malls Middleman Pushes Low Costs," *New York Times,* August 8, 2013.

65 沙希娜・阿赫塔爾的故事出自以下報導：Jim Yardley, "Last Hope in the Ruins: Bangladesh's Race to Save Shaheena," *New York Times,* May 6, 2013。

66 Shaheena Akhtar，出自她的妹妹傑斯敏的引述，參見同上註。

67 針對二〇一三年熱那大廈的倒塌事件及其複雜的全球性後果，相關新聞報導包括：Julfikar Ali Manik, Jim Yardley, "Building Collapse in Bangladesh Kills Scores of Garment Workers," *New York Times,* April 25, 2013; Julfikar Ali Manik, Steven Greenhouse,

and Jim Yardley, "Outrage Builds after Collapse in Bangladesh," *New York Times,* April 26, 2013; Jim Yardley, "The Most Hated Bangladeshi, Toppled from a Shady Empire," *New York Times,* May 1, 2013; Steven Greenhouse, "Retailers Split on Contrition after Collapse of Factories," *New York Times,* May 1, 2013; Steven Greenhouse, "Wal-Mart Sets a Safety Plan in Bangladesh," *New York Times,* May 15, 2013; Jason Motlagh and Susie Taylor, "From the Ashes of Rana Plaza," *Ms. Magazine,* Summer 2013, 2–31; Stephanie Clifford and Steven Greenhouse, "Fast and Flawed Inspections of Factories Abroad," *New York Times,* September 2, 2013; Mehul Srivastava, "In Bangladesh, Inspections at Factories Have Not Begun," *Boston Globe,* October 25, 2013; Lucy Siegle, "Never Again?" *Observer Magazine,* November 6, 2013, 32–35; Steven Greenhouse, "U.S. Retailers Decline to Aid Factory Victims in Bangladesh," *New York Times,* November 23, 2013; Jim Yardley, "After Collapse, Bleak Struggle," *New York Times,* December 19, 2013。

68 Steven Greenhouse, "Clothiers Act to Inspect Bangladeshi Factories," *New York Times,* July 8, 2013.

69 Ian Urbina, "U.S. Conflicted on Overseas Labor Responsibility," *International Herald Tribune,* May 31, 2013; Steven Greenhouse, "U.S. to Suspend Trade Privileges with Bangladesh," *New York Times,* June 28, 2013.

70 Steven Greenhouse, "Under Pressure, Bangladesh Adopts New Labor Law," *New York Times,* July 17, 2013; Jim Yardley "Garment Trade Wields Power in Bangladesh," *New York Times,* July 25, 2013.

71 Jim Yardley, "Justice Elusive in a Bangladesh Factory Disaster," *New York Times,* June 30, 2013.

72 Jim Yardley, "Bangladesh Pollution, Told in Colors and Smells," *New York Times,* July 15, 2013.

73 Jim Yardley, "After Disaster, Bangladesh Lags in Policing Its Maze of Factories," *New York Times,* July 3, 2013.

74 Steven Greenhouse, "Some Retailers Rethink Roles in Bangladesh," *New York Times,* May 2, 2013; Steven Greenhouse, "Factory Owners in Bangladesh Fear Apparel Firms Will Leave," *New York Times,* May 3, 2013. 在塔茲雷恩火災之後的這種「留下來別跑」的策略也得到傑夫・巴林傑和斯科特・諾瓦（Scott Nova）的支持，他們是美國著名的跨國勞權運動人士和研究員，也有與孟加拉當地的勞權倡議者合作：出自與作者的電子郵件通信，二〇一二年十二月十二日；Steven Greenhouse and Jim Yardley, "Global Retailers Join Safety Plan for Bangladesh," *New York Times,* May 14, 2013; Liz Alderman, "After Collapse, a Breakthrough, *New York Times,* May 20, 2013; Steven Greenhouse, "U.S. Retailers See Big Risk in Safety Plan for Factories," *New York Times,* May 23, 2013; Steven Greenhouse, "$40 Million in Aid Set for Bangladesh Garment Workers," *New York Times,* December 24, 2013。

75 Jason Burke, "Alive but Alone: Survivors of Factory Disaster Stitch Together Broken Lives," *The Guardian,* June 7, 2013.

第 8 章｜擦洗全球化的浴缸：世界政治中的家庭幫傭

1 "Domestic Workers," International Labor Organization, www.ilo.org/global/topics/domestic-

workers/lang--en/index.htm, accessed July 19, 2013.

2 對她的簡介摘自下列報導：Richard Morin, "Indentured Servitude in the Persian Gulf," *New York Times,* April 14, 2013，以及出自我於二〇一二年十二月在卡達首都杜哈所做的觀察。也可參見 Ganesh Seshan, "Migrants in Qatar: A Socio-Economic Profile," *Journal of Arabian Studies* 2, no. 2 (December 2012): 157–71, http://academia.edu/2554359/Profile_of_Migrants_in_Qatar。

3 Philippine Commission on Women, "Statistics on Filipino Women and Men's Overseas Employment," Philippines Commission on Women, April 18, 2013, http://pcw.gov.ph/statistics/201304/statistics-filipino-women-and-mens-overseas-employment.

4 由下列文獻引述：Ethel Tungohan, "Reconceptualizing Motherhood, Reconceptualizing Resistance: Migrant Domestic Workers, International Hyper-Maternalism, and Activism," *International Feminist Journal of Politics* 15, no. 1 (March 2013)，於二〇一二年在線上發表，http://dx.doi.org/10.1080/14616742.2012.699781。

5 出自下列文獻中引述了特蕾莎・唐泰斯的話：Morin, "Indentured Servitude in the Persian Gulf"。

6 有關菲律賓人出國當家庭幫傭的的更多資訊，可參見 Rhacel Salazar Parrenas, *Servants of Globalization: Women, Migration and Domestic Work* (Stanford, CA: Stanford University Press, 2001)。

7 這段敘述是根據下列文獻：Doreen Mattingly, "Domestic Service and International Networks of Caring," in *Women and Change at the U.S.–Mexico Border: Mobility, Labor and Activism,* ed. Doreen Mattingly and Ellen R. Hansen (Tucson: University of Arizona Press, 2006), 103–23。也可參見Linda Burnham and Nik Theodore, *Home Economics: The Invisible and Unregulated World of Domestic Work* (New York: National Domestic Workers Alliance, 2012), 41。

8 有關拉美裔男性和女性在當代美國生活中占據的各種不同位置，更多資訊可參見 Cynthia Enloe and Joni Seager, *The Real State of America Atlas: Mapping the Myths and Truths of the United States* (New York: Penguin, 2011)。

9 Mattingly, "Domestic Service and International Networks of Caring."

10 出自瑪麗亞・蘇珊・萊伊（Maria Susan Rye）在下列文獻中的引述："On Assisted Emigration," reprinted in *Barbara Leigh Smith Bodichon and the Langham Place Group,* ed. Candida Ann Lacey, Women's Source Library, vol. 3 (London: Routledge and Kegan Paul, 1987), 337–38。

11 我要感謝英國的研究員莎莉・戴維斯（Sally Davis）與我分享她對女性中產階級移民協會的研究結果。出自與作者的通信，一九八五年三月十七日。

12 例如可參見Claudia Knapman, *White Women in Fiji, 1835–1850: Ruin of the Empire?* (Sydney: Unwin Hyman, 1989); Suzanne Gordon, *A Talent for Tomorrow: Life Stories of South African Servants* (Braamfontein, South Africa: Raven Press, 1985); Beata Lipman, *We Make Freedom: Women in South Africa* (London: Pandora Press, 1984); Jacklyn Cock, *Maids and Madams: Domestic Workers under Apartheid,* 2nd ed. (London: Women's Press, 1989)。

13 Isa Craig, "Emigration as a Preventative Agency," reprinted in Lacey, *Barbara Leigh Smith Bodichon and the Langham Place Group,* 297. 有關加拿大招募英國和芬蘭婦女作為家庭幫傭的詳細資訊可參見 Varpu Lindstrom-Best, " 'I Won't Be a Slave!' Finnish Domestics in Canada," in *Looking into My Sister's Eyes,* ed. Jean Burnet (Toronto: Multicultural

Historical Society of Ontario, 1986), 31–53。也可參見 Carolyn Stedman, *Labours Lost: Domestic Service and the Making of Modern England* (Cambridge: Cambridge University Press, 2009)。

14 有關於前往加拿大的英國和法國移民，更多資訊可參見 Susan Jackel, ed., *A Flannel Shirt and Liberty: British Emigrant Gentlewomen in the Canadian West, 1880–1914* (Vancouver: University of British Columbia Press, 1983); Clio Collective, *Quebec Women: A History* (Toronto: Women's Press, 1987)。

15 莎莉・戴維斯與作者的通信，一九八八年三月十七日。

16 International Labor Organization, *Domestic Workers across the World: Global and Regional Statistics and the Extent of Legal Protection* (Geneva: International Labor Organization, 2013), 25.

17 同上註。

18 同上註。

19 同上註，頁 1。

20 我要感謝女性主義地理學家喬尼・席格在住家設計的性別歷史方面對我的指導。也可參見 Gwendolyn Wright, *Moralism and the Model Home* (Chicago: University of Chicago Press, 1985)。

21 "Economic News Release: American Time Use Survey Summary," U.S. Department of Labor, Bureau of Labor Statistics, June 20, 2013, www.bls.gov/news.release/atus.nr0.htm; Joni Seager, "Unpaid Work," *The Penguin Atlas of Women in the World* (New York: Penguin, 2009), 70–71.

22 Wendy Wang, Kim Parker, and Paul Taylor, "Breadwinner Moms," Pew Research Social and Demographic Trends, May 29, 2013, www.pewsocialtrends.org/2013/05/29/breadwinnermoms. 有關非裔美國婦女和愛爾蘭婦女在美國家務勞動的歷史，更多資訊可參見 Danielle Taylor Phillips, "Moving with Women: Tracing Racialization, Migration, and Domestic Workers in the Archive," *Signs* 38, no. 2 (Winter 2013); Erik S. McDuffie, *Sojourning for Freedom: Black Women, American Communism, and the Making of Black Left Feminism* (Durham, NC: Duke University Press, 2011)。

23 有關十九世紀和二十世紀家庭幫傭的歷史，可參見 Mary Lennon, Marie McAdam, and Jane O'Brien, *Across the Water: Irish Women's Lives in Britain* (London: Virago, 1987); Hasia R. Diner, *Erin's Daughters in America* (Baltimore: Johns Hopkins University Press, 1983); Joy Rudd, "Invisible Exports: The Emigration of Irish Women This Century," in "Feminism in Ireland," ed. Ailbhe Smyth, special issue, *Women's Studies International Forum* 11, no. 4 (1988); Evelyn Nakano Glenn, *Issei, Nisei, War Bride: Three Generations of Japanese American Women in Domestic Service* (Philadelphia: Temple University Press, 1986); Trudier Harris, *From Mammies to Militants: Domestics in Black American Literature* (Philadelphia: Temple University Press, 1982); Judith Rollins, *Between Women: Domestics and Their Employers* (Philadelphia: Temple University Press, 1985); David M. Katzman, *Seven Days a Week: Women and Domestic Service in Industrializing America* (Urbana: University of Illinois Press, 1981); Donna L. van Raaphorst, *Union Maids Not Wanted: Organizing Domestic Workers, 1870–1940* (Westport, CT: Greenwood Press, 1988)。

24 John Rentoul, "It's So Difficult to Get Servants These Days," *New Statesman,* November 7, 1986, 20; Sara Rimer, "Childcare at Home: Two Women, Complex Roles," *New York Times,*

December 26, 1988.

25 出自智利人類學家西梅娜・邦斯特（Ximena Bunster）與作者在電話中的對話，二〇一三年七月十六日。

26 有關馬來西亞政府和馬來西亞中產階級家庭是如何共同管理菲律賓和印尼的女性家庭幫傭移工，相關研究可參見 Christine B. N. Chin, *In Service and Servitude: Workers and the Malaysia Modernity Project* (New York: Columbia University Press, 1998)。也可參見 Juanita Elias, "Foreign Policy and Domestic Workers: The Malaysia-Indonesia Dispute," *International Feminist Journal of Politics* 15, no. 3 (September 2013): 391–410; Christine Hauser, "Housemaid Is Beheaded in Death of Saudi Boy," *New York Times,* January 10, 2013; Keith Bradsher, "Hong Kong Court Denies Residency to Domestics," *New York Times,* March 26, 2013。

27 Linda Basch and Gail Lerner, introduction to *Migrant Women Claim Their Rights: Nairobi and After* (Geneva: World Council of Churches, July 1986), 11.

28 有關女傭及其拉丁美洲中產階級僱主的關係，更多資訊可參見 Ximena Bunster and Elsa Chaney, *Sellers and Servants: Working Women in Lima, Peru* (South Hadley, MA: Bergin and Garvey, 1985); Elsa Chaney and Marcey Garcia Castro, eds., *Muchachas No More: Household Workers in Latin America and the Caribbean* (Philadelphia: Temple University Press, 1989)。下列小說生動的描述了一位西印度群島的婦女對她的美國家庭僱主的印象：Paula Fox, *A Servant's Tale* (London: Penguin, 1984)。

29 有關女性僱主和女性家庭幫傭之間不平等且經常很棘手的關係，最細緻的研究包括：Bunster and Chaney, *Sellers and Servants*; Cock, *Maids and Madams*; Nicole Constable, *Maid to Order in Hong Kong* (Ithaca, NY: Cornell University Press, 1997); Mary Romero, *Maid in the U.S.A.* (New York: Routledge, 2002); Pierrette Hondagneu-Sotel, *Domestica: Immigrant Workers Cleaning and Caring in the Shadows of Affluence* (Berkeley: University of California Press, 2001); Ruri Ito, "Crafting Migrant Women's Citizenship in Japan: Taking 'Family' as a Vantage Point," *International Journal of Japanese Sociology,* no. 14 (2005): 52–59。

30 Michele R. Grimaud, "Advocating for Sri Lankan Migrant Workers: Obstacles and Challenges," in "Distant Divides and Intimate Connections, Part 2," ed. Nicole Constable, special issue on cross-national comparisons of domestic workers' organizing, *Critical Asian Studies* 41, no. 1 (March 2009): 61–88. 也可參見 Naila Kabeer, Ratna Sudarshan, and Kirsty Milward, eds., *Organizing Women Workers in the Informal Economy* (London: Zed Books, 2013)。

31 Megha Amrith, "Encountering Asia: Narratives of Filipino Medical Workers on Caring for Other Asians," *Critical Asian Studies* 45, no. 2 (June 2013): 231–54. 關於美國國內的家庭醫療照護工，可參見 Karen Kahn, "The Value of Care," *Women's Review of Books* 30, no. 2 (March–April 2013): 24–25。

32 對於在國外工作的女性家庭幫傭會經歷到的各種條件，下列重要文獻收集了許多案例研究："Distant Divides and Intimate Connections, Part 1," ed. Nicole Constable, special issue on cross-national comparisons of domestic workers' organizing, *Critical Asian Studies* 40, no. 4 (December 2008)。

33 International Labor Organization, "Executive Summary," in *ILO 2012 Global Estimate of Forced Labour* (Geneva: International Labor Organization, 2012), http://www.ilo.org/

wcmsp5/groups/public/@ed_norm/@declaration/documents/publication/wcms_181953.pdf. 有關販賣男孩的方式以及他們被派去做何種剝削性的工作（包括胡志明市的小型製衣廠工人），詳細調查可參見 UN Vietnam, Government of Vietnam, and Millennium Development Goals Achievement Fund, *Exploratory Research—Trafficking in Boys in Viet Nam* (Hanoi: UN Vietnam, Government of Vietnam, and Millennium Development Goals Achievement Fund, 2012)。有趣的是，調查人員發現許多越南男孩和他們的父母及鄰居反而顯得弱勢，這有部分原因是人們普遍不覺得男孩（相較於女孩）輟學和離家有可能是因為受到虐待，因為男孩「天生」就愛冒險（xx29, 62）。

34 例如可參見Ai-jen Poo and Tiff any Williams, "House of Horrors: Labor Trafficking in Domestic Workers," *Daily Beast,* July 18, 2013, www.thedailybeast.com/witw/articles/2013/07/18/house-ofhorrors-labor-trafficking-in-domestic-workers.html; International Labor Organization, *ILO 2012 Global Estimate of Forced Labour*。有一場罕見的訴訟是一名秘魯女性——她是其僱主（駐聯合國的秘魯外交官）在紐澤西住所的女傭，她讓自己獲得自由並對僱主提出了法律指控：其罪名為販賣人口強制勞動。Kirk Semple, "Housekeeper Accuses a Peruvian Diplomat of Human Trafficking," *New York Times,* June 25, 2013. 美國聯邦檢察官在二〇一三年下令逮捕一名派駐紐約的女性印度領事官員，指控其虐待她的印度女管家，而此舉違反了美國的勞動法規，這件事在印度和美國政府之間爆發了一場外交爭議。這次逮捕也在印度引發了爭議（印度中產階級和上層階級對於受僱的印度家庭幫傭應該受到的待遇爆發了爭論）。Benjamin Weiser and Michael R. Gordon, "U.S. Prosecutor Defends Arrest of Indian Diplomat," *New York Times,* December 19, 2013; Gerry Mullany, "Indian Envoy Is Transferred to U.N. Post," *New York Times,* December 22, 2013; Ananya Bhattacharyya, "Having a Servant Is Not a Right," op-ed, *New York Times,* December 21, 2013. 以下美國機構會追蹤各州的勞工和性販賣，並搜集證據提起法律訴訟：the Polaris Project of the National Human Trafficking Resource Center, www.polarisproject.org/human-trafficking/overview。

35 Barbara Ehrenreich, *Nickel and Dimed: On (Not) Getting By in America* (New York: Metropolitan Books, 2001).

36 Padmini Palliyaguruge, "Sri Lanka House Maids and Free Trade Zone Workers," in *Migrant Women Claim Their Rights: Nairobi and After,* dossier no. 15 (Geneva: World Council of Churches, July 1986), 21–24.

37 Centre for Society and Religion, "Alone in a Strange Land," *Asian Migrant* 1, no. 1 (January–February 1988): 16.《亞洲移民》（*Asian Migrant*）是由菲律賓奎松市的天主教斯卡拉布里尼中心（Catholic Scalabrini Centrum）出版。也可參見 Asoka Bandarage, "Women and Capitalist Development in Sri Lanka, 1977–1987," *Bulletin of Concerned Asian Scholars* 20, no. 2 (1988): 69–71。

38 Palliyaguruge, "Sri Lanka House Maids and Free Trade Zone Workers."

39 同上註。也可參見 Prema Embuldeniya, "Their Suffering Is Beyond Human Endurance: From the Report of the Committee on Migrant Workers, Sri Lanka," *Migration Today,* no. 40 (1988): 12–13。有關斯里蘭卡北部地區的婦女和女孩（尤其是泰米爾族的婦女和女孩）在戰後面臨到日益嚴重的販賣威脅，相關報告可參見 International Civil Society Action Network, "Elusive Peace, Pervasive Violence: Sri Lankan Women's Struggle

for Security and Justice," in "What the Women Say" series, brief 8, *ICAN* (Spring 2013), www.icanpeacework.org/sri-lanka。

40 例如可參見Elaine Salo, "Obscure Lives: Filipino Women Migrants in an Italian City" (unpublished MA thesis, Worcester, MA, International Development, Clark University, 1986); Constable, *Maid to Order in Hong Kong;* Hondagneu-Sotel, *Domestica*。

41 其實這並不是第一次想要改革會造成虐待的家庭幫傭制度，但是卻需要重新給議題一個更廣泛的定位才能取得成功。東南亞歷史學家瑞秋．李奧（Rachel Leow）指出在一九二〇年代和一九三〇年代，英國的改革者想要終結馬來亞的某種殖民制度（這種制度實際上等同於奴役貧窮的農村女孩，使其成為富人家庭的僕人），但是他們最後能夠取得進展，卻是因為將運動重新定位成支持「兒童權利」。Rachel Leow, "Age as a Category of Gender Analysis: Servant Girls, Modern Girls, and Gender in Southeast Asia," *Journal of Asian Studies* 71, no. 4 (November 2012): 975–90.

42 這段敘述是來自人類學家妮可．康斯特勃（Nicole Constable）的參與觀察："Migrant Workers and the Many States of Protest in Hong Kong," in "Distant Divides and Intimate Connections, Part 2," ed. Nicole Constable, special issue on cross-national comparisons of domestic workers' organizing, *Critical Asian Studies* 41, no. 1 (March 2009): 143–64。

43 "Wage and Hour Division: State Minimum Wage and Overtime Coverage of Non-publicly Employed Companions," U.S. Department of Labor, www.dol.gov/whd/flsa/statemap，瀏覽日期為二〇一三年七月二十日。

44 National Domestic Workers Alliance, www.domesticworkers.org.

45 National Domestic Workers Alliance, Center for Urban Economic Development, University of Illinois at Chicago, and Data Center, *Home Economics: The Invisible and Unregulated World of Domestic Work* (New York: National Domestic Workers Alliance, 2012), 14.

46 同上註，頁 xi。

47 同上註，頁 xi–xii。

48 Cynthia Hess and Jane Henrici, "Informing Policies to Build Career and Immigration Pathways for In-Home Care Workers," news release, Institute for Women's Policy Research, February 11, 2013, p. 5. 有關這家華盛頓機構所做的研究和為了改善居家看護的工作條件而做的政策倡議，更多資訊可參見 www.iwpr.org。

49 Ai-jen Poo and E. Tammy Kim, "Organizing to Transform Ourselves and Our Laws: The New York Domestic Workers Bill of Rights Campaign," Sargent Shriver National Center on Poverty Law, http://povertylaw.org/communication/advocacy-stories/poo，瀏覽日期為二〇一三年七月二十日。

50 "Domestic Workers' Bill of Rights," New York State Department of Labor, www.labor.ny.gov/legal/domestic-workers-bill-of-rights.shtm，瀏覽日期為二〇一三年七月二十日。

51 International Domestic Workers' Network, www.idwn.org.

52 "Who We Are," International Domestic Workers' Network: www.idwn.info/content/who-we-are，瀏覽日期為二〇一三年七月二十日。

53 Women in Informal Employment: Globalizing and Organizing, www.wiego.org.

54 "Learn about Domestic Workers," International Domestic Workers' Network, www.idwn.info/content/learn-about-domestic-workers，瀏覽日期為二〇一三年七月十八日。關於在國際勞工組織第一八九號公約（ILO Convention 189）通過前夕的拉丁美洲家庭幫傭政治組織，相關研究可參見：Merike Blotfield, *Care Work and Class: Domestic*

Workers' Struggle for Equal Rights in Latin America (University Park: Pennsylvania State University Press, 2013)。

55 "C-189: Domestic Workers Are Workers," International Domestic Workers' Network, www.idwn.info/campaign/c189-domesticworkers-are-workers，瀏覽日期為二〇一三年七月十五日。

56 "Convention No. 189: Decent Work for Domestic Workers," International Labor Organization, www.ilo.org/wcmsp5/groups/public/---asia/---ro-bangkok/documents/genericdocument/wcms_208561.pdf，瀏覽日期為二〇一三年七月十七日。

第 9 章｜結論：個人即國際，國際亦個人

1 在一部新的紀錄片中，導演在菲律賓和美國的亞洲基地周圍進行了三十多年的調查，片中揭露了這種招募菲律賓人從事軍中賣淫的欺騙行為：David Goodman, dir., *"Singers" in the Band: Prostitution, Global Sex Trafficking and the U.S. Military*，即將於二〇一四年上映。

2 "Women Worldwide Know Less about Politics Than Men"，該報告刊登於經濟與社會研究委員會（ESRC）的下列研究：*Gender Matters Globally*，作者為約翰・卡蘭（John Curran），Economic and Social Research Council (London), July 3, 2013, www.esrc.ac.uk/news-and-events/press-releases/26789/Women_worldwide_know_less_about_politics_than_men.aspx。

3 Catherine Bennett, "Don't Blame Women If We Ignore What Passes for Politics," *The Observer,* July 7, 2013.

香蕉、海灘與軍事基地

國際政治裡的女性意識

Bananas, Beaches and Bases: Making Feminist Sense of International Politics

〔matchstick〕002

作者　辛西亞・恩洛（Cynthia Enloe）
翻譯　堯嘉寧

副總編輯　洪源鴻
責任編輯　張乃文、洪源鴻
行銷企劃　二十張出版
封面設計　虎稿・薛偉成
內頁排版　宸遠彩藝

出版　二十張出版，左岸文化事業有限公司
發行　遠足文化事業股份有限公司（讀書共和國出版集團）
地址　新北市新店區民權路108-3號3樓
電話　02・2218・1417
傳真　02・2218・8057
客服專線　0800・221029
信箱　akker2022@gmail.com
Facebook　facebook.com/akker.fans
法律顧問　華洋法律事務所—蘇文生律師

印刷　呈靖彩藝有限公司

出版　二〇二五年六月—初版一刷
定價　五八〇元

ISBN｜9786267662304（平裝）、9786267662274（ePub）、9786267662281（PDF）

香蕉、海灘與軍事基地：國際政治裡的女性意識
辛西亞・恩洛（Cynthia Enloe）著／堯嘉寧譯／初版／新北市／二十張出版／左岸文化事業有限公司出版／遠足文化事業股份有限公司發行／2025.06
384面，16x23公分
譯自：Bananas, Beaches and Bases: Making Feminist Sense of International Politics
ISBN：978-626-7662-30-4（平裝）
1. 女性主義　2. 性別平等　3. 國際關係　4. 國際政治
544.52　114004586